Herbert A. Henzler / Lothar Späth

Countdown für Deutschland

Start in eine neue Zukunft?

Siedler Verlag

Inhalt

Eine persönliche Bemerkung:

Wir sind nicht die Besserwisser der Nation. Und wir wollen es auch nicht sein. Der Weg in die Zukunft wird schwierig und zwangsläufig mit Fehlern behaftet sein. Wir werden einige Konturen der zukünftigen Entwicklung aufzeigen und den daraus folgenden Handlungsdruck beschreiben. Besonders die Globalisierung der Weltwirtschaft und die damit einhergehende dramatische Erhöhung der Geschwindigkeit des wirtschaftlichen und zunehmend auch gesellschaftlichen Wandels fordern neue, unkonventionelle Lösungen von allen Bürgern.

Wir können nicht wissen, ob unsere Vorschläge alle richtig sind und ob es vielleicht bessere Entwürfe gibt. Aber wir wollen die Diskussion anfachen, überholte Tabus brechen, Altes radikaler als bisher in Frage stellen und versuchen, zumindest gedanklich neue Wege zu beschreiten. Und wir wollen uns mit anderen über die richtige Vorbereitung für die Zukunft streiten, statt Vergangenes zu vergolden und über Gegenwärtiges zu lamentieren.

Dieses Buch wäre nicht entstanden, wenn wir nicht in den letzten Jahren intensive kritische und nachdenkliche Gespräche mit vielen Menschen aus Wirtschaft, Wissenschaft und Politik hätten führen können. Es wäre auch nicht möglich gewesen ohne den intellektuellen Diskurs mit Kolleginnen und Kollegen aus unseren Unternehmen, denen wir für ihre Hilfe zu Dank verpflichtet sind.

I

Einleitung:

Countdown für Deutschland

Wenn wir wollen,
daß alles so bleibt, wie es ist,
dann ist es nötig,
daß alles sich verändert.
Giuseppe Tomasi di Lampedusa

Wer sich zu sehr mit sich selbst beschäftigt, verliert den Überblick. Die Deutschen haben diesen Zustand nicht nur erreicht, sie pflegen ihn.

Zugegeben: Kein anderes Volk hat so dramatische Ereignisse zu bewältigen wie die deutsche Wiedervereinigung, die Öffnung des Eisernen Vorhangs und die Vertiefung der politischen Gemeinschaft Westeuropas bei gleichzeitiger Integration Mitteleuropas. Nicht zu reden von den Problemen, die aus dem Osten nach Deutschland herüberleuchten. »Ex oriente lux« – das war früher die Verheißung der Morgenröte, heute kündigen eher grell zuckende Blitze ein Gewitter an.

Doch die Welt bleibt nicht stehen, bis die Deutschen ihre Aufgaben gelöst haben. Entweder sie nutzen die neue Konstellation, um etwas Konstruktives für Deutschlands Zukunft daraus zu machen und damit der Welt neuerlich ein Erfolgsmodell zu bieten, oder die Entwicklung geht an ihnen vorbei und über sie hinweg. Schon immer entdeckten die Deutschen in der Not ihre größten Tugenden. Doch diesmal ist noch nicht einmal der Ernst der Lage erkannt.

Bislang jedenfalls hat sich in Deutschland erschreckend wenig verändert. Umstürze allenthalben, Umwälzungen und globale Veränderungen können die Deutschen nicht aus der Ruhe bringen. Mit den Spielregeln, nach denen sie im Westen über 40 Jahre lang erfolgreich gelebt haben, und auf dem Niveau, das sie damit erreicht haben, wollen sie nun auch alles Neue bewältigen. Doch während die Deutschen als Weltmeister von gestern den aufstrebenden Wettbewerbern noch großzügig Trainingshilfe anbieten, sehen diese den früheren Champion schon angeschlagen durch den Ring taumeln.

Alte Spielregeln gelten nicht mehr

Die Welt hat sich verändert – sie ist zum globalen Dorf geworden. Die modernen Industrienationen sind nicht mehr unter sich. In ihre traditionellen Exportoasen dringen unerbittlich die Schwellenländer ein, ja sie bedrängen Deutschland und die übrigen Industriestaaten schon auf dem eigenen Spielfeld. Nicht nur Auswärtsspiele gehen verloren, sondern zunehmend auch Heimspiele.

Staatliche Eingriffe können das nicht mehr verhindern. Das Zeitalter der nationalen Politiken ist in der Wirtschaft endgültig vorüber. Der Kalte Krieg war die letzte Möglichkeit, nationale Wirtschaftspolitik als außenpolitisches Mittel einzusetzen, damals jedoch schon mit abnehmendem Erfolg. Inzwischen haben die großen internationalen Unternehmen ihre eigenen Spielregeln entwickelt und setzen die im nationalen Rahmen gewachsenen Vorschriften außer Kraft. Auch hier versagt nationale Wirtschaftspolitik. Kirchturmpolitik wird es im globalen Dorf nicht mehr geben.

Um so mehr richtet sich der Blick auf die Europäische Union, die eigentlich als einer der großen Hoffnungsträger im globalen Zeitalter gelten muß. Doch auch hier ist Vorsicht geboten. Den größten Binnenmarkt der Welt bildet die EU nur noch kurze Zeit. NAFTA, APEC und ASEAN sind Konkurrenten mit enormen Wachstumspotentialen. Während die Dynamik des Europäischen Binnenmarktes im kleinlichen Streit um bürokratische Normen zu stagnieren droht, wird in den anderen Zonen im doppelten Sinn des Wortes gehandelt. Dort wird gar kein Wert darauf gelegt, jedes Detail zu bestimmen und jedes Ungleichgewicht durch Subventionen auszugleichen. Denn es ist klar, daß von mehr Handel und wirtschaftlicher Zusammenarbeit alle profitieren können. Aber überall werden nur die Spieler und die Mannschaften gewinnen, nicht die Schiedsrichter.

Europäern – und dabei insbesondere den Deutschen – fällt es schwer einzusehen, daß das globale Spiel wenig feste Regeln und keine Schiedsrichter hat. Wer am Spielfeldrand die Regeln immer wieder neu diskutieren und definieren möchte, verliert nicht nur den Überblick, sondern am Ende das gesamte Spiel. Statt Europa zu einem globalen Erfolgsmodell zu machen, ist die EU im Begriff, durch politische Überfrachtung und falsche Akzentsetzung selbst das Erreichte wieder in Frage zu stellen.

Es ist an den Deutschen, aufzuwachen und das Signal zum Aufbruch zu geben. Die Erkenntnis, daß die europäischen Nachbarn fast das gleiche Schicksal erleiden, ist kein Trost, schon gar kein Anlaß zu Gelassenheit.

Denn inzwischen wird die Unruhe überall spürbar. Der Countdown läuft. Für die Menschen wird nach und nach offensichtlich, daß es so wie bisher nicht weitergehen kann, daß die gewohnten Mittel an Grenzen stoßen. Gewiß, die deutsche Wiedervereinigung entschuldigt manches an zusätzlichen Belastungen. Vor allem im Westen lassen sich die Horrorgeschichten über die »fünf teuren Länder« von den Politikern, unterstützt durch die Katastrophenberichterstattung vieler Medien, problemlos verkaufen. Doch die Wiedervereinigung ist keine Generalabsolution für Untätigkeit und Phantasielosigkeit.

Besonders die Politik muß sich fragen lassen, warum sie gerade angesichts dieser einmaligen Herausforderung nicht die Chance zu grundlegenden Reformen genutzt hat.

Zur Hilflosigkeit eines reformunfähigen Staates paßt es, wenn viele Politiker plötzlich alte Tugenden und traditionelle Werte wie Sparsamkeit und Bescheidenheit für die Bürger wiederentdecken und »das Gemeinwohl« beschwören. Fleißiger arbeiten, aber wo ist die Arbeit? Solidarität der Generationen, aber ist das möglich zwischen Generationen, deren Wertvorstellungen, Altersstrukturen und Ansprüche an die Gesellschaft völlig divergieren? Die gute alte Ordnung wiederherstellen, aber wie, wenn offene Grenzen, globale Wirtschaft und Kommunikation sowie weltweite Mobilität sie außer Kraft gesetzt haben? Den Wohlstand sichern, aber wie, wenn seine Fundamente – Wirtschaftswachstum, Exporterfolg, Risiko- und Leistungsbereitschaft – absinken oder wegbrechen?

Die deutsche Wiedervereinigung war die Bewährungsprobe für die kommenden Herausforderungen, die aus Ost- und Westeuropa, Amerika und Asien auf Deutschland zukommen. Das Ergebnis dieses Tests ist: Deutschland hat die Grenzen der Belastbarkeit bereits erreicht. Eine Aufbruchstimmung, die Energie für neue Kraftanstrengungen zur Sicherung der deutschen Position im globalen Wettbewerb freisetzt, ist nicht zu erkennen. Sicherheits- und Besitzstandsdenken und die Parole »Weiter so« sind alles, was den Herausforderungen des 21. Jahrhunderts entgegengesetzt wird. Aber das reicht nicht. Wir brauchen mutige Zukunftsentwürfe, die

die Menschen und das Gemeinwesen auf diesen Globalisierungsprozeß vorbereiten und die neue Spielräume eröffnen.

Doch der moderne Staat ist weit weg von der Rolle des vorausschauenden Rahmensetzers für die Gesellschaft und zu einer erdrückenden Einrichtung der kollektiven Risikoabwehr degeneriert. Der Käseglockenstaat von heute erstickt viel Dynamik, macht die Übernahme von Wagnissen zu einem bemitleidenswerten Irrweg und honoriert Passivität. Neues und Unbekanntes wird grundsätzlich zunächst als Gefahr empfunden, Altes gilt dagegen als bewährt und wird ohne Ansehen der Konsequenzen und ohne Rücksicht auf die Kosten beibehalten. Darauf reagieren die Menschen natürlich, sie richten sich ein statt auf. Einmal gewährte Privilegien können praktisch nie wieder entzogen werden, allenfalls um den Preis einer hohen Entschädigung.

Das Risiko der Risikolosigkeit

Die Deutschen sind eine vom Erfolg der Nachkriegsentwicklung verwöhnte und inzwischen ziemlich langweilige Gesellschaft geworden. Statt mit Ideen und Tatkraft die Welt in Staunen und die Konkurrenten in Alarmbereitschaft zu versetzen, läuft Deutschland Gefahr, immer stärker zu einem »Museum für Arbeit und Technik« zu werden, in dem die großen sozialen und technischen Errungenschaften des ausgehenden 19. Jahrhunderts gepflegt werden.

So erklärt sich das paradoxe Ergebnis einer Allensbach-Umfrage im Oktober 1991: 57 Prozent der Westdeutschen und sogar 81 Prozent der Ostdeutschen waren der Ansicht, das Leben sei heute gefährlicher als noch vor 20 oder 30 Jahren. Und das, obwohl die Deutschen in einer Gesellschaft leben, in der das Sichern so stark betont wird: Wohlstand wird gesichert, Arbeitsplätze werden gesichert, Kontinuität wird gesichert. Es ist im Gegenteil zu fragen, wo noch Platz ist für diejenigen, die etwas zu wagen bereit sind, die noch nicht dem Absicherungsstreben verfallen sind. Die Deutschen gleichen zunehmend einer Gesellschaft in der Abwehrschlacht, die in Wahrheit nicht nur wirtschaftlich, sondern auch mental völlig in der Defensive ist.

Es ist allerhöchste Zeit, daß die Deutschen sich bewußt werden, welche verheerenden Konsequenzen diese Risikoscheu für die Gesellschaft hat.

Erstens: Das Ziel, wieder produktiv zu werden, also die marktwirtschaftliche Seite der Sozialen Marktwirtschaft wiederzubeleben, gerät aus dem Blickfeld. Das Land stagniert im Umverteilungsparadigma der siebziger und achtziger Jahre. Der größte Posten im Bundeshaushalt ist der Sozialetat und der zweitgrößte – wen wundert's? – der Schuldendienst. Das Risiko dieser finanziellen Hypotheken überschreiben die Deutschen fraglos (und potenziert) auf die kommenden Generationen.

Zweitens: Der Verteilungskampf zwischen den sozialen Gruppen wird um so härter, je perspektivloser er eigentlich ist. Die Gesellschaft wird auf die Zerreißprobe gestellt, doch wofür? Für die Austragung der Konflikte von gestern.

Drittens: Es wird versäumt, über die Themen der Zukunft zu streiten, über die Chancen der »Neunundachtziger«-Generation, über den Aufbruch in die Informationsgesellschaft, über Deutschland in zehn oder zwanzig Jahren.

Und schließlich bleibt eine solche Gesellschaft dem Millionenheer der Schwachen, in erster Linie den Arbeitsuchenden, den Heranwachsenden und den Rentnern, aber auch dem unternehmerischen Nachwuchs in Ost und West eine Perspektive schuldig. Eine Gesellschaft, die Innovation durch Beharrung ersetzt, Karriere durch Laufbahn und Arbeit durch Kapital, verliert über kurz oder lang die Unterstützung durch all die Menschen, die nicht zum Establishment gehören. Deutschland braucht wieder Pioniere, die in den Ring steigen und für ihre Visionen und Überzeugung streiten. Die Deutschen müssen Neues zulassen und sich aktiv daran beteiligen, statt ängstlich von der Zuschauertribüne aus zuzusehen, wie sich die Welt um sie verändert. Dazu gehören Neugierde und Mut zum Experiment. Das heißt auch, Fehler als etwas Normales zu behandeln, als eine Gelegenheit zum Lernen und nicht als Anlaß zur Häme. Die Übernahme von Risiken muß wieder honoriert werden. Denn wer alle Risiken ausräumt, gibt zugleich alle Chancen auf.

Die Deutschen leben heute noch von den Abenteuern, die ihre Väter und Großväter auf sich genommen haben. Sie stehen vor der Herausforderung, in allen Bereichen zu einer risikobejahenden und damit zukunftsoffenen Gesellschaft zurückzufinden. Das »Prinzip Verantwortung« für die kommende Generation gilt nicht nur für vermiedene Risiken, sondern auch für vertane Chancen. Wir sehen andernfalls die reale Gefahr, daß die junge Generation für das zahlen muß, was heute versäumt und ängstlich verhindert wird.

Mit neuen Antworten in eine neue Zeit

Es führt kein Weg zurück in die »gute alte Zeit«, sondern nur ein Weg nach vorne, in eine »neue Zeit«. Ob diese gut wird, hängt von denen ab, die sie gestalten – entschlossen handelnd oder zaudernd reagierend. Die deutsche Gesellschaft und die deutsche Volkswirtschaft muß sich – ähnlich wie die anderen Industrieländer – der neuen Situation stellen und neue Lösungen dafür entwickeln. Die Nachkriegszeit und das Wirtschaftswunder sind längst vorbei. Wir leben heute in einer offenen Welt mit völlig veränderten Strukturen. Die dramatisch zunehmende Geschwindigkeit der weltwirtschaftlichen Entwicklungen macht die ständige Veränderung zur unabdingbaren Notwendigkeit. Darum muß die Frage nach einem erfolgreichen marktwirtschaftlichen Modell neu gestellt und neu beantwortet werden. Diese Antwort muß die europäische Dimension der wirtschaftlichen Integration, die Chancen zu einer erweiterten Arbeitsteilung mit Osteuropa und den praktisch schrankenlosen Fluß von Kapital, Waren, Dienstleistungen und Informationen zwischen den Ländern der Erde berücksichtigen und nutzen. Nur auf diese Weise kann Deutschland das Gesetz des Handelns zurückgewinnen und seinen Bürgern, seinen Unternehmern und seinen Partnern in Europa eine positive und stimulierende Zukunftsvision, eine kreative Herausforderung bieten.

Der Countdown läuft. Die deutsche Gesellschaft und Wirtschaft wird den Sprung in die neue Zeit nur dann schaffen, wenn sie bereit ist, vieles in Frage zu stellen. Weder die eigenen Bürger, die die Zeche zahlen müssen, noch Deutschlands Herausforderer in der Welt sind an Entschuldigungen für »nationale Unpäßlichkeit« interessiert. Von Deutschland wird gerade heute konzeptionelle Führung erwartet. Es muß aus seiner schwierigen Situation einen konstruktiven Neuanfang machen, der nach innen und außen richtungsweisend wirkt.

Im Grunde ist durchaus bekannt, was zu tun ist, doch es fehlen der Mut und die Energie zu wirklichen Reformen. Ein typischer Beleg dafür ist die Art und Weise, wie neue Vorhaben in den Medien kommentiert werden. Die höchste erreichbare Bewertung lautet, daß etwas »ein Schritt in die richtige Richtung« sei. Aber wer nur schrittweise in die richtige Richtung geht und auf das Licht am Ende des Tunnels starrt, wird nicht gewahr, daß die Konkurrenten mit hohem Tempo vorbeiziehen. Deutschland muß den Mut aufbringen, wieder ehrgeizige Ziele zu definieren und deren Umsetzung mit aller Kraft zu verfolgen. Wenn überflüssiger Ballast einer etablierten Gesellschaft an der notwendigen raschen Gangart hindert, muß er abgeworfen werden.

Was Deutschland heute braucht, sind nicht die alten Lösungen, sondern das alte Selbstvertrauen. Nur damit kann auch die heutige Generation junger Menschen in der Welt bestehen und die Erfolge erringen, die sie wiederum ihren Enkeln als Zukunftskapital weitergeben werden.

Wir wollen in diesem Buch nicht dabei stehenbleiben, den großen Bruch darzustellen, der durch die Entstehung des globalen Weltmarktes, durch Kommunikation und internationale Arbeitsteilung, durch völlig neue Technologien und Verfahren entstanden ist und unsere bisherigen Spielregeln und Erfahrungen außer Kraft setzt.

Wir wollen vielmehr versuchen, über die Analyse hinauszugehen und ein Bild der neuen Zukunftsgesellschaft zu entwerfen, eine Vision, die neue Perspektiven aufzeigt. Denn bloße Fortschreibungen reichen nicht mehr aus, wenn Deutschland seine Rückstände aufholen und wieder eine Vorreiterrolle in der Welt spielen will.

Darum wollen wir in diesem Buch schließlich das beschreiben, was nötig ist – die großen Reformen. Die Kraft zu diesen Reformen müssen alle aufbringen, die Politiker zuerst. Sie müssen wieder begeisterte und begeisternde Visionäre sein. Der Wettbewerb der politischen Kräfte muß wieder ein Ideenwettbewerb für eine bessere Zukunft statt ein gnadenloser Kampf um die Bewahrung von Besitzständen werden. Aber auch jeder einzelne ist gefordert: Wer sich der Forderung einer neuen, dynamischen Politik anschließt, darf nicht seine eigenen Besitzstände für unantastbar erklären und die Reformwilligkeit bei den anderen einklagen.

Wir verlangen nicht blinde Begeisterung für alles Neue, aber Neugier für das, was um Deutschland herum geschieht, und die Bereitschaft, die Risiken des Lebens einzugehen, die notwendig sind, um Chancen wahrzunehmen. Wir fühlen uns der jungen Generation gegenüber verpflichtet, nicht nach dem Prinzip »Unserer Generation reicht das Ersparte und Gewonnene« zu handeln.

Es geht nämlich bei der Gestaltung der Zukunft nicht zuerst um materielle Fragen. Es geht vielmehr um eine ganz konservative Grundsatzfrage, nämlich, welches Kulturerbe die Generation hinterläßt, der wir angehören. Darauf will und muß die junge Generation Antworten erhalten.

Der Wettbewerb der Nationen ist heute schon nicht mehr ein Wettbewerb um militärische Stärke und morgen vielleicht schon nicht mehr ein Wettbewerb um technologische Vorsprünge. Es wird vielmehr einen großen Wettbewerb um Kreativität geben, und diesen Wettbewerb werden nicht die gewinnen, die behäbig schreitend auf ihre Laufleistung von gestern verweisen, oder jene, die allen Vorbeigehenden erklären, wie risikoreich der Weg ist. Vorne wird der liegen, der mutig und besonnen ausschreitet, das Ziel kennt und weiß, daß er sich auf seinen geschulten Verstand, seine Logik und nicht zuletzt auf seinen Erfindergeist und seinen Einfallsreichtum verlassen kann. Deshalb braucht er auch wenig Gepäck, aber um so mehr Zutrauen in die eigenen Fähigkeiten – und Neugierde auf die Herausforderungen, die die Zukunft bereithält.

II

Die Zukunft im globalen Dorf

II.1

Globale Trends bestimmen die neue Wirklichkeit

In Rome we are like Romans,
In Tokyo we are Japanese,
in New York we are Americans.
Werbeslogan einer Bank

Herbert Früh nahm zum Frühstück Kellogg's-Müsli (USA) zu einer Tasse schwarzem Tee (Sri Lanka). Dann entschied er sich, heute nicht zum Designeranzug (Italien) zu greifen, sondern bevorzugte seine alten Levis-Jeans (USA) zu den Turnschuhen (Made in Taiwan) und dem Seidenhemd (aus Singapur). Dann griff er zu seiner Lederjacke (Made in Morocco), ehe er zu seinem neuen Auto (man kann es sich schon denken: aus Japan) ging.

Wenn Herbert Früh ein Warenhaus vom Souterrain bis zum obersten Stock durchstreift, findet er Angebote aus aller Herren Länder: In der Feinkostabteilung exotische Früchte und kulinarische Spezialitäten von neuseeländischen Kiwis bis zu chinesischen Glasnudeln, bei den Haushaltswaren glitzernde italienische Espressomaschinen und funkelndes Kristall aus Tschechien, in der Bekleidungs-Etage die neuesten Kreationen japanischer Mode-Macher und Hemden aus Hongkong. Jeder einzelne nutzt heute schon eine Vielzahl globaler Produkte, also Waren, die irgendwo auf der Welt hergestellt und in deutschen Boutiquen, Fachgeschäften und Kaufhäusern offeriert und verkauft werden. Das Angebot ist schier unüberschaubar, und wie viele seiner deutschen Landsleute fragt Herbert Früh nicht, woher ein Produkt kommt, sondern vor allem, ob es ihm gefällt und ob er es sich leisten kann.

Die verbesserten Informationsmöglichkeiten und die Fernreisen haben die Deutschen aufgeschlossener gemacht. Die Urlaubsziele können noch so exotisch und abgelegen sein: Der globale Konsument genießt die Abwechslung und kehrt danach in seine häusliche Umgebung zurück. Damit sind die Konsumenten gleichsam die Motoren, die »Treiber« der Globalisierung. Preisgünstige Produkte, die qualitativ ansprechend sind, werden akzeptiert – gleichgültig, ob sie im eigenen Land oder in Korea, Malaysia oder in China gefertigt wurden.

In gleichem Maße wie die Konsumenten sind auch die Unternehmen globaler geworden. In einigen Branchen – etwa in der Automobilindustrie, der Chemieindustrie, der Unterhaltungselektronik und der Telekommunikation – ist die Globalisierung mittlerweile zum dominierenden Trend geworden. Vorsichtig geschätzt sind heute circa 15 bis 20 Prozent der Weltproduktion global – Tendenz steigend. VW produziert heute in fünfzehn verschiedenen Ländern. Fast 51 Prozent der Beschäftigten bei Bayer arbeiten im Ausland. Sony erwirtschaftet rund 45 Prozent seines Umsatzes außerhalb seines Heimatstandortes in Japan.

Globale Unternehmen wählen ihre Strategie so, als ob sie auf einem einzigen großen weltweiten Markt mit regionalen Segmenten operierten. Dies vergrößert die Wettbewerbsarena: Sie umfaßt nicht mehr den nationalen Markt und »das Ausland« als Exportmarkt, sondern alle Industrieländer und ausgewählte Schwellenländer, wie Brasilien, Korea, Taiwan und Singapur. Das globale Unternehmen ist in den USA, in Europa und Japan präsent – mit einer Umsatzverteilung, die zunehmend dem jeweiligen Marktpotential entspricht. Seine Wertschöpfungskette mit allen Funktionen von Forschung und Entwicklung bis zum Vertrieb wird in jedem Land auf die Bedingungen der lokalen Absatz- und Beschaffungsmärkte ausgerichtet. Es ist polyzentrisch organisiert, und sein Management ist international besetzt. Es hat einen Fertigungsverbund wie ein Spinnennetz. Überall schaffen strategische Allianzen Fertigungsteilkapazitäten, ohne dabei eigene Aktiva aufzubauen. Ein wegweisendes Beispiel ist die Bierindustrie. Heineken erzielt mehr als 20 Prozent seines Umsatzes durch Joint-Ventures oder Lizenzen. Das japanische Asahi-Bier wird von Molson in den USA vertrieben. Labatt in Kanada vertreibt Budweiser, während das Labatt-Bier in den USA von Coors gebraut wird. Molson in Kanada braut auch für Kronenbräu, Löwenbräu und das australische Fosters. Anstatt eine Brauerei im Ausland aufzubauen, ist es einfacher, dort Kooperationspartner zu suchen. Dabei ist eine Mehrheitsbeteiligung nicht notwendig – oft reichen Minderheitsbeteiligungen oder ein einfacher Interessenausgleich aus.

Im globalen Wettbewerb zeigt sich ein interessantes Phänomen: Wenn sich erfolgreiche ausländische Unternehmen in einem Land ansiedeln, so gibt dies der dortigen Volkswirtschaft neue Impulse.

Unternehmen müssen Globalisierungsvorteile aktiv wahrnehmen

Nachdem beispielsweise Toyota Produktionsstätten in den USA gegründet hatte (sogenannte Transplants), mußten die Amerikaner erkennen, daß ihre frühere Argumentation nicht mehr zutraf: Bisher hatte man Mentalitätsunterschiede und die strukturellen Besonderheiten für den Produktionsrückstand verantwortlich gemacht. Es zeigte sich aber, daß es den Japanern unter genau den gleichen Rahmenbedingungen, mit genau den gleichen amerikanischen Arbeitern gelang, wesentlich produktiver als Ford und General Motors in den USA zu arbeiten.

Die Japaner bauen inzwischen mehr als die Hälfte ihrer in den USA verkauften Autos in Amerika – mit amerikanischen Arbeitern, amerikanischem Mittelmanagement, in überlegener Qualität und zu niedrigen Fertigungskosten. Ihre Fabriken stehen nicht in Detroit, sondern weit südlich, wo die Löhne niedriger und die Gewerkschaften schwächer sind. Daraufhin mußten sich die amerikanischen Automobilhersteller erheblich anstrengen, um mit den Japanern mithalten zu können. In den achtziger Jahren versuchte GM mit Investitionen von mehr als 60 Milliarden US-Dollar, die Bedrohung durch den rasch wachsenden Marktanteil der Japaner abzuwehren. Neue Fertigungsmethoden und neue Formen der Qualitätssicherung wurden eingeführt. Der aggressive Wettbewerb durch die japanische Automobilindustrie hat die einheimischen Unternehmen in den USA zu nie dagewesener Effizienzsteigerung angespornt. In Europa, wo der Druck aus Japan sehr viel weniger spürbar war, erschienen derart einschneidende Maßnahmen lange Zeit vermeidbar – und die Produktivität blieb entsprechend niedriger. Umfassende rigorose Produktivitätssteigerungsprogramme der europäischen Automobilhersteller seit zwei Jahren zeigen, daß die Zeichen der Zeit erkannt wurden.

Daß japanische und amerikanische Unternehmen mit dieser Globalisierung erfolgreich sein konnten (und bis heute sein können), haben sie auch zu einem guten Teil den veränderten Rahmenbedingungen zu verdanken.

Der Trend zur Globalisierung von Nachfrage und Angebot

Der verstärkte Informationsaustausch und der weltweite Tourismus haben dazu geführt, daß sich die Wünsche der Konsumenten immer mehr annähern. Vor allem die mittleren und oberen Bevölkerungsschichten in allen Industrieländern haben heute sehr viel ähnlichere Konsumgewohnheiten als noch vor einigen Jahrzehnten.

Auch viele Industriegüter, die früher noch landesspezifisch waren, sind mittlerweile zu Weltgütern geworden, bei denen zunehmend der Preis über den Kauf entscheidet. Telefongeräte, Kabel, Automatisierungsprodukte, Prozeßrechner, aber auch Elektrogeräte sind Beispiele dafür. Die Nachfrager von Industriegütern mit weltweiten Lieferbeziehungen versuchen, durch den Einsatz einheitlicher Komponenten die Komplexität und die Kosten zu reduzieren.

Auf der Angebotsseite führen die hohen Entwicklungskosten pro Produkt vor allem in High-Tech-Bereichen wie Großcomputern, Passagierflugzeugen, aber auch Pharmazeutika, zu einer Ausrichtung auf den Weltmarkt. Nur so läßt sich der hohe Entwicklungsaufwand wieder hereinspielen. Ähnliches gilt auch bei einer zunehmenden Spezialisierung: Je enger das Anwendungsgebiet ist, desto größer muß der Markt sein, um Rentabilität zu ermöglichen. War eine neue Automobilgeneration vor 10 Jahren noch mit circa 800 Millionen DM Forschungs- und Entwicklungskosten zu realisieren, so rechnen Hersteller heute mit dem Drei- bis Vierfachen.

Bei Halbleiterspeichern steigen die Entwicklungskosten mit jeder neuen Generation um rund 50 Prozent, die Fertigungsanlagen verteuern sich um bis zu 100 Prozent – und gleichzeitig wird die Kommerzialisierungszeit immer kürzer.

Globale Technologien und extreme Geschwindigkeit als neue Parameter

Die Elektronik als neue Schlüsseltechnologie treibt die wirtschaftliche Entwicklung viel schneller voran als jede andere Schlüsseltechnologie in der bisherigen Industriegeschichte. Jede neue Chip-Generation führt zu neuen Fertigungstechnologien. Unternehmen, die zu spät am Markt sind, haben keine Chance mehr. Wer hier auch nur ein Jahr zu spät kommt, kann schon eine Milliarde US-Dollar Gewinn verschenkt haben, die er im Laufe des Produktlebenszyklus nicht mehr einholen kann.

Ein positives Beispiel ist Intel aus Kalifornien. Nachdem Intel gerade erst den Pentium-Chip entwickelt hatte und damit neue Maßstäbe setzte, gelang es im Frühjahr 1995, eine neue Version mit einer Geschwindigkeit von 120 statt 100 Millionen Takten je Sekunde herzustellen. Intel brachte diese Version Monate früher als erwartet auf den Markt. Das Unternehmen mit seiner dominierenden Marktstellung war zuletzt vom Power-PC-Chip von Motorola, IBM und Apple Computers herausgefordert worden. Mit dem neuen Chip gelang es Intel, in die 0,35 Micron-Technologie – eine besonders kleine Bauweise – vorzustoßen – ein Sprung in neue Dimensionen. Intel ist nach eigenen Angaben der erste Produzent von Mikroprozessoren, der diese Technologie in der Massenproduktion einsetzen kann.

Die Gewinner im internationalen Produktivitätswettbewerb sind jene Unternehmen, die nicht nur am schnellsten neue Produkte auf den Markt bringen, sondern auch am schnellsten restrukturieren und ihre Ideen für neue Produkt- und Fertigungskonfigurationen am schnellsten an ihren Standorten einführen können.

Neue Entwicklungen und Technologien lassen sich nicht aufhalten. In Deutschland mag man verbissen diskutieren über Technologiefolgen, die Erhaltung bestehender Strukturen, die Konsequenzen einer multimedialen Welt, und es mag Versuche geben, künftige Entwicklungen durch zahlreiche Verordnungen und Gesetze zu verhindern – irgendwo auf der Welt werden neue Technologien entwickelt und erprobt, und sie halten dann ihren Einzug auch hierzulande.

Letztlich entscheidet der Markt über die Einführung und den Erfolg neuer Technologien. Wer hätte beispielsweise die sprunghafte Expansion bei Automobiltelefonen und Handies vorausgesehen? Noch 1989 erwarteten Experten für die Mitte der neunziger Jahre rund 600 000 Teilnehmer im deutschen Mobilfunknetz. Tatsächlich waren es 1994 bereits 2,4 Millionen, also das Vierfache der ursprünglichen Schätzung. 1989 wurde noch jeder bestaunt, der ein (damals noch recht klobig aussehendes) Handy benutzte. Nur sechs Jahre später ist eher der Geschäftsreisende ohne Handy die Ausnahme – er wird mitleidig belächelt, wenn er verzweifelt nach Kleingeld für die öffentlichen Münztelefone sucht.

Eine ähnliche Entwicklung steht uns auch bei der Gentechnik bevor. Mag noch soviel vor den Risiken gewarnt werden, mögen eifrige Fernsehzuschauer sich an Riesenameisen aus Science-fiction-Filmen erinnert fühlen – in anderen Ländern wird diese Technologie erprobt und eingeführt, und bei entsprechendem Erfolg breitet sie sich immer weiter aus. Wenn es um das eigene Leben geht, wenn durch Gentechnologie die Möglichkeit besteht, schwere Erkrankungen zu lindern oder sogar zu heilen, dann wird auch der risikoscheue Bundesbürger zur Gentablette greifen. Fünf bis zehn Prozent des Pharma-Umsatzes werden bereits heute mit gentechnisch hergestellten Produkten erzielt, und der Trend weist weiter nach oben.

Neben den nachfrage- und angebotsseitigen Voraussetzungen haben sich die politischen und ökonomischen Rahmenbedingungen gewandelt. Sie liefern zwar keine unmittelbaren und gleichsam automatischen Impulse zur Globalisierung. Sie sind aber eine notwendige Vorbedingung für diesen Prozeß. So ist die weitgehende Liberalisierung des Handels im Rahmen des GATT und jetzt der Welthandelsorganisation (WTO) eine wesentliche Voraussetzung für die neuen Wettbewerbsformen. Die Handelshemmnisse wurden zwar noch nicht vollständig beseitigt, und in letzter Zeit wurden mit nichttarifären Handelshemmnissen wie Selbstbeschränkungsabkommen und Zulassungsregeln sogar neue Barrieren aufgerichtet. Aber Zollsatzsenkungen von 6,3 Prozent auf heute durchschnittlich 3,9 Prozent wären vor 20 Jahren noch unvorstellbar gewesen.

Eine Studie der OECD aus dem Jahre 1993 verdeutlicht das Ausmaß der Segnungen der Zollsenkungen. Danach erbrächte ein Abbau aller Handelshemmnisse im Agrarbereich einen Wohlfahrtsgewinn von 430 Milliarden US-Dollar. Davon würden rund 250 Milliarden auf die OECD-Staaten entfallen und 180 Milliarden auf den Rest der Welt, also vornehmlich auf die Entwicklungsländer. 180 Milliarden US-Dollar entsprechen immerhin dem dreifachen Betrag der gesamten Entwicklungshilfe, die diese Länder jährlich erhalten.

Zu den wirtschaftspolitischen Rahmenbedingungen, die eine Globalisierung erst ermöglichen, gehört auch die Liberalisierung des Kapitalverkehrs. Das außergewöhnliche Anwachsen der internationalen Brutto-Kapitalströme von 1985 bis 1995 geht vorwiegend auf finanzwirtschaftliche Transaktionen zurück, weniger auf realwirtschaftliche Vorgänge. Es hat einen massiven Einfluß auf die Wechselkurse, einem wichtigen Parameter für Unternehmensentscheidungen. Wird durch die Wechselkursentwicklung die Produktion im Inland unrentabel, so liegt eine Verlagerung in nachhaltig währungsschwache Auslandsstandorte nahe. Die fortdauernde Aufwertung des Yen im Frühjahr 1995 beispielsweise zwang die japanische Exportindustrie, nach neuen Überlebensstrategien zu suchen. Neben dem verstärkten Import von Zulieferteilen und Rohstoffen aus Übersee sowie der Reduzierung des Exports gehörte auch die Produktionsverlagerung ins Ausland dazu. Mitsubishi Motors Corp. will die Autoproduktion in Übersee um 56 Prozent auf eine Million Fahrzeuge über einen Zeitraum von fünf Jahren ausweiten. Ishikawajima Construction Machinery verlagert die Produktion von zwei weiteren Typen von hydraulischen Schaufeln nach Italien. Die Reihe der Beispiele ließe sich fortsetzen.

Die Entwicklung zu globalen Unternehmen

Einige Unternehmen hatten von Beginn an eine globale Ausrichtung, wie etwa die weltumspannenden Mineralölkonzerne. Die meisten Firmen, die sich von einem nationalen zum globalen Unternehmen entwickeln, durchlaufen jedoch einen allmählichen Evolutionsprozeß. Er dauert lange – oft 20 bis 30 Jahre –, und er verläuft sequentiell in sechs Stufen. Sie sind durch unterschiedliche unternehmerische Aufgaben und Risiken gekennzeichnet, wenn-

Sechs Stufen kennzeichnen den Weg zur Globalisierung auf den Absatz- und Beschaffungsmärkten

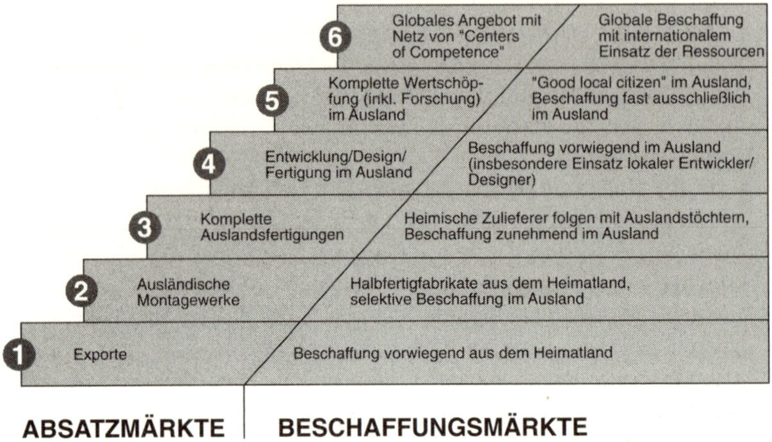

gleich die Übergänge zwischen ihnen – was Geschäftssystem, Produktgebiete und Landesmärkte angeht – fließend sind.

Auf der höchsten Stufe (6) erreicht das Unternehmen die fortgeschrittenste Form der Globalisierung. Auf der Forschungsseite ist die Welt in »Centers of competence« aufgeteilt, die mit internationalen Spezialisten besetzt sind. Die lokalen Entwicklungsteams sind mit globalen Entwicklungsaufgaben betreut. Die Fertigung nutzt moderne internationale Vernetzungen mit Zulieferern und Abnehmern auf allen Stufen der Produkterstellung. Vertrieb und Marketing sichern das optimale Zusammenspiel von globaler Produkt- und lokaler Kundenorientierung. Die polyzentrische Organisation kann durch die internationale Zusammensetzung der Führungsgremien ihre Stärken voll entfalten. Das Risiko sinkt durch den optimalen Einsatz aller Human-, Kapital- und Sachressourcen auf den internationalen Märkten. Das Unternehmen, das sich hier die besten Mitarbeiter, die kostengünstigsten Finanzmittel, die langfristig billigsten Rohstoffe und Bezugsquellen sichert und dabei gleichzeitig seine Produkte in den großen Marktregionen der Welt absetzt, ist gegenüber anderen, weniger konsequent globalisierten Wettbewerbern im Vorteil. Abschwächungen der Weltkonjunktur und nationale Rezessionen treffen dieses Unternehmen in geringem Maße. Wechselkursveränderungen sind weniger spürbar, und Marktchancen in den verschiedenen Märkten werden früher erkannt und genutzt.

Das Motto der Zukunft lautet: Soviel Globalisierung wie möglich, soviel Lokalisierung wie nötig. Globalisierungsvorteile werden genutzt, etwa die Skaleneffekte auf globalen Beschaffungsmärkten, aber gleichzeitig darf die regionale Präsenz nicht vernachlässigt werden.

In die Kategorie der naturgemäß globalen Unternehmen gehören die bereits erwähnten High-Tech-Branchen, für die ein globaler Markt Voraussetzung für längerfristiges Überleben ist. Die Internationalität von Produktdesign und unterstützenden Funktionen sowie eine überregionale Integration sind für sie erfolgsentscheidend, während die Erfordernisse lokaler Spezialisierung höchstens eine untergeordnete Rolle spielen. Einige globale Branchen brauchen allerdings unterstützend einen lokalen Unterbau, um der hohen Beratungsintensität und den Serviceansprüchen vor Ort zu genügen. Dazu gehören die Automobilindustrie, die Arzneimittelindustrie und die Prestigekonsumgüter.

Neue High-Tech-Unternehmen, wie die Produzenten von Halbleitern und Mikrocomputern, wurden gleich global geboren. Die großen Ölfirmen und, etwas weniger ausgeprägt, die Kautschukindustrie gehörten schon in den zwanziger und dreißiger Jahren unseres Jahrhunderts zu den globalen Unternehmen. Später traten reife Industrien, wie die Automobilindustrie, in die Globalisierungsphase ein.

Coca-Cola gehört zu den Vorreitern erfolgreicher Globalisierungsstrategien. Basierend auf einem vom Konsumenten akzeptierten Produktvorteil – der unverwechselbaren Rezeptur – wurden mit einem weltweiten Marketingkonzept gleichartige Konsumentenwünsche angesprochen.

Toyota nutzte Anfang der siebziger Jahre aus einer international ungünstigen Wettbewerbsposition heraus konsequent die Nachfragetendenzen hin zum kompakten Pkw mit einer Globalisierungsstrategie. Das Unternehmen richtete seine Werke auf Weltmaßstab aus und konnte damit ein Stückkostenniveau erreichen, das für amerikanische oder europäische Wettbewerber unerreichbar erschien. Dabei stützte sich Toyota am Anfang nur auf Exporte, da nur so die volle Ausschöpfung der eigenen Stärken gesichert schien.

Außer amerikanischen und japanischen Unternehmen gab es auch einige europäische Unternehmen, die bewußt global agierten. Dazu gehören Sandoz mit Therapeutika und Agrochemikalien, BASF mit Autolacken und Siemens mit medizintechnischen Geräten und der Fabrikautomatisierungstechnik.

Dennoch haben europäische Unternehmen bis heute einen Rückstand in der Globalisierung. Große deutsche Unternehmen erzielen immer noch rund 60 Prozent ihres Umsatzes in Europa, davon den überwiegenden Teil in Deutschland. Bei den Unternehmen im übrigen Westeuropa sieht es nicht viel anders aus. Im Vergleich dazu sind die Führer unter den wirklich globalen Unternehmen in Amerika und Japan zu finden.

Die europäische Form der Globalisierung

Die Europäer haben in den vergangenen Jahren auf eine regionale Integration gesetzt. Vor dem Hintergrund des Binnenmarktes und seiner weitreichenden Integrationsfortschritte sowie anhaltender Wechselkursstabilität stiegen die Exporte innerhalb der Gemeinschaft zwischen 1985 und 1992 um durchschnittlich 12 Prozent pro Jahr. Auf den Weltmärkten dagegen hat die Europäische Union in diesem Zeitraum ständig Marktanteile eingebüßt – nicht zuletzt eine Folge der verschlechterten preislichen Wettbewerbsfähigkeit. Die Exporte der EU-Länder wuchsen dabei um vier Prozentpunkte langsamer als der Welthandel insgesamt. Besonders in den neuen, wachstumsstarken Regionalmärkten konnten sich die europäischen Unternehmen nicht so etablieren wie ihre Konkurrenten aus Japan und den USA. So haben die USA ihre Exporte nach China in den letzten beiden Jahren um 55 Prozent gesteigert, Japan hat seine Exporte nach China nahezu verdoppelt, die Europäische Union hingegen konnte nur 29 Prozent mehr nach China exportieren.

Deutsche Unternehmen waren lange auf eine dominante Exportstrategie und selektive Fertigungen im europäischen Ausland festgelegt. Direkte Präsenz im außereuropäischen Ausland mit eigenen Fertigungen war die Ausnahme, und wenn es sie gab, dann vor allem in den traditionell deutschfreundlichen Ländern in Lateinamerika, Indien und Indonesien sowie in Nahost. Entsprechend lagen 1992 fast 60 Prozent des Bestandes an Direktinvestitionen im eu-

Die internationalsten deutschen Unternehmen konzentrieren sich immer noch stark auf Europa

Umsatzverteilung in Prozent, 1994

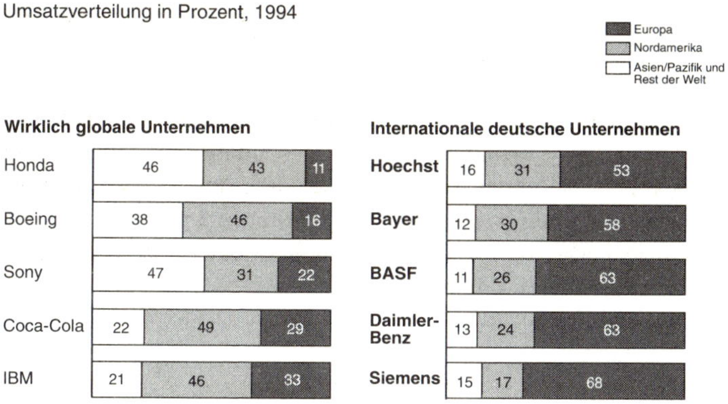

Quelle: Geschäftsberichte 1994

ropäischen Ausland, nur 23 Prozent in den USA, 2 Prozent in Japan, nur 6 Prozent in den Reformländern Osteuropas und nur 2 Prozent in Asien (außer Japan).

Seit den siebziger Jahren hat im Zuge veränderter weltwirtschaftlicher Bedingungen die Ansiedlung deutscher Unternehmen im Ausland weit stärker zugenommen als ihre Exporte: Von 1974 bis 1994 wuchsen die Direktinvestitionen um durchschnittlich 8 Prozent pro Jahr, die Ausfuhren um 5 Prozent.

So kaufte Veba einen zehnprozentigen Anteil am britischen Telekom-Multi Cable & Wireless, Hoesch-Krupp investierte in neue Joint-Ventures in China, BMW eröffnete im Herbst 1994 nach dem Kauf von Rover ein neues Werk in Spartanburg, USA. Mercedes-Benz investierte für das SMART-Auto in Lothringen, für Lkws in Rußland und für Geländefahrzeuge in den USA. Die Deutsche Bank übernahm den Finanzbereich von ITT, und selbst die Ruhrkohle, zu Hause ein Verfechter einer nationalen Kohlepolitik und Empfänger von Subventionen, beteiligte sich an einer Kohlegrube in Venezuela. Im Sommer 1995 wurden zwischen deutschen Unternehmen und der Volksrepublik China Milliarden-Verträge über Investitionen abgeschlossen.

Eindeutig führend in der Globalisierung des Gesamtunternehmens sind jedoch nach wie vor Firmen aus den USA und Japan. Die am weitesten Fortgeschrittenen sind auf den Triademärkten als Insider etabliert, sie treten als Einheimische auf, als »local citizen«, und werden als solche anerkannt. Dabei unterscheiden sich die führenden Globalisierer durchaus in der Art der strategischen und organisatorischen Umsetzung. Das Spektrum reicht von der Mehrproduktstrategie mit vielen eigenen Produktionsstätten rund um die Welt (Sony) über die Beschränkung auf wenige Produkte mit eigenen Produktionsstätten und hoher vertikaler Integration (IBM und Honda) bis hin zur Einproduktstrategie mit ausgebautem Franchisesystem und geringer vertikaler Integration (Coca-Cola).

Ein Blick auf drei wichtige Industriezweige – Automobilbau, Chemie und Maschinenbau – mag verdeutlichen, wo wir in Deutschland und Europa im Hinblick auf die Globalisierung heute stehen.

In der *Automobilindustrie* wurden von den 12,5 Millionen in Westeuropa 1994 produzierten Personenwagen nur etwa 1,1 Millionen Fahrzeuge nach Übersee exportiert. Der größte Teil, circa 92 Prozent, wurde in Westeuropa verkauft, davon rund ein Viertel aus deutscher Fertigung. Die eigentlichen Wachstumschancen liegen aber nicht in den weitgehend gesättigten europäischen Märkten, sondern in den rasch wachsenden Regionen China, Südostasien und langfristig auch Osteuropa. Die US-amerikanischen Autokonzerne wie General Motors und Ford (Ausnahme Chrysler) sind bereits weitgehend global präsent, wenngleich sie nicht an die globalen japanischen Hersteller heranreichen. Von den europäischen Produzenten erfüllt kaum einer diesen Anspruch. Einzig der VW-Konzern verfügt heute mit seinen Werken im europäischen Ausland, in Nord- und Südamerika, China sowie mit Montagekapazitäten in Südostasien über eine wirklich internationale Produktionsstruktur. Die Oberklasse-Hersteller Mercedes-Benz und BMW sind derzeit dabei, Fertigungsanlagen in den USA aufzubauen und mit vereinzelten Montagewerken und Kooperationen (zum Beispiel Mercedes-Benz mit Ssang Yong in Südkorea) auch zunehmend eine stärkere Präsenz in Asien zu schaffen. Doch im Vergleich mit den US-amerikanischen und japanischen Automobilproduzenten haben die europäischen Hersteller noch erheblichen Aufholbedarf.

Bei *chemischen Erzeugnissen* gehört die Europäische Union heute noch zur Weltspitze. Die Europäische Union hält einen Anteil von 34 Prozent am Welt-Chemieumsatz und von 52 Prozent am Welt-Chemieexport. Dabei ist das wertschöpfungsstärkste Land in Europa eindeutig die Bundesrepublik Deutschland. Zu den weltweit größten Chemieunternehmen gehören nach DuPont aus den USA die deutschen Unternehmen Hoechst, BASF und Bayer. Mit Abstand folgen die Hauptkonkurrenten Dow Chemical aus den Vereinigten Staaten und ICI aus Großbritannien. Doch langfristig wird diese Vormachtstellung durch Konkurrenz aus dem fernen und mittleren Osten bedrängt: Diese Länder profitieren von billigen Rohstoffen oder der Nähe zu stark wachsenden Volkswirtschaften, vor allem in Ostasien, und produzieren einfache chemische Produkte. Entsprechend haben die drei großen deutschen Chemieunternehmen seit Ende der sechziger Jahre ihre internationalen Aktivitäten deutlich verstärkt. Sie erwirtschaften zwischen 70 Prozent (BASF) und 80 Prozent (Bayer) ihres Umsatzes im Ausland, davon zwischen 30 und 50 Prozent außerhalb Europas. Alle drei Firmen unterhalten ein weltweites Netz von Produktionsstätten in bis zu 65 Ländern (Hoechst) und sind durch ein enges Netz von Vertretungen, Tochtergesellschaften und Joint-Ventures sowie über Kooperationen weltweit vertreten.

Bei traditionellen Techniken des *Maschinenbaus* hat Europa mit einem Weltmarktanteil von 51,8 Prozent einen Vorsprung vor den USA (16,5 Prozent) und Japan (17,3 Prozent), in der Elektronik liegt Europa hingegen klar hinter Japan. Die deutschen Unternehmen Mannesmann und MAN sowie Linde und Thyssen dominieren gegenwärtig die europäische Maschinenproduktion. Als entscheidendes Defizit gilt in der gegenwärtigen Krise jedoch ihre mangelnde Präsenz in Südostasien. Die gesamten Asienexporte haben einen Anteil von unter 10 Prozent am deutschen Maschinenexport, während mehr als 60 Prozent nach Westeuropa gehen. Die Struktur der japanischen Maschinenbauer ist viel ausgewogener, jeweils rund 25 Prozent der Exporte gehen nach Nordamerika und Asien, 15 Prozent nach Westeuropa.

Die Globalisierung ist Chance und Bedrohung zugleich. Gewinner dieser Entwicklung sind die großen Konzerne wie Coca-Cola, Sony, Honda und McDonalds. Verlierer sind jene Unternehmen, die sich nicht schnell genug an die neuen Verhältnisse anpassen konnten und jetzt gegenüber der ausländischen Konkurrenz nicht mehr wettbewerbsfähig sind. Dazu gehören die europäischen und die amerikanischen Stahlunternehmen, die Schiffbauer sowie französische und italienische Automobilproduzenten. Besonders gefordert sind aber auch die Unternehmen, die bisher als »Hoflieferanten« die öffentliche Hand belieferten oder durch staatliche Regulierungen in einer geschützten Zone agierten – beispielsweise Unternehmen, die Telekombetriebe, Eisenbahnunternehmen, das Militär oder die Energieversorger beliefern durften. Um mit den Worten des ehemaligen NTT-Chefs Kobayashi zu sprechen: »Deregulation means same volume at 10 percent less price.«

Der Mittelstand auf Reisen

Während einige – vor allem größere – mittelständische Unternehmen bereits eine Vielzahl globaler Aktivitäten entfalten, fällt es vielen immer noch schwer, mit ausländischen Unternehmen zusammenzuarbeiten. Die Scheu, Eigenständigkeit aufzugeben, und die Angst vor der Preisgabe von Geschäftsgeheimnissen erschweren ihnen diesen Schritt. Dabei können sich mittelständische Unternehmen durch die Globalisierung erhebliche Marktchancen erschließen und sich dabei an erfolgreichen Vorreitern orientieren.

Viele der heute globalen Mittelständler sind als Zulieferer großer Unternehmen mit deren Fertigungsneugründungen »ausgewandert«. Dazu gehört Mahle, der Produzent von Kolben und Zylindern, der den Spuren der großen Automobilhersteller folgte und heute über eigene Produktionsstätten in Frankreich, Spanien, USA und Brasilien verfügt. In Korea, Japan, Mexiko und Indien verschaffte sich Mahle über Lizenzvergabe einen Zugang zum Markt. Keiper Recaro folgte ebenfalls der Automobilindustrie ins Ausland. Unter den sieben ausländischen Produktionsstätten des Autositz-Herstellers befindet sich auch eine in Japan, die dort Erstausrüster von Toyota, Mazda und Isuzu wurde. Alfred Kärcher hat mittlerweile für seine Reinigungssysteme Tochter- und Enkelgesellschaften in 25 Ländern.

Einige Mittelständler haben auch gezielt die Auslandsmärkte erobert – vor allem, um den hohen Aufwand für Forschung und Entwicklung durch gesteigerten Absatz wieder hereinzuholen. Diese Mittelständler sind auch auffallend stark in den Wachstumsmärkten vertreten. Sie bemühen sich, den individuellen Kundenwünschen mit maßgeschneiderten Produkten gerecht zu werden. Sie versuchen, einen begrenzten Markt auszureizen, indem sie weltweit operieren und so gezielt wie möglich auf die Belange der Kunden eingehen.

Gemessen am Weltmarktanteil bestimmen nicht die großen Konzerne wie Daimler Benz oder Siemens das Bild, sondern Mittelständler: *hidden champions*, die oft in Branchen abseits des Rampenlichts aktiv sind. Dazu gehören die Tetra-Gruppe aus Melle, die Weltmarktführer bei Futter für tropische Zierfische ist, Festo aus Esslingen, der Weltmarktführer bei pneumatischen Produkten ist, und die Webasto AG, die Schiebedächer weltweit verkauft. Die Bamberger Kaliko GmbH ist der führende Produzent von Bucheinbandstoffen. Die meisten Fischverarbeitungsmaschinen stammen aus dem Hause Baader, Lübeck; und Saft- und Bierflaschen werden weltweit mit Maschinen von Krones aus Neutraubling abgefüllt und etikettiert. Und diese Liste ist bei weitem nicht vollständig.

Um den weltweiten Markt zu erschließen, nutzen einige mittelständische Unternehmen auch strategische Allianzen mit lokal ansässigen Unternehmen. Oder sie teilen die Kosten der Forschung und Entwicklung untereinander auf, so etwa im Rahmen der Euroalliance zwischen den vier europäischen Pharmaherstellern Merckle GmbH, Deutschland, der italienischen Gruppe Alfa Schiapparelli Wassermann, den französischen Laboratoire L. Lafon und dem spanischen Pharmahaus Lacer S.A. Im Idealfall kommt es dabei zu einem Ausgleich komplementärer Interessenlagen.

Die Zahl neuer Partnerschaften deutscher Mittelständler mit Unternehmen in Japan und den USA wächst, und dies kann als Kompliment für die deutschen Mittelständler gelten. Denn japanische Unternehmen arbeiten in der Regel nur mit der Nummer eins des jeweiligen Produktionsbereichs zusammen.

Einige Mittelständler haben auch eine zeitlich begrenzte Partnerschaft im Auge. Als etwas größerer Mittelständler war beispielsweise Boehringer Ingelheim über 30 Jahre mit Tanabe Seiyaku, einem japanischen Pharmaunternehmen, verbunden und konnte so seine eigenen Produkte in Japan vermarkten. Im Laufe der Jahre nahm Boehringer den Import, die Werbung und die Verpackung der Medikamente selbst in die Hand. Seit 1993 steht Boehringer in Japan auf eigenen Beinen und hat nach dem Aufbau einer eigenen Vertriebsorganisation seine bestehende Marktposition ausbauen können. Ähnliches gilt für Festo: Nachdem man lange auf dem Gebiet der elektronischen Steuerung mit Omron zusammengearbeitet hatte, agieren die Unternehmen mittlerweile wieder unabhängig voneinander.

Gerade für Deutschland, wo der Mittelstand über 64 Prozent aller Arbeitnehmer beschäftigt und rund 46 Prozent aller Umsätze erwirtschaftet, hat die Globalisierung zunehmende Bedeutung. Vereinfacht läßt sich sagen: Unternehmen, die technisch hochwertige Produkte anbieten, werden von einem globalen Markt profitieren, während jene Mittelständler, die »Allerwelts«-Produkte herstellen, durch den künftigen Wettbewerb in Schwierigkeiten kommen dürften.

II.2

Entwicklung des internationalen Handels

Kaufleute sind vaterlandslose Gesellen.
Nicht einmal der Platz, auf dem sie
stehen, bindet sie so sehr wie der Ort,
an dem sie ihren Gewinn machen.
Thomas Jefferson

Als Gaius Pontius im Jahre 10 vor Christus sein Schiff belud, um Getreide aus Ägypten nach Rom zu bringen, war ihm sicher nicht bewußt, daß er damit den globalen Handel begonnen hatte. Historisch gesehen, ist die Internationalisierung der Wirtschaftsbeziehungen aber tatsächlich ein frühes, bereits im Altertum vorzufindendes Phänomen. Ein Blick in die Geschichte der Internationalisierung – deren jüngste Phase die Globalisierung ist – mag hilfreich sein, um Strömungen und Entwicklungen zu verstehen, die heute noch wirksam sind.

Internationalisierung bedeutet, daß Entscheidungen im Inland vom Ausland beeinflußt werden, aber auch ihrerseits Auswirkungen auf das Ausland haben. Durch die direkte und indirekte Verflechtung der Wirtschaftssysteme entstehen gegenseitige Abhängigkeiten. Globalisierung ist praktisch die »Endstufe« der Internationalisierung: Unternehmen betrachten dann den gesamten Weltmarkt als potentiellen Markt für ihre Produkte und operieren entsprechend.

Historisch betrachtet (und von Gaius Pontius und seinesgleichen einmal abgesehen), begann der Prozeß der Internationalisierung im 16. Jahrhundert mit dem einseitigen Abhängigkeitsverhältnis zwischen europäischen Staaten und ihren Kolonien. Als die dreizehn Neuenglandstaaten 1776 ihre Unabhängigkeit vom britischen Königreich erklärten, war aber bereits das Ende dieses merkantilkolonialen Wirtschaftsstils abzusehen. Von einer tatsächlichen Internationalisierung der Wirtschaft und der Wirtschaftspolitik im eigentlichen Sinne kann erst mit der Herausbildung der Nationalstaaten nach der Amerikanischen und der Französischen Revolution gesprochen werden.

Verschiedene Faktoren führten im 19. Jahrhundert zum Übergang von Kolonisation und Handel zu grenzüberschreitenden wirt-

Aufbruch zur Weltwirtschaft vor über 200 Jahren

Entwicklung der Handelswege

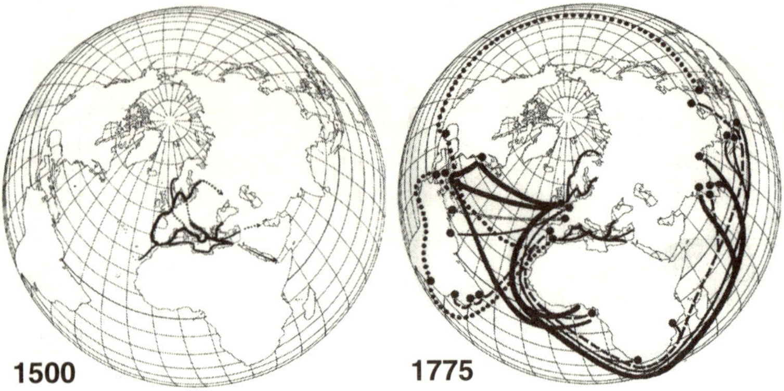

Quelle: Fernand Braudel München 1986

schaftlichen Beziehungen im Rahmen einer Weltwirtschaft. Zu diesem Zeitpunkt waren alle Regionen der Erde erschlossen und auch weitgehend besiedelt. Außerdem waren sie verkehrs- und handelsmäßig miteinander verbunden. Im industrialisierten Europa führte der Bevölkerungsdruck zur Suche nach überseeischen Siedlungsmöglichkeiten. Zudem nahm die soziale Spannung zwischen Bourgeoisie und der neu entstandenen, politisch engagierten Arbeiterklasse zu und fand mit der Auswanderung ein Ventil. Wichtige Meilensteine bei der Internationalisierung waren Innovationen wie die Dampfschiffe oder der Telegraph, die Transport- und Kommunikationskosten senkten. Die Gründung von Aktiengesellschaften und Börsen förderte darüber hinaus den nationalen und internationalen Kapitalverkehr.

Wohlfahrtsgewinn durch internationalen Handel

Nachdem bereits Adam Smith die Vorzüge des Freihandels beschrieben hatte, lieferte David Ricardo die theoretische Begründung für die weitere Entwicklung des internationalen Handels. Er bot mit seinem Prinzip der komparativen Kostenvorteile eine um-

Ricardo lebt – Spezialisierung in der Welt

(Auswahl, 1995)

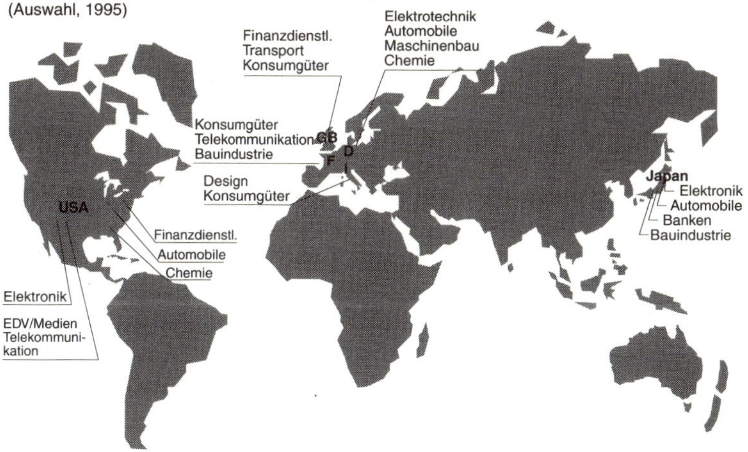

fassende Erklärung für die Notwendigkeit von Marktöffnung, weltweitem Handel und internationaler Arbeitsteilung.

Die Spezialisierung von Volkswirtschaften auf wenige Branchen läßt sich noch in der heutigen Wirtschaft nachvollziehen.

Gleichwohl sind alle Industrieländer potentiell in der Lage, auf der ganzen Breite der Produktionspalette tätig zu sein. Unbeschadet spezifischer Schwerpunkte spezialisieren sich die Industrieländer längst nicht mehr nur auf einige wenige Branchen. Vielmehr werden in den meisten Industrieländern die Produkte derselben Branche zugleich exportiert und importiert. Oft genug unterscheiden sich Exporte und Importe nur noch durch verschiedene Qualitätsstufen. Diese zunehmende Ähnlichkeit der Export- und Importkörbe bezeichnen Ökonomen als intra-industrielle Arbeitsteilung. Sie hat sich seit den frühen achtziger Jahren zur eigentlichen Triebkraft des Wachstums im Welthandel entwickelt. Die Folge für die Volkswirtschaft ist der intensivere Wettbewerb: Nahezu jedes Produkt muß sich nicht nur auf dem Weltmarkt der internationalen Konkurrenz stellen, sondern auch auf dem heimischen Markt.

In der Spätphase der Industrialisierung führten insbesondere die neuen Industrien – die chemische, die Auto-, die Elektroindustrie –

die Internationalisierung der Produkte an. Vor allem das Know-how und die Innovationsvorsprünge bei der Produktion waren für sie im Ausland vorteilhaft gegenüber den natürlichen Standortvorteilen der einheimischen Produzenten. Freilich hatten diese wiederum Vorteile durch ihre Sprachkenntnisse, ihre Kontakte zur Regierung und ihre Vertrautheit mit den Wünschen der Konsumenten. In dieser Phase dominierten US-amerikanische und englische Unternehmen bei den ausländischen Direktinvestitionen, denn sie hatten eine hohe Innovationskraft, eine profitable Heimatbasis und einen gut ausgebildeten Kapitalmarkt.

Während die Wirtschaft immer internationaler wurde, fehlte ein institutioneller wirtschaftspolitischer Überbau. Vor allem in Deutschland und Italien, den »verspäteten Nationen«, hatten sich nationale politische Institutionen noch nicht vollständig herausgebildet. Die Führungsrolle in der Weltwirtschaft, die Großbritannien im Zeitalter des Imperialismus (1870–1918) hatte, resultierte nicht nur aus wirtschaftlicher Stärke – London war weltweit der führende Finanzplatz –, sondern auch aus der Beherrschung der internationalen Verkehrs- und Kommunikationsmittel. Das Deutsche Reich und Italien entwickelten sich hingegen zunehmend zu Mächten, die von nationalistischer Ideologie und imperialen Gedanken beherrscht wurden. Die Konkurrenz der Nationalstaaten führte zu einem Wettlauf um die Kolonien und einem internationalen wirtschaftlichen und politischen Konfliktpotential, das man durch Absprachen und Bündnisse kontrollieren wollte.

Rasch zunehmende Internationalisierung

Zu Beginn des 20. Jahrhunderts ging die Führungsrolle in der Weltwirtschaft allmählich von Großbritannien auf die Vereinigten Staaten über. Die wirtschaftliche Macht der USA gründete sich zunächst auf den größten und am stärksten wachsenden Binnenmarkt der Welt. Hinzu kam ein leistungsfähiges Universalbankensystem und mit dem Federal Reserve System 1913 eine einheitliche Zentralbankgeldversorgung. Durch die relativ begrenzten kolonialen Aktivitäten ersparten sich die Vereinigten Staaten zudem kostspielige und militärisch aufwendige Aktionen im Ausland.

Die anhaltende Industrialisierung, das permanente Bevölkerungswachstum und die kolonialen und imperialen Aktivitäten führten dazu, daß – trotz Schutzzollpolitik – der Welthandel in kurzer Zeit rasch wuchs: Von 1870 bis 1913 vervierfachte sich das Weltexportvolumen. Für die weitere Internationalisierung der Wirtschaftspolitik (1919–1939) war der Erste Weltkrieg ein außerordentlich wichtiger Auslöser. Erstmals waren Staaten in großem Umfang Schuldner und Gläubiger – zum einen durch die Reparationszahlungen, zum anderen durch die interalliierten Schulden, da die europäischen Kriegsgegner der Mittelmächte ihre Rüstungsausgaben durch US-Kredite finanziert hatten. Im Rahmen der Reparationszahlungen wurde die Bank für Internationalen Zahlungsausgleich gegründet. Die Chance, mit dieser internationalen Organisation ein Forum für internationale Zusammenarbeit im Außenwirtschaftsbereich zu schaffen, wurde jedoch nicht genutzt.

Die Eigendynamik der wirtschaftlichen Internationalisierung über Märkte und Unternehmen reichte in den zwanziger und dreißiger Jahren nicht mehr aus, die politischen Maßnahmen vieler Staaten auszugleichen, die einer weltwirtschaftlichen Integration entgegenwirkten. Der Welthandel stagnierte. Mit ihrer auf Autarkie gerichteten Planwirtschaft koppelte sich die Sowjetunion von der Weltwirtschaft ab – damit fiel ein wichtiger Anbieter und Nachfrager aus. Die internationalen politischen Gegensätze, die Wechselkursunsicherheiten und die erhöhten Zollsätze taten ein übriges. Die Wiederherstellung eines multilateralen, offenen internationalen Wirtschaftssystems wurde zugunsten von Kartellierungstendenzen und Blockdenken aufgegeben.

Die Weltwirtschaftskrise (1929–1936) zerrüttete das internationale Finanz- und Handelssystem, das sich in den Jahren zuvor langsam konsolidiert hatte. Der Abwertungs- und Zollerhöhungswettlauf der Länder führte zu sinkendem Handelsvolumen. Der Welthandel reduzierte sich in nur vier Jahren von 2998 Millionen US-Dollar auf 992 Millionen.

Nachdem die internationale Wirtschaftskonferenz 1933 in London gescheitert war, wurde zu radikalen nationalen Lösungen gegriffen. Auf dieser Konferenz war eine Einigung über die angestrebten international koordinierten und finanzierten staatlichen Arbeitsbeschaffungsprogramme nicht erreicht worden. Die Entfesselung des Zweiten Weltkriegs zerstörte dann alle Hoffnungen auf friedliche internationale Zusammenarbeit.

Zu den Lehren der Weltwirtschaftskrise gehört, daß die Politik nur begrenzt in der Lage ist, international gemeinsame wirtschaftliche Probleme zu lösen – die Möglichkeiten dazu blieben seinerzeit ungenutzt. Das zeitliche Nachhinken internationaler Politik-Arrangements gegenüber dem Internationalisierungsprozeß der Wirtschaft – damals wie heute – folgt aus einem Kosten-Nutzen-Kalkül: Während Unternehmen durch grenzüberschreitende Liefer-, Finanzierungs- und Absatzbeziehungen ihren Gewinn maximieren, erscheinen Politikern die Kosten einer Internationalisierung höher als der Nutzen. Sie müssen Autonomieverluste und Handlungsbeschränkungen hinnehmen und Kompetenzen an internationale Institutionen abgeben. Der Nutzen einer koordinierten internationalen Wirtschaftspolitik ist hingegen weniger meßbar. Besonders ein großes Land wie die USA kann durchaus durch Ad-hoc-Problemlösungen seine Interessen verteidigen. Damit gibt es kaum Anreize für eine Politikkooperation.

In Westeuropa konnten sich die Märkte und Unternehmen seit den fünfziger Jahren rasch internationalisieren. Bei steigendem Pro-Kopf-Einkommen wurden die Ansprüche der Konsumenten immer größer, der internationale Handelsaustausch damit aber auch interessanter. Von 1950 bis 1970 verfünffachte sich der Weltexport. Im Jahresdurchschnitt wuchs er nominal um 8,5 Prozent. Die massiven Zollsenkungen durch die GATT-Runde 1967/68 haben hierzu ebenso beigetragen wie der weltweite Wirtschaftsaufschwung. Unterstützt wurde diese Tendenz durch die auch politisch begründete Wirtschaftsintegration in Westeuropa. 1950 wurde die Europäische Zahlungsunion gegründet. Damit konnte jede Mitgliedswährung frei und unbeschränkt in jede andere Währung umgetauscht werden. Die wirtschaftliche Zusammenarbeit in größerem Umfang begann 1951 mit der Europäischen Gemeinschaft für Kohle und Stahl (Montanunion, EGKS). Ihr folgten die EURATOM für Atomenergie und 1957 die Europäische Wirtschaftsgemeinschaft, deren Ziel zunächst eine reine Zollunion war.

Nach der Wiedereinführung der Währungskonvertibilität Ende der fünfziger Jahre nahm die Anzahl der Auslandstochterunternehmen deutlich zu. Dabei lagen zunächst die US- und die britischen Unternehmen in Führung. Kontinentaleuropäische Firmen hingegen gingen in den fünfziger und sechziger Jahren zunächst nur langsam den Weg zum multinationalen Unternehmen. Ende der sechziger Jahre überflügelten die kontinentaleuropäischen Unternehmen jedoch die britischen in dieser Hinsicht, weil die Wirtschaftsintegration in der EG (damals noch ohne Großbritannien) die Fähigkeit und den Willen der kontinentaleuropäischen Unternehmen zur Multinationalisierung gestärkt hatte. Zugleich setzte Ende der sechziger Jahre die beschleunigte Multinationalisierung japanischer Unternehmen ein – zunächst in Südostasien, später auch in den EG-Staaten und den USA.

Die 600 umsatzstärksten multinationalen Produktionsunternehmen mit einem Umsatz über einer Milliarde US-Dollar pro Jahr repräsentierten Mitte der achtziger Jahre rund 25 Prozent der weltweiten Wertschöpfung in der Industrie. Allerdings darf man bei den Multinationalen nicht nur an die Großunternehmen denken – etwa die Hälfte aller multinationalen Unternehmen waren kleinere und mittlere Firmen. Dieser Prozentsatz erhöht sich natürlich noch, wenn man indirekte Beschäftigungs- und Produktionsverhältnisse sowie den Einfluß von internationalen Minderheitsbeteiligungen berücksichtigt.

Schlüsselt man beispielsweise die Fortune-Liste des Jahres 1995 der fünfzig weltgrößten Unternehmen, am Umsatz (revenue) gemessen, nach dem Land ihres Hauptsitzes auf, so erhält man ein interessantes Ergebnis: 22 Unternehmen kommen aus Japan, 14 aus den USA, sechs aus Deutschland, zwei Unternehmen haben je zwei Hauptsitze in Großbritannien und den Niederlanden. Je zwei kommen auch aus Italien, Großbritannien, Österreich und der Schweiz.

Der Wettbewerb zwischen Unternehmen und Ländern vollzieht sich seit den achtziger Jahren zunehmend im Rahmen einer Weltmarktwirtschaft. Letztlich haben auch die Reformbemühungen in Osteuropa und China die Globalisierung der Wirtschaft begünstigt, da für Handel und Auslandsproduktion hinderliche Beschränkungen allmählich aufgehoben werden. Die alte Weisheit, daß der Kaufmann der Flagge folge, gilt immer weniger – für die global agierenden Unternehmen stimmt eher das Gegenteil.

II.3

Verändertes Zusammenspiel zwischen Staat, Unternehmen und Haushalten

Nicht die Politik ist unser Schicksal,
sondern die Wirtschaft.
Walther Rathenau

Wenn die Globalisierung an Umfang und Dynamik erheblich zunimmt, so kann dies für das Zusammenspiel von Staat, Unternehmen und Haushalten nicht ohne Konsequenzen bleiben.

Die Unternehmen werden immer globaler, der Staat hingegen bleibt auf seine nationalen Grenzen fixiert – so ist er schließlich definiert. Der Bürger dagegen ist hin- und hergerissen zwischen seiner Rolle als globaler Konsument und seiner Rolle als lokaler, wenig mobiler Arbeitnehmer. Der Staat und die lokale Arbeitnehmerrolle bilden geradezu eine fortschrittshemmende Mauer zwischen globalen Unternehmen und Konsumenten, während die Unternehmen die Globalisierung aktiv vorantreiben und die Haushalte sich als Konsumenten und Arbeitnehmer unterschiedlich verhalten.

Die Unternehmen als Zugpferde der Globalisierung

Für die Unternehmen bedeutet die zunehmende Globalisierung auch eine gewisse Emanzipation vom Staat: Das »Made in Germany« ist nicht mehr so essentiell wie früher. Mercedes-Benz kann heute in Brasilien, der Türkei, in den USA oder morgen in Malaysia, China oder Indien produzieren und die gleiche Fertigungsqualität erzielen wie in Deutschland. Ein Volkswagen aus Wolfsburg hat Bauteile, die aus zwanzig Ländern stammen. Entscheidend ist nicht mehr das Wo, sondern das Wer – statt »Made in Germany« etwa das »Made by Mercedes-Benz«.

Das globale Unternehmen wird seine Wertschöpfungskette internationalisieren und dabei eine optimale Konstellation anstreben. Es wird Forschungslabors auf der ganzen Welt haben, bevorzugt dort, wo auch andere forschen und sich »Brain Centers« bilden. Sie können miteinander im produktiven Wettbewerb stehen, und sie

Globalisierung verschiebt das Machtgefüge in der Volkswirtschaft

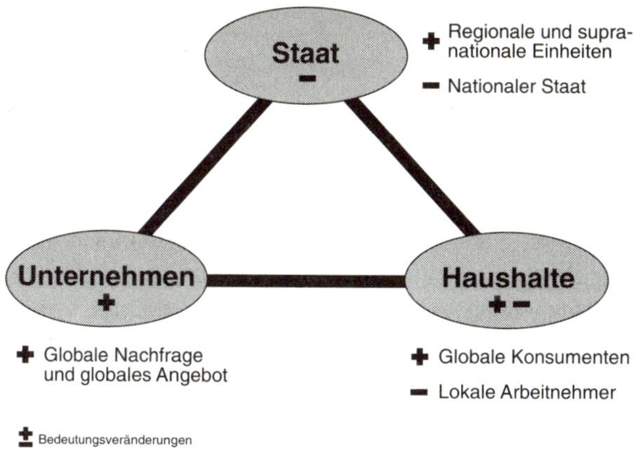

können die Zeitunterschiede ausnutzen – nach acht Stunden Entwicklungstätigkeit in Japan werden die Unterlagen per E-Mail nach Deutschland geschickt, von dort nach der Weiterbearbeitung acht Stunden später an das Entwicklungslabor in Kalifornien überspielt.

Die Fertigungsinvestitionen werden weit stärker als bisher um den Globus verteilt. Das Modell der Konsumgüterindustrie, wo – wie dargestellt beim Bier – ein Netz von strategischen Allianzen dafür sorgt, daß man in nahezu allen Märkten der Welt fertigen kann, führt zu einer idealen Auslastung der Fixkosten. »Use somebody else's fixed costs – Nutze die Fixkosten eines anderen« wird zum Leitmotiv. Unschwer ist vorauszusehen, daß Unternehmen versuchen werden, sich die Risiken zu teilen, statt im Alleingang Fertigungskapazitäten aufzubauen. Das global agierende Unternehmen wird anders als bisher eine globale Logistik benötigen, bei der globale Beschaffung, die unternehmensinternen Wertflüsse und die Fertigwarendistribution in optimaler Form zusammenspielen.

Das globale Unternehmen wird versuchen, eine internationale Marke durchzusetzen und gleichzeitig alles dafür tun, so lokal wie irgend möglich zu erscheinen. Die Kunden in aller Welt werden aufmerksam und neugierig, wenn Apple, Sony, Honda oder andere Unternehmen mit einem derart bekannten Namen ein neues Produkt auf den Markt bringen. Diese Unternehmen starten bei jeder neuen Produkteinführung sozusagen aus der Pole-Position, ihre neuen Produkte profitieren von der unmittelbaren Glaubwürdigkeit der Marke, von der bisherigen Führungsposition.

Doch bei aller Globalisierung müssen auch nationale Eigenheiten wie unterschiedliche Geschmacksrichtungen und Designansprüche berücksichtigt werden. Das Motto »So global wie möglich, so lokal wie nötig« kommt auch hier zum Tragen. Der Vorsitzende von Nestlé, Helmut Maucher, faßt die Logik der globalen Marke wie folgt zusammen: »Der Name Nestlé wird nun auf all unseren Marken eingeführt – auf Maggi, Findus, überall. Alle tragen das Nestlé-Vogelnest auf der Rückseite. Lokale Produkte spiegeln lokale Unterschiede wider, aber der Vorteil eines weltweiten Unternehmens liegt in einer gemeinsamen Identität wie bei Volvo oder Coca-Cola.«

Die globalen Unternehmen haben die Möglichkeit, »Standortarbitrage« zu betreiben und sich dort niederzulassen, wo es am vorteilhaftesten für sie ist – dadurch steigt auch ihr Einfluß auf die Politik. Sie können zudem protektionistische handelspolitische Maßnahmen umgehen. Lassen sich die Unternehmen im Ausland nieder, können ihnen Zölle nichts mehr anhaben, und die dort einheimischen Unternehmen können durch protektionistische Maßnahmen nicht mehr geschützt werden. Globale Unternehmen verfügen in der Regel auch kurzfristig über beträchtliche finanzielle Mittel, die sie am Kapitalmarkt einsetzen. Damit haben sie auch indirekt über die Märkte einen erheblichen Einfluß auf den Staat. Selbst wenn ein Staat den internationalen Kapitalverkehr beschränken würde, könnten die globalen Unternehmen die staatlich gesetzten Barrieren auf den internationalen Finanzmärkten umgehen, indem sie auf ihre unternehmensinternen Finanzkanäle zurückgreifen.

Der Haushalt des Bürgers in einer Doppelrolle

Die Position der Haushalte zur Globalisierung ist von der Doppelrolle als globaler Konsument und lokaler Arbeitnehmer bestimmt. Der gleiche Konsument, dessen Warenkorb durch globale Produkte bestimmt ist und der seinen Urlaub zweimal im Jahr an exotischen Plätzen des Globus verbringt, macht eine seltsame Wandlung durch, sobald er daheim wieder zum Arbeitnehmer wird.

Kaum zu Hause in seiner Wohnung angekommen, erlebt er den vertrauten Weg zur Arbeitsstätte, er kennt seine Arbeit und hat sich mit seiner inneren Geschwindigkeit auf eine jährliche zwei- bis dreiprozentige Produktivitätssteigerung eingestellt. Attraktivere Stellenangebote in anderen Teilen der Republik oder gar im Ausland nimmt er kaum zur Kenntnis, da ein Wohnsitzwechsel zu aufwendig und zu unbequem ist.

Der globale Konsument möchte als lokaler Arbeitnehmer Arbeitsplatz und angestammten Wohnsitz behalten. Er verlangt vom Staat und vom Arbeitgeber, daß er diesen Arbeitsplatz schützt, und er verlangt von der Gewerkschaft, daß sie diesen Arbeitsplatz sichert oder zumindest durch entsprechende Sozialpläne den Arbeitsplatzverlust abfedert. Der Anteil der erwerbsfähigen Bevölkerung, der einen Arbeitsplatz hat, verteidigt ihn mit Zähnen und Klauen. Die Menschen ohne Arbeitsplatz bleiben oft außen vor; bei den kollektiven Tarifvereinbarungen werden sie und ihre Belange selten ausreichend berücksichtigt. Die Gewerkschaften verstehen sich vor allem als Vertreter der Arbeitbesitzenden, deren Besitzstände sie wahren müssen. Für die Arbeitslosen soll der Staat mit Arbeitslosenhilfe oder Sozialfürsorge sorgen. Genügend Geld bezahlt man ja durch seine monatlichen Beiträge.

Beklemmend bleibt das Gefühl, daß der dynamische, weltoffene Konsument als Arbeitnehmer alles andere als dynamisch und weltoffen ist. Der Mensch als Konsument kennt die Wolkenkratzer und Kathedralen der ganzen Welt, als Arbeitnehmer aber nur seinen Dorfplatz und seinen gewohnten Kirchturm. Stetige Warnungen, etwa daß die Jobs von morgen nicht mit den Qualifikationen von gestern zu bekommen sind, werden kaum beherzigt. Zu viele Menschen haben keine ausreichende Qualifikationen, um sich im harten Wettbewerb behaupten zu können, oder sie haben die falschen. Das Beharren auf erlernten und gewohnten Berufsbildern macht die Sache noch schwieriger. Kein Stahlkocher möchte seinen Sohn Stahlkocher werden lassen; kaum ein Bergmann möchte seinen Sohn zum Bergmann ausbilden lassen. Trotzdem ist die implizite Idee der Erhaltung subventionsbedürftiger Industrien eben die, daß solche Industrien deshalb erhalten bleiben, weil sie schon den Vätern Arbeit und Brot gaben.

Auch Konsumenten überlassen Risiken gerne dem Staat. Nicht nur, daß er möglichst eine Arbeitsplatzgarantie übernehmen sollte, auch für die Risiken der Freizeit soll er einstehen. Das treibt merkwürdige Blüten. So sollen die Bundesregierung und das Finanzministerium für die Pleite verschiedener Reiseveranstalter im Jahre 1993 geradestehen. Es ist Sache der Juristen zu entscheiden, ob die Bundesregierung wegen der Nichtumsetzung der EG-Richtlinie eine Mitschuld trägt. Mitverantwortlich sind aber doch – neben der Reisebranche – auch die Urlauber selbst: Wer ohne Absicherung Tausende von Mark für eine Reise auf den Tisch legt, wer beim Schielen auf Billigstangebote außer acht läßt, daß echte Leistungen ihren Preis haben, muß sich Leichtfertigkeit vorwerfen lassen. Wenn der Billigst-Reiseveranstalter dann zahlungsunfähig wird, soll der Staat und damit die Allgemeinheit die Kosten übernehmen. Wenn sich dann eine noch nicht umgesetzte EG-Richtlinie findet – um so besser.

Der Staat verliert an Bedeutung

Für den Staat und seine Organe gibt es vordergründig kaum einen Anreiz, globaler zu agieren; zudem verliert der Staat im Zusammenspiel mit Unternehmen und Haushalten an Bedeutung.

Die Regierung hat zwar durch die Teilnahme an internationalen Gremien die Möglichkeit, ihren Einfluß zu vergrößern. Dem stehen aber auch Machtverluste gegenüber. In der Landwirtschaft etwa ist eine nationale Politik kaum mehr möglich; sie findet in Brüssel statt. Der deutsche Landwirtschaftsminister ähnelt häufig mehr einem Interessenvertreter als einem Entscheidungsträger. Ein deutliches Beispiel ist auch der Vertrag von Maastricht. Während Zeitpläne und Konvergenzkriterien für den Währungsverbund minutiös ausgehandelt wurden, führen alle Bestrebungen, die Politik gemeinschaftlich zu formulieren und umzusetzen, zu dehnbaren Formulierungen. Von einem konkreten Inhalt kann nicht mehr die Rede sein.

Die Politik verläßt sich bei der Globalisierung lieber auf die Wirtschaft. Hinzu kommt (vor allem in Zeiten leerer Kassen) ein grundsätzliches Bestreben, aus jeder internationalen Zusammenarbeit mehr herauszuholen, als man selbst investiert. Weitere Gründe für eine Zurückhaltung bei der Globalisierung sind auch die hohen Informations- und Einigungskosten, die Zeitverluste, bis eine Einigung erzielt wird, und nicht zuletzt die begrenzten Möglichkeiten der Kontrolle internationaler Organisationen.

Die staatliche Bürokratie kann durch eine Internationalisierung nur verlieren, büßt sie doch mit jeder Weitergabe einer Zuständigkeit an Einfluß ein. Die Tendenz jeder Bürokratie, aus sich heraus zu wachsen und sich immer neue Aufgaben zu suchen, würde zwar voraussichtlich ein Schrumpfen der nationalen Bürokratie bei zunehmender Globalisierung der Politik verhindern, macht eine Globalisierung für sie aber nicht attraktiver.

Das Interesse der Politik an einer Globalisierung ist auch mit Blick auf die Wähler eher gedämpft. Die Vorteile, die die Wirtschaft durch internationale politische Vereinbarungen erzielt und die auch dem einzelnen Konsumenten zugute kommen würden, sind den Wählern nicht bewußt. Die Kosten eines »weiter wie bisher«, wie höhere Arbeitslosigkeit und Produktivitätsverluste, sind ebenfalls für die Wähler nicht direkt erkennbar. Auch in Deutschland ist die Begeisterung für internationale Zusammenarbeit nicht sehr groß, betrachtet man allein das Mißtrauen, das der Europäischen Union entgegengebracht wird.

Es mag dem Staat an eigenem Antrieb zu globalerem Handeln mangeln – die Unternehmen und auch die Märkte zwingen ihn aber letztlich dazu, globaler zu werden. Die Fähigkeit des Staates, die Wirtschaft in einem geschlossenen ökonomischen System mit nationalen Abgrenzungen zu sehen, wird sich künftig noch mehr als heute reduzieren. Statt dessen gewinnen einerseits supranationale Einheiten, andererseits regionale Einheiten an Bedeutung.

Der Staat erlebt immer häufiger, daß die wesentlichen Elemente der Globalisierung, nämlich die grenzüberschreitenden Handels-, Kapital- und Informationsströme, seinem Einfluß entgleiten. Der Staat erlebt, daß die supranationalen Einheiten wie die Europäische Union, aber auch die G7, G24 oder der OECD-Länderblock immer wichtiger werden. Damit wird sich die Rolle des Staates grundlegend verändern. Er hat in der Vergangenheit mit seiner Außen- und Verteidigungspolitik und natürlich auch mit seiner Wirtschaftspolitik den Bürgern und den Unternehmen den Rahmen für ihre Tätigkeit gesetzt. Seine Gesetze und sein Einflußbereich sind jedoch auf die nationalen Grenzen beschränkt.

Auf der anderen Seite erlebt der Staat, daß die regionale Dimension an Bedeutung gewinnt. Nachts übermalen wallonische Sprayer die flämischen Ortsschilder, ein anderes Mal sind es Flamen, die die französischen Namen ändern. In Barcelona hat fast jeder katalanische Pkw das inoffizielle »C« anstelle des Nationalitätenkennzeichens auf dem Heck kleben. Die Bayern betonen ihre Verbundenheit mit dem Freistaat durch weiß-blaue Dekorationen. In Genf sieht man Autofahrer, die die Schweizer Fahne auf dem Kennzeichen mit dem Kantonswappen überkleben. Auch die Schotten oder Lombarden fühlen sich nicht nur ihren Zentralregierungen in London oder Rom verbunden. Wir erleben den Bürger mit mehreren Identitäten. Der einzelne fühlt sich zwar immer mehr als Weltbürger, als Europäer, gleichzeitig aber auch als Schwabe, Rheinländer, Bayer oder Sachse.

Die Lokalbeziehung scheint stärker zu werden als die Nationalbeziehung. Der Globetrotter, der von einem längeren Auslandsaufenthalt zurückkommt, fühlt sich nicht nach der tatsächlichen Grenzüberschreitung oder nach der Paßkontrolle am Frankfurter Flughafen zu Hause. Erst wenn er wieder in seiner Stadt ist, gleichgültig ob Stuttgart, München oder Bonn, dort, wo seine Familie, seine Freunde und sein Arbeitsplatz sind, fühlt er sich daheim.

Einer der Gründe für die zunehmende Regionalisierung ist ein Mißtrauen gegen »die da oben«, die zu weit weg sind, als daß man ihre Motive und Tätigkeiten nachvollziehen könnte. Man traut sich zu, vor Ort besser beurteilen zu können, ob das Haushaltsdefizit akzeptabel ist oder Steuergelder sinnlos verschwendet werden. Viele internationale Konzerne haben sich beispielsweise rund um Barcelona niedergelassen, die Steuern gehen aber an die Zentralregierung in Madrid. Jetzt wollen die Katalanen zumindest an den Steuereinnahmen beteiligt werden. Doch damit würde das Ungleichgewicht etwa zum größeren, aber weniger industrialisierten Andalusien verstärkt. Dies offenbart einen weiteren Grund für die zunehmende Regionalisierung: die Angst vor Wohlstandsverlusten. Die Flamen möchten nicht länger die Wallonen unterstützen, die unter dem Niedergang der Schwerindustrie leiden. Auch die Norditaliener würden sich gerne vom »Bruder« im armen Süden trennen, der aus der Perspektive von Mailand oder Turin fast auf dem Niveau eines Entwicklungslandes lebt.

Im Vertrag von Maastricht ist Subsidiarität vereinbart, das Prinzip also, größere Einheiten nur das regeln zu lassen, was die jeweils kleineren Einheiten nicht regeln können. Dies ist sinnvoll, sofern es nicht als Signal für eine Aufspaltung mit immensen Kosten verstanden wird. Eine dezentrale Verteilung von Aufgaben auf Regionen und Kommunen entspricht dem freiheitlich demokratischen Staatsverständnis, wie es schon im achtzehnten und neunzehnten

Jahrhundert von Montesquieu, Rousseau, dem Freiherrn vom Stein sowie von Tocqueville beschrieben worden ist. Aber auch praktische Erwägungen sprechen für die intensive Beteiligung nachgeordneter Körperschaften. So sind die Bedürfnisse der Bürger auf lokaler Ebene eher zu erkennen. Zudem ist die Erfüllung von Bürgerwünschen um so leichter, je weniger unterschiedliche Interessen es gibt, also je kleiner die Anzahl der Bürger ist. Länder und Regionen haben einen größeren Einfluß auf das wirtschaftliche Geschehen, auf das Arbeitskräfteangebot, auf den Nahverkehr, auf die Wohnungssituation und auf die Schulen als der Staat. Sie sind »näher dran am Bürger«.

Zwischen der zunehmend supranationalen Orientierung auf der einen Seite und der zunehmend regionalen und kommunalen Orientierung auf der anderen Seite geht die Bedeutung des Nationalstaates zurück. Die nationale Identität ist weit weniger von Bedeutung, als sie es in der bisherigen Geschichte der Weltwirtschaft war. Umweltpolitik kann immer weniger im nationalen Rahmen betrieben werden, Außenpolitik findet immer mehr bei der UNO oder der Europäischen Union statt. Die Währungspolitik wird sehr stark durch die europäische Zentralbank mitbestimmt werden, während die lokalen Dimensionen der Ausbildungs-, Wohnungs-, Verkehrs- und Wirtschaftspolitik eben regional bleiben.

Diese Polarisierung – hier internationale Gremien, dort lokale Politik – wird durch die Globalisierung der Märkte weiter vorangetrieben.

Die Kapitalmärkte, die zum einen weitgehend dereguliert sind, zum anderen dem ökonomischen Ideal des vollkommenen Marktes am nächsten kommen, üben bereits heute auf den Staat einen erheblichen Einfluß aus. Er wird in Zukunft noch zunehmen. Die Macht der Kapitalmärkte wird deutlich, wenn man sich vorstellt, daß der Kapitalmarkt im Jahr 2000 ein Volumen von schätzungsweise 83 Milliarden US-Dollar haben wird – Tendenz steigend. Setzt man das Kapitalmarktvolumen in Relation zu den weltweiten Staatsausgaben, so ist es bereits 1994 rund dreimal so groß. Die Staatsverschuldung wird heute bereits zunehmend durch die Kapitalmärkte kontrolliert, die damit so etwas wie »Polizisten« der Nationalstaaten werden.

Ein Beispiel für den Einfluß der Kapitalmärkte liefern die Devisenmarktturbulenzen im März 1995. Auch wenn die Reaktion der Märkte, die zum dramatischen Kursverfall bei US-Dollar, italienischer Lira und britischem Pfund führten, als übertrieben galt – die Märkte reagierten letztlich auf fundamentale Daten. Die von der Währungsschwäche betroffenen Länder haben einen hohen Bestand an Staatsschulden aufgebaut und sind in den vergangenen Jahren bei der Bekämpfung der Neuverschuldung eher erfolglos gewesen. Aus diesem Grund forderten die Kapitalmärkte schon in der Vergangenheit Risikoaufschläge auf die Staatsanleihen dieser Nationen in Form höherer Zinsen. Die steigenden Zinslasten sollten für die Länder ein Anlaß zu stärkerer Disziplin sein. Die Möglichkeiten der Regierung und der nationalen Notenbanken, gegen diese Marktkräfte vorzugehen, bleibt begrenzt. Im Verhältnis zu den Kapitalmärkten erscheint schon heute das Einflußpotential des einzelnen Staates recht gering.

Wenn sich die mobilen Ressourcen – Kapital, Wissen und hochqualifizierte Arbeitskräfte – dort niederlassen, wo das Angebot an öffentlich bereitgestellten Gütern am ehesten ihren Präferenzen entspricht, können durch diese »Abstimmung mit den Füßen« Korrekturen der Wirtschaftspolitik erzwungen werden.

Für diese These sprechen mehrere Argumente. Der Wohlstand der immobilen Arbeitskräfte wird davon abhängen, inwieweit es gelingt, die vorhandenen mobilen Produktionsfaktoren zu halten oder neue anzuziehen. Kommt es durch lobbyistische Aktivitäten zur Abwanderung der mobilen Produktionsfaktoren, so sinkt langfristig das eigene Einkommen. Die Handlungsspielräume der Politiker werden zudem stark eingeschränkt, da durch die Abwanderung des Kapitals auch ihr finanzieller Manövrierraum kleiner wird. Ein Beispiel: Die Zinsabschlagsteuer in Deutschland hat viel Kapital über die Grenzen getrieben. Nachdem der Bundestag 1992 beschlossen hatte, für 1993 die Zinsabschlagsteuer einzuführen, wurden noch im Jahr 1992 für 58 Milliarden DM ausländische Investmentzertifikate gekauft – fünfmal soviel wie im Jahr zuvor. Im Januar 1993, unmittelbar nach der Einführung der Steuer, wurde dann der höchste Monatswert für den Kauf dieser Papiere verzeichnet: 12 Milliarden DM.

Betrachtet man die tiefgreifenden Veränderungen im Zusammenspiel von Unternehmen, Haushalten und Staat in ihrer Gesamtheit, so wird deutlich, daß die künftige Rolle des Nationalstaats in einer globalen Ökonomie völlig anders aussehen wird als heute. Die traditionellen Instrumente der staatlichen Regierung werden ihre Unzulänglichkeiten immer deutlicher zeigen.

Es ist zu klären, in welchem Umfeld Deutschland und seine Volkswirtschaft agieren wird. Das betrifft die EU ebenso wie die neuen Wirtschaftsregionen von NAFTA bis APEC. Und es berührt alle Probleme, die sich aus dem weltweiten Wettbewerb von Marktwirtschaften und dem globalen Kapitalmarkt als Wirtschaftsfaktor ergeben. Um so wichtiger ist die Frage nach Perspektiven, Wegen und Lösungen, nach neuen Modellen für die Rolle des Staates und für die Politik.

III

Deutschland ist keine Insel

III.1

Europa als Ausweg?

> Wenn ich noch einmal Gelegenheit hätte, mit der Politik europäischer Einigung einen Anfang zu machen, so würde ich mit der Kultur beginnen.
>
> *Jean Monnet*

Allein kann kein Staat und keine nationale Volkswirtschaft die Zukunft meistern. Die politischen und wirtschaftlichen Zusammenschlüsse überall in der Welt – ob EU oder NAFTA, ASEAN oder APEC – haben zu starken Handelsblöcken geführt, die, für sich genommen, schon globalisierte Regionen sind. Zugleich sind sie machtvolle Mitspieler im weltumspannenden Globalisierungsprozeß. Zumindest in Europa kommt das Ziel einer immer weitergehenden politischen Integration hinzu.

Was aber ist Europa? Sicherlich mehr als die finanzielle, industrielle und politische Macht der jetzt fünfzehn EU-Mitgliedsländer. Gewiß nicht nur der Konkurrent anderer Wirtschaftsgemeinschaften rund um den Globus. Mehr auch als die Brüsseler Bürokratie und als Freizügigkeit beim Reisen ohne Kontrollen und Schlagbäume, die erstmals vor mehr als 40 Jahren von jungen Enthusiasten der Europäischen Bewegung symbolisch geschleift wurden. Was ist Europa?

»Europa« steht für vieles. Der Begriff löst eine Unzahl von Assoziationen aus, und diese ändern sich fast schon von Jahr zu Jahr. War vor wenigen Jahren noch der Binnenmarkt unter dem Schlagwort »Europa '92« das beherrschende Thema, so stand schon kurze Zeit später der Vertrag von Maastricht ganz oben auf der Tagesordnung, und inzwischen hat sich als Folge des Vertrages der Focus auf die geplante Währungsunion und die Einführung des ECU verlagert.

Aber Europa bedeutet noch etwas ganz anderes. Es steht für eine Jahrhunderte alte Kultur- und Wertegemeinschaft, die auf der Idee von der Freiheit und Einzigartigkeit des Individuums basiert. Es steht seit der Mitte dieses Jahrhunderts für eine politische Vision, die die Einheit des Kontinents auf der Grundlage von Demokratie und Marktwirtschaft anstrebt. Heute umfaßt diese Einheit selbstverständlich auch die osteuropäischen Staaten, für deren Menschen dieses Europa stets der lebendige Gegenentwurf zur sozialistischen, planwirtschaftlichen Diktatur geblieben war.

Europa ist also viel mehr als eine bloße Wirtschaftsgemeinschaft und dennoch viel weniger als eine politische Körperschaft. Es ist kein Staat, doch gleichwohl eine bedeutende politische Größe – im Guten wie im Schlechten.

Im europäischen Alltag aber ist von all diesen hehren Zielen und Visionen kaum etwas zu spüren. Allenthalben wird über Europa räsoniert. Über den zu hohen Beitrag, den Deutschland zahlt, über den ECU, dem die gute D-Mark geopfert wird, über die Bürokratie in Brüssel, die von der Größe von Traktorsitzen bis zur Kantenlänge von Karamelbonbons alles regeln will. Wie wenig die Europäer von dem halten, was ihnen ihre Politiker als europäische Vision für das 21. Jahrhundert offerieren, haben am deutlichsten die Volksabstimmungen über den Maastricht-Vertrag gezeigt. Von Begeisterung keine Spur, allenfalls skeptische Billigung war da zu spüren.

Für viele Bürger ist dieses Europa daher mehr ein Alptraum denn eine Vision. Zumindest aber fragen sie sich, warum man sich nicht bis auf weiteres mit dem erreichten Stand zufrieden gibt, wenn schon klare Ziele und der Wille für die Weiterentwicklung fehlen. Denn die Widersprüche in Europas Politik sind in der Tat unübersehbar. Das fängt schon bei den weiteren Schritten zur wirtschaftlichen Einigung an. Derzeit könnten sich nur zwei Staaten für die geplante Währungsunion qualifizieren, und bis zum letztmöglichen Starttermin 1999 werden es kaum mehr sein. Weiter geht es mit dem Maastricht-Vertrag, der heute allenfalls noch als Entwurf für einen neuen Vertrag, Maastricht II, gehandelt wird, für den die Regierungskonferenz 1996 die Vorgaben formulieren muß. Und ein Desaster ist es, wenn die frischgebackene »Europäische Union« versucht, große Politik zu machen. Das beispiellose Versagen dieses Europas im Jugoslawien-Konflikt läßt es geraten erscheinen, sich bei allen wirklichen und vermeintlichen Fortschritten durch Binnenmarkt und Maastricht-Vertrag keine Illusionen über den weiten Weg zu machen, den Europa bis zur politischen Einigung noch zurückzulegen hat.

Dennoch ist der Eindruck richtig, daß die EU eine Eigendynamik entfaltet, die keine Rücksicht auf die realen Möglichkeiten und Bedingungen nimmt. Es muß sein, was politisch gewollt ist, komme, was mag. Vor solch gefährlicher Selbstüberschätzung der

Politik ist zu warnen. Europa ist immer noch weitaus mehr Zweckgemeinschaft als Eigenzweck. Die Maastricht-Gegner haben eines ganz deutlich gemacht: Der Bürger will wissen, wozu weitere Integrationsschritte erforderlich sind. Er ist nicht länger davon überzeugt, daß Integration schlechthin »gut« ist. Ein Verweis auf die europäischen Gründerväter Schuman und Adenauer ist hier angebracht, die bei aller Begeisterung für die europäische Idee doch immer Pragmatiker mit einem klaren Blick für das Machbare und Vermittelbare geblieben sind. Die ausschließliche Fixierung auf eine einmal gefaßte Konzeption und die Angst vor politischem Prestigeverlust sind die sichersten Rezepte, um die Vision Europa in Mißkredit zu bringen und Rückschläge zu programmieren.

Bei aller Begeisterung dürfen die politisch Handelnden die realen Möglichkeiten nicht überschätzen. Wer Europa weiter voranbringen will, muß über eine klare Beurteilung der realen Möglichkeiten und Notwendigkeiten verfügen. Der Pragmatismus Adenauers und Schumans ist der verläßlichste Weg, um der Vision eines geeinten Europa näherzukommen und es menschengerecht zu gestalten. Europa ist nicht Utopia, es ist kein monomaner Entwurf einer perfekten Welt, sondern eine Gemeinschaft, die den Menschen mehr Wohlfahrt, Sicherheit und Freiheit ermöglichen soll. Darum halten auch wir die »Evidenz der Zweckmäßigkeit« für das beste Kriterium, um zu einem lebenswerten und bürgernahen Europa zu kommen.

Der Weg zur Europäischen Gemeinschaft

Das Streben nach einer dauerhaften Befriedung Europas war und ist sicherlich die wesentliche Triebkraft für das Projekt der europäischen Einigung nach dem Zweiten Weltkrieg gewesen. Nicht nur die ersten 45 Jahre dieses Jahrhunderts, auch die Jahrhunderte zuvor waren geprägt von blutigen Auseinandersetzungen, von »Erbfeindschaften« und Erbfolgestreitigkeiten, von Religionskriegen, vom mörderischen Terror schrecklicher Ideologien.

Die zunehmende Verflechtung der Staaten, insbesondere Frankreichs und Deutschlands, sollte nach 1945 das Fundament für gemeinsame Interessen schaffen, die einem denkbaren Konflikt von sich aus Widerstandskräfte entgegensetzen. Die deutschen Ziele nach dem Ende des Zweiten Weltkrieges waren sehr naheliegend:

Politisch ging es darum, auf der Grundlage eines strikten Kurses der Westbindung Ansehen und Vertrauen wiederzuerlangen, erneut ein souveräner Staat zu werden und die Teilung des Landes zu überwinden. Wirtschaftlich war der Wiederaufbau des zerstörten Landes vordringlich, um Wohlfahrt, Stabilität und Unabhängigkeit zurückzugewinnen und den Menschen im eigenen Land neue Zuversicht zu geben. Aussöhnung und Zusammenarbeit mit dem französischen Nachbarn waren nicht nur Selbstzweck, sondern unabdingbare Voraussetzung, um diesen Zielen näherzukommen.

Deutschland war in einer denkbar schlechten Ausgangssituation, als es damals darum ging, seine Interessen bei der Gestaltung einer neuen Ordnung in Europa durchzusetzen. Deutschland war entmachtet, entmilitarisiert, geteilt. Sein Ansehen war weltweit zerstört, Vertrauen in die Berechenbarkeit mußten die Deutschen sich erst erwerben, derweil die Alliierten die Kontrolle über das Land ausübten. Es war weit mehr die Ohnmacht als die Macht Deutschlands, auf deren Grundlage Konrad Adenauer als Kanzler und Außenminister versuchen mußte, deutsche Interessen wahrzunehmen. Dem anderen Teil Deutschlands war selbst dies verwehrt.

Andererseits war Frankreich bestrebt, Deutschland einzubinden. Auch dieses Interesse ist aus der in diesem Jahrhundert durch zwei Weltkriege geprägten Geschichte zu verstehen. Frankreich lag daran, den Nachbarn im Osten nicht erneut so mächtig werden zu lassen, daß er wieder eine militärische Bedrohung darstellen konnte.

Die deutsche Suche nach Anbindung und der französische Versuch der Einbindung ergaben eine komplementäre Interessenlage, auf deren Basis sich die Zusammenarbeit beider Länder aufbauen konnte. Die kommunistische Gefahr war schließlich ein sehr wichtiger Faktor, der sich zugunsten Adenauers auswirkte und zu einer weiteren Grundlage komplementärer Interessen wurde. Die Zwänge des Kalten Krieges und der Blockteilung, die die Bundesrepublik an den östlichen Rand der westlichen Staatengemeinschaft rückte, trugen nicht zuletzt zu seiner rasanten Rehabilitation und seiner Aufnahme in die westliche Staatengemeinschaft bei. Neben idealistischen Ansätzen haben also auch handfeste politische Motive das Werk der europäischen Einigung vorangetrieben. Sie sind, wie so oft, die verläßlichste Grundlage für die Zusammenarbeit. Nur wer seine tatsächlichen Interessen offenlegt und deutlich begründet, kann sich Vertrauen in seine Außenpolitik erwerben.

Alte Antworten auf neue Konstellationen

Vor dem Hintergrund dieser These wird deutlich, warum die deutsche Außen- und Europapolitik im Ausland und vor allem in Frankreich seit der Wiedervereinigung mit etwas Skepsis, gelegentlich sogar mit Mißtrauen, verfolgt wird. Deutschland ist heute wieder eine geeinte Nation, es hat seine Souveränität zurückerlangt und ist inzwischen ein angesehenes und stabilisierendes Mitglied der Völkergemeinschaft, der EU und des westlichen Bündnisses. Deshalb muß die Interessengleichheit zur neuen Grundlage der deutsch-französischen Beziehungen werden, wie das der französische Deutschlandexperte Michael Korinman mit Nachdruck fordert.

Durch das Ende des Kalten Krieges hat sich auch das Bedrohungsumfeld verändert. Ein neuer Weltkrieg wird heute nicht ernstlich für möglich erachtet. Allenfalls regional begrenzte Konflikte finden statt, schlimm, blutig und mörderisch genug, wie der Krieg in Bosnien zeigt. Die äußere Bedrohung des gesamten Kontinents, die Europa zusammenrücken ließ, fällt aber als Bindemittel weg.

Bestehen bleibt lediglich das immer schon vorhandene und durch die Wiedervereinigung neu erwachte Mißtrauen Frankreichs gegenüber einem großen, politisch und wirtschaftlich mächtigen Deutschland und sein Bestreben, diesen Machtfaktor im Zentrum Europas einzubinden und damit im Zaume zu halten. Dieser Wunsch ist zu verstehen. Er entspricht einem grundlegenden und ernstzunehmenden Interesse Frankreichs.

Vielleicht haben gerade die französischen Nachbarn, aber auch die anderen Partner der europäischen Gemeinschaft eine neue Standortbestimmung Deutschlands nach der Wiedervereinigung und der Öffnung Osteuropas erwartet. Die derzeitige Position besteht darin, die europäische Integration ohne Rücksicht auf neue Interessenlagen voranzutreiben und gleichzeitig dem Osten die Erweiterung in Aussicht zu stellen.

Noch gelingt es dem deutschen Bundeskanzler, durch seinen glaubhaften persönlichen Einsatz den Spagat zwischen schneller Integration im Westen und Öffnungspolitik im Osten zu schaffen. Aber besteht nicht die Gefahr, daß wachsende Probleme und Widersprüchlichkeiten neues Mißtrauen schaffen?

Kontinuität bei veränderter Sachlage heißt nicht einfach, wie bisher weiterzumachen.

Die bisherige Europapolitik war und ist für Deutschland ein großer Glücksfall. Der erste Grund dafür lag in dem Erfolg, den die »Europäische Gemeinschaft« in Verbindung mit der weiterhin beschränkten Souveränität für Deutschland brachte. Schon bald nach ihrer Gründung war die Bundesrepublik wirtschaftlich mächtiger als es Deutschland vor 1933 jemals war. Diese ungeahnte Prosperität wurde durch die EWG noch beschleunigt, in der sich die deutsche Wirtschaft richtig entfalten konnte. Andererseits blieben die Deutschen politisch stets in der zweiten Reihe und genossen den Schutz der Alliierten und der NATO. Zum wohl letzten Mal wurde dieser Zwiespalt beim Golfkrieg deutlich, in dem sich Deutschland von seiner politisch-militärischen Verantwortung losgekauft hat. Der Golfkrieg war das letzte Kapitel der Scheckbuchdiplomatie. War es den Deutschen vorher verboten, Bundeswehrverbände außerhalb der NATO einzusetzen, so wird es heute von den Alliierten mit solchem Nachdruck verlangt, daß sie sich nicht länger entziehen können. Vorbei die glücklichen Tage, da sie ihre Geschäfte erfolgreich in aller Welt machen konnten und jedermanns Freund waren, egal ob Araber oder Israeli, und die Übernahme von internationaler Verantwortung mit Verweis auf ihre beschränkte Souveränität ablehnen mußten.

Dieser bequeme Zustand verminderter Verantwortlichkeit ist nun beendet. Deutschland ist ein wirtschaftlich bedeutender und politisch vollständig souveräner Staat inmitten Europas. Dieser Verantwortung müssen sich die Deutschen stellen. »Gewicht und Größe, Geschichte und Geographie des Landes gestatten den Deutschen nicht mehr die alte Verbindung von moralischer Empörung und politischer Enthaltsamkeit«, schreibt Michael Stürmer. Fortzufahren wie gewohnt, käme außenpolitischer Realitätsflucht gleich. Im übrigen: Die Weltgemeinschaft wird den Wunsch der Bundesrepublik nach einem Ständigen Sitz im Weltsicherheitsrat kaum für plausibel halten, wenn sich die Deutschen in Bosnien, Ruanda, Kuweit oder Somalia »vornehm« zurückhalten.

Der zweite Grund für die deutsche Europa-Begeisterung hängt mit dem Problem zusammen, das die Deutschen mit sich selbst haben. Weder im Osten noch im Westen konnte sich ein echtes Nationalbewußtsein entwickeln. Das lag zum einen an der Teilung des Landes, zum anderen aber auch daran, daß der Nationalismus in beiden deutschen Teilstaaten verpönt war. Die DDR versuchte, eine sozialistische Ersatzidentität aufzubauen, weitgehend ohne Erfolg. Sie bezog ihre Existenzberechtigung letztlich nur aus ihrem Nutzen für die Sowjetunion. Honecker selbst zitierte Breschnew mit den Worten: »Ohne uns gibt es keine DDR.« Im Westen ließ sich das Identitätsproblem dadurch umschiffen, daß man sich als Europäer bekannte.

Die Deutschen, vom Saulus zum Paulus gewandelt, kannten nach dem Kriege keine Nationen mehr, sie gingen den Völkern der Welt beispielhaft als die Überwinder der nationalen Hybris und der Nation schlechthin voran. Selbst die nationale Wiedervereinigung hatten sie auf Europa verlagert. Franz Josef Strauß prägte schon 1966 den Begriff der »Europäisierung der deutschen Frage« und erklärte, daß er nicht an die Wiederherstellung eines deutschen Nationalstaates glaube. Um so schwerer ist es nun, auf den Boden der Tatsachen zurückzukehren und sich der Aufgabe der Nation und dem Problem des Nationalismus zu stellen.

Man muß sich der Gefahren des wiedererwachenden Nationalismus, hierzulande, aber auch in Osteuropa, bewußt sein, der in der Tat überwunden zu sein schien. Es stellt sich zudem die Frage, wie die EU-Europäer es mit der Nation halten. Ist zu befürchten, daß die spalterische Kraft des Begriffs »Nation« wiedererwacht? Oder ist Europa wirklich der Weg, um die Nation als staatliches Machtgebilde und politisches Identifikationsobjekt ablösen zu können? Und schließlich: Wie soll das Europa der Zukunft verfaßt sein? Ist der Nationalstaat Vorbild für die Gestaltung des äußeren und inneren institutionellen Rahmens, oder müssen hier völlig neue Wege gegangen werden?

Europa – wie weiter?

Europapolitik wird auch für Deutschland mehr und mehr das, was es für alle anderen Europäer, und insbesondere für die jüngst beigetretenen Neumitglieder ist, nämlich Interessenpolitik. Zweifellos findet der Interessenabgleich auf einem sehr hohen Niveau statt, in dem komplexe und sehr langfristige Vereinbarungen möglich sind. Die gemeinsamen Regeln, der »acquis« der Gemeinschaft, sind Ausdruck der starken Annäherung und Verflechtung zwischen den beteiligten Staaten. Dennoch sollte nicht verkannt werden, daß für jeden Staat die europäische Rechnung alles in allem stimmen muß. Und so ist es – um nur ein Beispiel zu nennen – durchaus nicht ungewöhnlich, wenn die Bundesrepublik die Höhe ihrer Zahlungen an die EU in Frage stellt. Denn dieser Beitrag, der 30 Prozent des EG-Budgets ausmacht, steht kaum mehr in einem angemessenen Verhältnis zu Deutschlands wirtschaftlicher Belastbarkeit und dem politischen Nutzen, den es aus der EU schöpft.

Dabei stehen die Bewahrung und Festigung des heute erreichten Standes der Integration außer Frage. Kaum ein Europäer wird die Vorteile der vier Freiheiten (für Personen, Waren, Dienstleistungen und Kapital) bestreiten und deren Ausdehnung auf weitere Länder ablehnen – trotz aller berechtigten Kritik an der Brüsseler Bürokratie. Stärker als bisher wird die EU aber künftig auch den Deutschen erklären müssen, wozu weitere Integrationsschritte erforderlich sind, die weitere Ausgaben mit sich bringen.

Niemand, der aus der Leidensgeschichte Europas gelernt hat, wird das große Ziel eines europäischen Kontinents in Frieden und Freiheit, in dem die Menschen mit demokratischen Verfassungen und bei offenen Grenzen leben, auch nur vorübergehend in Frage stellen. Trotzdem ist – schon im Hinblick auf die sich ständig ändernden politischen und wirtschaftlichen Konstellationen – immer neu die Frage zu stellen und zu beantworten, welche Argumente heute für eine europäische Integration sprechen und welche Formen der Vergemeinschaftung sie nahelegen. Welche Aufgaben muß Europa heute erfüllen und welche Ziele können (oder müssen) noch auf ihre Erfüllung warten? Welche Ziele, die einmal auf der Tagesordnung standen, sind heute vielleicht sogar kontraproduktiv?

Vereinigte Staaten von Europa – kann es sie geben?

Vermutlich haben die Deutschen sich weitaus stärker als andere europäische Nationen mit dem »Traum von Europa« auseinandergesetzt, vielleicht auch deshalb, weil sie eben keine Nation mehr waren. Viele der Träume und Wünsche schienen auf nationaler Ebene nicht zu verwirklichen. Und so läßt sich eigentlich nicht genug betonen, wie sehr die Deutschen es als Wunder empfunden haben, daß die Wiedervereinigung im Inneren wie im Äußeren friedlich verlaufen konnte und in dem gegebenen nationalstaatlichen Umfeld überhaupt möglich war. Der 2 + 4-Vertrag ist ein beispielloser Vertrauensbeweis, der einem Land von seinen einstigen Kriegsgegnern erwiesen wurde. Er dokumentiert das gereifte Vertrauen, das sich die Bundesrepublik bei seinen EU- und NATO-Partnern, aber auch bei den Staaten des ehemaligen Ostblocks, allen voran Rußland, erworben und verdient hat.

Der Europäische Traum hat viel mit dem Vorbild der Vereinigten Staaten von Amerika zu tun, die bei der Europäischen Einigung nach dem Krieg Pate standen. Die ebenso eingängige wie verlockende Vorstellung bestand darin, einen europäischen Bundesstaat zu bilden, dessen Länder die europäischen Staaten sein würden. Für die Deutschen war das um so einleuchtender, als sie den Föderalismus verinnerlicht und in ihrer Verfassung verankert haben – ganz im Unterschied zu praktisch allen anderen europäischen Ländern. Auch hier mag ein Grund dafür liegen, daß sich die Begeisterung für einen europäischen Bundesstaat anderswo in Grenzen hielt.

Die Entwicklungen nach der historischen Wende von 1989 haben gezeigt, daß die Konzeption der Vereinigten Staaten von Europa zu den Akten gelegt werden muß. Die Bürger der Europäischen Staaten haben im Zuge von Maastricht deutlich werden lassen, daß sie einem europäischen Superstaat ablehnend gegenüberstehen. Mit einer gewissen Zwangsläufigkeit betrachten auch die deutschen Länder das Einheitsstreben mit Skepsis, da sie davon eine weitere Beschneidung ihrer Einflußmöglichkeiten befürchten müssen. Am deutlichsten hat Bayerns Ministerpräsident Stoiber die Vorbehalte seiner Partei geäußert, die »keinen Bundesstaat Europa, sondern nur einen Staatenbund« anstrebt. Ähnliches kann von den Ländern Osteuropas vermutet werden, die nach Jahrzehnten der Unterdrückung ihre nationale Eigenständigkeit genießen und dennoch Mitglied der EU werden wollen.

Wir müssen uns also von der Vorstellung lösen, daß das Modell eines nationalen Bundesstaates analog auf ein übernationales Gebilde wie die Europäische Union projiziert werden könne. Das hat weitgehende Auswirkungen auch auf die Identität und das Zusammengehörigkeitsgefühl der Europäer und auf deren Verfassung und Institutionen.

Die Heimatregion und die lokale Gemeinschaft stehen wieder hoch im Kurs, nicht nur in Deutschland, sondern in ganz Europa. Sollte das überzeugte Europäer enttäuscht stimmen? Keinesfalls, denn erst die Wahrnehmung der kulturellen und landsmannschaftlichen Vielfalt in Europa schafft ein ausgeprägtes Bewußtsein der eigenen regionalen Identitäten. Regionalismus ist daher nicht antieuropäisch zu deuten, sondern als Ausdruck eines gesteigerten Bewußtseins für die Vielfalt in Europa und der Welt.

Sehr zweifelhaft ist folglich die Politik der Egalisierung und Konvergenz, die als Ausfluß der nationalstaatlichen Konzeption für Europa anzusehen ist. Schon in Deutschland ist das grundgesetzliche Gebot der »Gleichheit der Lebensverhältnisse« eine in der Egalisierungs-Euphorie geborene Utopie geblieben. Nicht nur in den alten Bundesländern, sondern viel mehr noch zwischen Ost- und Westdeutschland. Ob es gar auf europäischer Ebene eine »dauerhafte Konvergenz der Wirtschaftsleistungen der Mitgliedstaaten«, wie sie der Maastricht-Vertrag in Artikel 103 fordert, überhaupt geben kann, erscheint darum ebenso zweifelhaft wie deren Wünschbarkeit schlechthin. Was die praktische Machbarkeit anbelangt, so genügt ein Blick auf das Beispiel der neuen Bundesländer, deren Wirtschaftskraft etwa auf dem Niveau Portugals liegt. Das Ausmaß der Anstrengungen für den Aufbau in Ostdeutschland läßt keinen Zweifel, daß Vergleichbares für das übrige Europa nicht zu bewältigen ist, schon gar nicht, wenn man die beitrittswilligen Staaten in Osteuropa mit einbezieht.

Europa wird also mit seinen jahrhundertealten Disparitäten leben müssen, und es besteht im Grunde kein Zweifel, daß es das auch kann und will. Die Bürger haben eindeutig erkennen lassen, daß sie möglichst wenig auf europäischer Ebene geregelt sehen wollen, daß also – wo immer möglich – nationale oder regionale Bestimmungen gelten sollen. Das ist der Inhalt des Subsidiaritätsprinzips, das fast schon als Credo des künftigen Europa gelten kann. Das hat natürlich zur Folge, daß der Vielfalt der Vorzug vor der Vereinheitlichung gegeben wird und nur gute Gründe eine andere Entscheidung rechtfertigen. Den einheitlichen Traktorsitz muß es darum ebensowenig geben wie das europäische Karamelbonbon. Den Europäern wird es vermutlich immer ein Rätsel bleiben, wie die Amerikaner einen Staat ohne Personalausweise und Einwohnermeldeämter errichten konnten. Die Europäer werden es möglicherweise schaffen, all diese Unzulänglichkeiten zu überwinden – doch ohne je ein Staat zu sein. Denn was ihnen fehlt, ist Homogenität. So gibt es zwar eine gemeinsame europäische Kultur, jedoch kein darauf aufbauendes europäisches Nationalgefühl. Es ist daher richtig, wenn Hermann Lübbe zu dem Schluß kommt, daß von »der unbestreitbaren kulturellen Identität Europas zur künftigen Europäischen Union [...] kein gangbarer Weg« führt.

Institutionelle Fragen

Wenn wir die Idee Vereinigter Staaten von Europa in der bisher gewohnten Interpretation über Bord werfen, müssen wir auch die institutionelle Ausgestaltung hinterfragen. Noch immer herrscht die Vorstellung, daß die Europäische Kommission die Bundesregierung, das Europäische Parlament der Bundestag und der Europäische Gerichtshof das Bundesverfassungsgericht dieser Vereinigten Staaten wären. Die nationalen Regierungen und Parlamente würden dann die Funktion von Landesregierungen und Landtagen einnehmen. Es gibt kaum eine Analogie, die so naheliegend und dabei doch so irreführend wäre.

Am besten ist der Fehler dieser Argumentation mit der Frage nach der Souveränität zu verdeutlichen. Jedes demokratische Gemeinwesen muß seine Legitimation vom Volk als Souverän ableiten. Gibt es aber überhaupt ein »europäisches Volk«? Die Antwort lautet, wie eben dargestellt, Nein. Die europäischen Nationen haben zwar ein in vieler Hinsicht gemeinsames Schicksal. Sie bilden jedoch keine nationale Schicksalsgemeinschaft. Darum ist das Europäische Parlament zwar ein durch die Stimmbürger in den EU-Staaten legitimiertes Organ. Es ist jedoch kein Parlament, das einen europäischen Souverän repräsentierte. Klaus Hänsch hat es als Präsident des EP folgendermaßen ausgedrückt: »Der Parlamentarismus, den wir auf nationaler Ebene in den vergangenen 100 oder 150 Jahren entwickelt haben, ist auf die europäische Ebene nicht übertragbar.«

Die EU ist eine supranationale Einrichtung, deren Mitglieder Staaten sind. Diese sind durch ihre jeweiligen Regierungen repräsentiert, die im EU-Ministerrat zusammentreten. Für ein Parlament ist in dieser Konstruktion gar kein Platz, es ist im Grunde auch nicht erforderlich. Denn die Bürger in Europa haben ja bereits ihre nationalen Parlamente und Regierungen mit der Vertretung ihrer Interessen beauftragt und nur diese haben in Europa souveräne Entscheidungsbefugnis. Alle Rechte des EP sind letztlich von der Souveränität der im Ministerrat repräsentierten Mitgliedstaaten abgeleitet. Eine größere Kompetenz des EP ist also nur in dem Maße möglich, in dem der Ministerrat Rechte aufgibt und an das EP abtritt. Die Direktwahl des EP dient de facto lediglich dazu, die personelle Zusammensetzung des EP festzulegen, sie verleiht ihm aber keine Kompetenzen. Denn diese erhält es ausschließlich durch die Mitgliedstaaten und deren Regierungen.

Daher wird das demokratische Defizit der EU immer wieder angeprangert und damit begründet, daß in Europa ausschließlich die nationalen Exekutiven im Ministerrat zu bestimmen haben und dabei Rechte der nationalen und Länderparlamente ohne deren Zustimmung an die EU übertragen dürfen. Die schleichende Entmachtung der nationalen Parlamente wird jedoch nicht dadurch demokratischer, daß der Ministerrat die so gewonnenen Kompetenzen anschließend an das EP abtritt. Es ist jedenfalls nicht erkennbar, wodurch hieraus ein Mehr an Demokratie in Europa entstehen soll.

Richtig wäre es vielmehr, den Einfluß der nationalen und Länderparlamente auf das europäische Gesetzgebungsverfahren zu erweitern, wie das in Deutschland bereits ansatzweise geschehen ist. Artikel 23 des Grundgesetzes wurde dahingehend ergänzt, daß Änderungen an den europäischen Verträgen, die den Inhalt des Grundgesetzes berühren, nicht ohne die Zustimmung von Bundestag und Bundesrat mit jeweils Zweidrittelmehrheit von der Bundesregierung verabschiedet werden dürfen. Dieses neue Verfahren, das auch die Umgehung von Grundgesetzänderungen durch Verlagerung der Materie auf die europäische Ebene untersagt, kam erstmals bei der Abstimmung über den Vertrag von Maastricht zur Anwendung.

Jedes Volk kann auf solche Weise selbst sehr weitgehenden Einfluß auf die Europapolitik seiner nationalen Regierung nehmen, während der Einfluß des EP immer durch den kleinsten Nenner aller Mitgliedstaaten bestimmt wird. Außerdem ist es bedeutend einfacher, nationale Regierungen durch nationale Parlamente zu kontrollieren. Wie ein EP mit Vertretern aus fünfzehn (und bald mehr) Ländern mit mehr als zehn verschiedenen Sprachen glaubhaft eine europäische Regierung kontrollieren soll, wird ohnehin auf absehbare Zeit rätselhaft bleiben.

Wie könnte das europäische Institutionengefüge nun aussehen, wenn man von der Idee der Vereinigten Staaten von Europa abrückt? Wie könnte überhaupt dieses Europa gedacht werden, wenn es denn kein Staat im herkömmlichen Sinne sein kann?

Alles, was einen Staat im klassischen Sinne ausmacht – Staatsvolk, Staatsgebiet, Staatsgewalt –, fehlt der Europäischen Union, die durch die Umsetzung des Maastricht-Vertrages ausgestaltet werden soll. Sie ist insbesondere kein Bundesstaat, da die einzelnen Staaten nicht zu seinen Gunsten auf ihre völkerrechtliche Souveränität verzichten werden. Die EU wird aber gleichzeitig mehr als ein bloßer Staatenbund mit eng begrenzten gemeinsamen Interessen sein. Lübbe folgert daher: »Die künftige Europäische Union ist ein staatsrechtlich noch gar nicht identifiziertes, historisch niemals zuvor existent gewesenes Gebilde.« Der Vertrag macht denn auch keine eindeutigen Aussagen, wie die künftige Union verfaßt sein soll. Mehr und mehr zeichnet sich ab, daß Europa – um einen Begriff Walter Hallsteins zu gebrauchen – ein »unvollendeter Bundesstaat« bleiben wird.

Der Ministerrat wird daher weiter das Zentrum der EU bilden, von dem alle Kompetenz ausgeht. Das heißt nicht, daß EP und Kommission ihr Eigengewicht verlieren werden, ganz im Gegenteil. Ihr Einfluß bleibt jedoch von den Mitgliedstaaten – repräsentiert durch deren Regierungen – abgeleitet und durch sie legitimiert.

Die Europäische Kommission wird keine »Regierung« im verfassungsrechtlichen Sinn werden, sondern ein administratives Organ bleiben, das seine Direktiven vom Rat empfängt. Man kann vermuten, daß das Gewicht der Kommission mit der Komplexität der Materien weiter wachsen wird und sie als genuin »europäische« Institution auch künftig die wesentliche Triebkraft in Richtung Integration sein wird.

Das EP wird schließlich in der aus seiner Sicht unbefriedigenden Situation bleiben, ein gewähltes Organ ohne echte Kompetenz zu sein. In einem nationalstaatlich getragenen Europa, ohne wirklich europäische Parteien und ein »europäisches« Wahlvolk wird es stets in einer aussichtslosen Konkurrenz zum Ministerrat stehen, von dem es vermutlich stärker als die Kommission abhängig bleiben wird. Besser wäre es daher aus unserer Sicht, die europapolitischen Befugnisse der nationalen Parlamente zu stärken. Das kann zum einen dadurch geschehen, daß Konsultations- oder Zustimmungsmechanismen geschaffen werden, denen sich die nationalen Regierungen unterwerfen müssen. In Deutschland ist das – wie bereits erwähnt – im Vorfeld der Maastricht-Abstimmung geschehen, wo das neue Verfahren des Artikel 23 erstmals Anwendung fand. In anderen Ländern wurde eine solche Legitimation durch Volksabstimmungen über den Vertrag herbeigeführt. Der Weg über das Parlament erscheint jedoch konsequenter und bietet zudem ein höheres Maß an Kontinuität der Kontrolle.

Ein anderes Verfahren, das Lübbe vorschlägt, besteht darin, daß ein parlamentarisches Organ auf europäischer Ebene gebildet wird, in das die nationalen Parlamente Vertreter entsenden. Ein »Senat« wäre die im Grunde passende Lösung der parlamentarischen Vertretung in einem nationalstaatlich fundierten Europa. Sowohl die Regierungen als auch die Parlamente wären dann zusammen mit ihren Zuständigkeiten auf die europäische Ebene gehoben. Dieser Senat könnte zudem echte Gesetzgebungskompetenz beanspruchen und kraft seiner originären Legitimation die Macht der Regierungen in grundlegenden Fragen relativieren und demokratisieren.

Ist die weitere Integration sinnvoll?

Bedeutet das einen Stillstand der europäischen Integration oder gar eine Aufgabe des Traumes von Europa? Keineswegs. Es ist ja vielmehr zu befürchten, daß Europa auf einen Rückschlag gefaßt sein muß, wenn es den integrationspolitischen Bogen überspannt. In den zurückliegenden Jahren wurden wichtige Schritte nach vorne getan, angefangen von der Einheitlichen Europäischen Akte über den Binnenmarkt, mit dem 1993 das in den Römischen Verträgen 1957 festgelegte Ziel, »die Errichtung eines Gemeinsamen Marktes und die schrittweise Annäherung der Wirtschaftpolitik der Mitgliedsstaaten«, erreicht wurde. Neben dieser ersten Säule der EU gibt es auch bei der zweiten, der gemeinsamen Innen- und Rechtspolitik, bemerkenswerte Fortschritte, etwa bei der Vereinheitlichung der Asyl- und Einwanderungspolitik durch den Abschluß des Schengener Abkommens oder bei der Bekämpfung von Terrorismus, Drogenhandel und organisierter Kriminalität durch die Gründung von EUROPOL. Am wenigsten gefestigt ist die dritte Säule, die Gemeinsame Außen- und Sicherheitspolitik (GASP), bei der immer wieder erhebliche Differenzen deutlich werden.

Die unterschiedliche Integrationsfähigkeit wird offenkundig, wenn man einen genaueren Blick auf die verschiedenen Politikfelder wirft:

1. Europäische Wirtschaftspolitik und Währungsunion. Am weitesten fortgeschritten ist die europäische Integration zweifellos auf dem Gebiet der Wirtschaft. Was noch fehlt, ist die verpflichtende Koordination der Wirtschafts-, Finanz- und Haushaltspolitik, der die Einführung einer gemeinsamen Währung folgen kann.

Um so erhellender ist die Diskussion, die in diesem Bereich über die Europäische Währungsunion geführt wird, weil sie geradezu typisch ist für die Orientierungslosigkeit, mit der die EU derzeit kämpft. Typisch ist die Eigendynamik, mit der der Zug in Richtung ECU läuft, wie auch immer diese Währung einmal heißen wird. Unabhängig davon, ob man die Währungsunion begrüßt oder ablehnt, muß man feststellen, daß eine Diskussion darüber in der Politik nicht mehr stattfindet, ja bewußt vermieden wird. Vor allem Deutschland und Frankreich arbeiten geradezu besessen auf den ECU hin, und wer diesen in Frage stellt, setzt – so scheint es – die deutsch-französische Partnerschaft aufs Spiel. Das Gegenteil ist richtig: »Interessen- und Wahrnehmungsdifferenzen« und eine »Auseinanderentwicklungstendenz«, wie es das damals aufsehenerregende Papier des CDU/CSU-Fraktionsvorsitzenden Wolfgang Schäuble und des Unions-Außenpolitikers Karl Lamers aus dem Jahr 1994 etwas gewunden formuliert, haben sich seit der Wiedervereinigung ins deutsch-französische Verhältnis eingeschlichen. Frankreich ist durch die Wiedervereinigung irritiert und verunsichert. Alte Bindungen, die durch die Europäische Einigung aufgebaut und stabilisiert wurden, lösen oder lockern sich, neue Bindungen müssen geschaffen werden. Diese werden Frankreich mehr Engagement als bisher abverlangen.

Die Währungsunion scheint eine sehr wichtige und für das französische Selbstbewußtsein symbolträchtige Bindung und Loyalitätsbekundung Deutschlands zu sein. Als konkreter Anlaß für eine solche Geste kam aus französischer Sicht die Hochzinspolitik der Deutschen Bundesbank hinzu, die das EWS zum Entgleisen brachte und beinahe auch zu einer Franc-Abwertung geführt hätte. Trotz heftiger französischer Forderungen nach radikaler Zinssenkung oder Ausstieg der D-Mark aus dem EWS haben sich Bundesbank und Bundesregierung seinerzeit kompromißlos gezeigt. Noch eine derartige Zerreißprobe will man künftig um jeden Preis vermeiden.

Die gemeinsame Währung ist darum – ehe es sie überhaupt gibt – zu einer »heiligen Kuh« der EU geworden, obwohl die Motive für diesen Selbstläufer-Effekt gar nicht auf währungspolitischem Gebiet zu suchen sind, sondern vielmehr politischem Kalkül entsprechen. Vielleicht sieht die französische, aber auch die deutsche Regierung die Währungsunion als *die* vertrauensbildende Maßnahme in Europa an. Als solche jedoch wäre die europäische Währungsunion eindeutig zu groß dimensioniert.

Eine rationale Betrachtung der geplanten Währungsunion muß in dem politischen Hintergrund eine klare Gefahr für eine stabile Europawährung sehen, auch wenn diese grundsätzlich zu begrüßen und als notwendig wie auch als vorteilhaft für eine europäische Wirtschaft zu beurteilen ist. Der Nutzen der gemeinsamen Währung liegt vor allem in verminderten Transaktionskosten, die durch Umrechnung und Umtausch der nationalen Währungen entstehen. Er wächst in dem Maße, in dem Integration und Verflechtung der nationalen Ökonomien zunehmen. Realisiert werden kann er jedoch nur, wenn die gemeinsame europäische Währung stabil ist. Da sich zumindest in der Theorie der Zentralbanken und Finanzminister die Inflationsraten in der Währungsunion europaweit angleichen werden, würde eine Preissteigerungsrate um die 4 Prozent einen größeren Wohlfahrtsverlust durch Preisverzerrungen und Fehlsteuerung von Ressourcen hervorrufen, als die Währungsunion an Gewinnen bringt. Für die Deutschen ist es selbstverständlich, daß die Bundesbank von Weisungen der Bundesregierung und erst recht von den Wünschen ausländischer Regierungen unabhängig ist. Diese Unabhängigkeit sollte natürlich auch und besonders für eine europäische Zentralbank gelten.

Ehe es aber überhaupt soweit kommen kann, müssen die Konvergenzkriterien für die Aufnahme in die Währungsunion erfüllt werden. 1994 hätten jedenfalls nur Deutschland und Luxemburg diese Hürden genommen, Deutschland übrigens nur ganz knapp. Daß eine Währungsunion aus diesen beiden Ländern allein wenig Sinn macht, leuchtet ein. Dennoch schreibt der Maastrichter Vertrag unweigerlich vor, daß 1999 der Startschuß fällt, wenn mindestens zwei Länder sich qualifizieren. Ausnahmegenehmigungen sind jedoch zugelassen, und die 1996 anstehende Regierungskonferenz zur Überprüfung des Maastricht-Vertrages hat die Möglichkeit, die Kriterien noch zu modifizieren. Man wird also gespannt sein dürfen, ob die Bundesrepublik sich mit ihrer strengen Auslegung der Stabilitätsanforderungen am Ende durchsetzen wird. Zu hoffen ist das jedenfalls. Schließlich ist die Währungsunion für alle EU-Staaten ein starker Anreiz, ihre Wirtschaft auf Vordermann zu bringen und mehr Eigenanstrengungen in Richtung Konvergenz und Integration zu unternehmen.

Der ECU ist keine politische Glaubensfrage, sondern Resultat wirtschaftlicher Integrationsprozesse, die auch ohne die Einführung einer Europawährung weiter voranschreiten werden. Hieran besteht kein Zweifel. Wenn der ECU nicht 1999 kommt, dann vielleicht 2005 oder 2010. Das wird sich weisen. Stabilität ist jedoch Bedingung für die einheitliche Währung. Veränderungen in der wirtschaftlichen Leistungskraft können sich daher nicht mehr in Auf- oder Abwertungen einer Währung im Verhältnis zu anderen Ländern auswirken, sondern müssen sich ihr Ventil an anderer Stelle suchen. Die EWU verlangt, den Ausweg nicht in höheren Haushaltsdefiziten und Neuverschuldungsraten zu suchen. Also werden sich Löhne, Sozialleistungen, Steuertarife und öffentliche Ausgaben den Veränderungen der tatsächlichen Leistungskraft der Wirtschaft in den jeweiligen Ländern stärker anpassen müssen und weitaus weniger als bisher den Verteilungs- und Umverteilungswünschen ihrer Politiker folgen können. Andernfalls hätten die stabilitätsorientierten Länder in der Währungsunion die Zeche für die anderen Ländern zu zahlen. Konvergenzfonds würden zu einer ständigen Einrichtung nach Art eines europäischen Finanzausgleichs. Nicht Gleichmacherei, sondern Wettbewerb der Standorte und Regionen muß jedoch die wirtschaftliche Integration in der EU vorantreiben. Länder mit niedrigeren Löhnen oder Steuertarifen müssen sich, mit diesen »Pfunden« wuchernd, Wettbewerbsvorteile verschaffen können, die ihre Nachteile beispielsweise beim Ausbildungsniveau oder der Infrastruktur ausgleichen.

2. *Europäische Innenpolitik.* Auf dieser zweiten Ebene wurde bereits mit wesentlichen Maßnahmen begonnen. Hier wurden neben den genannten Themen der Asyl- und Ausländerpolitik sowie der Verbrechensbekämpfung weitere Bereiche vereinbart, die nun ausgefüllt werden müssen: Umwelt, Sozialpolitik, Verkehr, Bildung und Kultur.

Gerade bei der Kultur besteht eine große Chance, Europa nicht nur ideell voranzubringen, sondern es zugleich viel mehr als bisher erlebbar werden zu lassen. Kein anderer Wirtschaftsraum verbindet ein derart hohes Entwicklungs- und Integrationsniveau mit einer vergleichbaren Vielfalt von Sprachen und kulturellen Eigenarten auf so kleinem Raum wie Europa. Diese Vielfalt ist eine Quelle, aus der sich Kreativität und Vernetztheit des europäischen Denkens

speisen, Eigenschaften also, die in unserer komplexen Welt immer wichtiger werden. Wer also wirklich etwas für die Zukunft des Kontinents leisten will, muß die jungen Menschen stärker miteinander in Kontakt bringen, ihnen viel mehr als bisher Gelegenheit geben, im europäischen Ausland Erfahrungen zu sammeln und auf diese Weise in Europa heimisch zu werden.

Der deutsche Student, der heute wirklich an den europäischen Hochschulen sein Studium absolvieren will, um sich durch eine Vielzahl von Sprach- und Standortkenntnissen zum europäischen Manager, Lehrer oder Ingenieur zu qualifizieren, wird nach dem deutschen Hochschulrecht Schiffbruch erleiden. Wo bleibt also die Europäisierung der für die Zukunft wegbereitenden Institutionen, der Hochschulen, Akademien und Forschungseinrichtungen? Was ist aus der Idee eines einjährigen obligatorischen Studienaufenthalts im europäischen Ausland geworden? All das wird nicht dazu führen, daß die Europäer eines Tages aufhören, Deutsche, Franzosen und Italiener zu sein, und noch weniger dazu, daß sie sich nicht mehr mit ihrer Heimat in Bayern, Katalonien oder der Bretagne identifizieren. Europäer zu sein, bedeutet etwas anderes, ein Gefühl der Zusammengehörigkeit, das der gegenseitig befruchtenden Vielfalt entspringt, weil es diese kennt und zu schätzen weiß. Diese Erfahrung muß stärken, wer Europa stärken will.

Europäischer Antworten bedürfen auch Probleme, die ihrer Natur nach nicht an den Grenzen der Nationalstaaten Halt machen – etwa zunehmende Kriminalität, steigender Migrationsdruck, ökologische Probleme, wachsendes Verkehrsaufkommen. Nicht zuletzt erzeugt ja die europäische Integration selbst wieder Notwendigkeiten zu weiterer gegenseitiger Anpassung. Ein Beispiel dafür werden die nationalen Steuersysteme der europäischen Staaten und die Verkehrs- und Infrastrukturnetze sein. In mancher Hinsicht wird aber auch noch darum zu kämpfen sein, daß bereits vollzogene Errungenschaften nicht wieder rückgängig gemacht werden, so zum Beispiel die vier Freiheiten des Binnenmarktes für Waren, Personen, Dienstleistungen und Kapital.

Eine Tendenz dazu ist durchaus festzustellen. Ein Beispiel ist die Forderung nach einheitlichen Löhnen im deutschen Baugewerbe. Zwar hat jeder Europäer das Recht, in jedem Land der EG zu arbeiten, doch soll er das in Deutschland (zumindest am Bau) nur ausüben können, wenn er sich dafür zum deutschen Tarif entlohnen läßt. Das heißt im Ergebnis, daß er das Recht praktisch nicht ausüben kann. Bislang hat sich kaum jemand daran gestört, daß beispielsweise Textilien aus europäischen Billiglohnländern Arbeitsplätze im deutschen Textilgewerbe verdrängt haben. Beim Bau kommen aber nicht fertige Häuser an, sondern die billigen Bauarbeiter aus Portugal oder Griechenland. Da soll die Freiheit nun aufhören, und die Deutschen zahlen lieber in bewährter Manier Ausgleichtransfers in die diversen Brüsseler Kohäsions- und Konvergenzfonds, wenn nur die Portugiesen in Portugal bleiben.

3. Europäische Außen- und Sicherheitspolitik. Noch ganz am Anfang steht schließlich die Gemeinsame Außen- und Sicherheitspolitik (GASP). Über eher symbolische Akte wie die Bildung des Eurocorps sind die Politiker hier nicht hinausgekommen, und es wird sicherlich noch ein langer Weg sein, ehe echte Integrationsschritte auf diesem heiklen Gebiet stattfinden werden. Auch und ganz besonders hier gilt der Grundsatz, daß die Integration kein Selbstzweck ist. Es ist eher schädlich, sie so zu betreiben. Das Versagen der EU im ehemaligen Jugoslawien ist eben nicht der Anlaß, um nun schnellstens zu einer gemeinsamen europäischen Verteidigung voranzuschreiten. Es sollte im Gegenteil davor warnen, hier Schritte zu übereilen, ehe nicht ein wesentlich höheres Maß an ge-

genseitigem Vertrauen und übereinstimmenden Interessen auf bilateraler und multilateraler Ebene geschaffen wurde.

Es ist schließlich auch illusionslos festzustellen, daß sich in der jetzigen Entspannungsperiode kaum erfüllen wird, was selbst die gemeinsame Bedrohung des Kalten Krieges nicht vermochte, nämlich eine gemeinsame oder sogar gemeinschaftliche Verteidigung der EU-Staaten. Als Beschleunigungsfaktoren für eine GASP könnten allerdings neue militärische Bedrohungen und ein weiterer Rückzug der USA aus Europa wirken, weil sie von sich aus die Länder weiter zusammenrücken ließen. Solange derartige Notwendigkeiten nicht bestehen, sind weitere Schritte der Zusammenarbeit auf technischer Ebene sicherlich sinnvoll. Politische Quantensprünge sind jedoch kaum zu erwarten und schon gar nicht zu erzwingen.

Osteuropa ante portas

Die Ernsthaftigkeit der europäischen Vision wird nicht nur im Inneren, sondern zunehmend auch von außen auf die Belastungsprobe gestellt. Neben der fortschreitenden Integration innerhalb der EU wird vor allem die Heranführung der beitrittswilligen Staaten in Osteuropa Besitzstände in Frage stellen und erhöhte Anpassungsbereitschaft von allen EU-Mitgliedern verlangen. Vermieden werden könnten Veränderungen nur um den Preis ausufernder Subventionen und Umverteilungstransfers, die rasch die Leistungsfähigkeit der EU-Länder übersteigen würden. Die Alternative wird sich also zuspitzen: wirklich Wettbewerb und Vielfalt in Europa oder Rückzug in die Festung Europa. Der Versuch, sich mit einer derartigen Vogel-Strauß-Politik den politischen und wirtschaftlichen Anforderungen zu entziehen, würde Europa allerdings unweigerlich ins Abseits führen. Es geht hier also nicht nur um die prinzipielle Offenheit der Europäischen Union, sondern um ihre Zukunftsfähigkeit schlechthin angesichts des veränderten Umfelds in Europa und der Welt.

Der Fall des Eisernen Vorhangs und der Zusammenbruch des ehemals sozialistischen Wirtschaftssystems traf die Gemeinschaft jedoch in einer Phase, in der sie zunächst durch das Binnenmarktprogramm und anschließend durch den Maastricht-Prozeß weitgehend mit der Vertiefung der Zusammenarbeit im Inneren beschäftigt war und ist. Sie tat und tut sich darum schwer mit der Integration der osteuropäischen Länder. Diese Tatsache hat zunächst wirtschaftliche Gründe. Das Exportangebot der Osteuropäer konzentriert sich auf Branchen, die in der Europäischen Union ohnehin schon im Übermaß anzutreffen sind. Das im Vergleich zu Westeuropa sehr geringe Lohnniveau und die daraus resultierende Möglichkeit zur Niedrigpreisproduktion läßt bei den entsprechenden heimischen Wirtschaftszweigen die Alarmglocken schrillen. Der Ruf nach möglichst weitgehendem Schutz vor der unliebsamen Konkurrenz wird laut, und er bestimmt die politischen Entscheidungsprozesse.

Problematisch ist eine schnelle Integration der osteuropäischen Staaten für die EU, weil hierdurch ihre finanzielle Belastbarkeit überstrapaziert würde, falls sie nicht vorher eine grundlegende Reform ihrer Politik vollzieht. Vor allem in der Landwirtschaft müßte wegen des vergleichsweise hohen Niveaus der europäischen Agrarpreise mit einer starken Ausweitung der Produktion und damit der Subventionen gerechnet werden. Hohe Transferzahlungen würden sich ferner im Rahmen des europäischen Strukturfonds ergeben. Das Ifo-Institut hat folgendes errechnet: Wären im Jahr 1990 alle vier Visegrád-Staaten Polen, Ungarn, Tschechien und Slowakei Mitglied in der EG gewesen, so hätten die Haushaltsansätze für 1995 um 44,5 Prozent aufgestockt werden müssen.

Das Auftreten der Osteuropäer droht also nicht nur die längst reformbedürftige Agrarpolitik, sondern vor allem die kostspielige Konvergenzpolitik von Maastricht auf einen Schlag zunichte zu machen. Im Grunde besteht kein Zweifel, daß diese Konvergenz angesichts der veränderten Realität »draußen vor der Tür« bereits zur Fiktion geworden ist, die man wider alle Vernunft aufrechterhält. Die Ziele von Maastricht waren von dem Zeitpunkt an, da Osteuropa seine Freiheit erlangte, dem Grunde nach nicht mehr in ihrer konkreten Form aufrechtzuerhalten. Wer die Einheit Gesamteuropas will, wird Maastricht überarbeiten müssen. 1996 schlägt die Stunde der Wahrheit, und es wird zu einer echten ideenreichen Fortschreibung der Ziele für das vereinte Gesamteuropa kommen müssen.

Die in der Tat nicht tragbaren Belastungen, die sich aus einem Beitritt der osteuropäischen Staaten ergeben würden, können nur dadurch vermieden werden, daß die EU einerseits ihre kostspieligen Agrarsubventionen und Ausgleichsmechanismen abbaut, also mehr Wettbewerb im Innern zuläßt, und andererseits den Osteuropäern durch Handel ermöglicht, die wirtschaftliche Kluft zu Westeuropa auf ein überbrückbares Maß zu verringern.

Im Hinblick auf die Osterweiterung bedarf es eines konsequenten Abbaus aller Handelshemmnisse, auch und gerade in bezug auf die von der europäischen Politik bislang als »sensibel« bezeichneten Bereiche. Der bislang erreichte Stand der Handelsliberalisierung reicht längst nicht aus. Die europäische Politik hat entgegen früheren Verlautbarungen ihre Märkte nicht ohne Bedingungen für die osteuropäischen Staaten geöffnet. Freihandel wurde gepredigt, doch dann wurden in zähen bilateralen Verhandlungen all jene Bereiche des Handels festgelegt, für welche die Meistbegünstigungsklausel oder die Assoziierungsabkommen nicht gelten sollen. So wurde das Ziel der Liberalisierung des Handels, das in den sogenannten »Europa-Abkommen« mit den Visegrád-Staaten festgelegt wurde, durch zahlreiche protektionistische Schutzklauseln und Sonderregelungen abgeschwächt.

Durch die Herausforderung Osteuropa wird die Union also endlich zu längst überfälligen inneren Reformen gezwungen, die sich positiv auf ihre wirtschaftliche Dynamik und internationale Wettbewerbsfähigkeit auswirken werden. Die wirtschaftliche Kooperation kann erhebliche Impulse liefern. Die europäische Politik in bezug auf Osteuropa bedarf dazu aber der strategischen Neuausrichtung. Kooperation muß als Chance und nicht als Bedrohung begriffen werden. Osteuropa muß konsequent in die erweiterte europäische Arbeitsteilung einbezogen werden. Unter solchen Bedingungen könnte es sich allmählich in die Rolle hineinentwickeln, die etwa Korea für Japan oder Mexiko für die USA spielen.

Offenheit gegenüber den Staaten Osteuropas liegt darum im beiderseitigen Interesse, und dies nicht nur in wirtschaftlicher Hinsicht. Die Hinhaltepolitik der EU beeinflußt in nicht unbeträchtlichem Maße die öffentliche Meinung in den Reformstaaten. Noch 1990 waren knapp die Hälfte der Osteuropäer der Union gegenüber positiv eingestellt. Im Jahr 1993 waren es nur noch 37 Prozent. Hand in Hand mit dieser Entwicklung wird auch die Einstellung bezüglich der Marktwirtschaft skeptischer. Deren Überlegenheit gegenüber der Planwirtschaft muß sich nun im wachsenden Wohlstand der Menschen in Polen, Ungarn und Tschechien erweisen. Andernfalls werden viele von ihnen kommen, um ihn hier zu suchen. Die glaubwürdige Aussicht auf Verbesserung der eigenen

Lage durch freie wirtschaftliche Betätigung ist der beste Garant gegen übertriebenen Nationalismus und für eine stabile demokratische Entwicklung. Die Deutschen dürfen darum in ihrem eigenen Interesse nicht zulassen, daß nach dem Eisernen nun ein Goldener Vorhang den Kontinent in zwei Hälften teilt.

III.2

NAFTA, ASEAN und Co. – Nur Märkte oder schon Kraftfelder?

> Weil billiger Weizen ungesund und lange nicht so bekömmlich ist wie teurer Roggen,
> haben wir den Schutzzoll, der den Zoll schützt sowie auch die deutsche Landwirtschaft.
>
> *Kurt Tucholsky*

Vergleichen wir einmal die Europäische Union mit einem Löwengehege im Zoo. Die einzelnen Tiere repräsentieren die europäischen Länder. Die Deutschen machen dabei – noch – eine ganz gute Figur. Sie sind das Leittier in vielen Dingen, auch wenn sie diese Bezeichnung nicht gerne hören, und sie sind in vielen Dingen vorbildlich. Das Leben im Zoo ist relativ angenehm. Die eingeschränkte Freiheit, der fehlende Wettstreit mit anderen Tieren wird nicht einmal mehr vermißt. Nur noch die älteren Löwen können sich überhaupt an die freie Wildbahn erinnern, aber wenn der Pfleger nicht mehr kommt und das Futter bringt, sind sie verloren. Für eine richtige Jagd unter den Bedingungen der Wildnis sind sie viel zu bequem geworden. Und wenn ihre potentielle Beute sich womöglich wehrt und zurückbeißt – darauf sind sie gar nicht eingestellt.

Das Problem ist: Der beste Zoolöwe ist noch lange nicht ein guter Löwe in der freien Natur. Außerhalb des Zoos lauert die Wildnis. Zum Glück gibt es einen hohen Zaun, der den Zoo von der Außenwelt abschirmt. Aber es droht Gefahr: Ein asiatischer Tiger schickt sich an, den Zaun zu überspringen …

Die Tiger kommen

Die neunziger Jahre sind – aus wirtschaftlicher Perspektive – das asiatisch-pazifische Jahrzehnt. Zwischen 1989 und 1993 erzielten die Mitgliedsländer der Europäischen Union lediglich ein reales Wirtschaftswachstum von 5 Prozent, während in der gleichen Zeit das Bruttosozialprodukt Südkoreas, Indonesiens und Taiwans um annähernd 30 Prozent stieg, das von Thailand um satte 38 Prozent, und Chinas Wirtschaft um 44 Prozent expandierte. Damit wird das Gewicht Asiens in der Weltwirtschaft auch im Hinblick auf die Zu-

Die westlichen Industrieländer konnten in den letzten Jahren beim Wirtschaftswachstum nicht mithalten

Zunahme des BIP in Prozent, 1989 - 1993

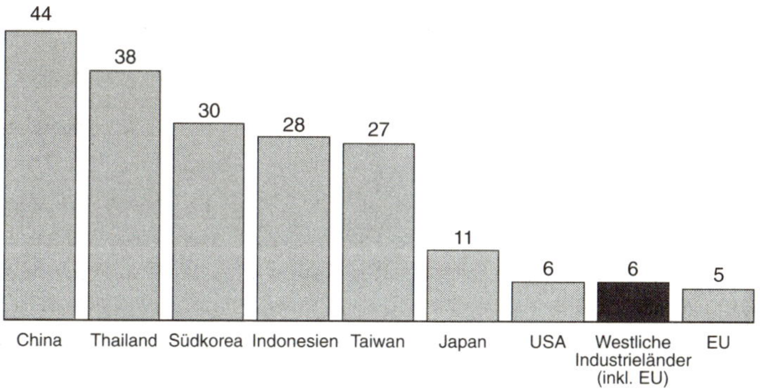

Quelle: ifo-Institut, 1994

kunft ganz erheblich wachsen. Der asiatisch-pazifische Raum dürfte zur Jahrtausendwende rund 30 Prozent zum Weltsozialprodukt beitragen; das kombinierte Sozialprodukt Chinas, Japans, der »vier kleinen Tiger« Taiwan, Südkorea, Hongkong und Singapur sowie der ASEAN-Staaten wird in den Jahren 2010 bis 2015 voraussichtlich doppelt so hoch sein wie das der USA und größer als das der gesamten Europäischen Union. Die asiatisch-pazifische Region wird dann zum größten Markt der Welt geworden sein. Im Zuge dieser Entwicklung werden die Importe von Waren und Dienstleistungen überdurchschnittlich steigen. Bereits vor einigen Jahren unkte Wolfram Engels, der verstorbene Mitherausgeber der »Wirtschaftswoche«, Europa würde dann zum »Wurmfortsatz Asiens«.

Europas Wirtschaft hat diese asiatische Region in der Vergangenheit stark vernachlässigt. Zum einen wurde deren Wachstumspotential unterschätzt, zum anderen konzentrierten die Unternehmen ihre Anstrengungen auf den Ausbau ihrer Position im entstehenden europäischen Binnenmarkt und seit 1990 auf die NBL und Osteuropa.

Den asiatischen Märkten haben die Europäer immer ein gewisses Mißtrauen entgegengebracht. Gründe für die mangelnde Prä-

Das asiatisch-pazifische Fluggänsemodell

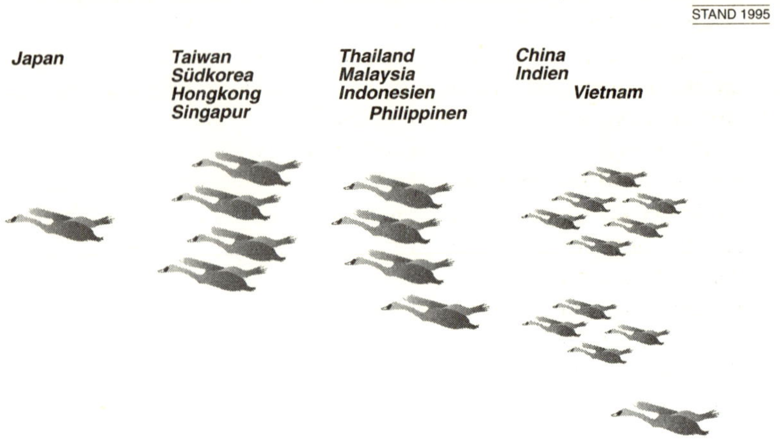

senz europäischer Unternehmen in Asien sind fehlende Informationen über diese Märkte und deren Chancen und Risiken, gepaart mit der vermeintlichen Dominanz japanischer Konkurrenten, sowie die Abschottung der Märkte durch Importbeschränkungen. Hinzu kommen alle jene kulturellen Barrieren, die Geschäfte schwierig machen.

Das Fluggänse-Geschwader

Als wirtschaftliche Führungsmacht ist Japan weiterhin unumstritten. Es hat sich in fast allen Staaten der Region als wichtigster Handelspartner und Investor die strategische Vormachtstellung gesichert. Japan hat die USA längst als »Entwicklungshelfer« in Asien abgelöst und dient den aufstrebenden Nationen als Vorbild. Der Entwicklungsstand der asiatischen Staaten läßt sich an dem oft zitierten »Fluggänsemodell« darstellen. Es beschreibt eine Flugformation, in der die vier »kleinen Tiger« hinter dem Leitvogel Japan herjagen. Ihnen wiederum folgen die ASEAN-Staaten Malaysia, Thailand, Indonesien und die Philippinen. Ihnen auf den Fersen sind China, Indien und Vietnam. Von Vietnam wird erwartet, daß es sich im Laufe der zweiten Hälfte der neunziger Jahre dem Verbund anschließt. Das Modell des Fluggänse-Geschwaders ist zum Sinnbild des dynamischen Entwicklungsprozesses in Asien geworden.

Die ASEAN hat sich 1994 zur AFTA fortentwickelt, in der die gleichen Länder sich zusätzlich zum Zollabbau verpflichtet haben, um den Binnenhandel zu stärken und ein Gegengewicht zum EU-Binnenmarkt und der NAFTA zu bilden.

Dabei sind die asiatisch-pazifischen Staaten ausgesprochen verschieden, und zwar bezüglich der Wirtschaftskraft und der erreichten Entwicklungsstufe ebenso wie hinsichtlich der geographischen Ausdehnung, der Klimazone, der Ausstattung mit Bodenschätzen, der Größe und ethnischen Zusammensetzung der Bevölkerung, der Religion, des politischen Systems.

Das große Entwicklungsgefälle wird deutlich, wenn man das Pro-Kopf-Einkommen Japans von rund 31 500 US-Dollar mit dem Chinas (490 US-Dollar) und Indonesiens (73 US-Dollar) vergleicht.

Wegen dieser großen Verschiedenartigkeit wird es ihnen nie gelingen, einen homogenen Binnenmarkt (analog zur EU) zu schaffen. Dies ist allerdings auch nicht beabsichtigt, da die oberste Zielsetzung eine wirtschaftliche Kooperation ist und bleiben soll. Die jungen Staaten haben kein Interesse, ihre Souveränitätsrechte in Frage zu stellen und eine der EU ähnliche staatsnahe Organisation zu gründen.

Japan – geschlossene Gesellschaft?

Geht man abends in das Düsseldorfer Hotel Nikko, so trifft man auf eine große Zahl von Japanern, die eifrig die neuesten Wirtschaftsentwicklungen diskutieren. Die Japan External Trade Organization (Jetro) in Düsseldorf verfügt über etwa 70 gut ausgebildete und deutschsprechende Mitarbeiter, die Chancen für japanische Unternehmen in Deutschland ausloten und Kooperationen der japanischen Wirtschaft mit deutschen Unternehmen untersuchen. Von den 27 000 Japanern, die in Deutschland zur Zeit leben, finden sich knapp 10 000 allein in Düsseldorf.

Wechsel des Schauplatzes. In Tokio trifft man nur vereinzelt deutsche Unternehmer an, geschweige mehrere gleichzeitig und schon gar nicht in gemeinsame wirtschaftliche Diskussionen vertieft. Der Grund: Von den etwa 4 000 Deutschen, die in Japan leben, sind nur circa 400 in der Wirtschaft tätig. Und der japanischen Sprache sind sie nur ganz selten mächtig.

Japan ist nicht nur einer der Hauptkonkurrenten der deutschen Wirtschaft auf dem Weltmarkt und auf zahlreichen Produktmärkten in Deutschland, sondern auch mit rund 125 Millionen kaufkräftigen Verbrauchern einer der interessantesten Absatzmärkte. Dennoch ist das deutsche Handelsdefizit mit Japan riesengroß. Japan hat 1993 Waren im Wert von 33,6 Milliarden DM nach Deutschland geliefert, der deutsche Export nach Japan erreichte hingegen nur einen Wert von 13,5 Milliarden DM. Zu den gesamten Importen Japans trägt Deutschland nur 4,5 Prozent bei. Dabei ist Japan für deutsche Firmen der profitabelste Auslandsmarkt, wenn es richtig gemacht wird. Denn wer in Japan erfolgreich ist, ist es meist auch weltweit. Durch ausreichende Präsenz in Japan läßt sich auch der »japanische Markt im Ausland« erschließen, etwa lukrative Geschäftsverbindungen mit den Niederlassungen japanischer Unternehmen im Ausland.

Das Argument, Japan sei eine geschlossene Gesellschaft und der japanische Protektionismus verhindere stärkere Exporte nach Japan, gilt nur noch bedingt. Auf Druck der USA und der Europäischen Union wurden in der letzten Zeit deutliche Fortschritte hin zu einer Marktöffnung Japans erzielt. Nicht nur, daß der Zollsatz für Industriegüter in Japan heute niedriger ist als in den Vereinigten Staaten und in der Europäischen Union. Auch die sogenannten nicht-tarifären Handelshemmnisse, wie aufwendige Prüfverfahren und unterschiedliche Normen, stellen keine unüberwindbaren Hindernisse dar. Geblieben sind allerdings die unterschiedlichen Marktstrukturen und Verhaltensweisen der japanischen Wirtschaft, zum Beispiel das komplizierte und undurchsichtige Distributionssystem.

Selbst wenn das Zerplatzen der Spekulationsblase bei Finanz- und Immobilienwerten und dramatische Yen-Aufwertungen das Wachstum in Japan dämpfen, wird auch in den neunziger Jahren die japanische Wirtschaft stärker als die europäische wachsen, da sie besser auf die globalen Veränderungen vorbereitet ist. Und nicht zuletzt sehen Japaner in der Krise vor allem die Chancen, während in Europa die Gefahren vielfach so lange betrachtet werden, bis die Chancen vorbei sind.

Der Prozeß des Fluggänse-Geschwaders wird in letzter Zeit besonders an der Aufholjagd Südkoreas gegenüber Japan deutlich. Lange Zeit wähnten sich die japanischen Manager sicher: Südkorea könnte zwar aufholen, nicht aber die Japaner überholen. Das jährliche Wachstum der japanischen Wirtschaft entsprach dem gesamten Bruttosozialprodukt Südkoreas eines Jahres. Leicht überheblich sahen sie in Südkorea eher eine verlängerte japanische Werkbank. Das hat sich grundlegend geändert. Im Schiffbau haben die südkoreanischen Hersteller ihre japanischen Konkurrenten bereits überholt. Auch Japans Automobilindustrie ist nicht mehr sicher vor den Südkoreanern: Bereits 1994 löste Hyundai in Australien Mazda als erfolgreichste Importmarke ab.

Die Rezession im Land und der starke Yen im Außenhandel schwächen Japans Wirtschaft, während die Südkoreaner ihre Wirtschaft in atemberaubendem Tempo ausbauen. Die Südkoreaner haben sich sehr ehrgeizige Ziele gesteckt. Sie wollen in den nächsten Jahren die Kapazitäten ihrer Werften und ihrer Automobilhersteller mehr als verdoppeln. Die Investitionen sollen in diesem Jahr um gut 50 Prozent steigen. Der Investitionsboom der »neuen Japaner« ist nur dann zu rechtfertigen, wenn die Südkoreaner den Japanern erhebliche Marktanteile im Weltmarkt abjagen können. Selbst nach Japan kommen die Südkoreaner durch die Übernahme japanischer Unternehmen. Samsung ist der erste südkoreanische Konzern, der ein Tochterunternehmen an die Börse in Tokio bringt. Die japanische Wirtschaftskraft stachelt die Südkoreaner zu immer größeren Leistungen an.

Mit wachsender technologischer Unabhängigkeit von Japan und niedrigen Preisen für Investitionsgüter wird Südkorea auch als Partner für asiatische Entwicklungsländer interessant. Und wenn die Südkoreaner – allen voran die drei großen Autobauer Hyundai, Daewoo und Samsung – wie einstmals die Japaner in die gesättigten europäischen und amerikanischen Märkte einbrechen, werden sie ein ernstzunehmender Wettbewerber sein. In noch stärkerem Maß gilt dies für die ungesättigten südamerikanischen und asiatischen Märkte.

Immerhin zählten 1993 laut »Fortune« schon 32 Konzerne außerhalb der traditionellen Industrieländer zu den 500 größten Unternehmen der Welt. Dazu gehören Unternehmen wie die vier koreanischen Konglomerate Samsung, Hyundai, Lucky Goldstar und Daewoo. Samsung kaufte Anfang 1995 mit AST Research einen der größten amerikanischen Computerhersteller, schloß einen Vertrag für den Bau eines Regionalflugzeugs mit der Deutschen Aerospace (DASA) ab, erwarb das Ostberliner Werk für Fernseheelektronik und in Tschernitz ein Werk für die Herstellung von Glaskolben. Die Konkurrenten von Samsung expandieren ähnlich.

Auch die Unternehmen in den übrigen südostasiatischen Ländern lösen sich zunehmend davon, Billigwarenproduzenten zu sein. Tatung aus Taiwan ist einer der größten Hersteller von Computermonitoren, die Wang-Gruppe gehört zu den führenden PC-Platinenherstellern und der chinesische Computerhersteller Acer ist bereits heute nach eigenen Berechnungen die Nummer fünf weltweit. Acer verkauft seine PC und Farbmonitore in über 70 Niederlassungen in 27 Ländern. Evergreen ist das weltweit zweitgrößte Containertransport-Unternehmen. Herkunftsland: Taiwan.

Tata ist ein aus Indien stammendes privates Konglomerat. Es produziert Software für Kunden wie die Citibank oder Northern Telecom mit rund 3 900 Programmierern.

China – die große Chance?

Versprechen und Vergessen gehören zur Taktik der chinesischen Verhandlungsführung. Dies mußte McDonald's feststellen, als das Unternehmen zwei Blocks vom Platz des himmlischen Friedens entfernt das größte Schnellrestaurant der Welt eröffnete. Die Filiale wurde sofort zum »In«-Restaurant konsumhungriger Chinesen. Vorsichtigerweise hatten die Amerikaner die Nutzungsdauer gleich auf 20 Jahre festgelegt. Leider währte die Freude des McDonald's-Managements nur knapp vier Jahre. Dann kam ein »Taipan«, ein chinesischer Großunternehmer, und interessierte sich für das Grundstück. Damit wurde der Vertrag mit den »Langnasen« hinfällig.

Neben den politischen und wirtschaftlichen Unsicherheiten sowie der Willkür der Bürokratie gehört das unterentwickelte Rechts- und Verwaltungssystem zu den größten Problemen. Daß ihre chinesischen Geschäftspartner – wie es häufig passiert – Verträge nicht achten und sie sofort aufkündigen, wenn sie einen besseren Vertragspartner sehen oder sich die Lage geändert hat, ist für viele

Ausländer ein Schock. In China kennt man kein objektives Recht im westlichen Sinne, geschweige denn eine entwickelte Rechtsprechung im Zivilrecht. Es gibt weder Grundbucheintragungen zur Eigentumssicherung noch eine gerichtliche Nachprüfbarkeit von Verwaltungsentscheidungen.

Auch der Know-how-Klau macht westlichen Unternehmen zu schaffen. Die Chinesen können dieses Problem nur bedingt nachvollziehen. Nach ihrer Auffassung ist Wissen nicht greifbar, kann nicht weggetragen, also auch nicht gestohlen werden. Wenn sie ein Produkt sehen, kommen sie schnell auf die Idee, es nachzubauen. Nicht zuletzt auf dieser mentalen Einstellung beruhen die schwer lösbaren Konflikte um Raubkopien und um die Gewährleistung von Urheberrechten an geistigem Eigentum.

Hinzu kommen erhebliche Vorbehalte vieler Staaten des asiatisch-pazifischen Raums gegenüber Japan, die aus der Gegnerschaft im Zweiten Weltkrieg resultieren. Japan hat sich in Asien lange nicht um Aussöhnung bemüht. Deshalb ist für viele eine politische Führungsrolle Japans nicht akzeptabel.

Gegenüber China haben auch viele südostasiatische Staaten Ressentiments. Es wird befürchtet, daß das »Reich der Mitte« zu seiner früheren Großmachtstellung zurückfinden könnte. Zum anderen stellen die wirtschaftlich erfolgreichen chinesischen Minderheiten in Südostasien für die ethnischen Mehrheiten, die über die politische Macht verfügen, ohne Zweifel ein politisches Risiko dar. In Indonesien beispielsweise stellen die Chinesen 2 Prozent der Bevölkerung, aber sie kontrollieren 70 Prozent der Wirtschaft. Auf den Philippinen kontrollieren sie mehr als ein Drittel der dortigen Banken. In Malaysia sind sie die größten Immobilienbesitzer.

Kein anderes Land der Welt erzielt derzeit ähnlich hohe Wachstumsraten wie die Volksrepublik China. In den beiden letzten Jahren erhöhte sich das reale Bruttoinlandsprodukt um jeweils etwa 13 Prozent. Das Durchschnittseinkommen der 1,2 Milliarden Einwohner, von denen ein Viertel zwischen 14 und 28 Jahren alt ist, stieg – wenn man den amtlichen Angaben Glauben schenken darf – in den letzten beiden Jahren um jeweils 15 Prozent. Schon heute produziert China mehr Güter und Leistungen als Deutschland. Wenn die bisherige Entwicklung anhält, wird China bis zum Jahr 2000 Japan überholt haben. Einige Ökonomen halten es sogar für möglich, daß China im Jahr 2020 die größte Wirtschaftsmacht der Welt ist – das sind gerade noch 25 Jahre.

Die sehr junge Bevölkerung in China, genauso wie in den anderen asiatischen Tigerstaaten, stellt einen der größten Pluspunkte dar. Das Durchschnittsalter der Bevölkerung ist im Vergleich zu den Industrieländern sehr gering. Damit bleiben den Asiaten die Steuer- und Abgabenlasten, beispielsweise durch die in den überalterten Volkswirtschaften der Industrieländer explodierende Rentenversicherung, erspart.

Interessant scheint die Frage nach den längerfristigen Erfolgsaussichten des Wirtschaftsmodells China. Lassen sich eine Marktwirtschaft mit offener Tür und ein kommunistisch-autoritäres politisches System auf Dauer miteinander verbinden? Kann international Handel getrieben werden und gleichzeitig Meinungsfreiheit verboten sein? Ist die von Präsident Clinton verkündete Trennung der Handelspolitik von der Menschenrechtsfrage schon eine Antwort darauf? Derzeit scheint es, als werde die Politik immer stärker von den expansiven Kräften der Märkte unterlaufen. Wachsende ökonomische Freiheiten, eine verbesserte Versorgungslage und ein ausgeprägter Regionalismus sind unübersehbar – allerdings gepaart mit einer galoppierenden Inflation und der sich rapide verbreitenden Korruption. Und es bleibt die Frage, was nach dem Tod des greisen Deng Xiaoping geschehen wird.

Mit der Einrichtung von Sonderwirtschaftszonen versuchten und versuchen China und andere asiatische Länder, ausländische Unternehmen anzusiedeln und damit Kristallisationskerne für die Entwicklung ihrer Wirtschaft zu schaffen. Dalian, in der einstigen Mandschurei, ist mit rund 30 Quadratkilometern Fläche die größte der vierzehn »offenen Städte« Chinas. Die Investitionsbedingungen sind extrem günstig. Ausländische Unternehmen, die sich in Dalian ansiedeln, zahlen erst zwei Jahre nach Eintritt in die Gewinnzone Steuern. Selbst dann bekommen sie reduzierte Sätze. Der Stundenlohn eines Fabrikarbeiters liegt bei umgerechnet 60 Pfennig. Ein guter chinesischer Ingenieur verdient nach Angaben der dortigen Unternehmer rund 3 000 DM im Jahr. Der Jahresurlaub beträgt sieben Tage, hinzu kommt pro Jahr der Betriebszugehörigkeit ein weiterer Urlaubstag.

Bisher flossen für Gemeinschaftsunternehmen 5,3 Milliarden US-Dollar an ausländischem und chinesischem Kapital nach Dalian. Die reine Zahl ist allerdings irreführend. Tatsächlich müßte sie mit dem Faktor fünf multipliziert werden, um aussagefähig zu sein. Denn in Dalian wird nicht nur billig produziert, sondern auch billiger investiert: Die Baukosten liegen deutlich unter denen in Deutschland, aber auch unter denen in Peking oder Shanghai.

Japan und Hongkong lagern mittlerweile viele Produktionen in die Billiglohn-Provinz aus. Sie stellen mit 1,5 Milliarden den größten Teil der Investitionen. An dritter Stelle stehen die amerikanischen Unternehmen. Wer in dieser Rangliste der bedeutenden Investoren weitgehend fehlt, sind die Deutschen.

Vorläufer solcher »offenen Städte« wie Dalian, die 1984 eingeführt wurden und bereits über Industrieansiedelungen mit einer entwickelten Infrastruktur und über Fachkräfte verfügten, sind die fünf Sonderwirtschaftszonen Shenzen (nahe Hongkong), Zhuhai (Macau), Shantou, Xiamen und Hainan. Gemeinsam sind ihnen die günstigen Steuersätze und gute Konditionen bei der Ein- und Ausfuhr von Gütern sowie die freie Verwendung von Deviseneinnahmen.

Sich abzeichnende Grenzen des Wachstums

Das wirtschaftliche Wachstum in Asien kann allerdings nicht das einzige Kriterium für ein unternehmerisches Engagement sein. Politische und soziale Stabilität sind wichtige Voraussetzungen, vor allem für Direktinvestitionen. Auch sollte nicht übersehen werden, daß das exzessive Wachstum, wie es in einigen Ländern Asiens bereits stattgefunden hat, bereits zu Umweltschäden riesigen Ausmaßes geführt hat.

Wenn beispielsweise sich bald mehr Privatpersonen in China ein Auto leisten können, scheinen das Verkehrschaos und dramatische Umweltschäden unvermeidlich. Hätte China, bezogen auf die Bevölkerung, auch nur eine Fahrzeugdichte wie gegenwärtig Portugal, müßte es rund 203 Millionen Pkws haben. Heute sind es aber erst 1,8 Millionen.

Durch die Landflucht vieler Bauern und Landarbeiter platzen die Großstädte aus allen Nähten. In den asiatischen Großstädten lebt mittlerweile mehr als die Hälfte der Bevölkerung in Slums. Im Jahre 2000 werden schätzungsweise 350 Millionen Menschen in den asiatischen Ballungszentren leben, fast 70 Prozent mehr als heute. Die negativen Auswirkungen auf die Umwelt sind kaum abzuschätzen. Bereits heute werden in der Volksrepublik China die Kosten für die Beseitigung der Umweltschäden in den offiziellen

Fünfjahresplänen auf 20 bis 30 Milliarden US-Dollar geschätzt – die tatsächlichen Schäden dürften weit höher sein.

Auch wenn das Umweltbewußtsein in Asien steigt, sind die Menschen bisher noch nicht bereit, dafür auf wirtschaftliches Wachstum zu verzichten. Aber der zunehmende Zwang, auf die Umwelt Rücksicht zu nehmen, und die Engpässe bei der Infrastruktur, also bei Energie, Verkehr und Telekommunikation, werden das Wachstum in Asien mittelfristig dämpfen.

Sicherlich bringt Wachstum in diesen Größenordnungen auch erhebliche Probleme, die in den asiatischen Ländern erst jetzt deutlich werden.

Deutsche Unternehmen in Asien – eine Seltenheit

Die Marktanteile der deutschen Wirtschaft in Asien sind ausgesprochen bescheiden und tendenziell sogar rückläufig. Japan und die USA sind die mit riesigem Vorsprung dominierenden Handelspartner dieser aufstrebenden Länder. Auch bei den ausländischen Direktinvestoren in diesen Ländern befindet sich Deutschland nur unter »ferner liefen«. Während die Japaner in den vergangenen fünf Jahren fast 27 Milliarden US-Dollar in den acht wachstumsstärksten asiatischen Ländern (außer Japan) investiert haben, beläuft sich die Summe bei den Amerikanern auf 7 Milliarden US-Dollar und bei den Deutschen in ganz Ost- und Südostasien auf knapp 1,5 Milliarden US-Dollar.

Es sind immer dieselben Vorreiter, die dann ihre Zulieferer nachziehen: die Chemiekonzerne, Daimler-Benz und VW, aber auch Wella und – einer der ersten auf dem chinesischen Markt – die SMS Schloemann Siemag AG. Siemens ist mit einem U-Bahn-Projekt in Kanton engagiert, AEG in Shanghai. Dagegen scheuen die meisten deutschen Unternehmen, vor allem die kleineren und mittleren Unternehmen, ein Engagement auf den Märkten der asiatisch-pazifischen Region.

Die Liste der Nicht- oder Kaum-Präsenz der deutschen Wirtschaft läßt sich auch in Südkorea – nur leicht verbessert nach dem ICE-Debakel – sowie in Thailand, in Malaysia und Vietnam fortsetzen. Wenn es den deutschen Unternehmen gelänge, in dieser Region einen ebenso hohen Marktanteil wie die amerikanischen Firmen zu erobern, würde das Bruttoinlandsprodukt in der Bundesre-

Deutschland ist mit Direktinvestitionen in Asien kaum vertreten

Entwicklung der Direktinvestitionen in der asiatisch-pazifischen Region ohne Japan
in Mrd. US$

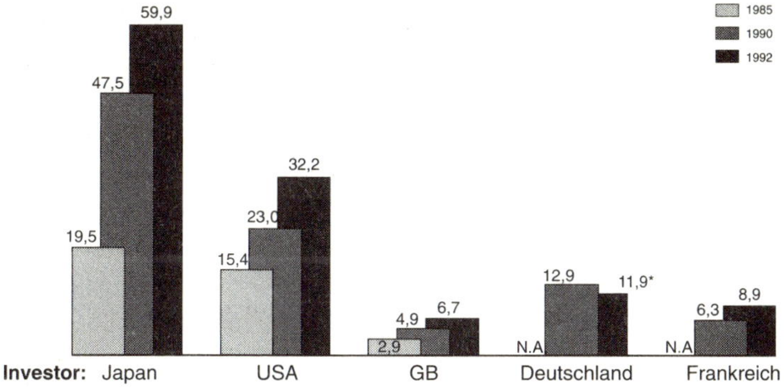

* 1991

Quelle: OECD, 1994

publik um 2,9 Prozent steigen – mit positiven Auswirkungen auf die Arbeitsplätze.

Zu den positiven Beispielen zählen die deutsche Technologiefirma Heraeus und das Chemie- und Pharmaunternehmen Merck, die heute bereits mit den steigenden Erlösen aus dem Asiengeschäft die sinkende Nachfrage auf dem heimischen Markt kompensieren. Sie haben sich auf die hohen technischen Anforderungen der Kunden in Japan, Korea und Taiwan eingestellt und bekämpfen mit ihren in Fernost entwickelten Produkten die Konkurrenz auf den westlichen Märkten.

Sicherlich bekommen die deutschen Unternehmer wenig Unterstützung durch die deutschen Botschaften. Während die Amerikaner, Franzosen, Engländer und Russen spätestens seit dem Ende des Kalten Krieges die Förderung der Wirtschaftsinteressen des eigenen Landes zur wichtigsten Aufgabe der Diplomaten gemacht haben, halten die Deutschen noch an der »hohen« Politik fest: Smalltalk bei Gin Tonic statt Business bei Mineralwasser. Dabei ist die »klassische Diplomatie« im Zeitalter der modernen Telekommunikation und der kurzen Reisezeiten zunehmend unwichtiger geworden. Von den 1 064 Diplomaten des höheren Dienstes des

Auswärtigen Amtes sind gerade 182 ausschließlich mit Wirtschaftsangelegenheiten beschäftigt, weitere 120 immerhin gelegentlich. Erst allmählich werden die Jungdiplomaten auch in Betriebs- und Volkswirtschaftslehre geschult, gehören Industriepraktika zu ihrer Ausbildung.

Die Amerikaner haben da bereits einen erheblichen Vorsprung. Bereits vor drei Jahren wurde die »Bill of Rights for US Business« geschaffen, die sieben Grundrechte der amerikanischen Unternehmen gegenüber ihren Diplomaten festlegen. Dazu gehört das Recht auf Unterstützung durch gut ausgebildete Handelsspezialisten in den Botschaften und das Recht auf aktive Förderung bei internationalen Ausschreibungen. In Deutschland liegt dagegen noch vieles im argen. Die Koordination des Außenhandelsinstrumentariums funktioniert meist nicht. Entwicklungshilfe, finanzielle Unterstützung für die Abnehmer und Aufträge für angeschlagene Branchen in Deutschland können von den Diplomaten vor Ort nur selten in Einklang gebracht werden.

Die wenigen bereits in Asien tätigen deutschen Unternehmen sehen optimistisch in die Zukunft. Sie erwarten durchweg hohe Zuwachsraten bei den Umsätzen und den Erträgen. Aufgrund der hohen Marktpotentiale überwiegen Zuversicht und Aufbruchstimmung. Bei steigenden Einkommen wird sich die Konsumentennachfrage boomartig entwickeln. Die Bevölkerung besteht fast überwiegend aus jungen Menschen, die begierig darauf sind, ihren Lebensstandard zu verbessern.

Mit der fortschreitenden Industrialisierung wird auch die industrielle Verflechtung in der Region zunehmen und damit die Nachfrage nach industriellen Produkten steigen. Damit wächst auch der Bedarf nach technisch komplizierteren Komponenten – einer Spezialität deutscher Unternehmen. Gleichzeitig wird die Infrastruktur zum Engpaß. Sie wirkt zum einen als Bremsklotz für das asiatische Wirtschaftswachstum, stellt aber zum anderen auch potentielle Aufträge für die deutsche Industrie dar. Im Bereich von Energie, Transport und Verkehr, Telekommunikation und Umweltschutz werden gigantische Projekte geplant, die nur mit ausländischer Hilfe realisiert werden können.

Die Infrastrukturaufwendungen in Südostasien werden während der nächsten zehn Jahre auf rund 130 Milliarden US-Dollar jährlich geschätzt. Bis zum Jahr 2000 werden vermutlich allein rund 350 Milliarden US-Dollar für Kraftwerke und 150 Milliarden

US-Dollar für Telekommunikation ausgegeben. 35 000 Megawatt Energieerzeugungskapazität, 90 Millionen Telefonhauptanschlüsse, 41 000 Kilometer neue Eisenbahnstrecken, 7 000 neue Lokomotiven mit 95 000 Güter- und 29 000 Personenwagen, 2 Millionen Kilometer neue Straßen und 141 Container-Umschlageinrichtungen in Seehäfen werden in den nächsten Jahren benötigt.

Wenn das nicht auch ein großer Markt für deutsche Unternehmen ist ...

Von Alaska bis Feuerland: weitere Blockbildungen

Seit Anfang 1994 bilden Kanada, Mexiko und die USA eine Freihandelszone. Die NAFTA (North American Free Trade Agreement) ist der Teil eines Konzepts des früheren US-Präsidenten George Bush, bis zum Jahr 2000 eine Freihandelszone von Alaska bis Feuerland zu schaffen.

Die NAFTA ist in ihrer Größe und Bedeutung dem Europäischen Wirtschaftsraum durchaus vergleichbar, sowohl was die Zahl der Einwohner angeht – jeweils rund 370 Millionen –, als auch nach dem Bruttoinlandsprodukt oder dem durchschnittlichen Pro-Kopf-Einkommen. Allerdings bestehen innerhalb der NAFTA erheblich größere Entwicklungsunterschiede als innerhalb des europäischen Binnenmarktes: Während die USA und Kanada zu den reichen Industrienationen zählen, gehört Mexiko noch zu den Entwicklungsländern.

Deutliche Unterschiede zwischen Europäischer Union und NAFTA gibt es auch hinsichtlich der Zielsetzungen: Die NAFTA ist kein Binnenmarkt mit einheitlichen Außenzöllen. Sie ist einfach eine Freihandelszone, was bedeutet, daß bestehende Zollschranken und sonstige Handelshemmnisse zwischen den Mitgliedstaaten abgebaut werden. Der Vorteil in der Freihandelszone liegt in der Vergrößerung des Marktes und der daraus resultierenden Synergieeffekte, die zu einer Steigerung der Nachfrage, der Produktion und damit der Beschäftigung führen.

Die NAFTA stellt einen Versuch da, neben den seinerzeit schwierigen Bemühungen im Rahmen der GATT-Runde für die US-amerikanischen Unternehmen eine zweite strategische Handlungsoption zu schaffen. Zugleich wurde die NAFTA Indikator für die außenpolitische Offenheit der USA und Symbol für ihren Willen, sich weiterhin für den Ausbau des Freihandels einzusetzen. Allerdings wird das öffentliche Interesse in den Vereinigten Staaten auch künftig häufiger zu einer davon abweichenden Strategie führen.

In Mexiko erhofft man sich, daß der neue Wirtschaftsraum Investitionen aus anderen Ländern anlocken könnte. Die NAFTA böte für Exporteure aus der EU und Japan neue Zugangsmöglichkeiten für den reichen Markt Nordamerikas.

Neben der wirtschaftlich sehr bedeutenden NAFTA-Region entsteht zur Zeit in Südamerika ein dichtes Netz von bilateralen und multilateralen Freihandelsabkommen. Neu ist die »Dreiergruppe« mit Mexiko, Kolumbien und Venezuela, die den Zollabbau zwischen ihren Ländern beschlossen haben. Ferner ist eine Belebung des Andenpaktes festzustellen. Die Verhandlungen im Süden des Kontinents über die Bildung des Mercosur, zu dem sich Argentinien, Brasilien, Paraguay und Uruguay zusammenschließen wollen, konnten 1994 nicht wie geplant abgeschlossen werden. Auch die bereits 1960 gegründete LAFTA, die Lateinamerikanische Freihandelszone, konnte ihre hochgesteckten Ziele nicht erreichen. Der Plan scheiterte, die Handelshemmnisse zwischen den elf beteiligten südamerikanischen Ländern (Argentinien, Bolivien, Brasilien, Chile, Ecuador, Kolumbien, Mexiko, Paraguay, Peru, Uruguay und Venezuela) abzubauen. 1980 entschied man sich, die LAFTA durch eine weniger ambitionierte Organisation mit einfacheren Zielen zu ersetzen. Im Januar 1981 wurde daraufhin die Lateinamerikanische Integrationsvereinigung (ALADI oder LAIA) gegründet, die mit den gleichen Mitgliedern lediglich die Handelsabkommen zwischen einzelnen Mitgliedern überwachen und anerkennen soll.

Dennoch scheint langfristig die von George Bush angestrebte Freihandelszone von Alaska bis Feuerland durchaus möglich.

Krieg der Blöcke?

In den vergangenen vier Jahren sind 33 regionale Wirtschaftsabkommen geschlossen worden. Das ist ein Rekord in der Nachkriegsgeschichte.

Welche Wirkungen diese regionalen Zusammenschlüsse für den Welthandel haben, ist umstritten. Während die Befürworter der Blockbildung darin einen ersten Schritt hin zur völligen Beseitigung von Handelshemmnissen im globalen Wirtschaftsverkehr se-

Asien bleibt der Wachstumsmarkt der Zukunft

Geschätztes durchschnittliches Wachstum des BIP (real) in ausgewählten Weltregionen, 1995 - 1999

in Prozent

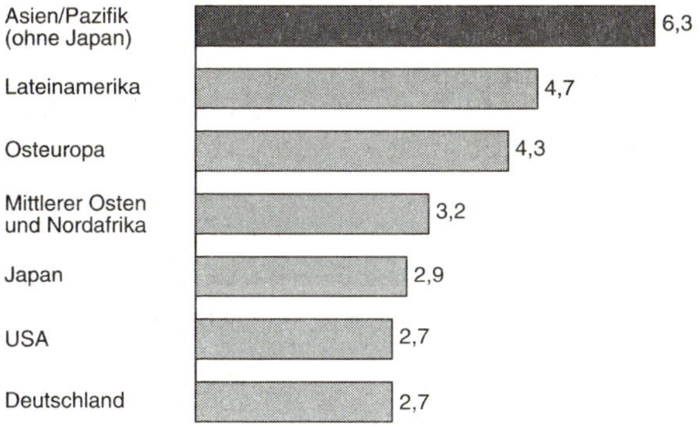

Quelle: EIU, 1995

hen, befürchten die Kritiker eine Abkehr von der multilateralen Liberalisierung mit negativen Konsequenzen für die globale Wohlfahrt.

Nimmt man die Europäische Gemeinschaft als Testfall, so kann man für die Phase der Binnenmarktvollendung feststellen, daß der innereuropäische Handel stark gefördert wurde, bis 1992 stieg er auf 61 Prozent des gesamten EG-Außenhandels. Die externen Handelsströme waren jedoch uneinheitlich: Ihr Anteil am Welthandel schwankt zwischen 18 und 23 Prozent. Die Vollendung des europäischen Binnenmarktes scheint den Welthandel weder signifikant beeinträchtigt noch nachhaltig stimuliert zu haben.

Auf der anderen Seite birgt der europäische Integrationsprozeß die Gefahr protektionistischer Tendenzen. Gegenwärtig gibt es starke Bestrebungen, das bestehende handelspolitische Schutzinstrumentarium weiter zu verschärfen und durch industriepolitische Interventionen europäische Unternehmen im internationalen Wettbewerb zu stärken.

Insgesamt kann die Regionalisierung der Märkte aber positiv bewertet werden. In Lateinamerika geht die regionale Integration Hand in Hand mit einer außenwirtschaftlichen Liberalisierung und einer binnenwirtschaftlichen Deregulierung. Auch im Rahmen des

ASEAN-Pakts sind die Handelsschranken gegenüber Drittländern gesenkt worden. Vom europäischen Binnenmarkt sind wichtige Anstöße für eine weitere multilaterale Öffnung gekommen, so die gegenseitige Anerkennung nationaler Normen und Standards.

Ob sich der Regionalismus insgesamt eher positiv oder negativ für den Welthandel und die weltwirtschaftliche Entwicklung erweisen wird, hängt nicht zuletzt von den Wechselwirkungen zwischen regionaler Integration und multilateraler Handels- und Wettbewerbsordnung ab.

Während die zunehmenden Integrationsbestrebungen gegenwärtig keine Gefahr für den Freihandel darstellen, sind die zunehmenden nicht-tarifären Handelshemmnisse, also Einfuhr- und Ausfuhrverbote, Lizenzen, freiwillige Exportselbstbeschränkungsabkommen, Verbraucherschutzbestimmungen, Boykottaufrufe oder Hafentransfergebühren, eine ernste Bedrohung. Allein deshalb, weil durch diese neuen handelsbeschränkenden Maßnahmen ein wesentlich gezielterer Schutz vor ausländischen Konkurrenten erreicht werden kann als durch Zölle.

Aber auch wenn Handelskriege ausbleiben und es nicht zu einer weiteren Ausdehnung der nicht-tarifären Handelshemmnisse kommt: Der Weg zu einer grenzenlosen Weltwirtschaft ist noch weit.

Zollabbau im Rahmen des GATT

In den Jahren 1986 bis 1994 verhandelten die Vereinigten Staaten und Europa über den gegenseitigen Abbau von Zöllen. Nach einem langwierigen Verhandlungsprozeß, an dem rund 100 weitere Länder beteiligt waren, wurde das Schlußdokument der Uruguay-Runde unterzeichnet und damit eine neue Welthandelsordnung aus der Taufe gehoben.

Die Tatsache, daß derartige Zollverhandlungen überhaupt stattfinden müssen, erstaunt eigentlich. Denn die Theorie des internationalen Handels weist eindeutig nach, daß es für ein Land günstiger ist, Freihandel zu betreiben und seine Zölle abzubauen, selbst wenn es das einzige Land ist, das dies macht. Uneinig sind sich die Ökonomen nur, wie hoch die Wohlfahrtsgewinne bei einem kompletten Zollabbau sind. Je nach den verwendeten Modellen schwanken die Größenordnungen zwischen weniger als 0,25 Prozent des Sozialproduktes und der vagen Angabe eines »sehr großen« Wohlfahrtsgewinnes.

Japanische Wirtschaftswissenschaftler des Institute for International Economics haben ausgerechnet, daß jeder Job, der in Japan gegen ausländische Konkurrenz geschützt wird, die Nation 800 000 US-Dollar im Jahr kostet. Zölle und nicht-tarifäre Barrieren schlagen für die Verbraucher mit Mehrkosten von bis zu 100 Milliarden US-Dollar im Jahr zu Buche. Für jeden einzelnen wirken sich demnach allein die nicht-tarifären Hemmnisse wie eine unsichtbare Verbrauchssteuer von jährlich 1 000 US-Dollar aus. Die höchsten nicht-tarifären Hemmnisse seien, so die Studie, bei Lebensmitteln zu registrieren. In tatsächliche Zölle umgerechnet würden sie einen Aufschlag von 737 Prozent bei Reis, 706 Prozent bei Kaffee und Tee und 628 Prozent bei Ölsaaten bedeuten. Wenn keine Schranken bestünden, wären die japanischen Importe 1989 zwischen 24 und 53 Milliarden US-Dollar höher ausgefallen – diese Summe entspricht zufällig dem US-Handelsdefizit mit Japan. Insgesamt kostet der japanische Protektionismus zwischen 2,6 und 2,8 Prozent des Bruttoinlandsprodukts.

Diese Kosten werden aber gerne ignoriert. Die Sünde wird zum Segen gemacht und gesamtwirtschaftlicher Wohlstand durch Umkehrung der Tatsachen versprochen. Diese »beggar my neighbour«-Politik der zwanziger Jahre glaubte man zwar überwunden – im jüngsten japanisch-amerikanischen Handelsstreit feierte sie jedoch fröhliche Urständ.

Politiker, die auf Wähler angewiesen sind, erliegen meistens der Versuchung, den Gruppen, die von dem aus der Globalisierung resultierenden Strukturwandel betroffen werden, Schutz durch protektionistische Maßnahmen zu gewähren. Allerdings besteht hier die Gefahr, daß durch den Schutz Anpassungsmaßnahmen der Unternehmen unterbleiben und aus den vorübergehenden Schutzmaßnahmen eine Dauereinrichtung wird.

Trotz dieser Interessengegensätze ist es gelungen, mit den letzten GATT-Verhandlungen eine weitere Zollsenkung zu erreichen. Die handelsgewichtete Durchschnittszollbelastung der Industrieländer soll nach der Uruguay-Runde von derzeit 4,7 Prozent auf etwa 2,9 Prozent gesenkt werden.

Der erfolgreiche Abschluß der GATT-Runde hat die multilaterale Weltwirtschaftsordnung erst einmal vor dem drohenden Verfall gerettet. Er wird der Weltkonjunktur Auftrieb verleihen. Für ein exportabhängiges Land wie die Bundesrepublik Deutschland ist dies ein großer Gewinn. Zölle werden sinken, Mengenbeschränkungen und Agrarsubventionen abgebaut, die Streitschlichtung multilateral organisiert. Das alles steht auf der Agenda der Welthandelsorganisation.

Ob allerdings das Ziel eines völlig freien Welthandels in einigen Jahren oder Jahrzehnten erreicht werden wird, ist weiter offen. Aber selbst dann, wenn die Politiker nicht handeln, wird die globale Marktwirtschaft mehr und mehr zum entscheidenden Faktor des weltweiten Wettbewerbs werden.

III.3

Die Marktwirtschaft als Wettbewerb

»... daß es ein Irrtum ist, wenn ein Sterblicher, wäre er auch der ... Größte, sich einbildet, er könne das Leben eines Volkes, die Richtung seiner Industrie, die Art und Weise seiner Gewerbe bestimmen, wie er die Einrichtungen und Bewegungen seines Heeres zu ordnen gewohnt ist.«
Friedrich Christoph Schlosser

Die Bevölkerung eines Landes sitzt gemeinsam in einem großen Segelboot namens Volkswirtschaft. Auf diesem Boot gibt es verschiedene Einkommensklassen. Die Wohlhabenden bewohnen schöne bequeme Kabinen auf dem Oberdeck. Auf dem Zwischendeck drängen sich die meisten Menschen, und einige haben sogar nur einen Stehplatz. Aber alle fahren in die gleiche Richtung, und alle leiden gleichermaßen unter einer Flaute, wie sie sich auch gleichmäßig an den Wohltaten einer modernen Volkswirtschaft erfreuen.

Das deutsche Boot wird von der Bundesregierung und der Bundesbank gesteuert. Dabei steht die Führungsmannschaft in enger Zusammenarbeit mit den Kapitänen der anderen europäischen Segelschiffe im Rahmen der Europäischen Union. Zu den Offizieren auf jedem Boot zählen die Top-Manager der großen Unternehmen, Investoren, innovative Kleinunternehmer und Wissenschaftler.

Die Boote aller Länder befahren gemeinsam die Weltmeere. Jedes Boot segelt unabhängig von den anderen, aber eine gewisse Koordination untereinander ist notwendig, damit es nicht zu Kollisionen und Schiffsuntergängen kommt. Außerdem ist es vorteilhaft, wenn untereinander Waren getauscht werden können. Jeder an Bord muß hart arbeiten, um das Boot auf Kurs zu halten. Eine einmal eingenommene Position im Flottenverband muß nicht auf Dauer erhalten bleiben. Boote, die im Moment in Führung liegen, können später zurückfallen, andere aufholen. Jeder hat ein Interesse daran, möglichst viel für sein Schiff zu tun, damit die eigene Volkswirtschaft blüht. Das Wohlergehen jedes einzelnen hängt von der wirtschaftlichen Leistungsfähigkeit des eigenen Landes ab.

Dieses Bild ist anschaulich, klar und eingängig. Nur: Es stimmt leider nicht.

Der US-amerikanische Arbeitsminister Robert Reich hat die Veränderungen der wirtschaftlichen Welt sehr schön an diesem Beispiel deutlich gemacht. Das Bild entsprach früher einmal den Tatsachen. Heute hat es aber seine Gültigkeit verloren.

Die Prinzipien, nach denen die Weltwirtschaft funktioniert, sind intellektuelles Allgemeingut der Ökonomen. Die Grundsätze werden nicht sonderlich herausgestellt, sondern sind immanent vorhanden. Nur: In der sich verändernden Welt wurde versäumt, sie der aktuellen Entwicklung anzupassen.

Während die Pessimisten in Deutschland die hohen Lohnnebenkosten und die ausufernden Steuer- und Sozialabgaben beklagen, jubeln die Optimisten über den Aufschwung, der Deutschland erfaßt hat. Im Vergleich zu den anderen europäischen Ländern gehe es dem Land und seinen Bürgern doch prächtig; die Arbeitslosenquote ist in Frankreich wesentlich höher als in Deutschland, in Skandinavien mußte der Sozialstaat drastisch abgebaut werden, und auch die Niederländer haben erhebliche Probleme. Dort ist jeder fünfzehnte Bürger ein Sozialhilfeempfänger. Den Industrieregionen in Großbritannien geht es schlechter als dem deutschen Ruhrgebiet, und wer die Schweiz als löbliches Beispiel hinstellt, bekommt schnell zu hören, die Eidgenossen hätten eben auch keine internationale Verantwortung übernommen. So könne man als Deutscher doch nicht leben. Nur sind beide Gruppen, die Pessimisten wie die Optimisten, von falschen Voraussetzungen ausgegangen. Steuern und Sozialabgaben werden langfristig nicht die entscheidenden Standortfaktoren sein, und die Wettbewerber der Deutschen sind keineswegs nur in Westeuropa beheimatet.

Denn es gibt heute eine globale Weltwirtschaft, keine getrennten nationalen Systeme. Das klingt banal. Jeder spürt die Globalisierung der Märkte, die Schnelligkeit, mit der Informationen heute um die Welt zirkulieren. Geld, Technologien, Informationen und Waren überschreiten die Grenzen mit nie dagewesener Leichtigkeit und Geschwindigkeit. Die modernen Kommunikations- und Transportmöglichkeiten haben dazu erheblich beigetragen.

Das Festhalten am alten Bild hat jedoch zu trügerischen Fehldiagnosen geführt. Es hat zugleich die Chance, neue Herausforderungen zu meistern, erheblich verschlechtert. Das Bild der einzelnen Boote wird beibehalten, wider besseres Wissen. Die Folgen sind gravierend. Es gibt eine Scheu, die Fakten abweichend vom alten Paradigma zu interpretieren. Deshalb entstehen erhebliche

USA hat den Wandel zur Dienstleistungsgesellschaft vollzogen – eine ähnliche Struktur in Deutschland beträfe 3 Mio. Arbeitsplätze

Sektorale Anteile 1994

in Prozent aller Erwerbspersonen

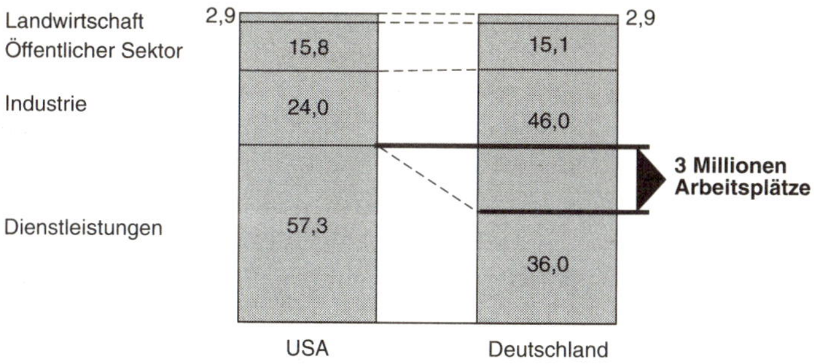

Quelle: OECD

Verständnisprobleme. Was den Motor Volkswirtschaft antreibt, wird – aufgrund des veralteten Bildes – nicht mehr wirklich erkannt. Dies führt zu einer Politik, die hinsichtlich ihrer Absichten, ihres Timings und den daraus folgenden Handlungen fehlgeleitet ist.

Wie in Galileo Galileis Zeiten werden auch heute die Fakten so interpretiert und zurechtgebogen, als ob sich Sonne, Mond und Sterne um die Erde drehten.

Dazu einige Richtigstellungen:

- Die Zukunft der Industrieländer liegt bei den Dienstleistungen. Das Festhalten an den überkommenen Beschäftigungsstrukturen erschwert den Wandel von der Industrie- zur Dienstleistungsgesellschaft. Hätten wir heute in Deutschland schon US-amerikanische Strukturen, so wären 3 Millionen Arbeitsplätze von dem Wandel betroffen.
- Die Politik eines Landes wird zu einem wesentlichen Teil bereits heute von den Kapitalmärkten beeinflußt. So führte die unberechenbare Politik in Italien zu Beginn des Jahres 1995 zu Risikoaufschlägen von bis zu 6,6 Prozent auf italienische Staatsanleihen gegenüber den deutschen Bundesschatzbriefen.

Nicht alle Jobs im Dienstleistungssektor sind "Hamburger-Bräter"

US-Lohn-Verteilung, 1992

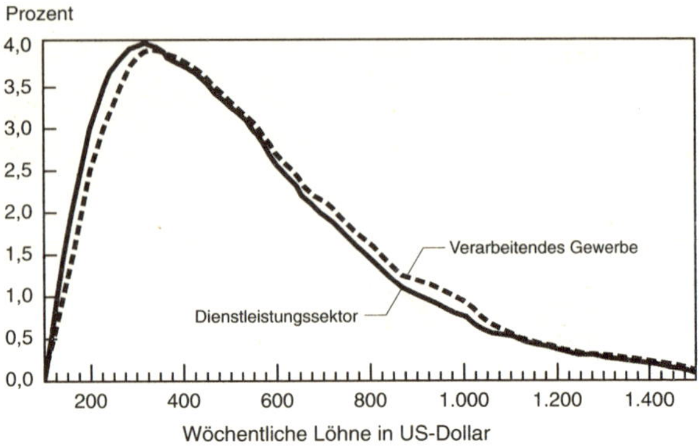

Quelle: Cleveland Federal Reserve Bank; U.S. Department of Labor; BLS

- Die in den USA neu geschaffenen Dienstleistungsjobs sind keineswegs nur »Hamburger-Jobs«. Nach Untersuchungen des McKinsey Global Institute sind die Gehaltsstrukturen im Dienstleistungssektor und in der güterproduzierenden Industrie in den Vereinigten Staaten vergleichbar. Zwei Drittel der neu geschaffenen Dienstleistungsjobs waren besser qualifizierte Arbeitsplätze.
- Der steigenden Kapitalnachfrage der Entwicklungs- und Schwellenländer steht ein steigendes Kapitalangebot in den Industrieländern gegenüber. Das Sparkapital der Haushalte wird in den Industrieländern erheblich ansteigen. Schon heute verfügt durchschnittlich jeder Haushalt in Deutschland über ein Gesamtvermögen von circa 250 000 DM.

Die neuen weltwirtschaftlichen Herausforderungen resultieren aus der modernen Form der internationalen Arbeitsteilung. Durch die zunehmende Globalisierung kommt es nicht nur zu einem verstärkten Handel, also dem Austausch von Gütern und Dienstleistungen über die Grenzen von Staaten und Staatengemeinschaften hinweg, sondern zunehmend auch zu Verlagerungen und Neugründungen von Produktionsstandorten, also grenzüberschreitenden Investitionen.

Fast zwei Drittel der neugeschaffenen Arbeitsplätze in den USA sind qualifiziert

Veränderung nach Berufsgruppen, 1980 - 1990

in Erwerbstätigen pro 1.000 Erwerbspersonen

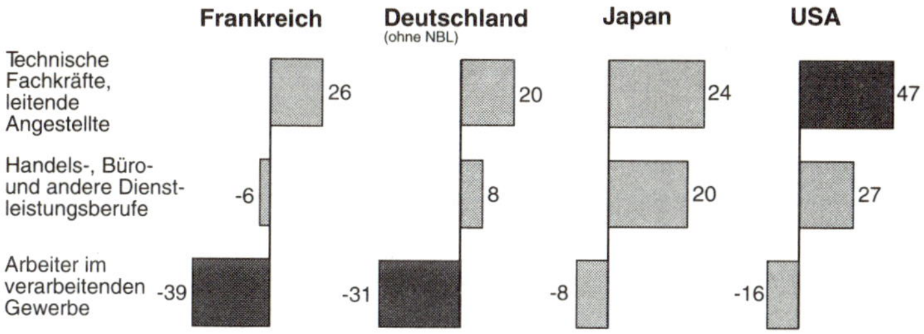

Quelle: OECD, McKinsey Global Institute, 1994

Zudem sind trotz aller Hemmnisse, die Industrieländer den Entwicklungsländern durch Handelsbeschränkungen entgegengesetzt haben, viele Schwellenländer zu potentiellen Wettbewerbern in wichtigen Bereichen geworden. Sie sind für Auslandsinvestitionen aus Europa, den Vereinigten Staaten und Japan interessant.

Dienstleistungen erobern die Welt

Dienstleistungen sind nach dem Schulbuchverständnis nicht handelbar. Standardbeispiel ist der Haarschnitt. Er muß vor Ort erfolgen, da niemand bereit ist, nach Jamaika zu fliegen, nur weil dort der Friseur preiswerter ist. Dieses Bild ist aber – in seiner Verallgemeinerung – wieder ein Beispiel für altes Denken.

Heute sind Dienstleistungen die treibende Kraft für die starke Expansion des Welthandels und der Direktinvestitionen. Fast ein Viertel des Welthandels und drei Fünftel der Direktinvestitionen entfallen heute schon auf Dienstleistungen. Damit wird eine neue Dimension der Globalisierung erreicht.

Viele Dienstleistungen sind heute handelbar, bei denen dies vor vielen Jahren noch völlig unmöglich erschien. Gründe sind die rapiden Fortschritte bei der Telekommunikations- und Informationstechnologie, die Deregulierung der Dienstleistungsindustrie sowie die Handelsliberalisierung.

Positiv kann dies auch für die Entwicklungsländer sein. Sie können damit verstärkt Investitionen anziehen, die getätigt werden, um Dienstleistungen zu erbringen. Ferner erhalten sie neue Möglichkeiten, durch die Exporte von Dienstleistungen an Devisen zu gelangen. Experten schätzen, daß durch die Verlagerung von weiteren Tätigkeiten in Entwicklungsländer das Exportvolumen dieser Länder verdoppelt werden kann. Umgekehrt kann auch mehr Wissen importiert werden, als Voraussetzung für die weitere wirtschaftliche Entwicklung eines Landes. Denn jede Produktivitätsverbesserung im Servicebereich verbessert die gesamte Wettbewerbsfähigkeit eines Sektors.

Bisher wurde die Ausweitung des Servicebereichs als Nebeneffekt der De-Industrialisierung angesehen. Dienstleistungen sind nicht mehr nur eine Konsequenz der wirtschaftlichen Entwicklung, sondern ihre Vorbedingung. Dies wird zum einen forciert durch die Ausdehnung wissensbasierter Dienstleistungen im Bereich der Banken, Versicherungen, Schulen und Wissenschaft sowie der modernen Gesundheitsfürsorge. Zum anderen sind Dienstleistungen transportierbar geworden, indem sie durch Disketten, Videocassetten und CDs greifbar wurden. Begünstigt haben den Wandel aber vor allem die elektronischen Netzwerke, die weltweit aufgebaut wurden.

Welche Bedeutung diese Veränderung hat, wird daran deutlich, daß in den USA bereits 65 bis 75 Prozent der Industrietätigkeiten mit Dienstleistungen zusammenhängen. Zwischen 1960 und 1993 stieg der durchschnittliche Dienstleistungsanteil an der Beschäftigung in den Industriestaaten von 42 auf 65 Prozent. Ihr Anteil am Bruttoinlandsprodukt stieg in der gleichen Zeit 53 auf 61 Prozent. Forschung und Entwicklung, Buchhaltung, Qualitätskontrolle, Personalverwaltung, Sekretariatsarbeiten, Marketing, Rechtsberatungen, Dateneingaben, Analysen und Programmieren von PC-Software sind nur einige Beispiele für Dienstleistungen, die überall auf der Welt erfolgen und online weitergeleitet werden können.

Durch den Fortschritt in der Informationstechnologie und die dramatisch gesunkenen Kommunikationskosten ist ein gezieltes

»Outsourcing« dieser Aktivitäten möglich geworden. Kostete 1930 ein dreiminütiges Telefongespräch von New York nach London noch rund 250 US-Dollar (zu Preisen von 1990), sind es sechzig Jahre später nur noch 3,32 US-Dollar.

Dienstleistungen in Entwicklungsländern

Auf Barbados werden von CDS, dem Carribean Data Service, unter anderem die Tickets und Bordkarten von Tausenden von Passagieren der American Airlines erfaßt. Mittlerweile verfügt CDS über rund 1100 Beschäftigte und ist damit der größte private Arbeitgeber auf der Insel. Mit einem Stundenlohn von 3,25 US-Dollar liegt das Einkommen der Beschäftigten in Barbados über dem dort üblichen Stundenlohn, aber deutlich unter einem vergleichbaren amerikanischen Lohn. Die Computer von CDS sind direkt mit den Rechnern ihrer Kunden verbunden. Es findet ein ständiger Datentransfer statt, der die Kosten erheblich senkt.

In der Sonderwirtschaftszone von Jamaika, in Montego Bay, sitzen viele informationsverarbeitende Unternehmen. Englischsprechende Arbeitskräfte, niedrige Telekommunikationskosten und Investitionsanreize haben sie angelockt. Verschiedene amerikanische Versicherungen schicken Versicherungsanträge zunächst nach Irland, wo Datentypisten die Anträge in den Computer eingeben und die fälligen Beträge berechnen, ehe sie die Ergebnisse zurück in die USA schicken. Der Zeitaufwand ist gering, zumal der Rückversand mit der Geschwindigkeit elektronischer Impulse abläuft. Gleiches gilt für Steuerberatungsfirmen wie Arthur Andersen, die Daten auf den Philippinen erfassen lassen.

Indien ist besonders attraktiv für das Programmieren von Computer-Software, da es über gut ausgebildete, englischsprachige Fachkräfte verfügt. Da die Programmierzeilen der Software-Systeme immer zahlreicher werden, sind niedrige Stundenlöhne essentiell, wenn der Kostenrahmen nicht gesprengt werden soll. Die Kosten pro Programmierstunde liegen in Indien, China und den Philippinen bei einem Zehntel der europäischen Preise. Apple, IBM, Intel, Texas Instruments haben Forschungs- und Entwicklungsabteilungen sowie Produktions-Joint-ventures in Bangalore, Indien. Üblicherweise behalten die ausländischen Unternehmen die Verantwortung für Kundenservice und Projektmanagement, während die indischen Firmen sich mit dem Programmieren, Testen der Systeme und der Qualitätskontrolle beschäftigen. Die indische Software-Industrie weist gegenwärtig Wachstumsraten von bis zu 70 Prozent auf.

Selbst Bereiche wie Schulbildung und Gesundheitswesen werden heute international verteilt. Fortschritte in der Computertechnologie ermöglichen die Kommunikation zwischen Lehrer und Schüler durch den PC, On-line-Zugriffe auf Informationen, die Nutzung von Multimedia-Systemen und damit einen Unterricht über große Entfernungen hinweg. Telefonkonferenzen oder Satellitenverbindungen können den Kontakt zu Ärzten in abgelegenen Gebieten herstellen und damit ihre Fortbildung fördern. Telemedizin wird durch integrierte digitale Netzwerke zur Realität. Damit können beispielsweise Ultraschallsignale an Ärzte in besser ausgestatteten Krankenhäusern zur Beurteilung weitergeleitet werden.

Die Memorial University in Neufundland, Kanada, hat Vorlesungen in Kenia und Uganda per Telekonferenz über Ernährung, die Immunsysteme, Gelbsucht und Kinderheilkunde abgehalten. Weitere Verbindungen bestehen schon länger zwischen Saudi-Arabien und der radiologischen und pathologischen Abteilung des Massachusetts General Hospital. Informationen zwischen Ärzten in Entwicklungsländern und ihren Kollegen in Nordamerika werden über das Health net, ein internationales Computernetz, ausgetauscht.

Die Expansion des Dienstleistungshandels ist aufgrund der verschiedenen Definitionen schwer zu messen. Sicher ist, daß der Handel mit Dienstleistungen schneller gewachsen ist als der übrige Handel. Die Weltbank beziffert das Wachstum des Welthandels mit Dienstleistungen so: von 358 Milliarden US-Dollar im Jahr 1980 auf 934 Milliarden US-Dollar im Jahr 1993. Dem durchschnittlichen jährlichen Wachstum beim Handel mit Dienstleistungen von 7,7 Prozent steht ein durchschnittliches jährliches Wachstum des Warenhandels von 4,8 Prozent gegenüber.

Sozialdumping versus Protektionismus

Die Verlagerung von Dienstleistungen und »Blue collar«-Jobs in Entwicklungsländer hat aber noch einen weiteren Aspekt. Ganze Industriezweige kämpfen um ihre Existenz – bedingt durch die

Wachstumsbranche Software-Export

Software-Exporte Indiens 1986 bis 1993

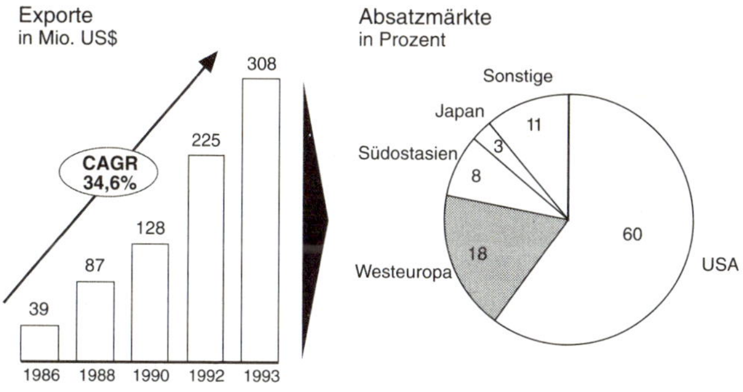

Quelle: NASSCOM

konkurrenzlos niedrigen Arbeitskosten in den Entwicklungsländern. Die Einführung weltweit verbindlicher Sozialstandards, oft auch unter dem negativen Schlagwort Sozialdumping bekannt, steht seit langem auf der politischen Agenda.

Allein in der westdeutschen Textilindustrie sind seit 1970 mehr als eine halbe Million Stellen verlorengegangen. In Ostdeutschland verloren sogar rund 90 Prozent der Textilbeschäftigten seit 1990 ihren Arbeitsplatz. Die Betroffenen schimpfen, in China würden Kinder und Strafgefangene in der Textilindustrie ausgebeutet, und fordern einen generellen Importstopp für Kleidung aus China. Damit wäre allerdings gleichzeitig der Hauptkonkurrent der deutschen Textilindustrie ausgeschaltet. Denn China ist mittlerweile der weltweit größte Textilproduzent.

Hier zeigt sich das Hauptproblem dieser Diskussion, die vor allem im Rahmen der GATT-Verhandlungen eine Rolle spielte. Wo ist die Grenze zum Protektionismus, um unliebsame Konkurrenten auszuschalten, und wo geht es wirklich um die Anhebung der Sozialstandards, um einen Verstoß gegen die Menschenrechte zu verhindern? Eine ähnliche Fragestellung gilt auch für das sogenannte Ökodumping – wo ist es Protektionismus, wo ist es sinnvoller

Schutz der Umwelt, die mancherorts rücksichtslos ausgebeutet wird, um den wirtschaftlichen Anschluß zu gewinnen?

Schwierig ist aber nicht nur die Abgrenzung, sondern auch die Einführung neuer oder die Umsetzung bereits existierender Sozialklauseln. Zum einen fehlt es am Willen, zum anderen an der Praktikabilität der zumeist allgemein gehaltenen Formeln. Eine wirksame Durchsetzung scheitert zudem oft an den unzureichenden Kontroll- und Sanktionsmechanismen.

Mit einem verstärkten Protektionismus würden sich die Industrieländer selbst um Vorteile bringen, die sie aus dem wachsenden Handel mit Entwicklungsländern ziehen. Dazu gehören zum einen die niedrigen Preise für Importgüter aus den Entwicklungsländern, zum Beispiel Bekleidung und Schuhe. Zum anderen nutzen die Entwicklungsländer ihre Deviseneinnahmen, um Investitionsgüter und Markenartikel zu kaufen – von den Industrieländern, die dadurch Arbeitsplätze schaffen.

Wettbewerb um Humankapital

Manche Diskussionen darüber, wie unsere Zukunft aussehen wird, erinnern an die Erörterungen der Scholastiker im Mittelalter, wieviel Engel auf einem Stecknadelkopf Platz finden. Heute streiten Theologen und Philosophen zwar nicht mehr über diese Frage, aber eine Antwort steht immer noch aus.

Zwei Tatsachen – und jetzt geht es wieder um Wirtschaft, nicht um Engel – werden jedoch in aller Regel nicht bestritten: Zum einen wird der Dienstleistungssektor in Zukunft eine immer größere Bedeutung einnehmen; ähnlich dem Wandel von der Agrar- zur Industriegesellschaft vor 100 Jahren vollzieht sich der Wandel von der Industrie- zur Dienstleistungsgesellschaft. Die damit einhergehenden Verwerfungen sind abschätzbar. Zum anderen wird die Globalisierung an Intensität weiter zunehmen – und es erscheint absehbar, daß sich Großbetriebe zu Netzwerken aus kleineren Betrieben entwickeln, die den ganzen Erdball umspannen. Der allmähliche Abschied vom »Made in Germany« wurde bereits beschrieben. Damit löst sich auch das Wohlergehen eines Unternehmens von dem Wohlergehen der Nation ab, in der es beheimatet ist.

Eine Gesellschaft wird ein *deutsches* Unternehmen genannt, wenn ein Großteil des Aktienbesitzes in deutscher Hand liegt, wenn sich der Firmensitz in Deutschland befindet und das Management (weitgehend) deutsch ist. Dennoch sind diese Unternehmen bereits heute Bestandteile globaler Netzwerke. Vieles von dem, was sie verkaufen, wurde in anderen Ländern erzeugt – nicht nur produziert, sondern auch erfunden und zur Produktreife entwickelt. Umgekehrt entwickeln und produzieren viele ausländische Unternehmen wie beispielsweise Procter & Gamble, Ford, GM, IBM oder Hewlett Packard in Deutschland.

Dabei werden die Unternehmen zunehmend globaler. Die Nationalität der Aktionäre und die Herkunft der Manager haben immer weniger damit zu tun, in welchen Ländern eine Firma investiert und mit welchen Unternehmen sie weltweit kooperiert. Bei diesen weltweiten Aktivitäten handelt es sich nicht nur um die Verlagerung der standardisierten Massenproduktion ins Ausland mit dem Ziel, billige Arbeitskräfte zu finden. Statt dessen werden die Spezialkenntnisse von Fachleuten in den verschiedenen Ländern genutzt. Italienische Stylisten unterstützen General Motors beim Design, deutsche Ingenieure bei der Motorentechnik und japanische Fertigungsplaner sorgen für eine kostengünstige Produktion. Noch heute gilt die Nummi-Fertigung in Fremont, Kalifornien, als ein herausragendes Beispiel für japanisch-amerikanische Zusammenarbeit (GM–Toyota).

Die Unternehmen der modernen Industriestaaten verwandeln sich in globale Netze. Es spielt keine Rolle, ob ein amerikanisches Unternehmen zunehmend im Ausland produziert und kauft, oder ein ausländisches Unternehmen in den USA erzeugt und kauft. Die Nationalitäten werden allmählich irrelevant. Die Ersparnisse eines Landes fließen dahin, wo etwas am besten oder billigsten zu produzieren ist – an welchem Ort der Welt auch immer. Die Wettbewerbsfähigkeit eines Landes hängt damit immer weniger von der Menge des Geldes ab, das seine Bürger sparen und investieren, sondern von den Kenntnissen und Fertigkeiten, die sie potentiell zur Weltwirtschaft beitragen können.

Viele deutsche Unternehmen sind in ausländischen Besitz übergegangen – oder Ausländer haben einen großen Anteil an Aktien übernommen. Allein in den letzten Jahren übernahm Crédit Lyonnais die Mehrheit bei der Bank für Gemeinwirtschaft, eine amerikanische Investorengruppe kaufte die Vereinigte Mitteldeutsche Braunkohle AG von der Treuhandanstalt, Procter & Gamble übernahm die VP Schickedanz AG (Tempo, Camelia, Moltex), und die schwedische Svenska Cellulosa AB beteiligte sich an den PWA-Papierwerken in Aschaffenburg.

Und mit jedem neuen Unternehmenskauf werden die Stimmen lauter, die von einem Ausverkauf der deutschen Wirtschaft sprechen. Derartige Sorgen beruhen jedoch auf einer überholten Denkweise. Sie reflektieren die falschen Bilder der nationalen Segelboote oder der Sonne, die sich um die Erde dreht.

Anders sieht es aus Sicht der Investoren aus: Deutsche haben Anteile an deutschen Unternehmen, und sie haben Anteile an ausländischen Unternehmen. Für diese Investoren wird es vorteilhafter sein, Anteile an einem erfolgreichen ausländischen Unternehmen zu haben als an einer weniger erfolgreichen deutschen Firma. Ein deutsches Unternehmen wird sich genausowenig wie ein ausländisches Unternehmen in Deutschland scheuen, die Produktion ins Ausland zu verlagern, wenn sich dies als sinnvoll erweist. Qualifizierte Mitarbeiter eines gesunden Unternehmens werden genausowenig von einem ausländischen Unternehmensaufkäufer entlassen, wie von einem deutschen. Im Gegenteil: Oft sind die deutschen Betriebsstätten ausländischer Unternehmen deutscher als die der deutschen Unternehmen.

Wenn es um die Zukunft der deutschen Wirtschaft geht, wird sehr häufig über die Wettbewerbsfähigkeit der deutschen Industrie oder der deutschen Wirtschaft allgemein gesprochen. Es gibt aber längst keine deutsche Wirtschaft in diesem Sinne mehr. Wir sitzen nicht mehr alle in demselben Boot. Die Unternehmen konkurrieren miteinander. Aber es sind nicht mehr deutsche Unternehmen gegen amerikanische oder japanische, wenn mit »deutsch« das Land zu verstehen ist, in dem Arbeit und Wertschöpfung stattfinden. Statt dessen konkurrieren globale Netzwerke miteinander. Deutschland wird künftig Teil eines internationalen Arbeitsmarktes sein, der die ganze Welt umspannt. Die Konkurrenzfähigkeit der Deutschen auf diesem Arbeitsmarkt wird nicht von irgendeinem Unternehmen abhängen, sondern allein von der Qualifikation, den Kenntnissen und den Fähigkeiten aller Erwerbspersonen.

Entscheidend wird sein, daß die Deutschen – wie auch jede andere Nation – Fähigkeiten und Kenntnisse erwerben, durch die sie sich von anderen Nationen positiv abheben. Damit halten sie einheimische Unternehmen im Land und ziehen ausländische Unternehmen an. Jedes ausländische Unternehmen, das in Deutschland Arbeitsplätze schafft, ist genauso wertvoll für die Volkswirtschaft wie ein deutsches. Eine ausländische Firma, die mit ihren Investitionen zur Verbesserung des nationalen Wissensstands beiträgt, kann für Deutschland nützlicher sein als ein deutsches Unternehmen, das auf eingefahrenen Bahnen operiert. Das Beispiel japanischer Transplants in den USA, die insbesondere zur Steigerung der Produktivität amerikanischer Hersteller anregten, mag stellvertretend für diesen Gedanken stehen.

Nicht mehr alle in einem Boot

Beim Einsatz und der Honorierung von Kenntnissen und Fähigkeiten werden nicht alle Deutschen die gleichen Chancen haben. Sie sitzen nicht mehr gemeinsam in einem Boot, sondern, um erneut mit Robert Reich zu sprechen, in drei verschiedenen.

Im ersten Boot sitzen die Routinearbeiter. Ihre standardisierbaren Aufgaben umfassen die Tätigkeiten in der Massenproduktion und die Aufsichtstätigkeiten von Vorarbeitern, Produktmanagern und Bürovorstehern, die der Einhaltung von standardisierten Fertigungsvorgaben dienen. Auch die Erfassung von Daten in den EDV-Abteilungen gehört dazu. Diese Tätigkeiten gibt es sowohl in den »reifen« Industrien, wie der Stahlindustrie, als auch in den modernen Hochtechnologiebereichen, beispielsweise beim Zusammenbau von Personal Computern.

Im zweiten Boot sitzen die Leute, die personenbezogene Dienste erbringen. Hierzu zählen alle einfachen Dienstleistungen, die von Person zu Person erbracht werden. Das sind Verkäufer, Kellner, Hotelangestellte, Krankenschwestern, Altenpfleger, Taxifahrer, Friseure und Wachpersonal.

Im dritten Boot sind die Leute, die problemanalytische Dienste erbringen. Hierzu gehören alle Tätigkeiten, die der Problemidentifizierung, der Problemlösung und der Strategieberatung dienen. Sie können entsprechend den Produktionsdiensten – und im Gegensatz zu den kundenbezogenen Diensten – weltweit gehandelt werden. In diese Kategorie gehören Forscher, Designer, Softwareingenieure, Investment-Banker, Anwälte, Steuerberater, Architekten, Kostenanalytiker und Werbemanager. Auch Journalisten, Schriftsteller, Musiker und Universitätsprofessoren zählen zu dieser Gruppe. Problemlöser werden in der Regel nicht beaufsichtigt, sondern arbeiten in Teams. Ihr Einkommen hängt von ihrem Ideenreichtum und ihrer Problemlösungsfähigkeit ab, nicht von der investierten Zeit oder der produzierten Menge.

Diese Dreiteilung ist nicht ganz nahtlos auf deutsche Verhältnisse zu übertragen. In Amerika ist die Arbeitsteilung deutlich weiter fortgeschritten als in Deutschland. Amerikas Manager schaffen komplette Systemlösungen, in denen angelernte Arbeiter im wesentlichen nur zu funktionieren haben. Zur Prozeßüberwachung steht ein gut ausgebildetes mittleres Management bereit. In den Vereinigten Staaten ist die deutsche Möglichkeit, sich außerhalb des Colleges durch eine Lehre zu qualifizieren, unbekannt. Damit fehlt in dieser Einteilung vor allem der Bereich des Handwerks und der qualifizierten Facharbeiter. Er kann zwischen den Dienstleistern und den Problemlösern angesiedelt werden.

Darüber hinaus werden Landwirte und Bergleute nicht erfaßt. Diese Gruppe macht aber nur circa 3 Prozent der Erwerbspersonen aus. Angestellte des öffentlichen Dienstes und Beamte werden bewußt nicht berücksichtigt, da sie in Bereichen tätig sind, die nicht vom globalen Wettbewerb berührt werden.

Trotz dieser Abstriche stimmt die Grundaussage dieser Aufteilung. Die Bundesbürger sitzen nicht mehr in dem einen, dem deutschen, Boot, sondern jede dieser drei Gruppen sitzt in einem anderen Boot. Denn für jede dieser Gruppen sind die Auswirkungen der Globalisierung andere. Während ein Boot bereits zu sinken beginnt, dümpelt das zweite vor sich hin; das dritte hingegen kommt flott voran.

Am meisten sind die Routinearbeiter in ihrem Boot gefährdet. Im Zeitalter der aufkommenden Massenproduktion waren sie seinerzeit die Gewinner. Die Gewerkschaften sorgten für eine gute Entlohnung, und so stellten die Routinearbeiter eine relativ wohlhabende breite Mittelschicht dar. Mit dem Aufkommen globaler Netzwerke verloren sie aber an Bedeutung. Moderne Fabriken können überall auf der Welt aufgebaut werden, qualifizierte Arbeiter sind nicht unbedingt erforderlich. Zum gleichen Lohn, wie ihn ein deutscher Automobilarbeiter erhält, arbeiten sieben Hongkong-Chinesen. Für das Gehalt jedes einzelnen Hongkong-Chinesen arbeiten wieder sieben Chinesen in der Sonderwirtschaftszone Shenzen. Deshalb konkurriert jeder Routinearbeiter mit Millionen Arbeitern auf der Welt.

Jede der Triademächte hat mittlerweile ihre verlängerte Werkbank vor der Haustür. Die US-Amerikaner investieren in Mexiko, die Japaner nutzen die aufstrebenden südostasiatischen Länder, und die Europäer können in Osteuropa auf gut ausgebildete Arbeiter zurückgreifen, die zu niedrigen Löhnen zu arbeiten bereit sind.

Besonders problematisch für die Routinearbeiter ist, daß auch Routinetätigkeiten bei Dienstleistungen, vor allem in der Datenerfassung, zunehmend global werden. Gerade in wenig industrialisierten Gebieten finden sich Leute, die bereitwillig Unmengen von Daten erfassen und sie dann via Satellit oder Übersee-Glasfaserkabel an den Empfänger weiterleiten. Diese Art von Tätigkeiten braucht nur geringe Computerkenntnisse und eine begrenzte Interaktion zwischen Kunde und Anbieter.

Die Verlagerung der Routinearbeiten von den entwickelten Volkswirtschaften in die Entwicklungs- und Schwellenländer ist ein Segen für die Arbeitskräfte dort. Auch für die Industrieländer hat diese Entwicklung Vorteile, werden doch die Massenprodukte billiger. Die Leidtragenden sind jene Routinearbeiter, die im internationalen Wettbewerb ihre Arbeitsplätze verloren haben und keine neuen Fähigkeiten erlernen können.

Das zweite Boot mit den personenbezogenen Dienstleistenden kommt nicht recht voran. Die Dienstleistenden stehen in ständiger Konkurrenz mit allen ehemaligen Routinearbeitern und allen zuwandernden Ausländern, die »aufsteigen« wollen. Hinzu kommen Gelegenheitsarbeiter wie Studenten, die ihr Bafög durch gelegentliches Kellnern aufbessern. Dabei gibt es in Deutschland noch ein spezielles Problem: Die Arroganz, personenbezogene Dienstleistungen nicht ausüben zu wollen, wird noch verschärft durch staatliche Reglementierungen, die Dienstleistungen verteuern.

Herbert Früh kam unlängst von einem fünfwöchigen Amerika-Urlaub zurück. Nach dem langen Auslandsaufenthalt hatte er viel Gepäck bei sich und war der deutschen Verhältnisse bereits weitgehend entwöhnt. Auf dem Frankfurter Flughafen war weit und breit kein Gepäckträger zu finden. Sein Versuch, einen Rollkarren für seine vier Koffer zu nehmen, scheiterte an fehlenden Münzen: Er hatte kein Einmarkstück bei sich. Da er am nächsten Tag noch eine Verabredung in Frankfurt hatte, nahm er sich ein Hotel. Er fuhr mit dem Taxi vor und stand inmitten seiner Koffer und Taschen vor dem Eingang. Obwohl es ein renommiertes Hotel war, gab es keine Gepäckträger. In Amerika hatte es nicht nur am Flughafen jede Menge Service-Leute gegeben. Vor den dortigen Hotels warteten auch Boys auf die Koffer der Gäste, und Bedienstete nahmen das Auto der Gäste in Empfang, um es in der Tiefgarage zu parken und bei Bedarf wieder vorzufahren. In Deutschland ist man davon weit entfernt.

Herbert Früh fiel auch die Unfreundlichkeit der Verkäufer, des Reinigungspersonals im Hotel und vieler anderer Dienstleistender auf. Sie vermittelten ihm immer das Gefühl, daß er als Kunde nur störe. Auch in den Geschäften wurden Fragen nicht nur unvollständig, sondern meist auch sehr abweisend beantwortet. Verstehen konnte er diese Haltung angesichts 4 Millionen Arbeitsloser in Deutschland nicht.

Obwohl personenbezogene Dienstleistungstätigkeiten nicht unmittelbar dem globalen Wettbewerb ausgesetzt sind, werden sie teilweise durch die zunehmende Technisierung bedroht. Der Geldautomat ersetzt den Bankangestellten, die Selbstbedienungs-Tankstelle den Tankwart. Zunehmende technische Möglichkeiten des Einkaufs per CD-ROM oder durch On-line-Verbindungen reduzieren den Bedarf an Verkäufern. Eine wachsende Arbeitsnachfrage wird durch die zunehmende Überalterung der Bevölkerung entstehen. Pflegeberufe, Haushaltshilfen und Krankenschwestern werden gesucht sein. Letztlich wird der Wohlstand der Dienstleistenden auch vom Wohlstand derjenigen abhängen, die sie »bedienen« – und deren Wohlstand wiederum vom Wert, den sie der Weltwirtschaft zuführen oder zugeführt haben.

Anders als die Boote der Routinearbeiter und der personenbezogenen Dienstleister segeln die Problemlöser schnell voran. Die obere Spitze dieser Personengruppe ist weltweit gefragt und verfügt über ein sehr hohes Einkommen. Die Problemlöser bieten ihr Wissen weltweit an. Wenn Ingenieure sich ein neues Verfahren zum Bau von Keramikmotoren ausgedacht haben und Mercedes-Benz zögert, dafür den geforderten Preis zu zahlen, werden sie das Know-how eben an General Motors oder Toyota verkaufen. Voraussetzung für diese weltweite Tätigkeit sind die Fortschritte in der Kommunikations- und Transporttechnologie. Konstruktionszeichnungen, statistische Berechnungen, Texte – alles kann in Sekundenschnelle fast überall hin versandt und vor Ort weiterbearbeitet und genutzt werden.

Weil neue Ideen und Konzepte zunehmend größere Bedeutung erlangen, wird die Nachfrage nach Problemlösern auch immer mehr steigen. Gleichermaßen wächst aber auch das Angebot. Das Bildungsniveau steigt auch in den Schwellen- und Entwicklungsländern an – man denke an die Software-Entwickler in Indien.

Je besser die Qualifikation, desto geringer die Gefahr, arbeitslos zu werden

Abweichung der Arbeitslosenquoten für verschiedene Arbeitnehmergruppen vom Durchschnitt**
in Prozent

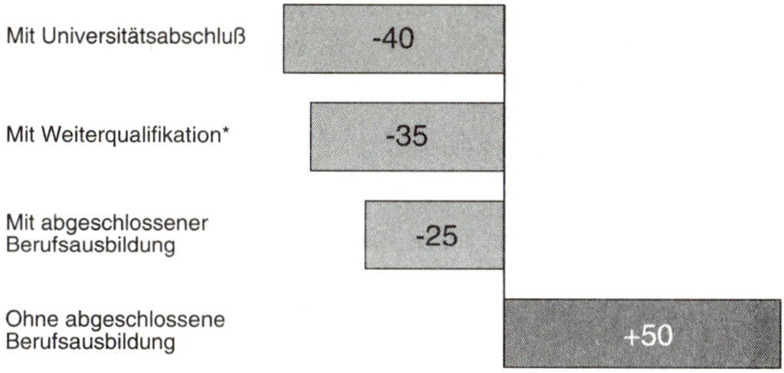

* z.B. Meister
** Sonderuntersuchung, Ergebnisse beziehen sich auf September 1993 und eine durchschnittliche Arbeitslosenquote von 7,4%

Quelle: Bundesamt für Arbeit, Statistisches Bundesamt, McKinsey-Analyse

Dabei ist das traditionelle Bildungssystem in den meisten Ländern überholt. Die dort gelehrten und gelernten Fähigkeiten entsprechen nicht mehr den künftigen Ansprüchen. Für Software, Multimedia, Consulting sind andere Fähigkeiten erforderlich, als für den exakten Bau eines Autoschlosses. Die Realität wird durch Lehrpläne und Schulbücher bereits vereinfacht vorgegeben. Einzelne Fächer wie Biologie, Mathematik und Chemie sind strikt voneinander abgegrenzt, der übergreifende Zusammenhang wird selten deutlich. Ein Lernziel ist gesetzt, dabei steht die Leistung des einzelnen Schülers im Mittelpunkt, die anschließend bewertet wird.

Allerdings werden die heute auswendig gelernten Datensammlungen bereits in wenigen Jahren überholt sein. Die Halbwertzeit des Wissens wird immer kürzer. Zudem sind alle Daten und Fakten online verfügbar. Ein Auswendiglernen ist somit weitgehend sinnlos. Die Schule sollte daher die Fertigkeit vermitteln, Informationen aufzunehmen, die relevanten Daten zuzuordnen und zu aggregieren. Das Grundproblem muß gelöst werden, und dafür sind Wissenszusammenhänge zu erforschen, die oft außerhalb der eingefahrenen Bahnen liegen. Der Lernende soll neugierig, skeptisch und kreativ sein. Er muß selber Lösungen und Wege finden, die nicht per Lehrplan vorgegeben werden. Das wird auch im zukünftigen Beruf seine Aufgabe sein. Weder dem Kameramann noch dem Ingenieur oder Wissenschaftler, Architekten oder Steuerberater wird die Lösung vorgegeben. An die Stelle der Einzelarbeit tritt zunehmend die Gruppenarbeit. Wichtig ist die Fähigkeit, sich auszudrücken, Kritik zu ertragen und konsensfähig zu sein. Aber diese Fähigkeiten werden heute noch zu sehr als nebensächlich angesehen – das abfragbare Faktenwissen dominiert.

Die besten Voraussetzungen für die Anforderungen der Problemlöser bringen heute jene Schüler mit, deren Eltern sich für die Ausbildung ihrer Kinder interessieren und aktiv daran teilnehmen. Neugier und Wissensdurst sind nicht nur zu predigen, sondern auch vorzuleben. Diese Eltern besuchen mit ihren Kindern Museen und kulturelle Veranstaltungen, zeigen ihnen auf Auslandsreisen die Welt und schicken sie zum Musikunterricht. Zu Hause steht ausreichend Bildungsliteratur zur Verfügung, es gibt Lehrfilme auf Video und genügend Bildungssoftware für den heimischen Personal Computer. In den Schulen haben diese Kinder Zugang zu wissenschaftlichen Laboratorien. Interaktive Computer und Videosysteme stehen in den Klassenzimmern. Hinzu kommt die Gruppenarbeit in kleinen Klassenverbänden.

In den USA werden diese Grundsätze bereits in einigen privaten Eliteschulen und renommierten Hochschulen angewendet. Ihre Lehrer und Professoren wachen über die akademischen Bedürfnisse ihrer Studenten. Die Ausstattung der Universitäten ist auf dem aktuellen Stand. Durch ihre Qualität ziehen diese Hochschulen Studenten aus aller Herren Länder an und schaffen dadurch ein internationales Umfeld, das gleichermaßen die Kreativität wie die Aufgeschlossenheit anregt. In vielen Disziplinen haben amerikanische Universitäten heute jene dominierende Stellung und jene Anziehungskraft, die früher die deutschen Universitäten auszeichneten.

Ein Beispiel für den Bedarf an Problemlösern – oder »kreativen Chaoten« – liefert das 1991 gegründete dänische Vorzeige-Institut, die »Chaos-Piloten« in Århus, Jütland. In der kleinen Hochschule werden die Fächer gelehrt, die sonst nur ein Schattendasein fristen: Rechnungswesen, Organisationslehre, Führungswissen, Teamarbeit, Public Relations und der Umgang mit Computern. Hinzu kommen zahllose Workshops, die der Selbsterfahrung und der Ausbildung von Führungsqualitäten dienen sollen. Praktische Erfahrungen werden durch die Organisation von Festivals, Modenschauen und politischen Konferenzen erworben. Statt beamteter Professoren unterrichten in Århus Praktiker und Experten, die jederzeit entlassen werden können.

Das kleine Lehrinstitut, das 1992 den UNESCO-Preis für besonders bemerkenswerte Inititativen erhalten hat, verfügt mittlerweile über Tochterfirmen für Softwareberatung, Grafik, Consulting, einen Verlag, Fahrradkuriere und ein Theater. Der Andrang ist überwältigend, trotz rund 20 000 DM Studiengebühren für das gesamte Studium und der fließenden Beherrschung der dänischen Sprache als Eingangsvoraussetzung. 1994 bewarben sich 300 Leute für einen der 30 Studienplätze. In den nächsten Jahren werden Ableger der »Chaos-Piloten« in San Francisco, Zürich und Hanoi gegründet, um ein internationales Studium zu ermöglichen.

III.4

Der Kapitalmarkt als Wettbewerb

Denn, wie man sagt,
wo Geld vorangeht,
sind alle Wege offen.
William Shakespeare

Die Beunruhigung über die vermutete Instabilität und das Unverständnis für die Funktionszusammenhänge globaler Kapitalmärkte sind weit verbreitet. Der Konkurs der Barings Bank und die Kurseinbrüche im Frühjahr 1995 haben nicht nur die Relevanz der Kapitalmärkte deutlich gemacht, sondern auch das Unbehagen verstärkt: Können ein paar junge Hasardeure problemlos alteingesessene Banken zum Einsturz bringen und immense Kursbewegungen provozieren? Kann es eine effektive Kontrolle geben? Die unkontrollierbaren Risiken ominöser Derivative und das Volumen des globalen Währungshandels, der den Wert internationaler Güterströme um ein Vielfaches überschreitet und selbst die Zentralbanken zwingt, das Handtuch zu werfen – man denke an die Krise des EWS 1992 –, dies alles verstärkt nicht das Vertrauen in den Markt.

Dabei sind die Kapitalmärkte für eine Volkswirtschaft bedeutsamer als jeder einzelne Gütermarkt. Ein effizienter Kapitalmarkt übt einen heilsamen Druck auf Unternehmen und den Staat aus, die auf ihn zur Finanzierung zurückgreifen müssen. Der Kapitalmarkt ist zudem ein bedeutsamer Arbeitgeber. Die Zahl der Beschäftigten in Deutschlands Finanzunternehmen stieg von 1982 bis 1992 um 21 Prozent auf 549000. Die Finanzprodukte, die der Kapitalmarkt bereitstellt, sind von außerordentlicher Bedeutung für die Realwirtschaft. Wechselkurse, Real- und Nominalzinsen bilden sich zwar zunehmend isoliert von realen Entwicklungen in der reinen Finanzsphäre, haben aber dennoch eine immense Rückwirkung auf den realen Wirtschaftsverlauf.

Umgekehrt stellt die reale Wirtschaft ständig neue Anforderungen an die Finanzwirtschaft. Investitionsentscheidungen hängen immer mehr auch von den Möglichkeiten des finanziellen Risikomanagements ab. Das gilt für den Bau eines Lkw-Werks in Lateinamerika genauso wie für die Erweiterung der Luftflotte einer

Fluggesellschaft oder für operative Entscheidungen wie Hotelbuchungen in Spanien durch Tourismusunternehmen.

Die Kapitalmärkte sind in den vergangenen Jahren wesentlich globaler geworden. Die angelsächsischen Liberalen haben das zutreffende Bild vom Verhalten des Kapitals wie Quecksilber geprägt – blitzschnell beweglich, und dies in alle Richtungen, die eine freie Weltwirtschaft zuläßt. Die Globalisierung der Kapitalmärkte hat dazu geführt, daß sie heute schon wesentlich besser arbeiten als in der Vergangenheit und auch immer besser ihre Allokationsfunktion wahrnehmen. Auch ihre Kontrollfunktion gegenüber den Regierungen werden die Kapitalmärkte in Zukunft immer besser erfüllen können. Das wird manchem Staats- und Regierungschef und manchem Finanzminister nicht passen.

Nachfrage und Angebot auf dem Kapitalmarkt

Wie wird die künftige Entwicklung aussehen? Die zunehmende Überalterung der Bevölkerung in den USA, Japan und Deutschland, die seit den fünfziger Jahren zu beobachten ist, wird sich auch in den nächsten Jahrzehnten fortsetzen. Der Anteil der 65jährigen an der erwachsenen Bevölkerung (über 20 Jahre), die sogenannte Altersabhängigenquote, wird in diesen Ländern bis zum Jahre 2020 auf 25 bis 30 Prozent steigen. Die Folge wird ein starker Anstieg der Gesundheitsausgaben sein und die immer stärkere Belastung der Rentensysteme. Immer weniger Arbeitnehmer müssen, bedingt durch den Generationenvertrag, immer mehr Rentner finanzieren. Auf 100 Beitragszahler kommen im Jahre 2020 circa 74 Rentner.

Damit steht aber auch zu befürchten, daß die Nettostaatsverschuldung in den Industrieländern, die seit 1980 schon stark gestiegen ist, noch weiter steigen wird. Die Verschuldung der öffentlichen Hände bewegt sich heute schon auf ein gefährliches Niveau hin. Beispiele hierfür sind Italien, Belgien und Kanada. Für Kanada haben die Internationalen Rating-Agenturen sogar die Bonitätseinschätzung zurückgestuft. Die Konvergenzkriterien für eine Europäische Währungsunion konnte in den vergangenen Jahren von 12 Mitgliedsländern nur Luxemburg erfüllen. Erst 1994 rutschte auch Deutschland mit 51 Prozent öffentlichem Defizit und 2,9 Prozent Nettoneuverschuldung unter die magischen Mindestzahlen. Da aber auch in Deutschland die Politiker die Augen vor einer grundlegenden Rentenreform verschließen, nimmt der Zwang des Staates zu, sich weiter zu verschulden. Allein aufgrund der demographischen Entwicklung würde ohne ein Gegensteuern die Verschuldung in Deutschland, gemessen am Bruttosozialprodukt, im Jahre 2030 auf 400 Prozent steigen. Der Schuldendienst wäre dann so groß, daß er durch Steuererhöhungen oder Leistungsbeschneidungen nicht mehr zu finanzieren wäre. Daß die »Entitlements«, d. h. die Ansprüche aus der Rentenversicherung bei drastisch reduzierten Geburtsjahrgängen, längeren Ausbildungszeiten, früherem Pensionsalter und längerer Lebenserwartung, mit dem herkömmlichen Lösungsansatz nicht zu finanzieren sind, liegt auf der Hand. Dies ist keine Schwarzmalerei, sondern eine schlichte Hochrechnung, was passieren wird, wenn nicht frühzeitig Änderungen vorgenommen werden. Der Wert dieser Berechnung liegt darin, die Dramatik frühzeitig darzustellen und damit die Politiker zum Handeln aufzufordern.

Ein effizienter Kapitalmarkt diszipliniert ex ante die Regierungen, damit das Horrorszenario gar nicht erst eintritt. Die internationalen Kapitalmärkte können Regierungen zwingen, einen solideren Kurs zu fahren, da sie sonst immense Risikoaufschläge auf ihre Zinssätze zahlen müßten.

Zusätzlich zu dem verschuldungsbedingten Kapitalbedarf der Industrieländer steigt die Kapitalnachfrage der Schwellen- und Entwicklungsländer. Schon heute sind ein dramatisches Wirtschaftswachstum und ein hoher Kapitalbedarf in den asiatischen und lateinamerikanischen Ländern festzustellen. Künftig werden noch die osteuropäischen Staaten hinzukommen. Eine Hochrechnung bis zum Jahre 2003 ergibt, daß die Lücke zwischen Investitionen und Ersparnissen in Entwicklungsländern etwa 1,7 Billionen US-Dollar betragen wird, Tendenz steigend. Zum Vergleich: Das Bruttosozialprodukt in Deutschland betrug 1993 circa 2 Billionen US-Dollar. Selbst wenn die Renditen in diesen Ländern steigen, wird das dortige Netto-Geldvermögen kaum noch zunehmen, da die Sparquoten zum Teil bereits sehr hoch sind.

Sowohl in den Industrieländern (bedingt durch den ansteigenden Bedarf an Sozialleistungen) als auch in den Entwicklungs- und Schwellenländern (bedingt durch das wirtschaftliche Wachstum) wird der Kapitalbedarf also stark zunehmen. Wenn dieser Nachfrage kein entsprechendes Angebot gegenübersteht, werden die Zinsen weiter ansteigen und private Investitionen erschweren oder

Realrendite auf staatliche Anleihen mit 10jähriger Laufzeit – Stichtag 11.10.1994
in Prozent

SCHÄTZUNG

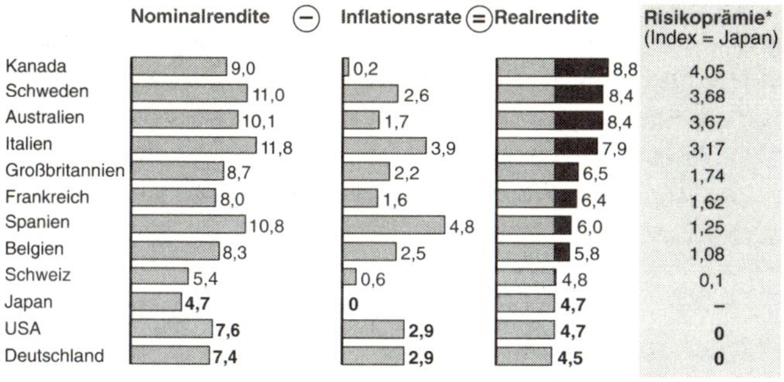

* Prämie für zukünftige Inflation sowie Kredit-, Liquiditäts- und Ausfallrisiko

Quelle: "The Economist"; McKinsey-Analyse

unmöglich machen. Aus welcher Quelle kann das benötigte riesige Kapitalangebot kommen?

Während viele Propheten eine düstere Zukunft vorhersehen, kommt eine Studie des McKinsey Global Institute aus dem Jahre 1994 zu dem Ergebnis, daß in den nächsten Jahren das Sparkapital der Haushalte in den Industrieländern erheblich ansteigen wird. Während bis zu den siebziger Jahren Ersparnisse eher eine Residualgröße waren, haben sich in jüngster Zeit erhebliche Beträge angesammelt. Jeder Haushalt in Deutschland verfügt mittlerweile durchschnittlich über 107 000 DM Geldvermögen und 141 000 DM Immobilienvermögen. Ein großer Teil davon wird jetzt vererbt und kommt als zusätzliches Geldvermögen in die Hände der 40- bis 50jährigen, die damit über nennenswerte Summen verfügen. Aufgrund der Überalterung der Bevölkerung und der Probleme der Alterssicherungssysteme werden immer mehr Personen nach ertragreichen Anlagen suchen. Damit wird sich das Anlegerverhalten der privaten Haushalte zwangsläufig ändern.

Eine entscheidende Rolle wird auch die Veränderung der Altersstruktur der Bevölkerung in den Industrieländern spielen. Während die Altersgruppe der 20- bis 39jährigen bis zum Jahr 2010 um rund 10 Prozent abnehmen wird, wird der Anteil der 40- bis 64jährigen steigen. Insbesondere diese Zunahme der über 40jährigen wird eine Zunahme des Sparvolumens bewirken, da diese Gruppe am sparfreudigsten ist. Deshalb kann beispielsweise in den USA in den nächsten 10 bis 15 Jahren mit einem Anstieg des Anteils der Nettosparer an der Erwerbsbevölkerung um 10 Prozentpunkte gerechnet werden. Durch diese Entwicklung wird sich das private Netto-Geldvermögen in den USA von etwa 12 Billionen US-Dollar 1990 auf fast 18 Billionen US-Dollar im Jahre 2000 erhöhen, ein Zuwachs von 50 Prozent. Überträgt man diese Entwicklung auch auf die anderen Industriestaaten, kann mit einem Zuwachs von insgesamt fast 12 Billionen US-Dollar gerechnet werden.

Das Gesetz des globalen Preises

Während demnach das Problem der Deckung der Kapitalnachfrage gelöst scheint, bleibt das am Anfang angesprochene Problem der zunehmenden Staatsverschuldung bestehen. Rechnet man die aktuellen Zahlen hoch, so kommt man zum Ergebnis, daß einige Industrienationen zu Beginn des nächsten Jahrhunderts Konkurs anmelden werden müssen. Der Schuldendienst und die zur Auszahlung fällig werdenden Sozialleistungen werden die Finanzpolitik zusammenbrechen lassen. Damit diese Hochrechnungen nicht Wirklichkeit werden, müßten neben erheblichen Einschnitten bei den Sozialleistungen die Steuern drastisch erhöht werden. Es wird den Regierungen nicht leichtfallen, diese Maßnahmen durchzusetzen, da die Zahl der Rentenempfänger zunimmt und sie damit ein Wählerpotential treffen, das viel zu verlieren hat.

Die globalen Kapitalmärkte leisten – wie bereits dargestellt – einen wichtigen Beitrag zur Beschränkung der Verschuldung der Regierungen. Die weitere Integration des globalen Kapitalmarktes wird durch die riesigen Gewinnchancen forciert, die sich aus der Arbitrage – also der Ausnutzung von Differenzen in Geographie, Zeit und Verzinsung – ergeben.

Neben der zunehmenden Globalisierung wird vor allem ein dramatisches Wachstum für den Kapitalmarkt in den nächsten Jahren kennzeichnend sein. Bemißt man die Größe des Kapitalmarktes an den Beständen an Finanzanlagen, so dürfte – vorsichtig geschätzt – von 1992 bis 2000 ein Wachstum von 35 Billionen US-Dollar (nominal) auf 83 Billionen US-Dollar stattfinden.

Dramatischer Verlust der Interventionsmöglichkeiten von Zentralbanken

in Mrd. US$

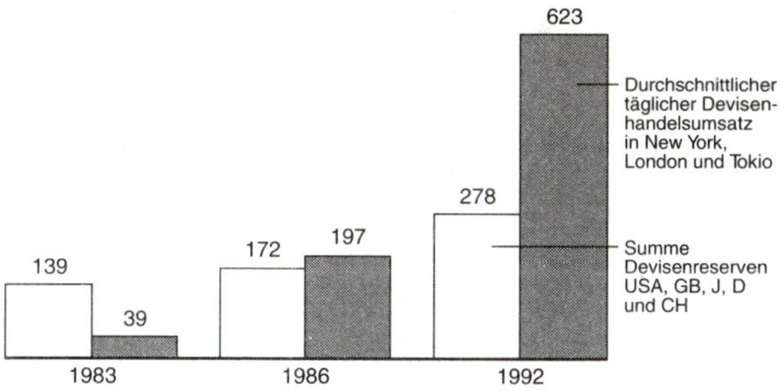

Quelle: OECD; BIS; McKinsey-Analyse

Mit zunehmender Integration werden sich die regionalen Kapitalmärkte immer mehr wie ein einziger großer Kapitalmarkt verhalten. Es wird dann nur noch einen »globalen Preis« geben, also einen einzigen Zinssatz. Dieser globale Preis wird demnach für alle Produkte gelten, die eine gleiche Laufzeit und ein gleiches Risikoprofil haben. Länder mit einem schlechteren Risikoprofil werden für ihre Schuldaufnahme eine höhere Prämie zahlen. Die Wechselkurse werden – dieser Trend ist bereits heute erkennbar – verstärkt auf die wirtschaftlichen Verhältnisse in den einzelnen Ländern und die Unterschiede zwischen Ländern reagieren, da der Einfluß der Regierungen und Notenbanken auf Wechselkurse ständig abnimmt.

Ein deutlicher Hinweis auf diese Entwicklung ist der Vergleich zwischen den Devisenreserven wichtiger Zentralbanken mit dem durchschnittlichen Tagesumsatz an den großen Devisenhandelsplätzen der Welt. Während Anfang der achtziger Jahre diese Devisenreserven die Handelsumsätze an den Börsenplätzen noch deutlich überstiegen, stellen sie heute weniger als die Hälfte eines durchschnittlichen Tages- und Währungsumsatzes dar. Damit ist die Möglichkeit für eine nationale Einflußnahme auf die Wechselkurse faktisch nicht mehr gegeben.

Der Prozeß der Globalisierung schreitet jedoch bei den einzelnen Instrumenten – Geld, Devisen, Anleihen und Aktien – in unterschiedlichem Tempo voran. Auf den Geld- und Devisenmärkten hat bereits Mitte der siebziger Jahre die Globalisierung eingesetzt. Heute kann man von einer fast vollständigen Integration mit einem Handelsvolumen von über einer Billion US-Dollar täglich sprechen. Auch die Anleihemärkte sind seit Anfang der neunziger Jahre weitgehend integriert. Auf den Aktienmärkten bestehen hingegen noch erhebliche Barrieren; hier setzt die Entwicklung zum globalen Markt erst heute richtig ein. Ein Grund dafür ist die nur langsame Entwicklung derivativer Instrumente zur Risikoverminderung.

Insgesamt hat die Globalisierung zu einem einschneidenden Bedeutungsverlust der nationalen Finanzpolitik für die Geld- und Kapitalmärkte geführt. Es besteht allerdings die Gefahr, daß die staatlichen Stellen diesen Autonomieverlust nicht akzeptieren wollen. Die Folge wäre, daß falsche Maßnahmen ergriffen werden und beispielsweise die hohe Staatsverschuldung akzeptiert wird, die zu finanzieller Instabilität führt.

Für die Stabilität und das Wachstum von Finanz- und Gütermärkten ist es von zentraler Bedeutung, daß Unternehmen und staatliche Stellen die Globalisierung der Kapitalmärkte unterstützen und die Entwicklung des »neuen« globalen Kapitalmarktes aktiv fördern. Das Ziel von Finanzministern, Notenbanken und anderen staatlichen Institutionen muß es sein, nationale Märkte effizient zu gestalten, um die Vorteile der Globalisierung zu nutzen.

Aber nicht nur der Staat wird durch den globalen Kapitalmarkt gefordert, sondern auch die Unternehmen. Die jüngsten Rezessionen haben deutlich gemacht, daß Deutschland erhebliche Produktivitäts- und Innovationsprobleme hat. Wenig berücksichtigt wurde jedoch, welche Bedeutung ein wirksamer Kapitalmarkt auf die Realwirtschaft hat. Wenn sich das Management der Unternehmen anspruchsvollen institutionellen Anlegern gegenübersieht, wie in Amerika beispielsweise dem Calpers, dem kalifornischen Rentenfonds, so kann das sehr heilsam sein. Diese Institution war vermutlich die erste, die »corporate control and governance« zu ihrem Thema gemacht hat, also die Kontrolle und den Druck auf Unternehmen, den Kundennutzen zu realisieren und in »shareholder value«, Unternehmenswert, umzusetzen. Calpers hat eine Kultur daraus gemacht, Unternehmen, von denen sie wesentliche Anteile besitzt, von außen zu durchleuchten und präzise Fragen oder »blaue Briefe« an das Management zu schicken. Immerhin haben sie die Anleger im Nacken, die ein attraktives Ruhestandseinkommen beziehen möchten und eine entsprechende Rendite erwarten.

Der deutsche Kapitalmarkt aus internationaler Sicht

Im Vergleich zu den USA ist der deutsche Kapitalmarkt unterentwickelt. Dabei ist es eigentlich für alle Akteure attraktiv, auf einem hochentwickelten Kapitalmarkt zu agieren: Die Emittenten streben nachhaltig niedrige Kapitalkosten an, die Investoren suchen bei gegebenem Risiko eine nachhaltig hohe Gesamtrendite, und die Kreditinstitute wollen möglichst hohe Rückflüsse auf die eingesetzten Finanzmittel. Diese drei Akteure sind nicht nur auf den funktionsfähigen Kapitalmarkt angewiesen, sie gestalten ihn gleichzeitig durch ihr eigenes Handeln. Obwohl es in den letzten Jahren in Deutschland Fortschritte gab – zu denken ist an die Reformen durch das zweite Finanzmarktförderungsgesetz –, besteht ein erheblicher Entwicklungsbedarf.

In den USA werden mehr als zwei Drittel der Passivseite der Unternehmensbilanzen über den Kapitalmarkt finanziert, in Deutschland nicht einmal ein Fünftel. In Deutschland ist auch die Eigenkapitalposition sehr viel kleiner, zudem wird nur ein geringer Teil des Eigenkapitals über die Börse beschafft. Die größten Finanzierungsquellen sind hierzulande Bankkredite und Verbindlichkeiten aus Lieferungen und Leistungen. Ferner tragen die Pensionsrückstellungen wesentlich zur Innenfinanzierung der Unternehmen bei. Diese gehen weder über den Kapitalmarkt, noch müssen sie den Beurteilungskriterien der Banken im Kreditgeschäft standhalten.

Die Kultur der institutionellen Investoren ist in Deutschland – wie auch im übrigen Kontinentaleuropa – wenig entwickelt. Ein Grund dafür ist, daß »Kapitalismus« historisch nicht positiv besetzt ist. Bis vor wenigen Jahren wurden die Märkte eher abgeschottet, Fiskal-, Zins- und Geldpolitik hatten Vorrang vor einer Förderung der Aktien. Deutsche Anbieter spielen in vielen Bereichen des Wertpapiergeschäftes – zum Beispiel in Asset Management, Investment Banking und Corporate Finance – eine eher untergeordnete Rolle. Unter den führenden Eurobond-Managern taucht eine deutsche Adresse erst an zehnter Stelle auf, bei den Asset-Managern liegen deutsche Institute noch weiter zurück, etwa die Deutsche Bank auf Platz 23, die Allianz auf Platz 32 und die Dresdner Bank auf Platz 51. Amerikaner, Schweizer und Japaner dominieren in dieser Branche.

Die Angebotsseite ist – gemessen an der Zahl der Emittenten sowie der Breite und der Tiefe der Produktpalette – deshalb zuwenig ausgeprägt. Der deutsche Kapitalmarkt weist wahrscheinlich die größte Diskrepanz zwischen börsenfähigen und börsennotierten Unternehmen auf. Mit seinem Emissionsvolumen liegt er im internationalen Vergleich am Ende der Rangliste. Ein Unternehmen, das in Deutschland an die Börse geht, ist im Durchschnitt 55 Jahre alt. In den USA gehen hingegen schon «Youngster«-Unternehmen mit vierzehn, in Großbritannien sogar »Kids«-Firmen mit acht Jahren an die Börse.

Für ein Unternehmen in Deutschland ist es oft nicht attraktiv genug, an die Börse zu gehen. Beim Zugang zum Wachstumskapital stehen eine Reihe von Hindernissen im Wege. Der 100-Prozent-Eigentümer muß nicht nur die Kontrolle abgeben, er hat auch hohe gesetzliche Publizitätspflichten auf sich zu nehmen. Durch die Börsennotierung sind seine stillen Reserven offenzulegen. Das erhöht seine Steuerlast. Die Anlageberater – mit der Angst vor einer umfassenden Beratungspflicht im Nacken – bevorzugen oft Fonds und Großunternehmen. Kein Wunder also, daß es nur relativ wenige Neuemissionen gibt. 1994 wurden nur neun Unternehmen neu an der Börse notiert, mit einem effektiven Emissionsvolumen von gut einer halben Milliarde DM. In einer Untersuchung der Stiftung Warentest im Mai 1995 wurde die Beratungsqualität von deutschen Kreditinstituten getestet. Nur 23 Prozent schnitten dabei gut oder sehr gut ab.

Auf der anderen Seite ist die Nachfrage von einheimischen privaten und institutionellen Anlegern in Deutschland zu klein, vor allem bei Aktien. Pensionsfonds als Nachfrager wie in den USA gibt es nicht. Die deutschen Haushalte legen nur 24 Prozent ihres Geldvermögens in Wertpapieren an, davon 4 Prozent in Aktien und 20 Prozent in Rentenwerten, hauptsächlich Staatspapieren. Spar- und Termineinlagen und ähnliche Anlageformen machen fast die Hälfte des Geldvermögens aus. In den USA sind hingegen rund 37 Prozent unmittelbar in Wertpapieren angelegt, davon 20 Prozent in Aktien. Bankeinlagen spielen, wie auch in Großbritannien, eine sehr viel geringere Rolle. Dort dominieren Pensionsfonds, Lebensversicherungen und Wertpapiere. Der sehr viel höhere Anteil an Aktien am Geldvermögen in den USA und in Großbritannien wird noch deutlicher, wenn man auch die indirekte Wertpapierhaltung über kapitalbildende Lebensversicherungen und Pensionsfonds der privaten Haushalte berücksichtigt. In Deutschland steigt dann der Anteil auf 37 Prozent, verglichen mit 64 Prozent in den USA und 60 Prozent in Großbritannien.

Gemessen an der absoluten Größe, gehört der deutsche Kapitalmarkt zwar zu den größten Finanzplätzen der Welt; gemessen an der ihm zugrundeliegenden Realwirtschaft, ist aber vor allem der Aktienmarkt zu klein. Die Marktkapitalisierung im Verhältnis zum Bruttoinlandsprodukt als Maßstab betrug 1994 in Deutschland 26 Prozent, während sie in Japan und den USA Werte zwischen 70 Prozent und 80 Prozent erreichte.

Die ersten 5 Prozent aller börsennotierten Unternehmen in Deutschland – das sind 33 Firmen – haben einen Anteil an der Marktkapitalisierung von 67 Prozent. In London sind es wesentlich mehr, nämlich 96 Unternehmen mit 68 Prozent Anteil. Doch der Anteil der Top-fünf-Prozent an den Handelsvolumina beträgt in Deutschland 86 Prozent, in London nur 35 Prozent. Also werden in Deutschland wenige Unternehmenswerte sehr intensiv gehandelt. Damit ist übrigens die Umschlaggeschwindigkeit am deutschen Aktienmarkt höher als an jedem vergleichbaren Platz. Der deutsche Aktienmarkt ist wahrscheinlich in seinem oberen Segment der effizienteste Markt in der europäischen Zeitzone.

Was sind die Ursachen für diese rückständige Entwicklung des deutschen Kapitalmarktes?

Das deutsche Universalbankensystem führt dazu, daß der Primärmarkt in die Bank verlegt wird: Spargelder werden auf der Passivseite in die Bankbilanz aufgenommen und tauchen als Firmenkredite auf der Aktivseite wieder auf. Sie bleiben in der Bank, ohne über den Kapitalmarkt zu gehen. Unternehmen ziehen es vor, Kredite aufzunehmen statt sich am Kapitalmarkt zu finanzieren. Das ist auch steuerlich attraktiver, da die Gewerbesteuer ja abzugsfähig ist.

Dabei läßt sich kein »Schuldiger« ermitteln. Bankensystem und Kundenverhalten passen zusammen und haben sich im Laufe der Zeit entwickelt. Aus dieser Gewohnheit und den institutionellen Gegebenheiten hat sich dann das entsprechende regulatorische Umfeld entwickelt, das selbst die Steuerpolitik einschließt. Das

Beispiel des mittelständischen Unternehmers, der den Spießrutenlauf zur Börse nicht antritt, ist letztlich ein Resultat dieser Entwicklung.

Daß die Altersvorsorge in Deutschland – wie allgemein in Kontinentaleuropa – vorwiegend über den Generationenvertrag finanziert wird, trägt ebenfalls zu der Unterentwicklung des deutschen Kapitalmarktes bei. Schätzungsweise drei Viertel aller heutigen Ruhestandsbezüge in Deutschland werden aus Beitragssystemen wie der staatlichen Rentenversicherung finanziert. In Frankreich liegt dieser Prozentsatz sogar bei 87 Prozent, in Spanien bei 90 Prozent und in Italien bei 99 Prozent. Nur der verbleibende Rest wird aus mit Kapital unterlegten Altersversorgungssystemen bestritten. Im Regelfall sind es die betriebliche und die private Altersvorsorge, die am Kapitalmarkt wirksam werden. Auf dem Kontinent sind die Niederlande die rühmliche Ausnahme, dort sind nur 60 Prozent nicht mit einem Kapitalstock unterlegt, in Großbritannien beträgt die Quote sogar nur 50 Prozent, und in den USA ist dieser Anteil noch geringer. Deshalb sind die angelsächsischen Länder auch eher Wertpapierländer: weil ein erheblicher Teil der Altersvorsorge über den Kapitalmarkt läuft.

Notwendig ist auch eine Verbesserung des Informationsangebots. Dazu können nicht nur die Rating-Agenturen und die Analytiker beitragen, sondern auch die Medien. Bestehende und neue Informationsanbieter müssen schneller und aussagefähiger Informationen für fundierte Entscheidungen bereitstellen.

Schließlich wird auch das Risikomanagement nach neuen Techniken und Produkten verlangen und ein entsprechendes Angebot hervorrufen. Das Fehlen geeigneter Instrumente zur Risikoabsicherung und der Nicht-Einsatz verfügbarer Instrumente bedeuten reale Kosten für die Volkswirtschaft. Die Produktpalette muß sowohl bei den Handelsprodukten und bei Informationen als auch bei den Derivativen – besonders im Währungsbereich – erweitert werden.

Die erwähnte Neuausrichtung von Nachfrage und Angebot stellt neue Anforderungen an die Regularien und Institutionen.

In diesem Zusammenhang noch einige Anmerkungen zum Thema Altersvorsorge: Ein Mensch, der im Alter von seinem Ersparten leben möchte, muß etwa einen Realzins nach Steuern von 4 Prozent erzielen. Solche Renditen sind nach Steuern in keinem Land der Welt erzielbar, wohl aber vor Steuern. Zum einen ist deshalb die Effizienz des Kapitalmarktes gefordert, um eine möglichst hohe Verzinsung zu erlauben, zum anderen ist aber auch das Steuersystem vor dem Hintergrund des Alterungsprozesses in Frage zu stellen. Auch in Deutschland müßte es möglich sein – wie gegenwärtig zum Teil in Amerika –, aus unversteuertem Einkommen Rücklagen zu bilden, die erst später, wenn sie zu Alterseinkommen werden, der Steuer unterliegen. Aber auch das System der Pensionsrückstellungen in Unternehmen, die niedrigverzinslich in der Innenfinanzierung Verwendung finden, ist in Frage zu stellen. Der Kapitalmarkt würde einen Quantensprung machen, wenn diese Mittel – wie auch in anderen Ländern üblich – in gesonderten Fonds gehalten würden. Die Pensionsrückstellungen entsprechen gegenwärtig in ihrer Höhe etwa zwei Dritteln der gesamten Marktkapitalisierung der deutschen Aktien.

Geld auf der Suche nach Ideen

Eine weitere wichtige Aufgabe haben die Kapitalmärkte mit der Bereitstellung von Risikokapital. Hier liegt gerade in Deutschland vieles im argen. Neue Märkte müssen entstehen und organisiert werden – für kleinere und mittlere Unternehmen, für Fonds und für »venture capital«.

Effiziente Kapitalmärkte – wie in den USA – zwingen aber nicht nur Unternehmen zu einer ergebnisorientierten Unternehmenspolitik, sondern sie bringen auch differenzierte Anlagewünsche mit neuen, interessanten unternehmerischen Ideen zusammen. In den USA beispielsweise ist Geld stets auf der Suche nach Ideen, nach neuen Konzepten.

Die Bereitschaft vieler junger Hochschulabsolventen in den USA, innovative Unternehmer zu werden, ist deshalb nicht weiter verwunderlich. Absolventen des Massachusetts Institute of Technology (MIT) haben in den vergangenen Jahren über 800 Unternehmen gegründet. Dabei wurden rund 280 000 Arbeitsplätze geschaffen, wobei nochmals rund 170 000 Arbeitsplätze durch Sekundäreffekte hinzukommen. Der Umsatz aller durch MIT-Absolventen gegründeten Unternehmen liegt bei über 60 Milliarden US-Dollar, der Anteil von High-Tech-Branchen deutlich über 80 Prozent.

Verglichen mit dieser Bilanz sieht es in Deutschland eher düster aus. Geld ist nicht auf der Suche nach Ideen, sondern Ideen sind verzweifelt auf der Suche nach Geld. Wenn Neugründungen nicht

Das vorhandene "Venture Capital" wird nicht vollständig ausgeschöpft, potentielle Gründer werden abgeschreckt

Markt für "Venture Capital", Deutschland 1993

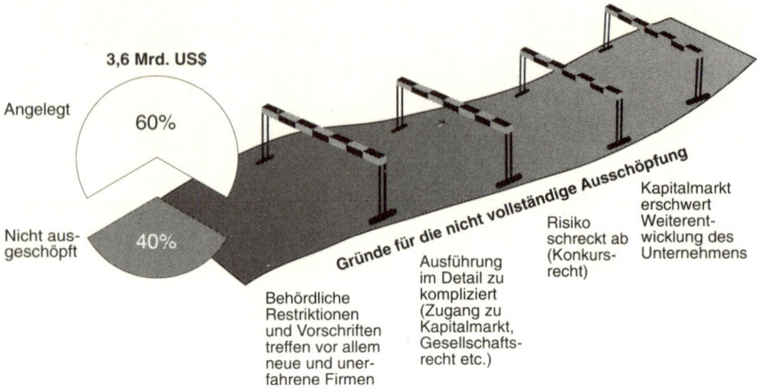

Quelle: Außenministerium, McKinsey-Research, Bundesverband deutscher Kapitalbeteiligungsgesellschaften

bereits in der ersten Phase erfolgreich sind, kommt es kaum noch zu einer privaten Plazierung der Kapitalanteile. Wen wundert es dann, daß potentielle Unternehmensgründer ihre sicheren Plätze bei der Max-Planck-Gesellschaft oder den Fraunhofer-Instituten nicht aufgeben wollen? Nicht nur, daß der Markt für »venture capital« in Deutschland mit 3,6 Milliarden US-Dollar (1993) verschwindend gering erscheint. Gegenüber einem Marktvolumen von geschätzten 83 Milliarden US-Dollar in den USA, wird dieser Markt in Deutschland auch nur zu rund 60 Prozent ausgeschöpft. Behördliche Restriktionen und Vorschriften treffen vor allem neue und unerfahrene Firmen. Die Vorschriften des Gesellschaftsrechts, etwa für den Zugang zum Kapitalmarkt, sind derartig kompliziert, daß sie für neue Unternehmen einen kaum zu bewältigenden Aufwand darstellen.

Zur Förderung von Pionierunternehmern sollten deshalb in Deutschland vertragliche Hindernisse für den Wechsel von Mitarbeitern privater Unternehmen und öffentlicher Forschungseinrichtungen in neu gegründete Technologieunternehmen abgebaut werden. Die Risiken beim Scheitern von technologieorientierten Unternehmensgründungen müssen begrenzt und die Beteiligungen der

Bei einem bereits unterentwickelten Kapitalmarkt ist das verfügbare "Venture Capital" in Deutschland äußerst gering

Kapitalmarkt in Deutschland

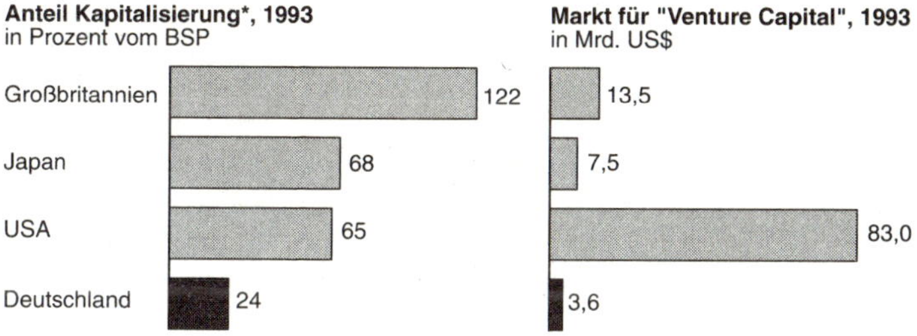

* Ausgegebenes Aktienvermögen in Relation zum gesamten BSP

Quelle: OECD, Datastream, BVK

Mitarbeiter an jungen Technologieunternehmen durch Steuerbegünstigungen gefördert werden. Auch sollten sowohl die private Kapitalanlage als auch das Interesse institutioneller Anleger an jungen Technologieunternehmen steuerlich begünstigt werden. Die Eigenkapitalbildung der jungen Technologieunternehmen kann durch die steuerliche Begünstigung von reinvestierten Gewinnen erleichtert werden. Schließlich sollte das Engagement erfolgreicher und erfahrener deutscher und ausländischer Unternehmen dann steuerlich gefördert werden, wenn sie ihr Vermögen in Beteiligungen an jungen Technologieunternehmen anlegen.

Den deutschen Banken und Versicherungen sollten überdies mehr Möglichkeiten eingeräumt werden, einen Teil ihrer Kapitalbeteiligungen in getrennten Venture-Capital-Töchtern oder Venture-Fonds anzulegen. Emissionshäuser und Analysten würden sich dann auch auf junge Technologieunternehmen spezialisieren und die Risiken solcher Unternehmen am Kapitalmarkt überschaubar gestalten.

Die japanische Zentralbank senkte ihren Diskontsatz am 14. April 1995 auf das Rekordtief von einem Prozent, die Deutsche Bundesbank hatte Ende März den Diskontsatz auf vier Prozent gesenkt – beides blieb ohne größere Reaktion auf den Devisenmärkten. Die Wechselkurse von mexikanischem Peso, italienischer Lira oder schwedischer Krone brachen innerhalb weniger Tage ein, ohne daß Notenbanken oder Regierungen es verhindern konnten. Die Währungen sind allerdings nicht nur zum Spielball der Finanzmärkte geworden. Hinter der Abwertung des Peso steckt die Zahlungskrise Mexikos, in Italien ist die politische Unsicherheit ein Grund, und in Schweden ist es die exzessive Schuldenpolitik. Auch der Dollarsturz läßt sich durch Fundamentaldaten erklären: Das hohe US-Haushaltsdefizit, die geringe amerikanische Sparquote in Verbindung mit dem Abzug japanischer Gelder, die zum Wiederaufbau nach dem Erdbeben gebraucht wurden, das amerikanische Leistungsbilanzdefizit und die hohen Auslandsschulden der Vereinigten Staaten sind Gründe, die unter anderem zur Dollar-Schwäche geführt haben.

Dennoch ist die Reaktion der Märkte überzogen. »Das Geheimnis des erfolgreichen Börsengeschäfts liegt darin zu erkennen, was der Durchschnittsbürger glaubt, daß der Durchschnittsbürger tut.« Dieser Satz von John Maynard Keynes kann nahtlos auf die Devisenmärkte übertragen werden: Das Geheimnis des erfolgreichen Devisengeschäfts liegt darin zu erkennen, was der Durchschnittshändler glaubt, daß der Durchschnittshändler tut. Denn ausschlaggebend für Kursverläufe sind oft nicht allein die Fundamentaldaten, sondern die richtige Voraussage der Reaktion der anderen Händler – mehr Psychologie als Ökonomie. Dennoch haben auch die halbherzigen Aktionen von Regierungen und Notenbanken viel zu den Turbulenzen beigetragen.

Während der letzten zwanzig Jahre haben die Einflußmöglichkeiten der Regierungen und Notenbanken ständig abgenommen. Die Interventionssummen der Notenbanken sind gering im Vergleich zu den Geldmassen, die auf den Finanzmärkten bewegt werden. Entsprechend hilflos muteten deshalb auch die Versuche der Notenbanken im Frühjahr 1995 an, durch Interventionen und Zinssenkungen die Turbulenzen auf den Finanzmärkten im Zaum zu halten.

Dennoch sind auch feste Wechselkurse auf den liberalisierten und globalisierten Finanzmärkten keine sinnvolle Alternative. Eine Wirtschaftspolitik, die nur auf den Außenwert der eigenen Währung orientiert ist, wäre kaum denkbar. Zu groß sind die wirtschaftlichen Konsequenzen, die rigides Vorgehen gegen Spekulanten erfordern würden. Um die Spekulation gegen den Dollar zu stoppen, hätte die US-Notenbank im Frühjahr 1995 Zinserhöhungen von rund 2 Prozentpunkten vornehmen müssen. Die Rezession wäre dann unausweichlich gewesen. Auch Wechselkurszielzonen sind nur eine unzureichende Alternative. Die Probleme im EWS haben gezeigt, daß enge Bandbreiten von 2,25 Prozent nicht ausreichen. Je weiter die Bandbreiten werden, desto geringer wird der Unterschied zu vollständig flexiblen Wechselkursen. Letztlich bleibt, wie Bundesbankchef Tietmeyer unablässig predigt, nur übrig, die Stabilität im eigenen Lande zu verbessern. Denn weder Zinserhöhungen noch Interventionen der Zentralbanken oder Änderungen des Währungssystemes lösen letztlich die fundamentalen Probleme.

Auch der Vorschlag, durch die sogenannte Tobin-Steuer die Finanzmärkte in den Griff zu bekommen, ist zu kurzsichtig. Der Versuch, Devisenumsätze zu besteuern, um wilde Spekulationen zu verhindern, die Güterhandel, Wirtschaftswachstum und Beschäftigung gefährden, geht am Ziel vorbei. Denn nicht alle Kursänderungen sind wirklich mit den volkswirtschaftlichen Grunddaten unvereinbar. Zum anderen müßten sich alle Staaten an dieser Steuer beteiligen. Dies ist beim Wettbewerb der Finanzplätze kaum zu erwarten.

Flucht nach vorn

Diese Kapitalmarkt-Kapriolen bleiben nicht ohne Folgen für die Unternehmen. Porsche-Chef Wendelin Wiedeking verlangte, daß die Regierungen es den Spekulanten erschweren sollten, über Nacht einer Währung 20 Prozent und mehr Wertverfall zuzufügen: »Diese 20 Prozent stecken in der Ertragskraft eines Unternehmens nicht drin.« Dabei geht es nicht nur um die Exportchancen deutscher Autokonzerne oder Maschinenbauer. Pessimisten malen ein Horrorszenario von steigenden Kurssicherungskosten, Fehlinvestitionen, Wachstumsverlusten, Beschäftigungseinbußen, von Protektionismus und Handelskriegen.

Dabei werden jene Unternehmen besonders stark betroffen, die vorwiegend exportieren. Je größer der Exporterfolg, desto stärker der potentielle Aderlaß am Devisenmarkt. Noch einmal zurück zu den sechs Stufen der Globalisierung: Unternehmen, die nur gelegentlich exportieren, werden ihre Auslandsaufträge vorwiegend in der Heimatwährung fakturieren. Sie sind von Wechselkursschwankungen weniger betroffen. Allerdings können auch sie auf dem Heimatmarkt durch ausländische Wettbewerber unter Druck geraten. Globale Unternehmen andererseits unterscheiden nicht mehr zwischen Inlands- und Auslandsgeschäft. Bilaterale Wechselkursverschiebungen haben einen geringen Einfluß auf die Wettbewerbsposition des Gesamtunternehmens, wenn Kosten- und Absatzwährungen breit genug gestreut werden.

Globale Unternehmen haben die Möglichkeit, sich weltweit nicht nur die besten, sondern auch die billigsten Ressourcen zu beschaffen. Sie müssen, um global wettbewerbsfähig zu bleiben, bei den Kapitalkosten und der effektiven Steuerlast mit der Konkurrenz gleichziehen. Ein effizienter Finanzbereich ist damit für ein global operierendes Unternehmen von überragender Bedeutung. Die externe Finanzierung wird zwangsläufig globalere Züge annehmen. Der Finanzierungsbedarf wird zunehmend auch im Ausland gedeckt. Auch Aktienemissionen werden immer weniger als rein inländische Angelegenheiten betrachtet, und Währungsentwicklungen gewinnen an Bedeutung. Dazu trägt nicht nur die zunehmende Attraktivität der Finanzierungsform Aktie, sondern auch die gestiegene Aufnahmebereitschaft der Märkte bei. Gerade für Branchen, die an ausländischen Börsen vergleichsweise unterrepräsentiert sind, besteht eine hohe Nachfrage, da Investoren versuchen, das industriespezifische Anlagerisiko zu diversifizieren.

Verschiedene Aktiengesellschaften sind schon heute an mehreren Börsen notiert. Das gilt vor allem für multinationale Unternehmen wie Royal Dutch, Shell oder Ciba-Geigy. Dabei stellen die verschiedenen Bilanzierungs-, Publizitäts- und Informationspflichten oft einen erheblichen Kostenfaktor dar. Vorteile sind dafür die breite Streuung des Aktienbesitzes, die Nähe vor allem zu den privaten Investoren, verbesserte Refinanzierungsmöglichkeiten und die Erhöhung des Bekanntheitsgrades des Unternehmens. Waren 1993 erst 14 deutsche Unternehmen an der New Yorker Börse registriert, so waren es ein Jahr später bereits 24. Dazu gehören verständlicherweise die großen Unternehmen wie AEG, BASF, Bayer, Daimler-Benz, Siemens, Thyssen und VEBA. Auch Volkswagen und die großen Banken sind vertreten.

Bei stark exportorientierten Unternehmen führen bilaterale Wechselkursverschiebungen hingegen zu Veränderungen der Wettbewerbsposition. Zum einen verändern sich die Absatzmöglichkeiten, zum anderen kann sich die Kostenposition gegenüber den Hauptkonkurrenten verändern.

Vor allem die erfolgreichen Unternehmen in Japan, wie die Automobilhersteller und die Hochtechnologieunternehmen, werden vom starken Yen gebeutelt. Die Dramatik der Entwicklung wird bei einer einfachen Modellrechnung deutlich: Bei der Ausfuhr von 330 000 Pkw verdient Toyota rund 160 Millionen DM. Der Verlust bei einer Paritätenänderung um einen Yen nach oben beträgt für den Konzern rund 190 Millionen DM.

In einer globalen Wirtschaft steigen aber auch die Ausweichmöglichkeiten. Globale Unternehmen können ihre Beschaffung und ihre Produktion dorthin verlagern, wo sie am günstigsten ist.

Die japanischen Autohersteller versuchen, mit nur geringen Preiserhöhungen für neue Modelle und einer zügigen Verlagerung der Produktion ins Ausland gegen die Auswirkungen des hohen Yen-Kurses anzukommen. Toyota, die bisher bei der Auslandsfertigung noch zurückhaltend waren, planen eine massive Erhöhung der Produktion in Nordamerika um 46 Prozent. Weniger als 20 Prozent aller Autos werden bei Toyota in Übersee produziert, während Nissan und Honda bei einer Auslandsquote von über 30 Prozent liegen.

Längerfristig kann auch Daimler-Benz den Wechselkursrisiken nur durch eine stärkere Internationalisierung des Geschäfts begegnen. Die DM-Stärke zwingt dazu, im Ausland Produktionsstandorte aufzubauen, zumal die asiatischen Wachstumsregionen ohnehin nur über eine lokale Präsenz zu erschließen sind. Außerdem will Daimler-Benz künftig verstärkt im Ausland einkaufen und insbesondere in der Automobilsparte die Zulieferer zu einem verstärkten Auslandsengagement ermuntern. Der Anteil, den das Ausland am Einkaufsvolumen des Konzerns hat, liegt gegenwärtig bei circa 20 Prozent und soll in den nächsten Jahren auf über 30 Prozent steigen.

Kleine und mittlere Unternehmen können sich im Gegensatz zu den großen Firmen und Konzernen weniger durch Produktionsverlagerung ins Ausland, Kostensenkungen und Kurssicherungsgeschäfte gegen die Wechselkursschwankungen wehren, aber auch bei ihnen setzt zunehmend die Flucht nach vorne, die Produktionsverlagerung ins Ausland, ein. Einige größere Mittelständler sind bereits im Ausland vertreten.

IV

Die neue Rolle des (National-)Staates

IV.1

Das globale Spiel hat keinen Schiedsrichter

Wenn man stillsteht,
wird man schnell überrollt.
Lee Iacocca

Interessen spielen eine zentrale Rolle in der internationalen Politik. Um Interessen auch durchsetzen zu können, muß allerdings ein weiterer Faktor hinzukommen: Macht. Um als Nation bestehen zu können, mußte man in der Geschichte Macht anhäufen, und diese wurde ausschließlich militärisch verstanden. Die Militarisierung der Politik im Vorfeld des Ersten Weltkrieges und die damals beispiellose Hochrüstung der europäischen »Mächte« sind ein Zeugnis dafür. Selbst nach zwei Weltkriegen behielten Waffen im Rahmen der Abschreckung eine zentrale Rolle. Der Kalte Krieg war der letzte globale Konflikt, in dem die Rüstung dominierte, auch und gerade in der öffentlichen Wahrnehmung. Die Friedensbewegung war nicht zuletzt eine Reaktion auf die geradezu aberwitzige Raketensucht der Supermächte.

Durch den Zerfall der Sowjetunion konnte die Logik der militärischen Blockkonfrontation durchbrochen werden. Doch ist damit auch das Zeitalter der Machtpolitik glücklich zu Ende? Oder droht jetzt nach dem Scheitern der bisherigen Macht- und Ordnungsstrukturen eine globale politische und wirtschaftliche Anarchie? Wie sind der Inhalt und die Bedeutung von »Macht« unter den neuen Bedingungen zu definieren? Wer wird künftig über Macht verfügen, und wozu wird sie eingesetzt?

Die Regeln im globalen Spiel haben sich grundlegend gewandelt. Die bisherigen Akteure, die Nationalstaaten, haben Konkurrenz bekommen, nachdem die Wirtschaft eine neue Bedeutung erlangt hat. Das politische Denken beginnt erst langsam, die Größenordnung und Reichweite der Veränderungen zu ermessen und neue Definitionen zu finden.

Die Frage ist also offen, welche Regeln künftig im globalen Umfeld gelten und wer noch die Rolle des Schiedsrichters ausüben kann.

Damit ändern sich die Rahmenbedingungen auch für Deutschland. Die Deutschen müssen einiges tun, um im neuen globalen Spiel mithalten zu können. Der Countdown läuft.

Die neue Konstellation

Obgleich das sowjetische Reich der Vergangenheit angehört, verfügt Rußland weiterhin über ein erhebliches militärisches und insbesondere atomares Potential. Doch die Waffen leisten keinen Beitrag zum Neuaufbau des Landes und zur Sicherung von Wohlstand. Die atomare Bedrohung hat ihren Sinn verloren in einer Welt, in der andere Kriterien zählen als die Maximierung nackter Macht. Es herrscht die paradoxe Situation, daß Rußland eine militärische Supermacht darstellt, die wirtschaftlich aber längst ein Entwicklungsland unterhalb der Stufe Brasiliens ist.

Der politische Zusammenbruch der Sowjetunion stand und steht in enger Verbindung mit dem wirtschaftlichen Niedergang. Das russische Sozialprodukt ist seit 1989 rund um die Hälfte gesunken und weist erst jetzt im Jahre 1995 Konsolidierungstendenzen auf. Ein Grund unter vielen hierfür ist das Ende der Ausbeutung der Länder des ehemaligen Rates für Gegenseitige Wirtschaftshilfe (RGW), die nicht nur politisch, sondern auch wirtschaftlich Vasallen der Sowjetunion waren. Hier war natürlich die militärische Macht Rußlands ausschlaggebend, um wirtschaftliche Ziele durchzusetzen. Die Ereignisse in der DDR 1953 und in der Tschechoslowakei 1968 machten deutlich, welche Argumente zählten. 1995 zeigt der Konflikt in Tschetschenien, daß sich im Verhältnis Rußlands zu seinen Vasallen nichts Prinzipielles geändert hat. Macht ist systemunabhängig. Doch die Parallele ist nur bei oberflächlicher Betrachtung zutreffend. Denn verglichen mit den Machtdemonstrationen von damals war der »schmutzige Krieg« in Tschetschenien eher ein Akt der Verzweiflung. Rußland ist dabei, von der globalen Supermacht zu einer regionalen Hegemonialmacht herabzusinken – ungeachtet seiner militärischen Stärke.

Schon die ehemalige Sowjetunion war trotz zeitweiser militärischer Parität mit den USA als Industriemacht nur zweitklassig. Ihre Geschichte war eine Geschichte des wirtschaftlichen Abstiegs und der Verarmung von Ländern und Völkern. Entscheidend verloren hat sie diesen Wettlauf nicht auf militärischem, sondern auf ökonomisch-technischem Gebiet. In einer dynamischen, global vernetzten Welt werden Wirtschaft und Technik durch Wachstum und Fortschritt bestimmt. Von diesen Faktoren hängt langfristig und damit strukturell die Macht eines Landes ab.

Der weltweite strategische Wettlauf hat sich deswegen längst auf wirtschaftlich-technologische Gebiete verlagert. Die Verfügungsgewalt über Kohle und Stahl galt noch bis in die sechziger Jahre als Quelle von Macht. Heute könnte es eher die alleinige Beherrschung strategischer Technologien in der Mikroelektronik, Gentechnik oder Robotik und die Qualität des Humankapitals sein, die es erlaubt, den eigenen Willen gegen Widerstände durchzusetzen.

Die Art der Konflikte und ihr Austragungsmodus haben sich entscheidend verändert. Machtpolitik im alten Sinne ist kein akzeptiertes Mittel der internationalen Politik mehr. Es bringt auch keinen Gewinn mehr in einer Welt mit vielen komplexen Abhängigkeiten. Wer heute bestehen will, ist auf weltweites Know-how, große Märkte und globale Ressourcennutzung angewiesen. Heute muß ein Staat danach trachten, Verhandlungsstärke aufzubringen. Nur wer bei Verhandlungen etwas in die Waagschale zu werfen hat, das andere von ihm brauchen, kann bei globalen Abmachungen mit am Tisch sitzen und seine Vorstellungen durchsetzen. Nicht Vernichtungsmöglichkeiten, sondern Gestaltungspotentiale entscheiden.

Es leuchtet darum ein, daß Rußland in wichtigen Wirtschaftsgremien wie der Runde der G7 nur am Katzentisch sitzt, ja eigentlich dort gar nicht teilnehmen dürfte. Es hat im Grunde diesen Platz nur gefunden, weil die westliche Welt bemüht ist, den wirtschaftlichen Abstieg halbwegs erträglich zu gestalten, so daß keine unberechenbaren Bedrohungen entstehen.

Die Wirtschaft als Macht

Wie läßt sich in der neuen Situation das Verhältnis der nationalen Staaten zu den Unternehmen im globalen Umfeld bestimmen, wie das der Unternehmen zur Politik?

Selbstverständlich sind die multinationalen Unternehmen weltweit den Gesetzen und der Wirtschaftspolitik der Staaten unterworfen, in denen sie tätig sind. Während jedoch Unternehmen ihr Handeln abstimmen können, verfügen die Nationalstaaten praktisch nicht über internationale Koordinierungsinstrumente. Sie sind zur effektiven Kontrolle der globalen Unternehmen nicht in der Lage, weder auf globaler noch auf nationaler Ebene. Hierin liegt ein erster Grund für den Souveränitätsverlust des Nationalstaates durch die Globalisierung der Wirtschaft.

Ein weiterer Grund ist die beträchtliche Macht, über die die multinationalen Unternehmen verfügen. Durch ihre autonome Entscheidung, wo Arbeitsplätze entstehen, Investitionen getätigt werden und wo steuerliche Gewinne anfallen, können sie Entscheidungen der Staaten zu ihren Gunsten beeinflussen und zwischenstaatliche Verteilungskonflikte provozieren. Allein die Ankündigung, Produktions- und Forschungskapazitäten aus einem Land abzuziehen oder gar nicht erst einzurichten, verfehlt oft nicht seine Wirkung.

Die Globalisierung hat erhebliche Auswirkungen auf den Zusammenschluß von Unternehmen. Nachdem die Exportorientierung der Unternehmen seit Jahrzehnten zunimmt, werden durch die Öffnung der Märkte grenzüberschreitende Unternehmenszusammenschlüsse begünstigt und ab einer gewissen Phase sogar zwingend erforderlich. Dadurch bedingt wächst bereits seit einigen Jahren die Verflechtung von Unternehmen durch Direktinvestitionen oder grenzüberschreitende strategische Allianzen weit schneller als der Handel.

Besonders in Europa kam es im Vorfeld des Binnenmarktes zu einer Welle von Firmenübernahmen und Zusammenschlüssen über die staatlichen Grenzen hinweg. Die Unternehmen haben dadurch frühzeitig auf die Vereinheitlichung der Zugangs- und Wettbewerbsbedingungen zu den EU-Ländern reagiert. Da ihre Heimatmärkte bald der Konkurrenz aus anderen EU-Staaten völlig offenstehen würden, blieb ihnen nichts anderes übrig, als selbst die Chance zur Vergrößerung ihres Absatzgebietes, ihres Produktionspotentials und ihrer Forschungsbasis in diesen Ländern wahrzunehmen. Diese Verflechtung war zudem als Ausdruck des Zusammenwachsens Europas politisch in höchstem Maße gewollt. Nicht zuletzt versprach man sich von der Zusammenlegung der nationalen Teilmärkte zu einem europäischen Binnenmarkt mit inzwischen fast 370 Millionen Konsumenten, daß solch eine starke Heimatbasis die europäischen Unternehmen für die Konkurrenz auf den Weltmärkten stärken würde.

Die Liberalisierung des Handels bringt den »Global Players« die größten Vorteile und wird von diesen unterstützt und vorangetrieben. In dem Maße, in dem die Abhängigkeit vom Außenhandel bei den Unternehmen wächst und in dem sie selbst zu Filialen ausländischer Konzerne oder zu Müttern weltweiter Tochtergesellschaften werden, können sich auch die europäischen Staaten den Auswirkungen des Welthandels nicht entziehen, schon allein, weil sie selbst in hohem Maße auf ihre Exporte angewiesen sind. Die Global Players im In- und Ausland können aber sehr wohl die nationale Wirtschaftspolitik unterlaufen, so lange diese nicht international abgestimmt und koordiniert ist.

Um bei der Entwicklung der Wirtschaft mithalten zu können, müssen also die Nationalstaaten ihre jeweilige Wirtschaftspolitik koordinieren. Sie müssen versuchen, es den Unternehmen gleichzutun und ein global einheitliches Auftreten zu schaffen. Die »erleichterten weltweiten Transaktionen fordern gebieterisch die ihnen adäquaten organisatorischen, administrativen, rechtlichen und politischen Rahmenbedingungen – eben internationale Institutionen im weitesten Sinne«, schreibt Hans-Jürgen Vosgerau, Sprecher des Sonderforschungsbereiches »Internationalisierung der Wirtschaft« an der Universität Konstanz. Nur auf diese Weise kann sich die staatliche Regelungskompetenz der wachsenden Macht der multinationalen Konzerne anpassen. Jedoch entstehen erhebliche Probleme der zwischen- oder überstaatlichen Abstimmung – selbst auf der Ebene abgegrenzter Wirtschaftsregionen wie EU und NAFTA –, die eine praktische Umsetzung allenfalls auf sehr lange Sicht möglich erscheinen lassen.

Während auf globaler Ebene eine Koordination und Kontrolle noch fehlt, sind auch die einzelnen Nationalstaaten nicht länger in der Lage, die Rolle des Schiedsrichters zu übernehmen. Die Staaten können sich der zunehmenden Globalisierung nicht entziehen und – um der Wettbewerbsfähigkeit »ihrer« Wirtschaft willen – wollen sie es auch nicht. Sie wollen aber gleichzeitig auch nicht ihre Regelungskompetenz aufgeben. Die Widersprüchlichkeit einzelstaatlicher Politik angesichts der Veränderungen der Weltwirtschaft wird hier überdeutlich. Ein Beispiel ist die Wettbewerbspolitik, die zunehmend in die Zwickmühle aus nationaler Zuständigkeit und wirtschaftlicher Globalisierung gerät.

Auch die Frage, ob eine Unternehmensfusion mit Relevanz für den globalen Markt untersagt werden soll, weil dadurch ein nationaler Teilmarkt monopolisiert würde, wird immer seltener eindeutig und positiv zu beantworten sein. Ein aktuelles Beispiel dafür ist die »Bus-Ehe« zwischen Mercedes-Benz und Kässbohrer. Mercedes hatte sich – nicht ohne Zögern – zur Übernahme des angeschlagenen Konkurrenten aus Ulm entschlossen, wäre damit aber sehr wahrscheinlich an den Berliner Wettbewerbshütern gescheitert. Da der Zusammenschluß jedoch wegen seiner Größenordnung unter die EU-Fusionskontrollverordnung fiel, wurde darüber von der EU-Kommission in Brüssel entschieden. Dabei kam es zum Eklat zwischen Bundeskartellamt und dem Bundeswirtschaftsminister, der schon im Vorfeld verlauten ließ, daß sich die deutsche Seite vor dem »Beratenden Ausschuß für Monopol- und Kartellangelegenheiten« in Brüssel für die Genehmigung aussprechen werde. Das Kartellamt, das in dem Gremium üblicherweise für Deutschland spricht, sah sich damit vor politisch vollendete Tatsachen gestellt und verzichtete zugunsten des Wirtschaftsministeriums auf eine eigene Stellungnahme. Statt dessen kritisierte Kartellamtspräsident Dieter Wolf das »ordnungspolitische Fehlverhalten« des Ministers. Die EU-Kommission – ein unabhängiges Europäisches Kartellamt gibt es bislang nicht – sah im Hinblick auf den europäischen Markt keine Bedenken gegen die Fusion und genehmigte das Vorhaben. Die Kommission war sich durchaus bewußt, daß sie auf einem schmalen Grad zwischen Industrie- und Wettbewerbspolitik wandelt. Sie hält es dennoch für unverzichtbar, strategische Allianzen europäischer Unternehmen auf globalen Märkten, zu denen zum Beispiel auch die Telekommunikation zählt, zuzulassen, um ihnen die Anpassung an die neuen Wettbewerbsbedingungen zu ermöglichen.

Entscheidend bei einer solchen Fusion ist immer die Definition des relevanten Marktes. Umfaßt der relevante Markt nur ein Land, Gesamt-Europa oder sogar die Welt? Busse werden europa- und weltweit abgesetzt; auch ihre Einzelkomponenten können aus einer Vielzahl inner- und außereuropäischer Länder stammen, so daß unter Umständen nicht mehr von einem nationalen Produkt gesprochen werden kann. Dem globalen Kunden reicht das »Made by Mercedes« als Qualitätsausweis. Wichtig scheint aus wettbewerbspolitischer Sicht vielmehr, daß der Marktzutritt für Wettbewerber jederzeit gewährleistet ist, also keine Zölle, Kontingente und Subventionen bestehen. Das ist aber erfahrungsgemäß nur so lange der Fall, wie eine Branche international wettbewerbsfähig ist. Verliert sie ihren Vorsprung, wird sie mit derartigen Wünschen beim Wirtschaftsminister vorstellig. Wo aber soll er nachgeben, wo hart bleiben? Er soll Fusionen zulassen, sofern die Branche ausreichend international ausgerichtet ist, und er soll Protektionismus abwehren.

Das Beispiel der »Bus-Ehe« zeigt die Widersprüchlichkeit nationaler Wirtschaftspolitik. Beide, Kartellbehörde und Wirtschaftsminister, denken primär national. Die eine betrachtet den nationalen Markt, dessen Ordnungsstrukturen vom internationalen Wettbewerb bedroht sind, der andere den nationalen Standort, der sich in diesem internationalen Wettbewerb behaupten muß. Solche Zusammenschlüsse sind aber aus einzelstaatlicher Sicht nicht mehr angemessen zu beurteilen. Hilmar Kopper hat das aus zeitlich und geographisch übergeordneter Perspektive treffend formuliert: »Vor 125 Jahren«, so sagte er bei seiner Ansprache zum Jubiläum der Deutschen Bank, »waren die deutschen Fürstentümer klein geworden. Zu klein, um die erste industrielle Revolution zu bewältigen. Heute können weder Großbritannien noch Frankreich noch Deutschland aus eigener Kraft eigenen Wohlstand wahren und mehren. Die technologische Umwälzung unserer Tage hat den nationalen Rahmen gesprengt. Die Frage ist nicht mehr, ob Deutschland sich in der Welt behauptet. Die Frage ist, ob Europa es tut.«

Das bedeutet nicht, einen Freibrief für zunehmende Unternehmenskonzentration auszustellen. Auch künftig ist zu prüfen, ob ein ausreichend internationalisierter Markt vorliegt, dessen Größe die Stellung eines fusionierten Unternehmens hinreichend relativiert. Daß auf einzelnen nationalen oder gar regionalen Märkten (temporär) marktbeherrschende Stellungen entstehen – weil etwa diese Märkte vorher gegen fremde Konkurrenz abgeschottet waren – darf kein Grund per se gegen Zusammenschlüsse zu international wettbewerbsfähigen Betriebsgrößen sein.

Ferner sollte dringend die EU-Fusionskontrolle von einem eigenständigen und unabhängigen Kartellamt nach deutschem Vorbild wahrgenommen werden. Entsprechende Absichten hat die Bundesregierung kürzlich geäußert. Sie will sich dafür einsetzen, daß bei der Regierungskonferenz 1996 die dazu erforderlichen Beschlüsse gefaßt werden. Dadurch würde eine verläßliche Aufgabenverteilung zwischen nationaler und europäischer Wettbewerbsordnung möglich, die der Situation des gemeinsamen Binnenmarktes angemessen wäre. Interventionen der nationalen Wirtschaftsminister würden sich damit erübrigen.

Die wirklich globalen Akteure sind also die multinationalen Unternehmen. Sie sind dabei, die Macht der Staaten in den Hintergrund rücken zu lassen. Die Unternehmen sind nicht mehr an ein »Heimatland« gebunden, sondern agieren nach eigenem Ermessen an verschiedenen nationalen »Standorten«. Die dortigen Aktivitäten werden global gesteuert, und zwar nach Kriterien, die mit nationalen politischen Erwägungen kaum noch Berührung haben. Längst ist die Phase vorbei, in der es eine nationale Wirtschaft mit nationalen Unternehmen gab, deren Interessen prinzipiell mit der nationalen Politik in Deckung waren. Die Wirtschaft verläßt das enge Gehege der Nation, zurück bleibt ein Staat, der über wichtige Ressourcen seiner Macht nicht mehr gebieten kann, der vielmehr um sie konkurrieren muß.

In der EU wird wegen der erreichten Marktfreiheit besonders deutlich, was zunehmend international gilt, besonders natürlich innerhalb der Freihandelszonen wie EU, NAFTA oder APEC: Einzelne Staaten können die Wirtschaft nicht mehr ernstlich durch wirtschaftspolitische Maßnahmen auf nationaler Ebene steuern, weil sich die Unternehmen – egal ob »einheimischer« oder ausländischer Herkunft – dem durch Ansiedlung in einem anderen Land entziehen. Investitionen werden längst nicht immer im Zielmarkt getätigt, sondern dort, wo die besten Standortbedingungen bestehen.

Die Welle der Produktionsverlagerungen hat zumindest in Deutschland mit der zurückliegenden Rezession und den Währungsturbulenzen erst richtig eingesetzt. Durch die neuen Möglichkeiten in Osteuropa dürfte sich dieser Trend in den kommenden Jahren weiter verstärken.

Auf Investitionen hat der Staat auf dirigistischem Weg keinen Einfluß. Wirtschaftliche Dynamik und Wachstum lassen sich in einer freien Welt nicht durch staatliche Lenkung stimulieren, der Staat sitzt mit seinem überkommenen Instrumentarium am kürzeren Hebel. In diesem Umfeld bleibt ihm nur, sich dem Wettbewerb um die Gunst der investierenden Unternehmen zu stellen. Dazu muß aber erst die Einsicht in die veränderte Rollenverteilung in den Köpfen der Politiker Platz greifen. In dem Maße, in dem die für die nationale Wirtschaft entscheidenden Weichenstellungen in den Zentralen der Unternehmen, sei es im eigenen Land, in den USA,

Japan oder Korea gefällt werden, verliert die nationale Wirtschaftspolitik ihre frühere Bedeutung.

Der Staat kann doch auch, so läßt sich einwenden, statt die Peitsche zu zeigen, mit dem Zuckerbrot locken. Welche Möglichkeiten hat er dazu? Schutzzölle für die heimische Industrie sind eine theoretische Möglichkeit. Die merkantilistische Handelspolitik von Colbert, dem Finanzminister Ludwigs XIV., steht hier Pate. Dieses Instrument – vor 300 Jahren noch tauglich und praktikabel – scheidet heute jedoch weltweit zunehmend aus, innerhalb der EU existiert es nicht mehr. Es bleiben Subventionen als Mittel zur Beeinflussung der Wirtschaft. Diese sind jedoch für Standortentscheidungen bei Neuansiedlungen, wie die Wirklichkeit zeigt, wenig relevant. Für das unternehmerische Investitionskalkül, das seiner Natur nach langfristig ist, sind die Qualität des Humankapitals, das Niveau der Arbeitslöhne, die Steuerbelastung oder die Arbeitsgesetzgebung weitaus wichtiger als Hilfen von Regierungen. Diese werden allenfalls ergänzend »mitgenommen«, sie bestimmen vielleicht die Feinauswahl zwischen einzelnen Standorten innerhalb eines Landes, nicht aber die Entscheidung für oder gegen ein Land. So dienen Subventionen nicht der Neuansiedlung, sondern in erster Linie den bestehenden, standortgebundenen Unternehmen. Und stellen dort oft eher eine Belastung für den Standort dar, als daß sie dessen nachhaltige Wettbewerbsfähigkeit erhöhen.

IV.2

Deutschland unter Druck

Amerika ist Amerika.
Deutschland aber will Deutschland
und außerdem noch Amerika sein.
Jean Cocteau

Der Wohlstand einer Gesellschaft wird ganz entscheidend durch die internationale Wettbewerbsfähigkeit bestimmt. Diese wiederum hängt im wesentlichen von dem angesammelten Wissen ab. Die Knowledge-Society steht im Wettbewerb mit anderen Gesellschaften. Je mehr Wissen sie hat und je besser sie dieses anwenden kann, desto erfolgreicher wird sie in diesem Wettbewerb sein und um so mehr wird auch Wohlstand für alle verfügbar sein.

Sofern eine Volkswirtschaft über herausragendes Wissen verfügt, kann sie es sich erlauben, höhere Steuern und höhere Abgaben zu verlangen. Die Unternehmen investieren in diesem Land, solange der Nutzen – durch das anwendbare Wissen, das nur dort vorhanden ist – größer ist als die Kosten. Unterscheidet sich das Wissen aber wenig von den Fähigkeiten, die andere Länder anbieten, sieht es anders aus, weil jedes produktivitätsrelevante Gesetz, jede Richtlinie, jede Durchführungsverordnung des Staates im globalen Wettbewerb mit den Richtlinien anderer Staaten steht. Oder anders ausgedrückt: Eine Pflegeversicherung mag in Deutschland für die einzelnen Pflegefälle große Segenswirkungen bringen. Die durchschnittliche Zunahme der Sozialkosten um zwei Prozentpunkte kann aber unter sonst gleichen Bedingungen bedeuten, daß Produktionsstätten nicht hier angesiedelt werden, daß Kapazitätserweiterungen im Ausland erfolgen und daß etablierte Exportmärkte verlorengehen.

Massenprodukte aus deutscher Produktion konkurrieren schon heute mit gleichwertigen Produkten aus den asiatischen Schwellenländern, die wesentlich preiswerter sind. Autos aus Korea, die bis zu 50 Prozent billiger sind als deutsche Pkws, werden morgen mit thailändischen und vietnamesischen Fahrzeugen konkurrieren, die noch preisgünstiger sind. Es ist unstrittig, daß diese Länder sich riesige Exporterfolge sichern und dabei quasi abgeschlossene Heimatmärkte haben und ein erhebliches Sozial-Dumping betreiben. Abgesehen davon, daß daran kurzfristig wenig zu ändern ist, sollte nicht vergessen werden, daß auch der Aufstieg der deutschen Wirtschaft nach dem Kriege lange bei einem Heimatmarkt erfolgte, der sich weitgehend selbst versorgte und der viele der sozialen Wohltaten erst im Laufe der Jahre und Jahrzehnte entwickelte.

Wie Konrad Adam in seinem Buch »Die Ohnmacht der Macht« plastisch beschreibt, hat Deutschland einen sehr ausgeprägten Beamten- bzw. Parteienstaat. Der öffentliche Dienst hat in den letzten Jahrzehnten eine große Regelungsdichte entwickelt und dabei völlig außer acht gelassen, ob und welche volkswirtschaftliche Nutzentfaltung damit einhergeht. Daß die Staatsdiener dies nicht ganz uneigennützig machen, zeigen die weit über den Produktivitätsfortschritt hinausgehenden Gehaltssteigerungen und die extensiven Zulagenregelungen. Die genaue Anzahl der verschiedenen Zulagen können selbst Eingeweihte nicht angeben. Sind es 200, 400 oder sogar 2000? Die Sinnhaftigkeit der zum Teil aus dem Anfang des 20. Jahrhunderts stammenden Zulageregelungen ist aber oft zu bezweifeln. So wird die aus den zwanziger Jahren stammende Ministerialzulage mit der anstrengenderen Arbeit in den Ministerien und den ungünstigeren Lebensbedingungen sowie den höheren Kosten in der damaligen Hauptstadt Berlin begründet – einem Argument, dem die Umzugsbefürworter sicher nicht folgen möchten. Daneben gibt es Stellenzulagen, Ortszuschläge, Auslandskinderzuschläge, Schmutzzulagen, Mastbesteigungszulagen, Abhörzulagen, Einzelkämpferlehrgangszulagen, Nebelschallsenderzulagen und viele mehr. Auch wenn jetzt selbst die ÖTV einsieht, daß gegen diese Auswüchse etwas getan werden sollte, werden Einkommenseinbußen natürlich strikt abgelehnt und als Ausgleich für den Wegfall von Zulagen wenigstens ein höheres Grundgehalt gefordert.

Der pluralistische Staat hat in der arbeitsteiligen Wirtschaft dafür gesorgt, daß diejenigen, die das Bruttosozialprodukt erwirtschaften, und diejenigen, die es umverteilen, immer weniger voneinander wissen und auch immer weniger voneinander abhängig sind.

Anders als die Wirtschaftsunternehmen steht der öffentliche Dienst nicht im permanenten Wettbewerb und glaubt, auf Effizienzverbesserungen verzichten zu können. Solange kein ausreichender Leidensdruck erzeugt wird, solange es für fast die Hälfte der Staatsdiener eine Anstellung auf Lebenszeit gibt, werden Korrekturen wie die Reduzierung der Zulagen, die Begrenzung der Lohnerhöhungen und die Einführung von Leistungsprämien unwahrscheinlich bleiben.

Wo steht Deutschland?

Nach der Vollendung des europäischen Binnenmarktes ist zunächst die erwartete Euphorie ausgeblieben. Statt dessen prägen Europessimismus und die Sorge vor einem drohenden oder tatsächlichen technologischen Rückstand die wirtschaftliche Diskussion. Auch wenn die Rezession wieder einmal überwunden scheint und erste Stimmen den Aufschwung bejubeln, bleibt die Frage, in welchem Zustand die Staaten der EU die Rezession überstanden haben.

Die wirtschaftliche Dynamik der Europäer hat mit jedem Wirtschaftsaufschwung gegenüber den Japanern und den Amerikanern ein bißchen nachgelassen. Während der südostasiatische Raum im letzten Jahrzehnt Wachstumsraten des Bruttoinlandsprodukts von 5 Prozent aufwies und selbst Amerika noch bei knapp 3 Prozent lag, schafften die Europäer nur eine jährliche Wachstumsrate von 2 Prozent. Am gravierendsten hat sich dies auf den europäischen Arbeitsmarkt ausgewirkt, wo die Arbeitslosenquote von 5,1 Prozent in 1980 auf 11,5 Prozent in 1994 stieg. Die strukturelle Komponente der Arbeitslosigkeit nahm auch im Konjunkturaufschwung weiter zu.

Europa gerät in der ökonomischen Konkurrenz derzeit unter doppelten Druck: Zum einen verlieren die europäischen Unternehmen Anteile auf den Weltmärkten, vor allem in wichtigen Schlüsseltechnologien. Zum anderen kommen durch die politischen Veränderungen in Europa zugunsten der Konkurrenten in Südostasien die osteuropäischen Reformländer hinzu. Dort liegen die Arbeitskosten bei rund einem Drittel der westeuropäischen; auch verfügen die Länder über günstige Standortfaktoren wie die räumliche Nähe zur EU und qualifizierte Arbeitskräfte.

Ein Standortwettbewerb findet jedoch nicht nur zwischen den einzelnen regionalen Zusammenschlüssen – der EU, der NAFTA oder APEC – statt, sondern jeder einzelne Staat lebt in Konkurrenz mit allen anderen Staaten und damit auch in Konkurrenz mit jedem Staat innerhalb der Gemeinschaft.

Die Wettbewerbsfähigkeit eines Landes als Investitionsstandort ist dabei grundsätzlich etwas anderes als die Summe der Wettbewerbsfähigkeit seiner einzelnen Unternehmen. Für Unternehmen geht es im Wettbewerb darum, im Wettlauf mit ihren Konkurrenten bessere oder billigere Produkte anzubieten, neue Trends als erste aufzuspüren und in Produkte umzusetzen. Im Standortwettbewerb dagegen konkurrieren Länder um mobile Produktionsfaktoren, sie sind gleichsam in der Rolle von Gastwirten, die sich in Konkurrenz mit anderen um zahlende Gäste bemühen müssen. Unternehmen können ihre Wettbewerbsfähigkeit durch Restrukturierungen, Reduzierung des Mitarbeiterbestandes und Rationalisierungen erhöhen, eine Volkswirtschaft als Ganzes hat diese Möglichkeit nicht. Auch die Verlagerung der Produktion an kostengünstigere Standorte ist eine Option, die nur Unternehmen, nicht aber Länder haben.

Der internationale Standortwettbewerb ist in den vergangenen Jahren immer schärfer geworden. Die weltweit sinkenden Transport- und Kommunikationskosten, die Deregulierung der Finanzmärkte – alle diese Entwicklungen haben dazu geführt, daß das internationale Real- und Finanzkapital erheblich mobiler wurde.

Die Anziehungskraft, die ein Land auf ausländische Investoren ausübt, entscheidet über dessen Wohlstand. Denn Investitionen bedeuten erhöhte Produktivität und steigende Beschäftigung – gleichgültig, ob sie von In- oder Ausländern getätigt werden. Je höher die Investitionen in einem Land, desto stärker wird langfristig dessen gesamtwirtschaftliches Wachstum sein.

Innovator und Firmengründer: Die Säulen eines Standortes

Schlüsseleffekte für einen Standort sind Innovationen und Neugründungen. Innovationen schaffen Wirtschaftswachstum und meist auch Beschäftigung. Das gilt besonders augenfällig für Produktinnovationen. Herausragende Beispiele sind in der Vergangenheit in der Kohlenwasserstoffsynthese das Fischer-Tropsch-Verfahren, in der Elektrotechnik das elektronische Wählsystem, im Automobilbau der Allradantrieb, ABS und Airbag und in Mikro- und Unterhaltungselektronik die Speicherchips gewesen. Durchbruchsinnovationen in der Elektronik wie die Ablösung der Röhren durch Transistoren Ende der fünfziger Jahre und die Einführung des Mikroprozessors haben binnen sechs bis acht Jahren die Beschäftigung verdoppelt. Das Ausbleiben von Durchbruchsinnovationen in Deutschland und die Reduzierung auf marginale Verbesserungen (Stichwort: technischer Inkrementalismus und die »eierlegende Wollmilchsau«) wird deutlich negative Konsequenzen auf die Beschäftigung haben.

Ein positiver Effekt kann sich auch, wenngleich meist weniger direkt, durch innovative Fertigungsverfahren, ergeben, die zunächst über höhere Produktivität den Arbeitskräftebedarf verringern. Denn oft kann erst das schlanker gewordene Unternehmen wieder Wachstums- und Beschäftigungsimpulse geben. So etwa im Siemens-Werk Bocholt, das heute mit einer um ein Drittel verkleinerten Belegschaft die doppelte Anzahl Telefongeräte produziert wie drei Jahre zuvor. Es hat damit die Stillegung vermieden, weil jetzt am Standort Deutschland erstmals wieder Telefone wettbewerbsfähig hergestellt werden können. Innovation ist auch hier Wachstums- und Beschäftigungsmotor.

Der zweite Motor sind erfolgreiche Unternehmensgründungen. Das gilt auch für die direkt durch Innovationen ausgelösten Gründungen vom Schlage S.A.P. in Deutschland (1972 gegründet, heute circa 3400 Beschäftigte) oder Apple in den USA (1977 gegründet, heute weltweit fast 15000 Mitarbeiter). Viele solcher Neugründungen nutzen die Tatsache, daß sich Innovationen oft in neuen, kleinen Unternehmen besser umsetzen und vermarkten lassen als in Großunternehmen mit starren organisatorischen Strukturen.

Es werden viel mehr dynamische Unternehmer gebraucht, die Visionen haben und davon fasziniert sind, ein Produkt zu entwickeln und das Risiko der Markteinführung einzugehen. Kreativität und Risikobereitschaft sind die wesentlichen Eigenschaften des Schumpeterschen Pionierunternehmers. Auch wenn in Deutschland Unternehmer vom Schlage des Microsoft-Präsidenten Bill Gates, des ehemaligen Apple-Chefs John Sculley oder des Gründers des Datenverarbeitungssystems, Amdahl Cooperation, Gene Amdahl, noch fehlen, sollten die deutschen Gründer viel stärker als Vorbild dargestellt werden.

Dazu gehören mit Klaus Neugebauer, Gerhard Heldmann und Peter Schnupp die Gründer der Softwarefirma Softlab. Die mittlerweile zu BMW gehörende Firma wurde 1971 in München gegründet und entwickelte sich bis heute zu einem international erfolgreichen Unternehmen.

Das Zusammenspiel zwischen Staat und Privatwirtschaft im neuen Standortmodell

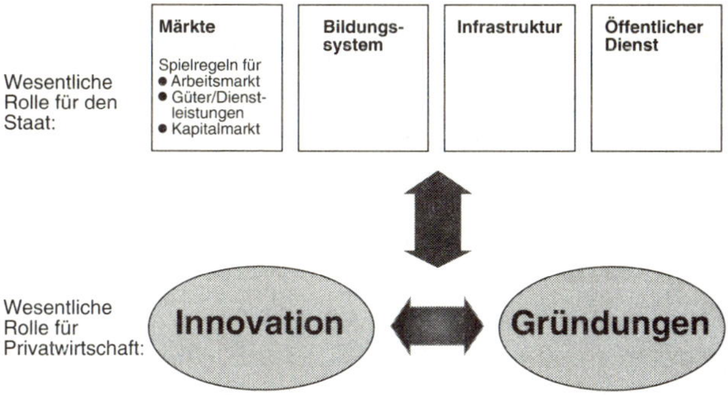

Auch Computer 2000 mit dem Unternehmensgründer Jochen Tschunke ist durch den Einstieg bei dem US-Großhändler Ameriquest auf dem Weg zum Global Player. Noch im Gründungsjahr 1983 eröffneten die Münchner ihre erste Auslandsniederlassung in der Schweiz, fünf Jahre später folgten Spanien, Belgien, Großbritannien, Irland, die Niederlande und Schweden. Mittlerweile sind sie in 25 Ländern vertreten. Das ergibt einen Auslandsanteil von 70 Prozent.

Aber auch losgelöst vom Innovationsgeschehen spielen Unternehmensgründungen eine wichtige Rolle für eine Volkswirtschaft. Besonders in einem industriegeprägten Land wie Deutschland liegen dabei große Chancen im Dienstleistungsbereich. Jede solche erfolgreiche Neugründung im Dienstleistungssektor schafft im Durchschnitt vier neue Arbeitsplätze. Sie gehören zu dem »zweiten Boot« nach Robert Reich (»Die neue Weltwirtschaft«, 1993), der wachsenden Gruppe von Dienstleistern, deren Tätigkeit durch ihren lokalen Charakter weitgehend vor dem Druck des globalen Wettbewerbs geschützt ist.

Die Unternehmer haben die Möglichkeit und damit auch fast schon die moralische Verpflichtung, wie eine Lokomotive die anderen Mitglieder der Gesellschaft mitzuziehen. Da eine Lokomotive nicht unbegrenzt viele Anhänger mit sich ziehen kann, muß eine dynamische Gesellschaft einen bestimmten Anteil an »Lokomotiven«, das heißt Selbständigen, haben. In Deutschland ist dieser Anteil kontinuierlich zurückgegangen. Betrug der Anteil der Selbständigen 1960 in Westdeutschland noch über 20 Prozent, lag er 1994 nur noch bei knapp über 10 Prozent.

Zusammengefaßt heißt das: Eine Volkswirtschaft, der es gelingt, viele Innovationen und Neugründungen erfolgreich durchzuführen, steht auch im internationalen Standortwettbewerb gut da. Voraussetzung dafür ist, daß die Rahmenbedingungen stimmen, um Innovationen und Neugründungen zu stimulieren.

Die Rolle des Staates

Die Effizienz der drei Märkte – Arbeits-, Kapital- und Gütermarkt – wird entscheidend durch die Qualität der Spielregeln beeinflußt. Weitere wesentliche Einflußfaktoren für die Standortqualität sind das Bildungssystem und die Infrastruktur. Hinzu kommt noch die Qualität der öffentlichen Verwaltung. Grob gesprochen: Je effizienter die Märkte für Arbeit, Kapital und Güter sowie Dienstleistungen funktionieren, je fortschrittlicher das Bildungssystem ist, je zukunftsorientierter die Infrastruktur beschaffen ist und je kompetenter und effizienter die öffentliche Verwaltung agiert, desto mehr Innovation in Form neuer Produkte und Fertigungsverfahren findet statt. Und um so mehr erfolgreiche Unternehmensgründungen wird es geben.

Auf dem Arbeitsmarkt spielen vor allem eine hohe Produktivität, qualifizierte Arbeitskräfte mit einem hohen Bildungsstand und ein effizientes Management eine wesentliche Rolle. Dabei können hohe Löhne begrenzt durch eine hohe Produktivität kompensiert werden.

Bei einem Vergleich der Arbeitskosten in der EU ist die Arbeitsstunde im verarbeitenden Gewerbe in Deutschland mit 42,67 DM am teuersten. Danach folgen mit deutlichem Abstand Belgien, Norwegen und die Niederlande mit 36,34 DM, 36,31 DM und 34,70 DM. Am Ende der Skala rangieren Griechenland mit 11,59 DM und Portugal mit 7,80 DM. Während Japan mit 37,30 DM an Arbeitskosten mit zu den Spitzenreitern zählt, liegen die USA mit 27,84 DM im unteren Mittelfeld.

Wesentlichen Einfluß auf die Arbeitskosten haben zudem die Lohnnebenkosten. In den meisten Industrieländern sind sie, über

In Deutschland wird zeitlich am wenigsten gearbeitet, aber am meisten gezahlt

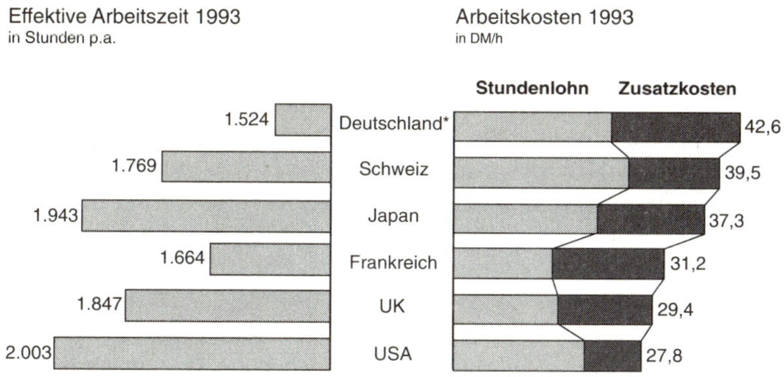

* Alte Bundesländer

Quelle: IW

einen längeren Zeitraum betrachtet, stärker gestiegen als die Direktlöhne. Hier spiegelt sich der Ausbau des Sozialstaates gerade in den europäischen Ländern wider. Der Anteil der Zusatzkosten an den Arbeitskosten betrug 1994 in Deutschland fast 45 Prozent, gegenüber 41 Prozent in Japan und 30 Prozent in den USA. Dabei sind innerhalb Europas erhebliche Unterschiede festzustellen, abhängig davon, wie hoch das Niveau der sozialen Sicherung ist und wie die Finanzierung abläuft. In Dänemark betragen die Zusatzkosten nur 18 Prozent der Arbeitskosten. Die soziale Sicherung wird dort überwiegend über Steuern finanziert. Auch in anderen Ländern wird versucht, die Kosten, die nicht unmittelbar in Zusammenhang mit dem Arbeitsverhältnis stehen, wie zum Beispiel die Krankenversicherung, aus den Arbeitskosten auszugliedern, um die Arbeit billiger zu machen. In einigen skandinavischen Ländern werden die Arbeitgeberbeiträge zur Sozialversicherung sogar vom Staat übernommen.

Die ungünstige Bilanz bei den Arbeitskosten wird in Europa durch relativ kurze Arbeitszeiten verstärkt. In der EU lag die durchschnittliche effektive Jahresarbeitszeit in der Industrie 1993 bei 1 524 Stunden. Das waren 24 Prozent weniger als in den USA und rund 22 Prozent weniger als in Japan. Die Unterschiede zwischen den EU-Staaten sind dabei eher gering. In letzter Zeit wurden allerdings verstärkt Flexibilisierungsstrategien eingesetzt, um Betriebs- und Arbeitszeiten zu trennen und eine bessere Auslastung zu erreichen.

In Deutschland wird heute eher der Mangel an Arbeit verwaltet als behoben, da die Effizienz des Arbeitsmarktes zu gering ist. Nötig wäre die Überwindung der heute stark ausgeprägten Kartellierung durch die Tarifpartner, wie sie auch in neuen, wissenschaftlich untermauerten Vorwürfen der Monopolkommission zum Ausdruck kommt.

Die Aufhebung des Vermittlungsmonopols der Arbeitsämter ist ein erster wichtiger Schritt gewesen. Dazu gehört aber auch, die Möglichkeiten für Teilzeitarbeit wesentlich zu verbessern, Lebensarbeitszeitmodelle zu schaffen – mit »Sabbaticals«, d.h. Studienpausen, zum Auffrischen der rasch veralternden Wissensbasis – sowie groß angelegte Modellversuche zu gestalten für Telearbeitsplätze, für regelmäßige internationale Trainee-Programme und für extensive Weiterbildungsmöglichkeiten an den Fachschulen und Universitäten während der vorlesungsfreien Zeit.

Leider scheinen gerade hier die eingefahrenen Bahnen fest zementiert: Die jährlichen Lohnfindungsrituale und die unsinnigen Streitereien über die Theorie der Kaufkraft der Löhne wirken beklemmend reformfeindlich. Dennoch oder gerade deswegen braucht die Organisation des Arbeitsmarktes grundsätzlich einen neuen Denkansatz. Vor dem Hintergrund geänderter Wertvorstellungen der Arbeitnehmer ebenso wie neuer technischer Möglichkeiten und veränderter internationaler Wettbewerbsbedingungen ist dies auch möglich. Die heutige Organisation der Arbeit durch die Tarifpartner wirkt innovations- und gründungsfeindlich, schon, weil eine Schlüsselfigur, der »Garagenunternehmer«, weder auf der Arbeitgeber- noch auf der Arbeitnehmerseite Sitz oder Stimme hat.

An den Kapitalmärkten müssen Voraussetzungen geschaffen werden, um anlagesuchendes Risikokapital schneller und wirksamer für Gründungen und Innovationen verfügbar zu machen. In Deutschland stehen nur rund 4 Prozent des amerikanischen Venture-capital-Volumens bereit, das zudem nur zu 60 Prozent ausgeschöpft wird. Börsenmodelle wie das der amerikanischen

NASDAQ, einer elektronischen Wertpapierbörse für Over-the-counter-Geschäfte (OTC), wo für risikofreudige Investoren neben Blue Chips auch mehr als 500 Start-up-Unternehmen gelistet sind, müssen entwickelt werden. In der Effizienz der Vermittlungsfunktion von Banken und staatlichen Wagnisfinanzierungsstellen schlummert ein riesiges Verbesserungspotential. Auf der Nachfrageseite bergen zum Beispiel Informationsbörsen für Erfinderideen zur frühzeitigen Werbung um Risikokapital unerschlossene Chancen.

Die Märkte für Güter und Dienstleistungen sind, bei aller zunehmenden Internationalisierung der Wirtschaft, in Deutschland noch stark von nationalen Sonderregelungen geprägt. Hemmnisse für Wachstum und Beschäftigung erwachsen daraus allenthalben. So bewirken starre Ladenschlußzeiten, daß dem Kunden nur halb soviel Einkaufszeit außerhalb der üblichen Arbeitszeiten offensteht wie etwa in den USA. Außer dem bereits angesprochenen Ladenschlußgesetz gehören beispielsweise das Rabattgesetz und die Handwerksordnung ebenfalls auf den Prüfstand. In Bereichen wie etwa der Telekommunikation steht vielfach die Beteiligung privatwirtschaftlicher (und ausländischer) Anbieter erst am Anfang.

Wettbewerbsbehindernde und innovationsfeindliche Regelungen müssen fallen, und der Weg in die Servicegesellschaft muß geebnet werden. Wenn die deutsche Wirtschaft langfristig wieder an das Vollbeschäftigungsniveau der sechziger Jahre herankommen will, müssen die Voraussetzungen für viel mehr und viel bessere Serviceanbieter als heute geschaffen werden, sei es beispielsweise für Valet-Parking, handgebügelte Hemden oder House-Catering an Wochenenden. Und ebenso müssen sich die vorwiegend nationalen Beschaffungsmärkte für Bahn, Post, Telekommunikation und Energieversorgung konsequent für den internationalen Wettbewerb und private Anbieter öffnen.

Maßnahmen zur Stärkung von Innovationen und Neugründungen

1. Bildungssysteme

Einst galt das deutsche Bildungssystem als eine unbestreitbare Stärke der deutschen Volkswirtschaft, und zum Teil – für das duale Ausbildungssystem – gilt das auch heute noch. Auf der anderen

Karrierepfad eines Hochschulforschers

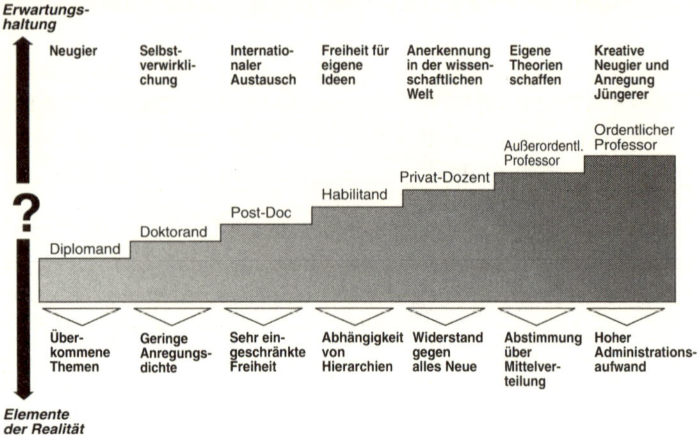

Quelle: Interviews

Seite ist es nicht gelungen, die Wissensflut und die Flut der Studierwilligen (in Westdeutschland hat sich deren Zahl in den letzten zwanzig Jahren mehr als verdoppelt) zu bewältigen. Schulen und Hochschulen führen oft fernab von den gesellschaftlichen Veränderungen ihr Eigendasein, eine Leistungsorientierung besteht praktisch nicht; das Beamtentum auf Lebenszeit hat dazu geführt, daß sehr viele gute Pädagogen und qualifizierte Forscher frühzeitig ihre persönlichen Anspruchsniveaus auf einem »satisfying level« – dem gerade ausreichenden Niveau – eingerichtet haben.

Die Realität des Karrierepfads eines Hochschulforschers ist weit vom Ideal entfernt: Die Neugier der Diplomanden wird oft nur mit abgegriffenen Themen ruhiggestellt, der Doktorand hat nur eine geringe Anregungsdichte. Nach der Promotion winken weder internationaler Erfahrungsaustausch noch die große wissenschaftliche Freiheit, sondern die zunehmende Verstrickung in der universitären Bürokratie und Hierarchie. Selbst von Privat-Dozenten, nach der erfolgten Habilitation, werden neue Ideen nicht begeistert aufgenommen, sondern ihnen eher mit Widerstand begegnet. Für den Professor dominiert der hohe Administrationsaufwand gegenüber der Entwicklung eigener Theorien.

Deutschlands Hochschulabsolventen:
Über die Hälfte geht in den öffentlichen Dienst

Anteil der im öffentlichen Dienst* tätigen Universitätsabsolventen**
in Prozent

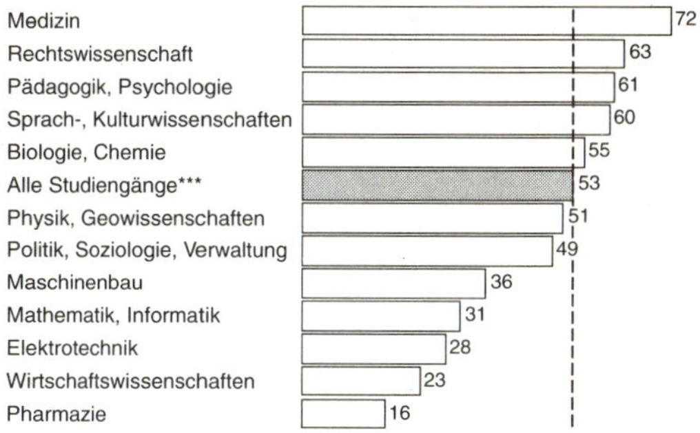

* Einschließlich Bundesbahn und Bundespost
** Prüfungsjahrgang 1989 nach ausgewählten Studienfächern, ca. vier Jahre nach Studienabschluß
*** Einschließlich Lehramt

Quelle: HIS-Absolventenuntersuchung, 1994

Mit Blick auf die leistungsorientierten Bildungseinrichtungen zum Beispiel in Frankreich oder Amerika könnte die deutsche Hochschule von einer Entbürokratisierung und mehr Eigenständigkeit nur profitieren.

In einer globalen Informationsgesellschaft ist auch die Internationalität von Bildungsinstitutionen eine absolute Notwendigkeit. Diese Erkenntnis hat sich in den deutschen Hochschulen noch nicht durchgesetzt.

In bezug auf die anzustrebenden Ziele Innovation und Neugründungen stellt sich auch die Frage, was getan werden kann, um nicht mehr – wie gegenwärtig – 1,9 Millionen Studenten für Tätigkeiten im abhängigen Berufsumfeld auszubilden, sondern sie frühzeitig mit der Idee der Selbständigkeit vertraut zu machen. Ein besonders krasses Beispiel: Vier Jahre nach Studienabschluß sind durchschnittlich 53 Prozent (!) der Universitätsabsolventen eines Studienfaches (Examensjahrgang 1989) im Öffentlichen Dienst untergekommen. Warum sollte nur in der Handwerksausbildung der Weg in die Selbständigkeit zum natürlichen Rollenmodell gehören? Warum bieten die Hochschulen keine Kurse für das Selbständigwerden bzw. -sein an?

In den USA rühmen sich die großen Hochschulen ihrer Absolventen, die als selbständige Unternehmer Erfolg hatten. Die Lakeside High School in Seattle verweist heute noch stolz darauf, daß Bill Gates dort die Grundlagen der Physik gelernt hat und daß er seine High School heute noch finanziell fördert und sie mit jährlichen Besuchen beehrt. Unsere Hochschulen müßten in Zukunft Rechenschaft geben über die Anzahl der von ihnen ausgebildeten Gründer und innovativen Forscher, die sich unternehmerisch durchgesetzt haben.

2. Infrastruktur
Vor 140 Jahren haben unsere Vorväter eine Generation lang 15 Prozent der staatlichen Ausgaben in den Bau der Eisenbahn gesteckt, weil sie glaubten, mit dieser Investition den nachfolgenden Generationen ein besseres Leben zu ermöglichen. Und in der Tat – was wäre die wirtschaftliche Entwicklung, was wäre die Industrialisierung Europas ohne die Eisenbahn gewesen? Und heute?

Bestehende Straßen, Schienen- und Wasserwege werden zwar weiter ausgebaut, selbst neue Flughäfen oder Flughafenteile entstehen. Täglich nehmen zigtausend Arbeitnehmer, mit zunehmender Tendenz, eine halbe Stunde und mehr Hinweg zur Arbeitsstätte und einen ebenso langen Rückweg in Kauf. Aber Telearbeitsplätze sind nach wie vor ein Fremdwort. Betrachtet man die leider unumgänglichen Behördengänge, so stellt man fest, daß sich auch hier wenig geändert hat. Die Krankheitsdiagnose über Multimedia, die Baugenehmigung über Fax, die Steuererklärung über interaktive Telekommunikation – das sind Wunschträume, für die trotz grundsätzlicher technischer Machbarkeit heute keine Infrastrukturen geschaffen werden.

3. Öffentliche Verwaltung
In der industrialisierten Welt wird man dem öffentlichen Dienst in Deutschland für seine Qualität historisch gute Noten geben müssen. Das Problem ist auch hier, wie bei der Infrastruktur, die dynamische Betrachtung.

Der öffentliche Sektor hat in den letzten 20 Jahren als Beschäftigungsmaschine gewirkt; hier entstanden 1,3 Millionen zusätzliche Arbeitsplätze von 1970 bis 1990 von 1,8 Millionen in der Gesamtwirtschaft. Dabei gilt es für Industrieländer seit langem als gesicherte Erkenntnis, daß ein überproportionales Wachstum des

Administrative Hindernisse für Investitionen und Innovationen entfernen

Dauer von Genehmigungsverfahren in Monaten

BEISPIEL: CHEMIEANLAGE

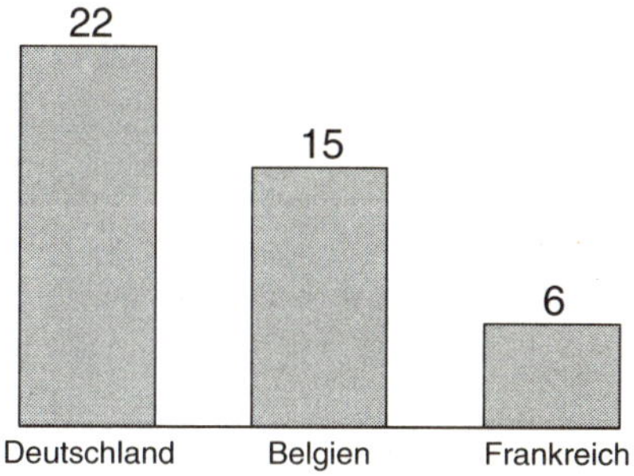

Quelle: BASF, 1994

öffentlichen Sektors ein deutliches Zeichen für mangelnde Produktivität und Dynamik im privaten Sektor ist.

Und die öffentlich Beschäftigten haben genau das bewirkt, was sie andernorts auch bewirken: sie haben Richtlinien geschaffen, sie haben Ausführungsbestimmungen erlassen, sie haben sich zu unverzichtbaren Experten entwickelt. So hat der öffentliche Dienst ganz wesentlich dazu beigetragen, daß Entscheidungen in die Länge gezogen wurden, daß sie durch Expertenwissen abgesichert wurden und daß die Entscheidungsinhalte meist auch sehr viel komplizierter – und nicht selten – teurer wurden.

Administrative Hemmnisse stellen gleichermaßen einen Grund für die Flucht deutscher Unternehmen ins Ausland dar, wie auch für die mangelnde Anziehungskraft Deutschlands für ausländische Investoren. Investieren wird in Deutschland immer schwieriger, weil sich die Genehmigungszeiten selbst für Bagatellinvestitionen unerträglich lange hinziehen. Der bürokratische Aufwand hat mittlerweile bizarre Dimensionen angenommen und die Flut von Gesetzen, Verordnungen und Vorschriften ist kaum mehr zu durchschauen. Hinzu kommt eine öffentliche Verwaltung, die den modernen Anforderungen kaum mehr gewachsen ist. Während sich Unternehmen bemühen, ihre Innovationszeiten zu verkürzen, legen Behörden diesen Bemühungen Steine in den Weg: Die BASF hat genau die gleiche Chemieanlage in Spanien bereits nach 9 Monaten und in Deutschland erst nach 18 Monaten genehmigt bekommen.

Der Perfektionismus sowie das Sicherheitsstreben – lieber alles dreimal prüfen – schaffen weitere Verzögerungen. Die Angst, vor dem Verwaltungsgericht Maßnahmen rechtfertigen zu müssen, verleitet dazu, auf Nummer sicher zu gehen und keine mutigen Entscheidungen zu fällen. Trauriger Rekord mag der Genehmigungsantrag für eine Stromtrasse der RWE zwischen Dauersburg, Limburg und Kriftel sein: Der Antrag geht ins sechzehnte Jahr.

Nicht nur bei potentiell umweltbedenklichen Bauvorhaben muß ein Investor Geduld mitbringen. Auch Umweltschutzmaßnahmen sind nicht einfacher zu verwirklichen. Hinzu kommt der bürokratische Aufwand, den Unternehmen bei Investitionsanträgen treiben müssen. 14 000 Seiten bedrucktes Papier oder rund 1 500 Aktenordner sind nicht ungewöhnlich beim Antrag für ein konventionelles Kraftwerk.

Mißt man den öffentlichen Dienst an den beiden Oberzielen im Standortmodell – d. h. der Unterstützung möglichst effektiver Innovationen und einer Vielzahl von Gründungen –, so stößt man auf ein heute noch äußerst gründungsfeindliches Insolvenzrecht, auf eine Subventionspraxis, die seit Jahren der Strukturerhaltung Vorrang vor der Strukturerneuerung gewährt, sowie auf ein Steuersystem, das mit der Vielzahl seiner Fördermittel zu einem unübersichtlichen Gewirr verkommen ist. In dem Steuersystem ist außerdem implizit verankert, daß Investitionen in Immobilien oder in staatliche Titel attraktiver sind als Investitionen in unternehmerische Neugründungen.

Neben der ausufernden Bürokratie bremsen hohe Steuern und Abgaben die Wachstumsdynamik erheblich, da sie die Leistungsbereitschaft der Arbeitnehmer und die Risikobereitschaft der Unternehmen mindern. Die Abgabenquote lag in Deutschland mit 39,7 Prozent deutlich über dem Niveau in Japan und den USA mit knapp 30 Prozent.

Noch standortrelevanter als die gesamtwirtschaftliche Abgabenquote ist sicherlich die Steuerbelastung der Unternehmen. Deutschland liegt auch nach dem Standortsicherungsgesetz mit einer durchschnittlichen Steuerbelastung thesaurierter Gewinne von Ka-

Schwache technologische Wettbewerbsposition Deutschlands gegenüber Japan und USA

Basistechnologien	Nachteil	Gleich	Vorteil
Neue Materialien	X		
Nanotechnologie	X		
Mikroelektronik	X		
Photonik	X		
Mikrosystemtechnik		X	
Software & Simulation	X		
Molekularelektronik	X		
Zellbiotechnologie	X		

Quelle: Technologien am Beginn des 21. Jahrhunderts; Deutscher Delphi-Bericht 8/1993

pitalgesellschaften von 62,3 Prozent deutlich vor allen anderen Ländern. Nur Frankreich weist ebenfalls einen Grenzsteuersatz von über 50 Prozent auf. Allerdings reicht ein Vergleich der Grenzsteuersätze zur Beurteilung der Steuerbelastungen für Unternehmen allein nicht aus. Berücksichtigt man die differenzierten Abschreibungs- bzw. Absetzungsmöglichkeiten in den einzelnen Ländern, gleichen sich die Belastungen wieder etwas an.

4. Forschung

Innovationen – und indirekt auch Neugründungen – werden aber auch bestimmt von der Aufgeschlossenheit der Bevölkerung gegenüber neuen Technologien und dem Umfeld der Forschung und Entwicklung. Die Furcht vor dem technischen Fortschritt scheint allmählich einer steigenden Akzeptanz zu weichen. 1993 meinten immerhin 42 Prozent der Westdeutschen, daß der Fortschritt der Technik das Leben der Menschen einfacher macht, 1981 waren es erst 32 Prozent. Aber immer noch glauben 30 Prozent der Befragten in Westdeutschland, daß durch den technischen Fortschritt das Leben schwieriger würde. Für Innovationen ist aber ein positives Meinungsklima Voraussetzung. Denn ohne Aufgeschlossenheit,

Diffuse Wettbewerbsposition Deutschlands gegenüber Japan und USA in Anwendungstechnologien

Anwendungsfelder	Nachteil	Gleich	Vorteil
Informationstechnologie	X		
Energietechnik			X
Umwelttechnologie			X
Verkehrssysteme		X	
Raumfahrt	X		

Quelle: Deutscher Delphi-Bericht 8/1993

Zukunftsorientierung und ohne einen Abbau von Unsicherheiten gegenüber neuen Technologien lassen sich Innovationen in Industrie und Wissenschaft nicht durchsetzen.

Wie sieht es in der Wirtschaft aus? Das deutsche Potential bei Forschung und Entwicklung wird gut beurteilt. Deutschland ist führend auf den Gebieten der Energie, Umwelttechnik, Rohstoff- und Wasserwirtschaft, Städtebau und Verkehrswesen. Auch in den traditionellen Branchen wie Automobil, Maschinenbau, Chemie hat Deutschland noch eine gute Position. Während seit einigen Jahren in Amerika aber ein Innovationsschub im High-Tech-Bereich zu beobachten ist – in den siebziger Jahren schoß die Elektronikindustrie aus dem Boden, jetzt ist es die Gentechnik – fehlt Deutschland die Technologieführerschaft in Wachstumsbereichen wie Biotechnologie, Virtual Private Network und Optoelektronik.

Bei den Aufwendungen der Wirtschaft für Forschung und Entwicklung (FuE) in Prozent des Bruttoinlandsprodukts gehört Deutschland zu den großen Drei. Deutschland liegt mit 2,6 Prozent FuE-Ausgaben, bezogen auf das BIP, nur knapp hinter den USA mit 2,8 Prozent und Japan mit 3 Prozent. Dabei sank der staatliche Anteil an den FuE-Aufwendungen in der Bundesrepublik von 11,4 Prozent in 1988 auf 10,7 Prozent in 1992. Er liegt damit deutlich

Deutsche Erfindungen - ausländische Erfolge

In Deutschland erfunden:	*... aber erfolgreich vermarktet in:*
Telefax (Hell, 1929)	Japan
Computer (Zuse, 1941)	USA/Japan
Kreiskolbenmotor (Wankel, 1957)	Japan
Elektronischer Uhrenantrieb (Diehl, 1964)	Japan/Hongkong
Video 2000 (Grundig, 1969)	Japan
Mikroprozessoren (Olympia, 1973)	USA/Japan
Compact Disc (Philips/Grundig, 1974)	Japan
Anti-Tumormittel Interferon (Bioferon, 1983)	USA

Quelle: Presseberichte

unterhalb der Quote in den USA (28,4 Prozent). Damit wächst die Gefahr, daß sich ausländische Konkurrenten an deutschen Köpfen bedienen: Den hierzulande knapp gehaltenen Instituten winken Aufträge aus Fernost. Gemessen an Patenten und den Ausgaben für Forschung und Entwicklung ist die Forschung in Deutschland auch weniger ergiebig als in Japan und den USA. Während die Anzahl der Patentanmeldungen inländischer Anmelder beim jeweils nationalen Patentamt in der Zeit zwischen 1963 und 1993 in Japan um jährlich über 6 Prozent gewachsen ist und die USA immerhin auf ein durchschnittliches jährliches Wachstum von 1,4 Prozent kommen, ist die deutsche Wachstumsrate negativ.

Insgesamt sind die FuE-Konkurrenten Deutschlands besser geworden, da sie ihre Ergebnisse schneller in neue Produkte und Dienstleistungen umsetzen. Dabei beruht die Leistungsschwäche der deutschen Forschung nicht auf einem Mangel an Forschungsmitteln und Forschern, sondern auf dem zu wenig wirkungsvollen Einsatz dieser Mittel. Es handelt sich also weniger um ein Input- als vielmehr um ein Output-Problem. Dazu gehört auch, daß in Deutschland die Umsetzung des Wissens zu lange dauert. Zwei von drei westdeutschen Unternehmen brauchen für die Markteinführung technischer Neuerungen bis zu drei Jahre, 20 Prozent der Unternehmen sogar bis zu fünf Jahre.

Deutschland hat trotz allem noch recht gute Entwicklungsergebnisse. Aber oft werden die daraus resultierenden Ideen im Ausland erfolgreich umgesetzt. Häufig zitierte Beispiele dafür sind das Telefax oder auch die Flachbildschirme. Die Deutschen forschen lieber, als daß sie verkaufen.

Ob der von uns 1993 vorgeschlagene Technologierat neue Impulse setzt, ist offen. Er wurde, wohl austariert und gesellschaftspolitisch ausgewogen, in der Zwischenzeit ins Leben gerufen. Ob er die Innovationspolitik der Regierung sinnvoll begleiten kann, muß bei der kaum mehr arbeitsfähigen Größe von 15 Mitgliedern und der Zusammensetzung aber bezweifelt werden.

Auch in der Forschung fehlen die richtigen Anreize für mehr Innovationen. Ein Leiter eines Großforschungsinstituts wird danach beurteilt, ob es ihm zum einen gelingt, das Budget für die nächsten Jahre abzusichern, zum anderen aber auch nach der Häufigkeit der Namensnennung in der Öffentlichkeit. Da der Output der Forscher nur von sehr wenigen wirklich beurteilt werden kann, werden die Symposien, Besuche, Veröffentlichungen, Zitierhäufigkeiten und wechselseitig verteilten Preise ausschlaggebend für die »Qualität«. Es bleibt die Frage offen, ob die rund 440 Forschungsinstitute in Deutschland allein aufgrund ihrer zum Teil nur geringen Größe überhaupt sinnvoll forschen können.

Als Erkenntnis bleibt uns, daß Deutschland stark ist, wenn Bestehendes weiterentwickelt wird. Es fehlt aber die Phantasie für gänzlich Neues. Nach japanischen Überlegungen soll das Zeitalter der »Ökoingenieure« anbrechen: Wüsten sollen begrünt und Meere »geimpft« werden, damit das Plankton das Kohlendioxid wegfrißt. Welcher deutsche Beamte, ob in der Verwaltung oder in der Wissenschaft, hätte wohl solche Visionen?

Deutschland oder nicht Deutschland?

Die Mitsubishi Electronic Corporation (Melco) suchte zu Beginn der neunziger Jahre einen Standort für eine neue Vier-Megabit-Chip-Fabrik. Nachdem durch halbjährige Vorarbeiten intern bereits geklärt wurde, daß in Europa eine eigene Chip-Produktion sinnvoll war, und eine Fabrik in Europa konkurrenzfähig produzieren konnte, mußte noch geklärt werden, wo produziert werden sollte. Kriterien für die Standortsuche waren:

- Wegen der Marktnähe zu wichtigen Kunden und der erforderlichen Infrastruktur für die Chiptechnologie kamen nur Großbritannien, Frankreich und Deutschland in Frage.
- Das Grundstück mußte mindestens 100 000 Quadratmeter groß sein und zwei unabhängige Starkstromversorgungen besitzen.
- Rund 500 Mitarbeiter wurden zur Anpassung und Überwachung der vollautomatischen Prozesse benötigt. Aufgrund der intensiven Ausbildung der Personen war eine geringe Fluktuation wichtig. Forschungskooperationen und Nachwuchssuche machten die Nähe zu einer Hochschule sinnvoll.

Während eine Delegation Detailfragen vorbereitete, ließ sich eine zweite Delegation in den drei Zielländern von je zwei regionalen Wirtschaftsförderungsgesellschaften Angebote für Gewerbeflächen machen. Dabei waren für die Japaner Auskünfte über Angebot und Gehaltsstrukturen von technischen Managern und Hilfskräften, die Energie- und Wasserkosten, Verkehrsanbindungen, regionale Förderungen und Steuererleichterungen, Einrichtungen für Japaner, Service- und Zulieferbetriebe, Bedingungen für die Schichtarbeit, Bauauflagen und Standorte von Wettbewerbern entscheidend. Diese Themengebiete wurden in einem detaillierten Fragenkatalog abgehandelt. Nachdem die Gesellschaft für Wirtschaftsförderung in Nordrhein-Westfalen mbH (GfW) Angebote für das Ruhrgebiet, Niederrhein und den Großraum Aachen gemacht hatten und die Japaner neben einem öffentlichen Zuschuß von 100 Millionen DM auch einen Wirtschaftsförderer gefunden hatten, der das Projekt während der Bauphase betreute, stand die Entscheidung fest: Alsdorf bei Aachen.

Was waren die Vorteile gegenüber Braunschweig, das damals noch den Vorteil der Zonenrandförderung aufwies, und gegenüber den niedrigen Löhnen und Steuern in Schottland, das zunächst auch in die engere Wahl gekommen war? Neben den »hard facts« – der Stromversorgung durch zwei Kraftwerke und der guten Wasserqualität für die Chip-Produktion – war die Nähe zur Technischen Hochschule in Aachen ein wesentlicher Pluspunkt. Im Gegensatz zu Schottland und Braunschweig, wo NEC und Toshiba Chips produzieren, können die Mitarbeiter in Aachen nicht so leicht zur Konkurrenz abwandern. Und letztlich liegt Alsdorf nur 30 Autominuten von der japanischsten Stadt Europas entfernt: Düsseldorf.

Während in diesem Beispiel Deutschland als attraktiver Standort das Rennen machte, sieht es oft anders aus: Im Herbst 1994 entschied sich Mercedes-Benz, sein Micro Compact Car, genannt SMART-Auto, im französischen Hambach bei Sarreguemines in Lothringen zu produzieren. Während der Vorentscheidungen waren 70 mögliche Standorte analysiert worden, bis die Entscheidung für den französischen Nachbarn fiel. Die Investitionen belaufen sich auf rund 770 Millionen DM. Das Vorhaben wird im Rahmen der bestehenden regionalen und staatlichen Möglichkeiten im Einklang mit Regelungen der EU gefördert. Einschließlich der Zulieferindustrie werden rund 9000 neue Arbeitsplätze entstehen, nicht einmal die Hälfte davon in Deutschland.

Die Entscheidung von Mercedes-Benz, einen neuen Standort in den Vereinigten Staaten, in Tuscaloosa (Alabama) aufzubauen, war ein Element der Internationalisierungs-Strategie des Konzerns. Warum wurde die Produktion des sogenannten All activity vehicle, das heißt eines Freizeitfahrzeugs und Geländewagens, ausgerechnet in die USA und nicht in eins der Niedriglohnländer verlagert? Die USA sind das klassische Land für Off-road-Fahrzeuge. Wenn auch kein Billiglohnland, so liegen die Lohnkosten doch bis zu 25 Prozent unter den deutschen. Und da außerdem die Produktivität wesentlich höher ist als in Deutschland, ergibt sich ein fast schon dramatischer Wettbewerbsvorteil.

Bevor sich das Unternehmen für die USA entschieden hatte, wurden weltweit mögliche Standorte grob bewertet. Kriterien waren neben der wirtschaftlichen und politischen Stabilität die Infrastruktur, der Arbeitsmarkt und die möglichen Zulieferungen. Aufgrund der genannten Kriterien kristallisierten sich dann die Vereinigten Staaten als Zielland heraus.

Nachdem der Projektumfang definiert war, wurde eine Vielzahl von US-Bundesstaaten als mögliche Standorte erfaßt. Mit einer Makro-Analyse wurden zunächst die Transportkosten von Zulieferern und zu den Händlern abgeschätzt. Auch geeignete Seehäfen waren wichtig, da die Hälfte der dort produzierten Fahrzeuge verschifft werden sollte. Immer wieder wurden Standorte nach Analysen ausgesondert und die Auswahl immer mehr reduziert. Zunehmend fanden auch Kriterien wie Lebensqualität, Aus- und Weiterbildungsmöglichkeiten, Verkehrsanbindung und Kommunikation Berücksichtigung. Hinzu kamen Untersuchungen über allgemeine Grundstücksgegebenheiten.

Positiv vermerkte Mercedes dabei die Zusammenarbeit mit den staatlichen Stellen. Statt Muff der Bürokratie, statt langer Genehmigungsprozeduren trafen die Deutschen auf Unternehmergeist und Mut. Die Bediensteten verstanden sich als »Professionals«, die ansiedlungswilligen Unternehmen ihre Dienstleistungen anbieten, um Arbeitsplätze und den Wohlstand in der Region zu sichern.

Mercedes-Benz erstellte für die engere Auswahl dann noch Betriebskostenanalysen, Investitionsanalysen und eine intensive Nutzwertanalyse, bis nur noch sechs Standorte übrig blieben. Diese wurden dann vor Ort besichtigt. Anschließend wurden alle quantifizierbaren und nicht quantifizierbaren Größen zusammengenommen, um die Entscheidung zu treffen.

Die Interessen der Politiker

Wenn man das alles so liest, stellt sich die Frage: Warum ändert sich nichts? Warum schließen sich nicht die Abgeordneten zusammen und versuchen, die Zahl der Gesetze zu reduzieren? Warum arbeiten nicht clevere Beamte ein Verfahren aus, mit dem eine bessere Kooperation der verschiedenen, an einem Genehmigungsverfahren beteiligten Behörden möglich ist und damit eine schnellere Abwicklung? Die bittere Erkenntnis ist: Warum sollten sie?

Weder Regierung noch Parlament noch Wähler können die Bürokratie effektiv kontrollieren. Sie sind auf Informationen der Bürokratie angewiesen. Diese gibt häufig Auskünfte nur in dem Umfang, wie es vorteilhaft für sie ist. Der Wissensvorsprung der Bürokratie gegenüber den Regierenden und Regierten, ihre Erfahrung verbunden mit den riesigen Summen, die von der Bürokratie eingesammelt und umverteilt werden, verschaffen der öffentlichen Verwaltung eine Position, gegen die die Politik nicht ankommt. Die Bürokratie steckt oft den Bereich ab, in dem die Legislative agieren darf.

Sowohl die Wähler als auch die Regierung, haben zudem keinen originären Anreiz, die Bürokratie zu kontrollieren: Der Aufwand, sie zu kontrollieren, ist im Vergleich zum Nutzen für den einzelnen viel zu gering. Da der Nutzen allen Bürgern zugute kommt, hofft jeder, daß ein anderer die Kontrolle auf sich nimmt und er als Trittbrettfahrer von dem Ergebnis profitieren kann.

Es sollte aber auch gesagt werden, daß es viele Beamte und Angestellte in der Bürokratie gibt, die hochqualifiziert sind, die leistungsbereit sind und ohne die unsere Bürokratie wahrscheinlich schon längst nicht mehr arbeitsfähig wäre. Aber diese »aufrechten Kämpfer« sind oft auch Leidtragende des überbordenden Verwaltungsapparats und der Kollegen, die sich auf Kosten der Allgemeinheit ein bequemes Leben machen.

Ein kritisches Beispiel hierbei sind die rund 10 000 Beschäftigten im öffentlichen Dienst, die Versicherungs- und Bausparverträge vermitteln, obwohl diese Nebentätigkeit nach dem Beamtenrecht seit 1985 verboten ist. Bei einer Umfrage des Bundesverbands Deutscher Versicherungskaufleute, die sich bei den Behörden als Kunden ausgaben, gab es Auskünfte wie »In der Mittagspause vermittle ich nicht« und »Ich bin jetzt eigentlich im Urlaub, aber am Montag wieder im Dienst. Kommen sie zu einem beliebigen Zeitpunkt.« Da gehen neben Arbeitsplätzen in der Versicherungsbranche auch Steuereinnahmen und Arbeitstage verloren.

Wenn aber die Bürokratie nicht in der Lage ist, die wirtschaftlich optimalen Rahmenbedingungen zu setzen, könnte man versucht sein, in den Parteien einen geeigneten Vertreter zu sehen. Immerhin gibt es neben der Partei oder den Parteien, die die Regierung stellen, Oppositionsparteien, die auf Mängel hinweisen könnten, um potentielle Wähler durch ihre Kompetenz zu überzeugen.

Ebenso wie die Bürokratie sehen aber auch die Politiker häufig nicht ein übergeordnetes Gemeinwohl als Aufgabe und Ziel, sondern sie sind ihren eigenen Interessen verpflichtet – und dies ist vor allem die Wiederwahl. Deshalb verfolgen sie bevorzugt die Interessen der eigenen Klientel. So wird der Sozialminister zum Schutzherrn der Rentner und sozial Schwachen, der Verkehrsminister zum Anwalt der Autofahrer und der Innenminister zum Schutzpatron für den öffentlichen Dienst.

Eine Regierung findet um so mehr Beifall, je weniger sie den Bürgern an Neuerungen zumutet und je weniger sie das bestehende undurchschaubare Umverteilungsgefüge in Frage stellt. Das Bundesverfassungsgericht hat immer wieder dezent gemahnt, Veränderungen durchzuführen, hat Fristen gesetzt und Rahmen vorgegeben (siehe jüngst im Zusammenhang mit den Einheitswerten für Grundvermögen). Dies scheint mittlerweile auch der einzige Weg, eine Regierung zum Regieren zu bringen und eine schläfrige Opposition zu aktivieren. Aber selbst dann ist die Bereitschaft, Besitzstände zu verändern, kaum vorhanden. Es wird der Drahtseilakt begonnen, eine Vorgabe des Verfassungsgerichtes zu erfüllen, ohne wirklich etwas zu ändern.

Im Sinne von Tomasi di Lampedusa, dessen Zitat unsere Einleitung eröffnete, könnte man sagen: Wenn wir nicht endlich anfangen, etwas zu ändern, wird langfristig nichts bleiben, wie es ist.

IV.3

Der Staat als Wirtschaftslenker

> Der Wirtschaftsinterventionismus kann nicht als ein System von Dauer angesehen werden. Er ist lediglich eine Methode, um allmählich und stufenweise vom Kapitalismus zum Kommunismus überzugehen.
>
> *Ludwig von Mises*

Von einem Eisberg ist nur ein Bruchteil sichtbar, der Rest ist unter der Wasseroberfläche verborgen. Ähnlich ist es bei den Subventionen. Gemäß der Volkswirtschaftlichen Gesamtrechnung des Statistischen Bundesamts wurde für 1993 ein Subventionsvolumen von rund 63 Milliarden DM ausgewiesen. In der Subventionsberichterstattung des Bundes wird der Subventionsbegriff weiter gefaßt. Dort wird das Gesamtvolumen der Subventionen aus allen öffentlichen Haushalten auf circa 114 Milliarden DM beziffert. Dennoch handelt es sich bei beiden Zahlen volkswirtschaftlich nur um die Spitze des Eisbergs. Denn nach Berechnungen der deutschen Forschungsinstitute beläuft sich das gesamte Volumen der Subventionen im Jahre 1993 sogar auf mindestens 216 Milliarden DM und damit auf das Doppelte der vom Bund ausgewiesenen Zahlen. Trotz der weiten Abgrenzung des Begriffs wird darauf hingewiesen, daß längst nicht alle vom Staat gewährten Vergünstigungen erfaßt werden. Es handelt sich bei dem ausgewiesenen Betrag wiederum nur um die Spitze des Eisbergs.

Diese 216 Milliarden DM entsprechen bereits 7 Prozent des Bruttosozialproduktes, 9,2 Prozent des Volkseinkommens, rund dem Zweifachen des Staatsdefizits, 97 Prozent der Ersparnis der privaten Haushalte, knapp einem Drittel der Steuereinnahmen von Bund, Ländern und Gemeinden sowie mehr als dem Vierfachen der Verteidigungsausgaben.

Ein Blick in den jüngsten Subventionsbericht macht auch die Dimensionen deutlich. 129 verschiedene Finanzhilfen und 206 Steuervergünstigungen werden aufgeführt, hinzu kommen weitere steuerliche Sonderregelungen, die 16 Steuern betreffen. Außerdem gibt es eine Vielzahl weiterer Subventionen der Länder. Schleswig-Holstein bietet 183 verschiedene Finanzhilfen an, Bayern 225 und Niedersachsen 184. Zahlreiche Subventionen werden überdies von

Gemeinden, der Europäischen Union sowie von Sondervermögen der öffentlichen Hand gewährt. Kein Wunder, daß dann Aufsätze mit Titeln wie diesem erscheinen, der im November 1994 in der Zeitschrift »Impulse« zu lesen war: »Willkommen im Supermarkt der Subventionen – Fast jede Firma kann von der Spendierfreudigkeit des Staates profitieren«.

Für jede Subvention sind im Regelfall umfangreiche Bestimmungen erforderlich. Dabei hat sich in der Vergangenheit gezeigt, daß eine Subvention um so dauerhafter bestehen bleibt und um so weniger gekürzt wird, je komplizierter sie formuliert sind. Nach einigen Jahren kennt keiner mehr die genauen Gründe, und wer von den politischen Entscheidungsträgern wagt es schon, an mathematischen Berechnungen Änderungen zu formulieren?

Als besonders problematisch erweisen sich dabei die Steuervergünstigungen, die durch ihre Komplexität das Steuer- und Verwaltungsrecht nicht nur aufblähen, sondern auch zu einem undurchdringlichen Dschungel machen. 55 Vergünstigungen und weitere steuerliche Sonderregelungen gibt es allein bei der Einkommenssteuer, 38 Sondervorschriften mit Auswirkung auf die Körperschaft- und/oder Einkommenssteuer, 18 weitere Sonderregelungen bei der Körperschaftssteuer, 26 bei der Vermögenssteuer, 23 bei der Gewerbesteuer, 18 bei der Umsatzsteuer und 18 auch bei der Kraftfahrzeug- und Mineralölsteuer, um nur die wichtigsten Steuern zu nennen. Die Regelungen sind zum Teil äußerst kompliziert und werden kaum verstanden. Der Präsident des Bundesfinanzhofes, Prof. Dr. Franz Klein, befürchtet, daß beispielsweise die Subventionierung der Bildung von Wohneigentum über §10e des Einkommenssteuergesetzes nur von zehn Leuten in Deutschland wirklich verstanden wird.

Über den Sinn und Unsinn der Subventionen wird dabei heftig gestritten, wobei angesichts knapper Kassen zunehmend Politiker aller Couleur sich wortreich zum Abbau der Subventionen bekennen. Nahezu alle gesellschaftlichen Gruppen befürworten oder fordern gar den Subventionsabbau – allerdings stets nur, soweit sie nicht selbst davon betroffen sind. Dabei geht es beim Subventionsabbau nicht nur um Einsparungen, sondern um die Beseitigung von Verzerrungen im gesamten volkswirtschaftlichen Prozeß.

Heute betreuen mehr als vier mal so viele Beamte einen Landwirt als vor 30 Jahren

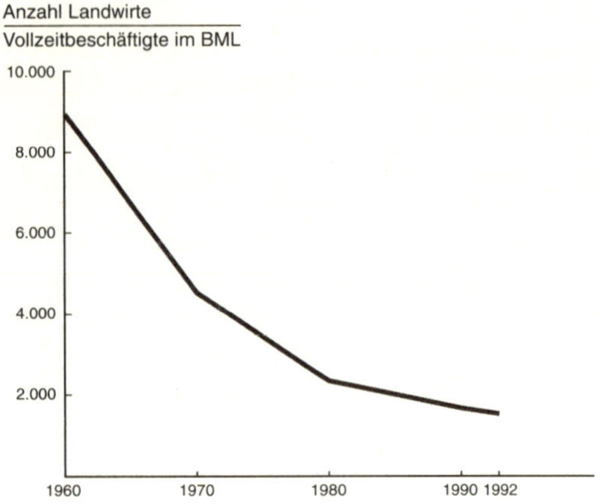

Quelle: Statistisches Bundesamt, IW

Aus deutschen Landen frisch auf den Tisch …

Die Subventionierung der Landwirtschaft wird nur von wenigen anderen Wirtschaftsbereichen an Intensität und Vielfalt noch übertroffen. Das Spektrum der Eingriffe reicht von Subventionen und steuerlichen Sonderbehandlungen über Preis- und Mengenregulierungen sowie Absatzgarantien bis hin zu außenwirtschaftlichen Protektionsmaßnahmen, nichttarifären Handelshemmnissen und Agrar-Währungsausgleichsbeträgen. Als Argument gilt die Sicherheit der Nahrungsmittelversorgung der deutschen Bevölkerung, ergänzt mit dem Stichwort der Landschaftspflege, was bei dem hohen Stellenwert des Umweltschutzes durchaus populär ist.

Die Breite der Subventionspalette ist riesig, sie reicht von Zuwendungen des Staates beim Kauf von Produktionsmitteln bis zur Aus- und Fortbildung von Landwirten. Es gibt, grob geschätzt, über 300 Einzelmaßnahmen im Agrarsektor, die zudem häufig nicht aufeinander abgestimmt sind und die sich überschneiden oder widersprüchlich sind.

Resultat dieser Politik waren in den achtziger Jahren die Milchseen, Rindfleischhalden und Butterberge. Es bedeutet allemal Verschwendung, wenn die Produktion von Gütern gefördert wird, für die es keine ausreichende Nachfrage gibt und die dann noch teuer von den Interventionsstellen eingelagert werden müssen. Daß dies auf Dauer nicht finanzierbar sein würde, war vorauszusehen. Da jedoch die Agrarpolitiker den Landwirten unentwegt Wohlstandssteigerungen versprochen haben und Erwartungen durch die Interventionen geweckt wurden, konnten sie nachträglich keine sachgemäßen Reformen durchsetzen, ohne das Gesicht zu verlieren, und verlegten sich auf das Durchlavieren. Sie haben damit am Beispiel der Landwirtschaft demonstriert, wie politisch gutgemeinte Anliegen zu Tode interveniert werden können.

Statt dessen wird aus politischen Motiven »weitergewurstelt«, werden immer kompliziertere Regelungen und Ausgleichsmechanismen ersonnen, die einen enormen Verwaltungsaufwand erfordern und nur schwer zu überwachen sind. Die Zeche zahlt letztlich der Verbraucher, der nicht nur mit seinen Steuern die Subventionen finanziert, sondern auch noch mit überhöhten Preisen für landwirtschaftliche Produkte bestraft wird.

Beispiel Steinkohlebergbau

Dem Subventionsbericht der Bundesregierung zufolge soll der Gesamtbetrag der Kohlehilfen in der Bundesrepublik im Jahre 1995, einschließlich Verstromungsfonds und Steuervergünstigungen, bei rund 10,0 Milliarden DM liegen. Nach der Land- und Forstwirtschaft und der Wohnungswirtschaft ist der Kohlebergbau, und zwar speziell der Steinkohlebergbau, der drittgrößte Subventionsempfänger.

Im Zentrum der Kohlesubventionierung stehen die Absatzhilfen. Mit circa 10,4 Milliarden DM (1995) machen sie den größten Teil der Subventionen aus. Gefördert werden der Kohleverkauf an die Stahlerzeuger durch die Kokskohlenbeihilfe des Bundes und der Länder sowie der Kohleverkauf an Kraftwerke über den Kohleverstromungsfonds.

Wer über Kohlesubventionen redet, muß auch die Zuschüsse des Bundes zur knappschaftlichen Rentenversicherung, die in den oben genannten rund 10 Milliarden DM noch nicht enthalten sind, berücksichtigen. Sie haben immerhin 1993 ganze 13 Milliarden DM betragen. Die Fehlbeträge in der knappschaftlichen Rentenversicherung sind eine Folge des Umlageverfahrens, das isoliert für diese Branche errichtet wurde und mit einer staatlichen Zuschußpflicht im Falle von Fehlbeträgen verbunden ist. Da die Zahl der Beschäftigten im Bergbau ständig zurückgeht, müssen immer weniger Beschäftigte immer mehr Rentner bezahlen. Bei gleichbleibenden Abgabesätzen steigt zwangsläufig die Zuschußpflicht des Staates. Mittlerweile werden nur noch rund ein Fünftel der Rentenzahlungen durch Beiträge gedeckt.

Zum Bild der Subventionen gehören auch noch die regulativen Eingriffe: Die Abgabepreise der Inlandskohle werden aufgrund der Produktionskosten festgelegt, die Abnahmegarantie wird durch Importkontingente abgesichert und auch die nachgelagerte Elektrizitätswirtschaft ist mit ihren Gebietsmonopolen stark reguliert. Hinzu kommt, daß der Kohlebergbau eine Hochlohnbranche ist, auch wenn er seine frühere Spitzenstellung in der Volkswirtschaft verloren hat.

Während Produktion und Beschäftigung im Bergbau stetig zurückgegangen sind, ist das Subventionsvolumen ständig gestiegen. Im Verlauf der letzten zehn Jahre hat es sich mehr als verdoppelt. Bezogen auf die Beschäftigtenzahl wird jeder Arbeitsplatz im Steinkohlebergbau mit rund 93 000 DM pro Jahr subventioniert (1992). Kein anderer Wirtschaftszweig in Deutschland wird mit einer ähnlichen Intensität gefördert, nicht einmal die Landwirtschaft oder die Werften. Auch im Weltmaßstab ist diese Subventionsintensität beispiellos. Dabei sind die gängigen Argumente, mit denen diese Subventionsdichte begründet wird, äußerst zweifelhaft. Ein Standardargument ist die Sicherung der Energieversorgung. Demnach sei bei größeren Ausfällen ausländischer Lieferungen mit schwerwiegenden volkswirtschaftlichen Einbußen zu rechnen. Aber abgesehen davon, daß die Streuung der Importe nach Herkunftsländern sehr breit ist und immer weniger Lieferungen aus krisenanfälligen Gebieten kommen, könnte die Produktion im Falle einer Krise aufgrund technischer Gegebenheiten kurzfristig nur wenig gesteigert werden.

Wesentlich interessanter ist unter diesem Gesichtspunkt die deutsche Braunkohle, die im Tagebau gewonnen wird. Dort ließe sich im Krisenfall der Abbau auch schneller erweitern als bei der Steinkohle. Die Braunkohle ist nicht nur wesentlich kostengünstiger zu fördern, sondern kommt auch gegenwärtig ohne branchenspezifische Subventionen aus.

Als weiteres Argument wird gerne auf die regionale Sicherung von Arbeitsplätzen, insbesondere im Ruhrgebiet, am Niederrhein und im Saarland, zurückgegriffen. Die Argumentation entspricht dann derjenigen anderer Stagnationsbranchen, wie zum Beispiel dem Schiffbau und der Stahlerzeugung. Hier wie dort würde – so heißt es – ein plötzlicher Wegfall von Arbeitsplätzen zu großen regionalen Strukturkrisen mit großen ökonomischen und sozialen Folgen führen.

Die Konservierung nicht mehr wettbewerbsfähiger Kapazitäten bindet Human- und Produktivkapital und entzieht sie einer sinnvolleren Verwendung. Der Bergmann könnte an anderer Stelle volkswirtschaftlich Sinnvolleres leisten. Zudem geht der subventionsbedingte Spitzenpreis der deutschen Steinkohle direkt oder indirekt in das Standortkalkül potentieller Investoren ein und macht den Aufbau von Produktionskapazitäten in Deutschland unattraktiver und führt zu Wettbewerbsnachteilen bestehender Unternehmen.

Letztlich wird irgendwann sowohl bei der Landwirtschaft – spätestens mit der Einbeziehung Osteuropas in die Europäische Union – als auch bei der Steinkohlepolitik der Anpassungsprozeß unausweichlich sein. Statt den Strukturwandel mit hohen Kosten für die Allgemeinheit hinauszuzögern, sollten bereits heute Mittel für den Übergang zu neuen Strukturen mobilisiert und dieser Übergang sozial abgefedert werden. Denn durch die Behinderung des Strukturwandels werden Produktionsfaktoren in wenig produktiven Bereichen belassen und das gesamtwirtschaftliche Wachstum gebremst.

Unterstützung junger Industrien?

Dabei bereitet eine neue Tendenz Grund zur Sorge. Es ist nämlich fraglich, ob der Abbau des Schutzes für Altindustrien von der Unterstützung junger, wachstumsstarker Industrien abgelöst werden sollte. Daß die Unterstützung junger Industrien Probleme bereitet, wird an einigen Beispielen aus der jüngeren europäischen Vergangenheit deutlich.

Die Förderung des zivilen Großflugzeugbaus war eines der ersten Felder kooperativer Industriepolitik innerhalb der Europäischen Union. Der Weltmarkt für Großraumflugzeuge ist mit drei Anbietern – Boeing, McDonnell Douglas und Airbus Industrie –

oligopolistisch strukturiert. Während andere europäische Projekte für Großraumflugzeuge fehlgeschlagen sind, konnte sich Airbus Industrie auf dem Weltmarkt für Großflugzeuge etablieren. Allerdings war dies nur durch beträchtliche Subventionen möglich, für die bis Ende der achtziger Jahre rund 20 Milliarden US-Dollar veranschlagt werden können. Derzeit liegt nach Angaben der Monopolkommission der Subventionsgrad für die neuen Airbus-Modelle bei 74 Prozent.

Der hohe und dauerhafte Subventionsbedarf ist eine Folge erheblicher Ineffizienzen der Organisation und Produktion des europäischen Unternehmens, die durch politische Einflußnahme und nationales Proporzdenken entstehen. Produktionsarbeiten werden nach nationalen Beteiligungen, nicht nach betriebswirtschaftlichen Überlegungen verteilt. Airbus Industrie richtet sich bei seinen Preisforderungen nach denen der Konkurrenten, ohne die Herstellungskosten zu berücksichtigen. Die Subventionen, die ursprünglich nur dem leichteren Einstieg in den Markt dienen sollten, haben dadurch immer stärker den Charakter von Erhaltungssubventionen angenommen. Es ist zu befürchten, daß die Vorteile für Westeuropa, die aus dem intensiveren weltweiten Wettbewerb entstehen sollten, durch die Subventionen mehr als kompensiert werden.

Der Weltmarkt für elektronische Halbleiter ist ein weiteres Beispiel. Er wird etwa zur Hälfte von Japan und zu einem Drittel von Nordamerika beliefert, während Westeuropa nur über einen Anteil von etwa 10 Prozent verfügt. Das Problem hierbei liegt nicht so sehr in einer möglichen Abhängigkeit von Japan oder Nordamerika, sondern in der Tatsache, daß Westeuropa mit diesen 10 Prozent Marktanteil nur völlig unzureichend an einem der Kernwachstumsmärkte mit erheblicher Beschäftigungswirkung teilhat. Die Förderung der Mikroelektronik stellt einen zentralen Bereich der europäischen Industriepolitik dar. Nach Auffassung der EU-Kommission handelt es sich bei der Halbleitertechnologie um eine »Schlüsseltechnologie«, die für innovative Produkte entscheidend ist und bei der Abhängigkeiten von ausländischen Lieferanten und ausländischem Know-how unbedingt zu vermeiden sind, weil es sonst zu Versorgungsschwierigkeiten bei den neuesten Halbleitern kommen könne.

Tatsächlich ist die Halbleitertechnologie von entscheidender Bedeutung für die internationale Wettbewerbsfähigkeit hochentwickelter Volkswirtschaften. Die durch diese Technologie ermöglichte

Miniaturisierung integrierter Schaltkreise hat die Übertragung, Verarbeitung und Speicherung von Informationen entscheidend verbilligt. Aber trotz der Dominanz japanischer und US-amerikanischer Unternehmen ist die Versorgungssicherheit der europäischen Anwender von Halbleitern nicht gefährdet. Dafür sorgt schon der intensive Wettbewerb, durch den auch die Hierarchie der jeweils größten Unternehmen in den einzelnen Marktsegmenten ständig wechselt. Die Versorgungssicherheit wird zusätzlich dadurch gesichert, daß neun der wichtigsten außereuropäischen Halbleiterproduzenten eigene Fabriken in Europa aufgebaut haben.

Geld verdient derjenige, der über den gesamten Lebenszyklus wettbewerbsfähige Kosten hat. Insofern kann eine auf Subventionen aufbauende Industriepolitik nur kurzfristige Startvorteile verschaffen, als sie in der Regel keinen Beitrag dazu leistet, daß dauerhaft und nachhaltig wettbewerbsfähige Kostenpositionen entstehen. Das Gegenteil ist in Europa viel öfter der Fall: Es werden Strukturen aufgebaut, die im Grundsatz nicht wettbewerbsfähig sein können. Die globalen multinationalen Kooperationen sind da erfolgversprechender, da sie nicht nur Entwicklungskosten teilen, sondern auch Zugang zu wertvollem Know-how (zum Beispiel wie eine Weltklasse-Halbleiterfertigung betrieben wird) verschaffen können.

Das Problem einer Industriepolitik, die sich als Schutzpolitik für heimische Sektoren versteht und Märkte nach außen abschottet, liegt darin, daß der Wettbewerb ausgeschaltet wird und damit Anreize zur Kostensenkung und Produktverbesserung fehlen. Wie das amerikanische Beispiel der Importbeschränkungen im Automobilsektor in den achtziger Jahren zeigt, wurde der umhegte Sektor nach Ablauf einer solchen Schutzphase keineswegs wettbewerbsfähiger. Im Gegenteil ist damit zu rechnen, daß nach der derzeit vorgesehenen zeitlichen Befristung des Selbstbeschränkungsabkommens mit Japan Ende 1999 Westeuropa eine ähnliche Erfahrung machen wird. Zudem sind die Konsumenten die Leidtragenden der durch die Schutzpolitik erhöhten Preise.

Miti = Mit Interventionen tolle Ergebnisse?

Die Ursachen des japanischen Exporterfolges werden in der Öffentlichkeit oft falsch interpretiert. Diejenigen Sektoren wie Automobile und Halbleiter, bei denen Japaner bedeutende Weltmarktanteile erobern konnten, sind auf dem japanischen Binnenmarkt durch eine intensive Konkurrenz zwischen mehreren heimischen Anbietern gekennzeichnet und gerade nicht durch Absprachen zur Beschränkung des Wettbewerbs oder durch einen Schutz nach außen. Dieser Wettbewerbsdruck zwingt zu Kostensenkungen und ständigen Produktverbesserungen und führt zu der Effizienz japanischer Unternehmen.

Dabei wird die heutige Rolle des Miti, des Ministeriums für internationalen Handel und Industrie, überschätzt. Die Beteiligung des Staates an den Forschungsaufwendungen ist gering, und die Politik des Miti, die Forschung der Unternehmen zu koordinieren, ohne den Wettbewerb auf den Gütermärkten zwischen den Unternehmen einzuschränken, war keineswegs immer erfolgreich. Es gibt Stimmen, die darauf hinweisen, daß das Miti in den achtziger Jahren bei der Mikroelektronik den Kontakt zur Marktentwicklung verloren hat.

Dabei wird beispielsweise auf das »Fifth-Generation Computer Project« verwiesen, das mit einem Forschungsaufwand von rund 400 Millionen US-Dollar zur Entwicklung von Computern mit künstlicher Intelligenz beitragen sollte. Dieses Ziel wurde eindeutig verfehlt, und zwar nicht zuletzt deshalb, weil die beteiligten Unternehmen wenig Neigung zeigten, den technischen Vorgaben des Miti zu folgen.

Schwierig ist für die Japaner vor allem ein Kurswechsel bei technologischem Wandel, wenn sich der Staatsapparat erst einmal für ein Projekt entschieden hat. In der neuesten »Vision«, in der üblicherweise die Richtung der technologischen Entwicklung vorgegeben werden soll, beschränken sich die Miti-Strategen auf allgemein gehaltene Formulierungen wie »Beiträge zur internationalen Gemeinschaft zu leisten«. Sie treten sogar als Anwälte für Deregulierung und freien Wettbewerb auf. Auf dieser Basis wirken dann selbst Äußerungen wie von Juni Yoshihara verständlich, dem Abteilungsleiter im Miti für Beziehungen zur Europäischen Union, daß die Industrie profitable Märkte besser voraussehen könne als das Ministerium. Zudem sind die Unternehmen selbstbewußter geworden. Wenn Subventionen nur mit staatlicher Einmischung zu erhalten sind, verzichten sie häufig auf sie.

Unternehmen wie der Elektronikmulti Fujitsu oder der Telefonriese NTT lassen wissen, daß sie auf dem Weg in das Informationszeitalter auf staatliche Führung gut verzichten können – ungewöhnliche Töne für ein Land, wo der Spitzname »Japan AG« die enge Verbindung zwischen Staat und Wirtschaft deutlich gemacht hat. Koordinieren statt führen lautet jetzt die Devise des Miti. Entwicklungskonsortien werden immer seltener von ihnen einberufen, Szenarien für die technologische Zukunft gehen immer weniger ins Detail. Die gerühmte und gefürchtete Industriepolitik, mit der die Japaner noch vor wenigen Jahren Markt um Markt eroberten, ist nur noch ein Schatten ihrer selbst.

In den sechziger und siebziger Jahren war es leichter für das Miti, die Richtung zu bestimmen. Die japanische Wirtschaft lag am Boden, die US-Wirtschaft diente als Wegweiser. Doch nun wurde der Westen eingeholt. Es fehlt das neue Vorbild, das es einzuholen gilt. Der Versuch, der Industrie auf völlig unbekanntem Terrain den Weg zu weisen, lief dann auch ein um das andere Mal schief.

Statt dessen versucht jetzt das Industrieministerium, Forschungsvorhaben zu fördern, Anreize für Kleinunternehmen zu schaffen und die Finanz- und Arbeitsmärkte zu deregulieren. Es scheint, daß die künftigen Aufgaben des Miti eher unklar sind. Viele junge, vom amerikanischen Ökonomieverständnis geprägte Japaner fangen an, rückwirkend den positiven Einfluß des Miti in Frage zu stellen. Erfolgreiche Exportzweige wie Schiffbau, Autos und Elektronik und zurückgebliebene Sektoren wie Aluminiumerzeugung, Petrochemie oder Computersoftware hätten – so heißt es – die gleiche staatliche Fürsorge erfahren, der Erfolg sei weniger auf die Industriepolitik zurückzuführen, als auf den intensiven Marktwettbewerb nach der Entwicklungsphase. Seit zwanzig Jahren haben die Japaner Abermillionen ohne große Erfolge in die Luft- und Raumfahrt gesteckt – nicht zuletzt, weil es dort keinen vernünftigen Wettbewerb gibt.

Bei den Massenprodukten in der Vergangenheit konnte das Miti noch helfen. Es ging darum, gute Qualität zu niedrigen Kosten zu produzieren. Doch zukunftsträchtige Produkte wie Mikroprozessoren erfordern flexible Reaktionen auf verschiedene Marktwünsche, und dafür sind starre Staatsprogramme schlecht geeignet. Software gewinnt immer mehr an Bedeutung. Sie erfordert ständige Kreativität und individuelle Lösungen, ist also auch kein Gebiet für bürokratische Eingriffe. Nippons Softwareunternehmen können gegenwärtig mit den Amerikanern nicht mithalten. Der Versuch, mit den alten Mitteln den Westen hierbei einzuholen, scheiterte bisher.

Unbeeindruckt von den wachsenden Zweifeln, ob die japanischen Weltmarkterfolge tatsächlich der strategischen Planung des Miti zuzurechnen sind, strebt die Europäische Union mit den Beschlüssen von Maastricht aber weiter verstärkt industriepolitische Aktivitäten an. Dem liegt die Idee zugrunde, daß ein Staat durch wirtschaftspolitische Maßnahmen, beispielsweise Subventionen oder Importrestriktionen, die Wohlfahrt seines Landes auf Kosten der anderen Länder erhöhen kann. Er muß nur die heimischen Anbieter so rasch und massiv fördern, daß sie zu den weltweit dominierenden Unternehmen der Branche aufsteigen und den Gewinn abschöpfen, bis die ausländischen Konkurrenten es geschafft haben, ihren Wissensvorsprung einzuholen. Problematisch dabei ist jedoch, daß der einzelne Staat oder die Europäische Gemeinschaft die erfolgversprechenden Technologien, die es zu fördern gilt, kennen müßte. Hinzu kommt, daß die Handelspartner in Übersee vermutlich Gegenmaßnahmen ergreifen werden. Damit werden aber Handelskonflikte heraufbeschworen, deren Folgen aus der Weltwirtschaftskrise der dreißiger Jahre bekannt sind.

Deutschland im internationalen Standortwettbewerb

Die Standortqualität eines Landes ist kein unveränderliches Datum – sie bleibt nicht in der Zeit stehen. In der Weltwirtschaft verändert sich die Reihenfolge der Ökonomien, Produktvorteile wandern im Produktzyklus ab, neue Anbieter treten auf, andere Länder – wie die südostasiatischen – werden wettbewerbsfähig. Dieser fortlaufende Prozeß wird durch die Kommunikationssysteme, die geringeren Transportkosten und die Globalisierung der Märkte immer stärker werden. Eine so hochgradig außenhandelsabhängige Volkswirtschaft wie Deutschland kann also nicht davon ausgehen, daß die Qualität des Standortes unverändert bleibt. Sie muß jeden Tag aufs neue behauptet werden.

Nicht nur die Unternehmen stehen im Wettbewerb. Auch die Volkswirtschaften konkurrieren darum, im vorgegebenen Rahmen den Wohlstand ihrer Bürger zu mehren. Dabei müssen die Staaten von den gegebenen Standortbedingungen, den immobilen Produktionsfaktoren wie Boden, Umwelt und ortsgebundenen Arbeitskräften ausgehen und versuchen, die mobilen Produktionsfaktoren – Sachkapital, qualifiziertes Humankapital und technisches Wissen – anzulocken und zu halten. Der Staat muß dabei Kosten und Nutzen sinnvoll austarieren. Das Paketangebot besteht aus einem Ausbildungssystem, einer Infrastruktur und einer staatlichen Administration, die durch Steuern finanziert werden und die angemessen in bezug auf den Nutzen sein müssen. Eine schlechte Ausbildung wird nicht durch niedrige Steuern attraktiv, eine exzellente Ausbildung rechtfertigt für kein Unternehmen eine erdrückende Steuerlast.

Hier findet sich auch der Ansatzpunkt für ein sinnvolles staatliches Handeln. Statt einzelne Sektoren speziell zu fördern, muß die gesamte Volkswirtschaft für den Standortwettbewerb leistungsfähig gemacht werden. Wir haben bereits darauf hingewiesen, welche Bedeutung dafür Innovationen und Neugründungen haben. Standortargumente sind hier steuerliche Anreize für das Auffinden neuen technischen Wissens und seine Umsetzung. So kann man günstigere Abschreibungsmodalitäten für Forschung und Technologie erwägen, insbesondere um bei den Abschreibungsfristen den Produktzyklen von kurzer Dauer Rechnung zu tragen. Gegenüber der direkten Förderung hat die Förderung über Zuschüsse und Steuervergünstigungen trotz mancher Probleme hier wichtige Vorteile. Jahrelange Erfahrung hat gelehrt, daß bei der direkten Projektförderung unlösbare Informations- und Prognoseprobleme auftreten und daß die Versuchung sehr groß ist, ein Projekt weiter zu unterstützen, auch wenn es notleidend wird.

Wichtig ist, daß die Grundlagenforschung weiterhin gefördert wird, um wichtige Vorbedingungen dafür zu schaffen, daß marktfähige zukunftsträchtige Innovationen stattfinden. Des weiteren sollte der Forschungsverbund zwischen innovativen kleinen und mittleren Unternehmen auf Branchenebene nach dem Modell der industriellen Gemeinschaftsforschung weiterhin unterstützt werden. Auf diese Weise kann durch eine sinnvolle Arbeitsteilung die Forschungseffektivität stark verbessert werden.

Die genannten Maßnahmen gelten auch für die staatliche Forschungs- und Technologiepolitik in den neuen Bundesländern. Im Zuge der industriellen Schrumpfung in den letzten Jahren sind die Forschungs- und Entwicklungsaktivitäten drastisch eingeschränkt und vielfach auch eingestellt worden. Qualifizierte Wissenschaftler sind in den letzten Jahren in den Westen abgewandert, zum Teil sind sie arbeitslos oder aber in forschungsfremden Bereichen tätig. Zum Vergleich: 1987 gab es noch über 35 000 Wissenschaftler/Ingenieure in der DDR; 1992 waren es in den neuen Bundesländern (inkl. Ost-Berlin) nur noch knapp 14 000. Die meisten Unternehmen in Ostdeutschland haben aber noch nicht die Kraft, um im Innovationswettbewerb bestehen zu können. Diese Unternehmen brauchen noch eine Zeitlang staatliche Hilfe. Erfolgversprechende Ansatzpunkte sind Personal- und Sachkostenzuschüsse sowie Existenzgründungsprogramme für technologieorientierte Unternehmen.

Sind die Rahmenbedingungen gesetzt – hierzu gehören auch kurze Genehmigungsfristen, Deregulierung in einer Reihe von Dienstleistungen und bei der Energieversorgung sowie auf dem erstarrten Arbeitsmarkt, müssen die Unternehmen auf den globalen Wettbewerb selbst die Antwort finden. Es geht darum, den Unternehmen Steine auf dem Heimatmarkt aus dem Weg zu räumen, um sie fit für den Weltmarkt zu machen.

Daß die deutsche Wirtschaft in Technologiebereichen, denen weltweit große Wachstumschancen eingeräumt werden, Schwächen zeigt, läßt sich nicht nur damit erklären, daß der Staat – im Gegensatz zu den USA und Japan – Innovationsaktivitäten zuwenig unterstützt. Der Kern des Problems liegt wohl darin, daß früher eine breite Angebotspalette mit technisch und qualitativ hochwertigen Investitionsgütern als solide Basis für ein ansehnliches Wachstumspotential in der Zukunft gesehen wurde. Eine Konzentration der betrieblichen Forschungsressourcen auf Schlüsseltechnologien erschien dem einzelnen Unternehmen weniger dringlich, als die Perfektionierung bewährter Techniken und Produkte.

Unternehmen müssen heute den Horizont nach neuen technischen Entwicklungen absuchen, um neue Weltmarktnischen zu finden, müssen Technology Sourcing betreiben, müssen ihre Forschung und Entwicklung intensivieren und gegebenenfalls durch Zusammenarbeit mit anderen insbesondere internationalen Unternehmen verbessern. Die Unternehmen werden sich dabei auch in ihrer Forschungs- und Entwicklungspolitik strategisch auf die globalen Märkte einstellen. Westeuropa und Deutschland wären schlecht beraten, wenn Wettbewerb und Märkte durch einen kooperativistischen Koordinierungsmechanismus ersetzt würden, bei dem die politische Entscheidung dominiert.

IV.4

Der Staat als Heilsbringer

> Man kann keine Sozialpolitik treiben, wenn nicht eine starke, gute und ertragreiche Wirtschaft sowie die finanzielle Unterlage für die Sozialpolitik vorhanden ist.
>
> *Konrad Adenauer*

Deutschland stöhnt unter der zunehmenden Last der Steuern, Abgaben, Gebühren und Beiträge. Gewiß, die deutsche Wiedervereinigung entschuldigt die blockierte Sanierung der Staatsfinanzen. Doch die Politik muß sich fragen lassen, warum sie gerade angesichts der einmaligen Herausforderung durch die Wiedervereinigung nicht die Chance zu grundlegenden Reformen genutzt hat, warum sie – statt das Ruder herumzureißen – die Belastungen potenziert hat.

Der Staat reagiert auf die wachsenden Aufgaben, die auf ihn zukommen, zunehmend hilflos. Die Wiedervereinigung ist ja nur ein Vorgeschmack auf die Veränderungen, die durch die neue Dynamik in Osteuropa, in Südostasien und innerhalb der Triade auf Deutschland zukommen. Der Staat antwortet darauf nicht etwa, indem er ins Trainingslager geht und überflüssige Pfunde abspeckt, sondern indem er immer mehr Schokolade ißt, um mit dem Streß besser fertig zu werden. Arbeitnehmer und Arbeitgeber, die die Rechnung dafür präsentiert bekommen, sind aber nicht länger bereit, diese Völlerei mitzumachen. Die Geduld der Deutschen ist an ihre Grenzen gelangt. Das ist in den Unternehmen ebenso wie an den Stammtischen deutlich zu spüren. Die Frage nach dem gesellschaftlichen Konsens stellt sich unausweichlich, falls nicht nachhaltige Veränderungen stattfinden.

Deutschland ist heute eine Gesellschaft, für die das Wort aus dem Matthäus-Evangelium (Matth. 25, 29) gilt: »Denn wer hat, dem wird gegeben, und er wird im Überfluß haben; wer aber nicht hat, dem wird auch noch weggenommen, was er hat.« Dieses Prinzip hat seine Berechtigung – und so ist es im Gleichnis von den Talenten auch gemeint –, wenn jeder eine gerechte Chance erhalten hat, durch eigene Anstrengung etwas aus sich zu machen. Wo es diese Chance nicht mehr gibt, verkehrt es sich zur Beschreibung einer pervertierten Realität, auf die Deutschland immer deutlicher zusteuert. Schuld daran sind die Abkehr von der Leistungsgesellschaft und die stupide Verfolgung des vermeintlichen Heils durch den Umverteilungsstaat, dessen Ausmaß in dürren Zahlen umrissen werden kann.

Der Staat in Zahlen

Von 1960 bis 1994 hat sich das durchschnittliche Nettoeinkommen eines Beschäftigten mehr als versechsfacht. Das Bruttoeinkommen hat sich aber mehr als verachtfacht, und wenn man auch die Arbeitgeberanteile zur Sozialversicherung hinzunimmt, ist es sogar auf das Achteinhalbfache gestiegen. Wie erklärt sich diese Schere? Wer dazu die Entwicklung der Höchstbeiträge (also die Beitragsbemessungsgrenzen) der Sozialversicherungen zwischen 1960 und 1994 betrachtet, stellt fest: Rentenversicherung verzwölffacht, Krankenversicherung versiebenundzwanzigfacht, Arbeitslosenversicherung verdreiunddreißigfacht.

Das kommt ferner in der Staats- und der Sozialausgabenquote zum Ausdruck, die bis zur Mitte der siebziger Jahre dramatisch angestiegen sind. In den goldenen Achtzigern war es der Wirtschaft nach langem wieder gelungen, schneller zu wachsen als der Sozialetat. Durch die Wiedervereinigung, aber auch durch die Rezession 1992/93, sind die Quoten nun aber wieder steil angestiegen. Die Staatsquote hat einen historischen Höchststand von 50,5 Prozent erreicht. Das bedeutet, daß jede zweite Mark in Deutschland vom Staat und den öffentlichen Einrichtungen ausgegeben wird, nicht von privater Seite.

Natürlich kommt dieses Geld den Bürgern in Form öffentlicher Leistungen wie breiteren Autobahnen, schöneren Arbeitsämtern und höheren Beamtenpensionen wieder zugute. Dazu gehören auch die sozialen Leistungen aus Versicherungen und Transfers. Die Frage ist jedoch,

- ob all diese Leistungen überhaupt nötig sind,
- ob sie in dieser Höhe erforderlich sind und
- ob sie unbedingt vom Staat erbracht werden müssen.

Diese Fragen sind grundsätzlich für alle Aktivitäten des Staates zu stellen. Nirgendwo sonst sind größere Einsparungspotentiale zu vermuten – so auch von der Monopolkommission attestiert –, als in

Die Sozialausgaben treiben die Staatsquote

Staats- und Sozialquote in Deutschland, 1960 bis 1994*
in Prozent

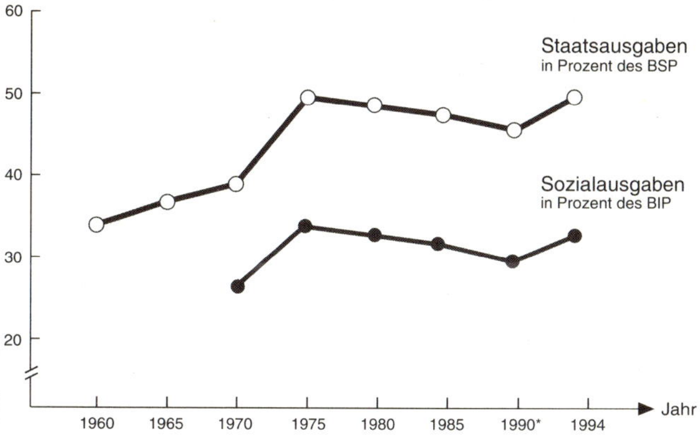

* Ab 2. Hj. 1990 einschl. neuer Bundesländer

Quelle: IW, 1995

diesem vom Wettbewerb ausgenommenen Bereich. Nirgendwo wird ein größerer Teil unseres Volkseinkommens ausgegeben, als durch öffentliche Stellen. Der Staat ist eindeutig der dominierende Wirtschaftsfaktor in unserem Land.

Der Staat als Kassierer und Wohltäter

Nach dem zweiten Weltkrieg stellte sich die Frage nach einer Wirtschaftsordnung, die einen zügigen Wiederaufbau Deutschlands sicherstellen konnte. Aus dem Ringen zwischen unterschiedlichen, teils gegensätzlichen Vorstellungen wurde die Soziale Marktwirtschaft als wirtschaftspolitische Leitidee geboren, die durch ihre Leistungsfähigkeit selbst die anfänglichen Gegner überzeugen konnte. Die Soziale Marktwirtschaft führte nicht nur zum »Wirtschaftswunder« der fünfziger Jahre. Sie erreichte vielmehr auch, daß in der schwierigen Zeit nach dem Krieg für das Nötigste gesorgt war. Die Väter der Sozialen Marktwirtschaft hatten sich eine Wirtschaftsordnung zum Ziel gesetzt, die die Vorteile des freien Wettbewerbs mit dem Gedanken des sozialen Ausgleichs verbin-

Gerät die Zukunft in Vergessenheit?

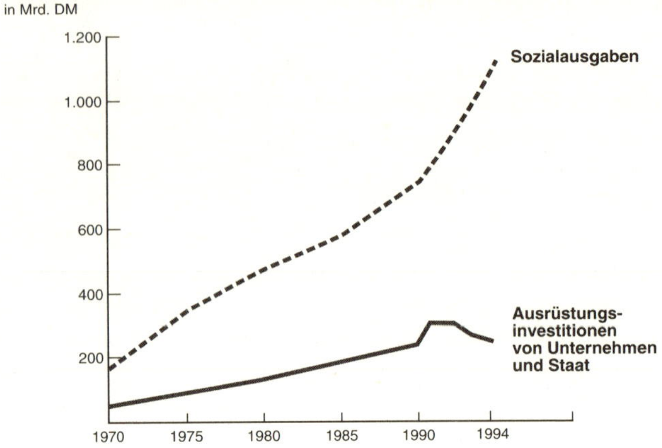

Ab 1991 einschließlich neuer Bundesländer

Quelle: IW, 1995; BMA; Jahresgutachten des Sachverständigenrates 1994/95

det. Ohne die Leistung des Marktes sind soziale Zuwendungen nicht möglich, und ohne sozialen Frieden in der Gesellschaft kann die Wirtschaft nicht prosperieren. Die soziale Frage des 19. Jahrhunderts diente als abschreckendes Beispiel für eine einseitige Dominanz des Marktes.

Dem Wettbewerb wurde das Sozialstaatsprinzip an die Seite gestellt, um einen Ausgleich für seine in Teilbereichen negativen gesellschaftlichen Auswirkungen zu schaffen. Das heißt nicht, daß der Wettbewerb als solcher beschränkt wird, wie das leider allzu häufig geschieht. Wettbewerbsbeschränkungen sind grundsätzlich abzulehnen, da sie automatisch zum Sinken der Leistung und damit des verteilbaren Wohlstands führen. Die soziale Umverteilung muß vielmehr außerhalb des Marktes erfolgen, also nicht durch Manipulation des Marktes, sondern durch direkte Einkommenszuschüsse an die Bedürftigen im Rahmen des staatlichen Steuer- und Transfersystems.

Zwei Beispiele verdeutlichen das:

Beim Wohnungsmarkt kommt die Begrenzung der Miethöhe und der Mietpreissteigerungen einkommensschwachen Mietern zugute. Dadurch wird es aber für Kapitalbesitzer unattraktiv, Wohnungen zum Vermieten zu bauen. Ihr Kapital bringt anderswo höhere Renditen. Die Folge sind Wohnungsknappheit und rapide steigende Mieten bei Erst- und Neuvermietung. Das Nachsehen haben letztlich also diejenigen, die noch keine Wohnung haben, aber eine benötigen. Nur für die Bestandsmieter bringt die Deckelung Vorteile. Es muß darum bezweifelt werden, daß durch den Markteingriff ein »sozialerer« Zustand erreicht wird. Besser wäre es daher, den Wohnungsmarkt freizugeben und für leistungsschwache Mieter Wohngeld zu zahlen.

Im Agrarmarkt arbeitet die EU-Agrarmarktordnung mit Produktionsquoten und Garantiepreisen. Die Folge für den Verbraucher sind überteuerte Agrarprodukte und hohe Überschußproduktion, die wieder durch Gegenmaßnahmen (Schlacht- und Flächenstillegungsprämien) mit viel Geld korrigiert werden müssen. Außerdem kommen die Maßnahmen nicht nur armen Kleinbauern zugute. Sie begünstigen vielmehr die agroindustriellen Großbauern überproportional. Bei Ausschaltung des Marktmechanismus zieht also ein Fehler den nächsten nach sich, ohne daß dadurch etwas »Soziales« bewirkt würde. Erst neuerdings ist die EU darum dazu übergegangen, den Bauern teilweise direkte Einkommenszuschüsse zu gewähren. In Baden-Württemberg gibt es dieses Verfahren unter dem Stichwort »Wasserpfennig« schon seit vielen Jahren. Dabei wird auf den Wasserverbrauch eine Abgabe erhoben, die zur Finanzierung der Landwirtschaft dient. Damit wird die landschaftspflegerische Leistung der Bauern honoriert, die von ihrem Hof allein nicht mehr existieren könnten. Es macht also keinen Sinn, aus wirtschaftsfremden Gründen (Einkommenssicherung der Bauern; Erhalt der Kulturlandschaft) den Agrarmarkt zu manipulieren.

Die beiden Beispiele zeigen, daß Markt und Sozialstaat durchaus gleichberechtigte Prinzipien sein sollen, daß man sie aber auf keinen Fall durchmischen darf. Der Markt ist per se keine soziale Veranstaltung. Er wird es auch nicht dadurch, daß Bürokraten unter sozialem Vorwand daran herummanipulieren. Immer ist das Gegenteil der Fall, die Gemeinschaft zahlt drauf.

Was soll die Soziale Marktwirtschaft folglich leisten? Sie soll als Ordnungsentwurf einen Funktionsrahmen für die Wirtschaft vorgeben. Ihr zufolge soll der Markt der Wirtschaft überlassen sein, ohne Wenn und Aber, und die im Wettbewerb Erfolgreichen sind verpflichtet, mit den Bedürftigen Solidarität zu üben, nach Maßgabe des Subsidiaritätsprinzips.

Markt und Sozialstaat sind darum in der Konzeption der Sozialen Marktwirtschaft als gleichberechtigte und aufeinander angewiesene Bereiche zu verstehen. Das Verhältnis von Markt und Sozialstaat wird jedoch immer durch das Gebot der Subsidiarität überwölbt. Das bedeutet konkret: Erst wenn die Kräfte des Individuums überfordert sind und es sich nicht durch eigene Initiative und Anstrengung aus einer Notlage befreien kann, darf und muß die solidarische Hilfe von Staat und Gesellschaft zum Tragen kommen. Damit schützt es zugleich die Wahl- und Entscheidungsfreiheit des einzelnen Bürgers vor staatlicher Bevormundung. Wer keiner Hilfe bedarf, muß sich auch keiner Einmischung aussetzen. Das Subsidiaritätsprinzip setzt mit anderen Worten einen mündigen und eigenverantwortlichen Bürger voraus, einen Bürger, der gleichermaßen den Willen zur Freiheit wie zur Selbstbehauptung besitzt. Darin liegt der Schlüssel zu einer freiheitlichen Wirtschafts- und Gesellschaftsordnung.

Was bedeutet nun Solidarität in einem nach diesen Grundsätzen aufgebauten System? Solidarität kann nur bedeuten, daß die überdurchschnittlich Erfolgreichen für diejenigen einstehen, die in Not geraten. Nur wer mehr verdient, als er zum eigenen Lebensunterhalt und zur Reproduktion seiner Erwerbschancen (etwa durch Investitionen) benötigt, kann überhaupt solidarisch sein. Eine Solidarität der Unbemittelten mag zwar Trost spenden, aber keine Hilfe.

Das Erbringen von Leistung im Wettbewerb ist darum die Grundlage nicht nur der Wirtschaftsordnung, sondern ebenso der Sozialordnung. Beide haben die individuelle Wahlfreiheit des einzelnen zu respektieren, solange dieser in der Lage ist, für sich selbst zu sorgen. Daraus folgt für die Rolle des Sozialstaates zweierlei:

Der einzelne ist in seiner Freiheit und Leistungskraft zu stärken, damit er so weit wie möglich unabhängig und eigenverantwortlich für sich sorgen und über seine Angelegenheiten bestimmen kann. Insbesondere gefährden übermäßige Steuern und Abgaben diese Freiheit und treiben den Bürger in die Abhängigkeit von der Gemeinschaft, indem sie sein Einkommen und Vermögen schmälern und seine Leistungsbereitschaft untergraben. Vollkaskomentalität, Schwarzarbeit und Steuerhinterziehung zeugen nicht so sehr vom Verfall der öffentlichen Moral, sondern von leistungsfeindlichen staatlichen Belastungen und überregulierten Versorgungssystemen. Die Tatsache, daß über 100 Milliarden DM von den Beitragszahlern der Kranken-, Renten- und Arbeitslosenversicherung für sachfremde, eigentlich aus dem Staatshaushalt zu finanzierende Ausgaben aufgebracht werden müssen, ist ein Beleg hierfür.

Deshalb müssen die staatlichen Umverteilungssysteme, insbesondere die Sozialversicherungen, dringend weiter reformiert werden, um dem Gedanken der Eigenvorsorge wieder mehr Raum zu geben. Die Freiheit des Individuums in der Sozialen Marktwirtschaft ist nicht auf den Gütermarkt beschränkt. Genauso muß es bei der sozialen Vorsorge einen Markt geben, damit jeder die nach seiner Risikoeinstellung richtige Vorsorge wählen kann. Die begonnenen Reformen weisen in diese Richtung, gehen jedoch längst nicht weit genug. Die derzeitigen Systeme behandeln die Versicherten nach wie vor wie unmündige Kinder, die der Staat in seiner Allmacht und Klugheit bevormundet. Die Ergebnisse seiner Umverteilung sind jedoch weder effizient noch sozial gerecht. Sie begünstigen vielmehr Bequemlichkeit, Bereicherung und Passivität. Was jedoch vor allem beunruhigen muß, ist die Tatsache, daß die kommenden sozialen Herausforderungen an die deutsche Gesellschaft über diese Systeme nicht bewältigt werden können.

Das soziale Netz

Das Netzwerk des Sozialsystems ist mittlerweile nicht nur quantitativ, sondern auch qualitativ gefährdet. Quantitativ überfordert ist es deshalb, weil es die Leistungsbereitschaft und -fähigkeit der Nettozahler überbeansprucht. Qualitativ, weil es unüberschaubar geworden ist und die Vielzahl der Anspruchsmöglichkeiten den individuellen Vorsorgeaspekt zu Lasten des Sozialstaatsprinzips ausgeschaltet hat. An die Stelle der Eigeninitiative, des Vorrangs der Subsidiarität vor der Solidarität, ist im Laufe der Zeit immer mehr der soziale Wohlfahrtsstaat getreten, der dem Bürger die Fähigkeit zur eigenverantwortlichen Daseinsvorsorge abspricht und auf Vollkasko für alle setzt. Im Zuge des deutschen Wirtschaftswunders hat sich zunehmend die Auffassung durchgesetzt, daß steigender Wohlstand mit einer steigenden sozialen (kollektiven) Sicherung einherzugehen hat.

Nach Ludwig Erhards Überzeugung hingegen sollte mit steigendem Wohlstand die soziale Sicherung der Initiative des einzelnen und der gesellschaftlichen Selbstorganisation überlassen werden. Die paradoxe Tatsache, daß unsere Gesellschaft immer mehr soziale Umverteilung für nötig erachtet, zeigt unübersehbar, wie weit sich die sozialpolitische Realität seit 1948 von den Vorstellungen Erhards entfernt hat.

Bei rückläufiger Bevölkerungsentwicklung und zunehmender Arbeitslosigkeit ist unser heutiges Sozialversicherungssystem nur mit weiter steigenden Abgaben und Beiträgen finanzierbar. Durch weitere Beitragserhöhungen wird die gesamtwirtschaftliche Abgabenquote weiter ansteigen. Die gesamtwirtschaftliche Abgabenquote ist die Summe aus Steuern und Sozialversicherungsbeiträgen in Relation zum Brutto-Inlands-Produkt. Damit bedrohen die Sozialkosten ernsthaft das Potential für Wachstum und Beschäftigung in Deutschland, und zwar aus folgenden Gründen:

- sie sind mit Abgabenerhöhungen bzw. steigender Neuverschuldung verbunden und führen damit zu einer stärkeren finanziellen Belastung der gegenwärtigen und zukünftigen Generation;
- sie erhöhen die Lohnzusatzkosten weiter und verteuern damit den Preis des Produktionsfaktors Arbeit zusätzlich. Dadurch wird die Attraktivität des Standorts Deutschland weiter verschlechtert. Positive Impulse für den Arbeitsmarkt werden erstickt;
- sie beeinträchtigen die Leistungs- und Sparbereitschaft. Damit tragen sie einerseits zur Ausweitung des informellen Sektors (Schwarzarbeit) bei und sind andererseits der Investitionskapitalbildung abträglich;
- sie erhöhen die Bereitschaft zur Steuerhinterziehung. Schon jetzt sehen viele die Steuerlastquote als unerträglich an, und Steuerbetrug – wenigstens im kleinen – wird mehr und mehr zum Volkssport.

Einige Zahlen mögen diese Aspekte verdeutlichen:

- heute schon beträgt die Staatsschuld circa 49 Prozent vom Bruttosozialprodukt – nachdem sie vor 30 Jahren noch 17,4 Prozent betrug;
- bei den Lohnzusatzkosten liegen wir heute mit circa 82 Prozent an der Spitze der Industrieländer (vor 30 Jahren bei circa 40 Prozent);
- die Schwarz- und Grauarbeit beträgt heute circa 10 bis 12 Prozent des Bruttosozialproduktes – Tendenz steigend.

Da weitere Beitragserhöhungen einerseits das Potential für das wirtschaftliche Wachstum gefährden und da die finanzielle Grundlage des heutigen Sozialversicherungssystems andererseits maßgebend vom Wirtschaftswachstum abhängt, müssen die Wechselwirkungen zwischen Sozialleistungen und Wachstum endlich wieder berücksichtigt werden. Gefordert sind jetzt grundlegende Reformen, statt fortgesetzter Kosmetik am bestehenden System.

Inzwischen gibt es einerseits hoffnungsvolle Reformansätze in der Krankenversicherung, allerdings andererseits eine gefährliche Stagnation beim Umbau der Rentenversicherung und einen nicht zu rechtfertigenden Rückschlag durch die Pflegeversicherung mit ihrem kollektiven Umlageverfahren.

Gesetzliche Krankenversicherung

> Und so vegetieren die betrogenen Massen
> als Zwangsabonnenten der Ortskrankenkassen.
> *Kurt Tucholsky*

Seit Jahrzehnten steigen die Ausgaben für die Gesundheit, insbesondere für die gesetzlichen Krankenversicherungen, stärker als das Bruttosozialprodukt. Die Ausgabenentwicklung innerhalb der gesetzlichen Krankenversicherungen (GKV) ist bedenklich, da die GKV für fast 90 Prozent der Bevölkerung eine staatliche Zwangsversicherung mit Zwangsbeiträgen darstellen und da die Preise im Gesundheitsbereich nicht den marktwirtschaftlichen Gesetzen von Angebot und Nachfrage folgen.

Für die Kostensteigerung im Gesundheitswesen gibt es vielfältige Gründe:

- Technischer und wissenschaftlich-medizinischer Fortschritt im Bereich der Gesundheitsversorgung hat seinen Preis. Die Entwicklung neuer Behandlungsmethoden mittels neuer medizinischer Geräte, neuer Hilfsmittel zur Überwindung körperlicher Defekte, neuer Arzneien und nicht zuletzt die Entwicklung neuer Fertigkeiten beim medizinischen Personal haben dazu geführt, daß heute eine zunehmende Anzahl von Krankheiten behandelbar und oft sogar heilbar ist.
- Die deutsche Bevölkerungsstruktur ist durch einen steigenden Anteil von älteren Menschen geprägt. Die durchschnittliche Lebenserwartung steigt zur Zeit innerhalb von 10 Jahren um 3 Jahre.

  Die Nachfrage nach Gesundheitsgütern ist im Segment der älteren Menschen naturgemäß höher als bei anderen Bevölkerungsgruppen. Rentner verursachen um 80 Prozent höhere Aufwendungen als die berufstätigen Versicherten, entrichten aber (über die Krankenversicherung der Rentner) um rund die Hälfte niedrigere Beiträge. Die Verschiebung der Altersstruktur führt damit automatisch zu einem Wachstum der Nachfrage nach Gesundheitsleistungen, die im heutigen System zwangsläufig zu höheren Beiträgen führt.

- Auf dem Markt für Gesundheitsgüter gibt es bisher kein ökonomisches Funktionsprinzip. So sind die Preise nicht markt-, sondern kostenorientiert. Anbieter von Gesundheitsleistungen (Ärzte, Krankenhäuser, Pharmafirmen, Medizintechnikhersteller) gestalteten bisher die Preise ohne Rücksicht auf die Knappheitsverhältnisse am Markt. Überkapazitäten bei Ärzten und Krankenhäusern werden nicht nach dem marktwirtschaftlichen Prinzip bereinigt.
- Die Unternehmen, die sich mit der Bereitstellung von Gesundheitsgütern befassen, sind überwiegend nicht nach marktwirtschaftlichen Gesichtspunkten orientiert. Dies zeigt sich auch im Sprachgebrauch. So existieren zum Beispiel keine »Preise« für Gesundheitsgüter, sondern Gebühren und Pflegesätze.

Eine an der Wirtschaftlichkeit ausgerichtete Reform der gesetzlichen Krankenversicherung muß also mehr auf die Stärkung der Eigenverantwortlichkeit abzielen und den Wettbewerb in das System hineinbringen.

Gewahrt werden muß lediglich ein staatlich vorgeschriebener Mindestversicherungsschutz, der bei einer beliebigen Krankenkasse abgeschlossen werden kann. So wird gewährleistet, daß der einzelne der Gesellschaft nicht zur Last fällt, wenn er krank wird. Damit ist die Versorgung der wirklich schwerwiegenden Erkrankungen sichergestellt. Dagegen kann die Absicherung bei Diarrhöe und Schnupfen dem einzelnen überlassen bleiben. Wer für diese Lappalien eine Versicherung braucht, muß höhere Prämien in Kauf nehmen. Er kann aber nicht die Gemeinschaft aller Versicherten für seine Wehwehchen in Anspruch nehmen. Wir sind überzeugt, daß sich hier ein immenses Sparpotential eröffnet. Denn wer für eine Schachtel Halswehtabletten in die eigene Tasche greift, spart unter Umständen viel, weil er durch eine Eigenbeteiligung einen wesentlich günstigeren Versicherungstarif bekommt. Praktisch jeder Deutsche kennt das System, und die meisten praktizieren es ja auch bei ihrer Kaskoversicherung für das Auto. In der Krankenversiche-

"Blaue Montage" und "blaue Freitage"

"Welcher ist der häufigste Fehltag?"
in Prozent

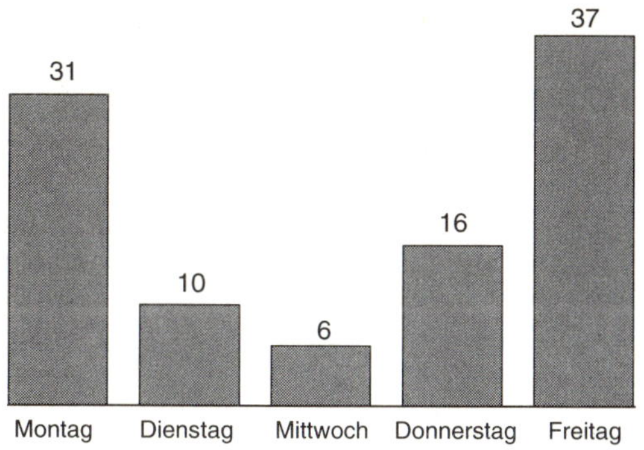

Quelle: Umfrage des Instituts der deutschen Wirtschaft unter 295 Betrieben in Deutschland, 1991

rung läßt das System das aber nicht zu. Hier muß jeder dieselbe Leistung abschließen, er muß dieselbe Zuzahlung leisten und dieselben Beitragserhöhungen über sich ergehen lassen.

Einen Sonderfall der Versicherung im Krankheitsfall stellt die Lohnfortzahlung durch den Arbeitgeber dar. Sie ist sozusagen eine gesetzlich vorgeschriebene Verdienstausfallversicherung für die ersten sechs Wochen, für die der Arbeitgeber aufzukommen hat. Allein dafür mußten die Unternehmen 1991 etwa 55 Milliarden DM aufwenden, das entspricht fast 3,5 Prozent des Bruttoeinkommens aus unselbständiger Arbeit. Diesen Betrag könnten sie den Beschäftigten auch pauschal auszahlen und ihnen damit die Möglichkeit geben, selbst eine Verdienstausfall- oder Krankenhaustagegeldversicherung abzuschließen. Wer also nur selten tageweise krank ist, kann Karenztage vereinbaren, die die Prämie verbilligen und sein verfügbares Einkommen erhöhen. So könnten sich diejenigen Arbeitnehmer finanziell verbessern, die nur dann zu Hause bleiben, wenn sie wirklich krank sind, und bei denen die Krankheit unabhängig vom Wochentag ist.

Die mögliche Effizienzverbesserung eines privatwirtschaftlich organisierten Sozialversicherungssystems läßt sich erahnen, wenn

Deutschland gehört zu den Spitzenreitern beim Krankenstand

Krankheitsbedingte Fehltage in Prozent der jährlichen Arbeitstage, 1992

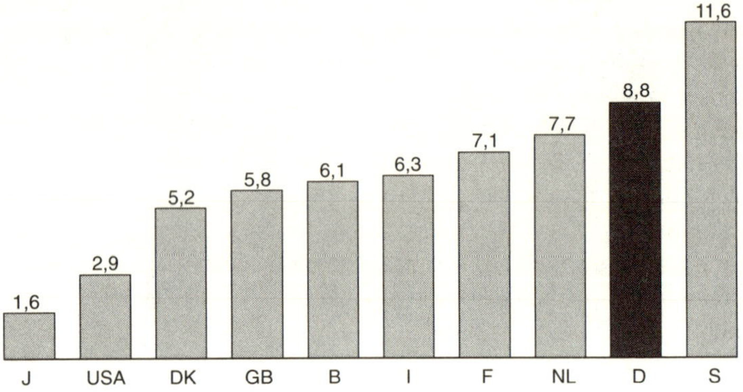

Quelle: IW

wir die Verteilung der Fehltage am Arbeitsplatz betrachten. Vielleicht würde durch die Möglichkeit, sich individueller zu versichern, eine Entwicklung zu einer gleichförmigeren Verteilung der Krankheitstage in Gang gesetzt, weil die Montags- und Freitagsversicherung zunehmend verteuert würde. Mit Sicherheit wäre auf Dauer ein Absinken der im internationalen Vergleich sehr hohen Fehlzeiten zu erwarten. Welche erhebliche Dynamik hier existiert, kann man bei der neuen schwedischen Karenztageregelung nachvollziehen.

Während die Kostenexplosion im Gesundheitsbereich von der Nachfrageseite her durch die Aufhebung eines gesetzlichen Leistungskatalogs und durch die freie Vertragsgestaltung zwischen Kasse und Versichertem bekämpft wird, sollte auch im Verhältnis zwischen den Kassen und den Leistungsanbietern Wettbewerb einkehren. Gerade in den Krankenhäusern nehmen die Ausgaben der Krankenkassen von Jahr zu Jahr zu. Zwischen 1970 und 1993 stiegen die Ausgaben der gesetzlichen Krankenkassen für die Hospitäler von 6 Milliarden DM auf 69 Milliarden DM an. Damit erhöhte sich der prozentuale Anteil der Krankenhausausgaben an den Gesamtausgaben der Kassen von 25,2 Prozent auf 34,3 Prozent.

Krankenhäuser müssen also durch Wettbewerb und freie Vertragsgestaltung dazu gebracht werden, über Rationalisierung nachzudenken.

Das Modell der Sana-Kliniken-Gesellschaft mbH, einem Zusammenschluß von 35 privaten Krankenhäusern, stellt ein gelungenes Beispiel dafür dar, wie in allen Krankenhäusern effizienter gewirtschaftet werden kann. Die Sana betreibt einerseits Krankenhäuser in eigener Regie, bietet aber auch Managementverträge für öffentlich-rechtliche Krankenhäuser an. Dies hat den Vorteil, daß Politiker von außen keinen Einfluß auf die Betriebsführung nehmen können. Da im Unterschied zu öffentlichen Kliniken der Parteienproporz beim Führungspersonal keine Rolle spielt, kann die Krankenhausverwaltung frei von wahltaktischen Kalkülen und interessenpolitischen Verflechtungen die Wirtschaftlichkeitsreserven mobilisieren. Die Sana-Kliniken-Gesellschaft wirtschaftet äußerst erfolgreich. So rechnen ihre Krankenhäuser pro Bett weit über hundert DM weniger an Pflegekosten ab als öffentliche.

Ein weiteres bemerkenswertes Beispiel ist die Rhön-Klinikum AG. Es beweist, daß private Krankenhäuser nicht nur als Spezialkliniken Gewinn abwerfen. Dies hat das Unternehmen mit der Inbetriebnahme eines Klinikums im thüringischen Meiningen im April 1995 gezeigt. Die einzige deutsche börsennotierte Krankenhausaktiengesellschaft mit Sitz in Bad Neustadt erbaute das privat finanzierte und betriebene allgemeine Versorgungskrankenhaus mit 532 Betten und 17 medizinischen Bereichen in nur 27 Monaten. Schon beim Bau lag die Rhön-Klinikum AG mit einem Investitionsbetrag von 350 000 DM pro Bett um rund 30 Prozent unterhalb der durchschnittlichen Investitionskosten eines öffentlichen Trägers. Da das Unternehmen auch beim Betrieb des Krankenhauses gemäß der sogenannten Mischfinanzierung nach dem GSG auf Subventionen verzichtet, rechnen die Krankenkassen bei diesem Finanzierungs- und Betriebsmodell mit einer erheblichen Kostenersparnis bei den durchschnittlichen Aufwendungen pro Patient.

Am Beispiel der Rhön-Klinikum AG in Leipzig läßt sich zeigen, daß eine privat finanzierte und getragene Klinik selbst die Aufgaben einer Universitätsklinik übernehmen kann. Mit einem in seiner Art einmaligen Kooperations- und Nutzungsabkommen wurde dort letztes Jahr zwischen der Universität und der Herzzentrum GmbH – einer Tochtergesellschaft der Rhön-Klinikum AG – ein Vertrag unterzeichnet, der der Herzklinik den Status einer Universitätsklinik verlieh. Die leitenden Ärzte sind damit gleichzeitig Angestellte der Klinik und Mitglieder der Medizinischen Fakultät. Das Leipziger Herzzentrum stellt nur das erste Engagement der Rhön-Klinik im universitären Bereich dar. Für Leipzig wird derzeit der Bau einer 1 350 Betten großen Universitätsklinik geplant, deren veranschlagte Baukosten mit 1,5 Milliarden DM um eine Milliarde unter den sonst üblichen Kosten liegen sollen.

Mit seinen alternativen Finanzierungs- und Betriebskonzepten stellt die Rhön-Klinikum AG ein wichtiges Vorbild für die erfolgreiche privatwirtschaftliche Initiative im Gesundheitsbereich dar. Eine Ausweitung privat finanzierter und betriebener Krankenhäuser würde mit Sicherheit ein erhebliches Einsparungspotential für die Krankenkassen bringen.

Rentenreform

Die von Bismarck ins Leben gerufene Rentenversicherung basierte ursprünglich auf dem Kapitaldeckungsverfahren. Die Grundlage dazu bildete der sogenannte Reichszuschuß, mit dem Bismarck die Versorgung der ersten Rentnergeneration finanzierte, die kaum Beiträge gezahlt hatte. Die Hyperinflation nach dem Ersten Weltkrieg vernichtete das in Kriegsanleihen und Staatspapieren angelegte Versicherungsvermögen bis auf geringe Reste und erforderte damit den endgültigen Übergang vom Kapitaldeckungs- zum Umlageverfahren, das bis heute Anwendung findet.

Bei einem Kapitaldeckungsverfahren sammelt jeder Versicherte einen bestimmten Kapitalstock an, der ihm in Form verzinster Geldleistungen ab einem vereinbarten Zeitpunkt wieder zufließt. Beispiele dafür bieten die privaten Versicherungssysteme, wie etwa die Kapital-Lebensversicherung. Ein Alterssicherungssystem, das nach dem Umlageverfahren finanziert ist, setzt die Erfüllung des sogenannten Generationenvertrags voraus. Das heißt, die arbeitende Generation sorgt für die Generation der aus dem Berufsleben Ausgeschiedenen und wird selbst später von der Generation ihrer Kinder unterstützt werden. Im Unterschied zu dem Kapitalstockverfahren findet bei dem Umlageverfahren keine Kapitalansammlung statt. Es wird lediglich eine Reserve gebildet, die Ende 1994 nur noch bei 33 Milliarden DM bzw. 1½ Monatsausgaben, also nur noch ½ Monat über der gesetzlich vorgeschriebenen Mindest-

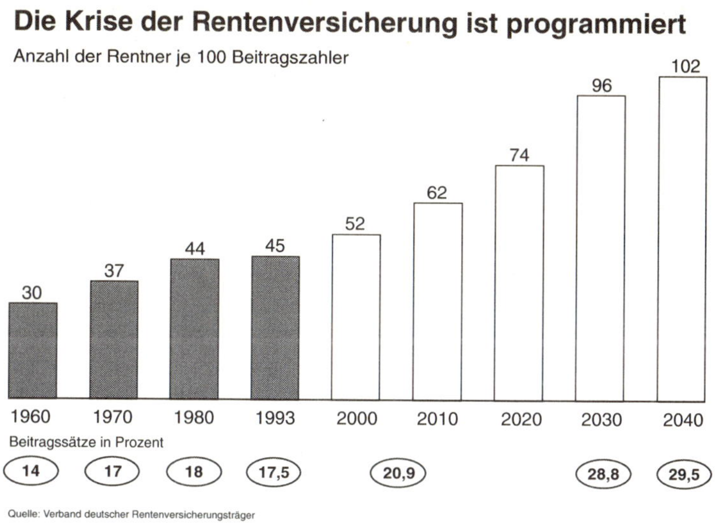

höhe, lag. Den in die Rentenversicherung eingezahlten Beiträgen steht also kein Kapital gegenüber, sondern nur das Versprechen, daß die nachrückende Generation für die erworbene Rente aufkommt.

Angesichts der demographischen Entwicklung wird dieser Punkt zunehmend problematisch. So beträgt der Anteil der über 60jährigen heute ein Fünftel, im Jahr 2030 wird er jedoch bereits ein Drittel der Bevölkerung ausmachen. Die über 80jährigen bilden inzwischen die am schnellsten zahlenmäßig wachsende Bevölkerungsgruppe in Deutschland. Während die Befürworter der heutigen gesetzlichen Rentenversicherung uns noch glauben lassen wollen, daß trotz der künftigen Bevölkerungsentwicklung kein Handlungsbedarf besteht, haben die privaten Rentenversicherer längst reagiert. Die aktualisierten Sterbetafeln von 1994, die eine gegenüber 1987 gestiegene Lebenserwartung dokumentieren, haben die privaten Versicherer veranlaßt, ihre Kalkulationen zu überprüfen. Für die Kunden der privaten Rentenversicherungen bedeutet dies, daß sie in Zukunft mit erheblichen Kürzungen der Monatsauszahlungen rechnen müssen und bei Neuabschlüssen für unveränderte Rückzahlungen 10 Prozent mehr einbezahlen müssen.

Neben einer gestiegenen Lebenserwartung stellen sich für die gesetzliche Rentenversicherung die zusätzlichen Probleme der Frühpensionierungen und einer schrumpfenden Bevölkerungszahl. Nach Professor Meinhard Miegel wird sich die Zahl der Deutschen von jetzt etwas über 80 Millionen auf über 60 Millionen im Jahre 2020 reduzieren.

Der im Modell zugrundegelegte Arbeitnehmer, der bis zum 65. Lebensjahr arbeitet, wird immer mehr zur Ausnahme. Das durchschnittliche Pensionsalter in Großunternehmen liegt bei 60 Jahren – im öffentlichen Dienst teilweise noch darunter.

Wenn immer mehr Rentnern immer weniger Erwerbstätige gegenüberstehen, kann das im heutigen System nur bedeuten, daß – falls die Zahl der Beitragszahler nicht durch einwanderungs- bzw. familienpolitische Maßnahmen erhöht wird – entweder die Beiträge immens steigen oder die Renten drastisch reduziert werden müssen. Das ist allerdings eine Tatsache, die Politiker – egal welcher Couleur – nie deutlich formulieren.

Der Generationenvertrag hatte seine Berechtigung, als nach dem Zweiten Weltkrieg die Generation der Alten ohne finanzielle Absicherung dastand, weil viele Vermögen im Krieg verloren gegangen waren. Hinzu kam die Masse der Vertriebenen, die ohne Hab und Gut den Neuanfang antreten mußten. Die Situation heute sieht allerdings anders aus. Finanziell betrachtet geht es der heutigen Rentnergeneration gut. Ein durchschnittliches Ehepaar im Ruhestand bekommt monatlich rund 3 500 DM, was in etwa 3/4 des Einkommens einer erwerbstätigen Durchschnittsfamilie entspricht. Nach einer im Februar 1995 veröffentlichten Untersuchung der Enquêtekommission »Demographischer Wandel« werden die Älteren immer wohlhabender. Bereits heute verfügen die über 60jährigen über 40 Prozent des gesamtwirtschaftlichen Vermögens. Die Vermögenseinkünfte der Rentnerhaushalte machen derzeit ein Fünftel ihres Gesamtbudgets aus und werden bis 2030 auf ein Drittel anwachsen.

Generell von finanziell hilfsbedürftigen Alten zu sprechen, wäre da übertrieben. Auch wenn das Bild vom sonnenverbrannten Frührentner, der auf Mallorca seinen dritten Lenz verbringt, nicht dem Durchschnittsrentner entspricht, so ist dennoch das Bild von den hilfsbedürftigen Alten, die zahnlos hinter dem Ofen ihre dünne Suppe schlürfen, zu revidieren. In diesem Sinne äußern sich auch die Kirchen in ihrer Stellungnahme »Zur wirtschaftlichen und sozialen Lage in Deutschland«. Die »Überversorgungen im Alter« durch die Kumulierung mehrerer Renten bilden auch für sie einen Anlaß zur Überprüfung der Reformbedürftigkeit des Sozialleistungssystems. Der Generationenvertrag kann darum nicht mehr nur so aufgefaßt werden, daß die Jungen für die Alten zahlen. Diese einseitige Beziehung war sinnvoll, als die Alten die tatsächlich Bedürftigen waren. Behalten wir unser heutiges Rentenversicherungssystem bei, dann wird aber bald die junge Generation zu den Bedürftigen werden. Angesichts dieser Tatsache ist es nur gerecht, den Generationenvertrag beiderseitig zu interpretieren: Die jeweils bessergestellte Generation hilft der bedürftigeren.

Wir meinen damit nicht, daß in Zukunft die Rentner der jüngeren Generation finanziell unter die Arme greifen sollten. Es geht eher darum, daß die Vermögen der älteren Generation zur Altersvorsorge mit herangezogen werden, damit die jüngere Generation genügend Spielraum hat, um für das eigene Alter vorsorgen zu können. Es ist eine traurige Kuriosität des »Generationenvertrages«, daß er eine Vermögensumverteilung von den zahlenmäßig schwachen zu den starken Generationen nach sich zieht.

Nach gut 45 Jahren der wirtschaftlichen Prosperität in Deutschland gibt es inzwischen genügend finanzielle Masse, um eine Stärkung der privaten Verantwortung bei der Alterssicherung zu verlangen. Das Privatvermögen belief sich 1994 auf 8,6 Billionen DM. Experten schätzen, daß bis zum Jahr 2000 in Deutschland fast zwei Billionen DM vererbt werden. Gegenüber heute wird sich das Erbschaftsvolumen bis zum Jahr 2030 sogar verdoppeln. Statt ihre eigene Rente zu finanzieren oder die Pflege im Alter selbst zu übernehmen, haben viele Bundesbürger ihr Vermögen bereits zu Lebzeiten ihren Nachkommen übertragen, um damit die Erbschaftsteuer zu reduzieren bzw. zu vermeiden.

Von diesen intrafamiliären Einkommens- und Vermögensübertragungen zwischen den Generationen profitieren allerdings nur wohlhabendere Familien. Bei den ärmeren bleibt zum Umverteilen meist nichts übrig. Kann man es angesichts dieser Situation gutheißen, daß der Staat die gesamte erwerbstätige Generation zu einer Zwangsabgabe verpflichtet, um den Ruhestand der Eltern der beschenkten Kinder mit zu finanzieren? Wird dadurch nicht eine Umverteilung von unten nach oben zugelassen?

Ludwig Erhard beobachtete bereits 1962, daß der »Schrei nach sozialer Sicherung immer stärker ertöne, je mehr der Wohlstand den einzelnen befähige, für sich selber zu sorgen.« Erhard wandte sich immer gegen einen Wohlfahrtsstaat, der die Bürger von der »Wiege bis zur Bahre absichert«, weil dadurch das Verantwortungsgefühl und die Leistungsbereitschaft des einzelnen und der Gemeinschaft geschwächt werden. Gerade in der heutigen Zeit sind aber Kreativität und Risikofreude besonders gefragt, wenn Deutschland im internationalen Wettbewerb nicht abgehängt werden will.

Es kann nun aber nicht darum gehen, Opfer von den Rentenversicherten zu verlangen, nur um dem bestehenden System das Leben unnötig zu verlängern und den Zusammenbruch hinauszuschieben. Vielmehr muß damit der Übergang zu einem kapitalgedeckten, nicht-kollektivistischen System verbunden sein, in dem verschiedene Rentenversicherungsunternehmen (und zu gleichen Bedingungen vielleicht auch der Staat) miteinander konkurrieren. Der Versicherte soll sich in Höhe einer Grundrente, die dem Sozialhilfeniveau mindestens entspricht, versichern müssen. Darüber hinaus hätte er die Freiheit der Wahl, ob er sich bei derselben oder einer anderen Versicherung höherversichern will oder ob er andere Formen der Daseinsvorsorge vorzieht. Ein solches System hätte den Vorteil, daß sich im Wettbewerb effiziente Angebote bilden könnten, die kostengerechte, versicherungsmathematisch korrekte Tarife gewährleisten würden.

Sonderproblem Beamtenversorgung

Besonders problematisch ist die Situation naturgemäß bei den Beamtenpensionen. Die Diskussion um die Alterslasten darf darum nicht bei den Renten haltmachen, sondern muß auch die Beamtenversorgung mit berücksichtigen. Geschieht dies nicht, so riskieren die Gebietskörperschaften auf Dauer ihre Zahlungsunfähigkeit. Schon heute zahlen Bund, Länder und Gemeinden jährlich allein für die Pensionen 60 Milliarden DM.

Aufgrund der beträchtlichen Personalvermehrung in den siebziger Jahren dürfte in Zukunft mit einer starken Zunahme der Pensionslasten zu rechnen sein. Während das Land Baden-Württemberg derzeit 3 Milliarden DM für die Pensionen seiner Staatsdiener ausgibt, werden im Jahr 2010 dafür etwa 8,5 Milliarden DM nötig sein. Auch zeichnete sich in den letzten Jahren zunehmend eine

Veränderung in der Struktur der Pensionsbezieher ab. So werden von der Tendenz zur Höhergruppierung und dem gestiegenen Anteil von Akademikern für die Etats der Gebietskörperschaften zukünftig auch stärkere Belastungen ausgehen.

Bei den Beamten nimmt auch – wie bei den Arbeitern und Angestellten – das Eintrittsalter in den Ruhestand ab. Das durchschnittliche Pensionierungsalter liegt zur Zeit bei 59 bis 60 Jahren. Dieser Tendenz zu Frühpensionierungen muß entgegengewirkt werden. Nach Schätzungen des Statistischen Bundesamtes werden sich die Pensionsausgaben des Bundes für Beamte und Soldaten bis zum Jahr 2006 verdoppeln. Der Bundesrechnungshof kritisiert daher in einem Bericht vom April 1995 zu Recht die Frühpensionierung von Beamten, die noch in anderen Funktionen einsetzbar wären. Als Beispiel wird der Fall eines 20jährigen Polizisten angeführt, der wegen eines Knieschadens pensioniert wurde, obwohl er im Innendienst beschäftigt werden könnte. Aus dem gleichen Grund sei ein 25jähriger Hauptwachtmeister mit 2 000 DM Pension in den Ruhestand versetzt worden. Die Beamten, die als Verkehrspolizist jenseits des 50. Lebensjahres noch Dienst tun, sucht man ebenso vergebens wie die über 60 Jahre alten aktiven Lehrer.

Um einem weiteren Anstieg der Pensionslasten entgegenzuwirken, muß schnell gehandelt werden. So ist es keinesfalls einsichtig, die Beamtenpensionen nach der letzten Besoldungsstufe zu berechnen und nicht wie bei der Rente nach dem Lebensarbeitseinkommen. Auch sollte in Zukunft von jungen Beamten eine Beteiligung an der Alterssicherung verlangt werden. Auch hier wäre aus den genannten Gründen ein Pensionsfonds in privater Verwaltung am besten geeignet. Letztlich bleibt insgesamt zu überdenken, ob sich in einer modernen Demokratie das herkömmliche berufsständische Sozialrecht der Beamten nicht überlebt hat.

Pflegeversicherung

Am 1. Januar 1995 hat die gesetzliche Sozialversicherung mit der Pflegeversicherung ein fünftes Rad bekommen. Diese neu geschaffene Pflichtversicherung für Pflegebedürftigkeit ist unter dem Dach der gesetzlichen Krankenkassen organisiert und wird – wie die Rentenversicherung – nach dem Umlageverfahren finanziert. Die Beiträge sind zu gleichen Teilen von Arbeitnehmer und Arbeitgeber zu tragen, wobei der Arbeitgeberanteil zur Pflegeversicherung durch die Streichung des Buß- und Bettages teilweise kompensiert wurde. Auch Rentner zahlen aus ihrem Altersruhegeld Beiträge, die jedoch eher symbolische und legitimatorische Funktion erfüllen. Die Hauptlast ruht auf den Sozialpartnern.

Die Pflegeversicherung tritt stufenweise in Kraft, wobei die Leistungen der häuslichen Pflege ab dem 1. April 1995 und die der stationären Pflege ab 1. Juli 1996 gewährt werden. Zur Finanzierung der ersten Stufe wird seit 1. Januar 1995 ein Beitrag von 1 Prozent erhoben. Parallel zum Inkrafttreten der zweiten Stufe wird dann ab 1. Juli 1996 ein erhöhter Beitragssatz von 1,7 Prozent sowie die Streichung eines weiteren gesetzlichen Feiertages anstehen.

Wichtige Probleme im gegenwärtigen System dieser Versicherung harren noch der Lösung:

- Angesichts der zu erwartenden Bevölkerungsentwicklung müssen die Erwerbstätigen für immer mehr Pflegefälle aufkommen. Deswegen ist in Zukunft mit steigenden Beiträgen und erheblichen Belastungen der kommenden Generationen oder mit Leistungseinschränkungen zu rechnen. Es wird auch nicht weiter möglich sein, die zunehmende Belastung immer wieder durch den Wegfall weiterer Feiertage zu kompensieren.
- Da die Versicherungsleistungen ohne Auswirkungen auf die eigene finanzielle Situation sind, entsteht ein Anreiz, die gebotenen Möglichkeiten voll auszuschöpfen. Die Pflegebedürftigen und ihre Familien, aber auch die Gemeinden werden wegen der ihnen verbleibenden Sozialhilfeleistungen auf eine Erhöhung drängen, sobald die Pflegebeträge die tatsächlichen Kosten unterschreiten. Auch von der Angebotsseite gibt es eine Neigung, die Ausgaben immer weiter zu steigern, wie die Erfahrungen mit der gesetzlichen Krankenversicherung zeigen.
- Die Einführung der gesetzlichen Pflegeversicherung ist damit begründet worden, daß die gesetzliche Krankenversicherung von Krankenhauskosten und die Gemeinden von Sozialhilfeleistungen entlastet werden. Es ist aber unklar, ob diese Entlastung weitergegeben wird, zum Beispiel durch Senkung von Versicherungsbeiträgen und von kommunalen Abgaben.

Nur mit einer kapitalgedeckten Absicherung des Pflegerisikos hätte verhindert werden können, daß die Pflegeversicherung mit Sicherheit in kurzer Zeit selbst ein Pflegefall wird.

IV.5

Der Staat als Regulator auf dem Arbeitsmarkt

> Wenn die einen genießen wollen, ohne zu arbeiten,
> so werden andere arbeiten müssen, ohne zu genießen.
> *Immanuel Kant*

Wachstumsbereich Dienstleistungen

Eine Gewichtsverlagerung von der Industrie zu Dienstleistungen kennzeichnet die Evolution aller entwickelten Volkswirtschaften. Immer weniger Menschen erzeugen immer mehr Produkte. Dieses Muster war in den achtziger Jahren auch in Deutschland zu beobachten – mit einem Arbeitsplatzabbau im verarbeitenden Gewerbe, in der Landwirtschaft, im Baugewerbe und im Bergbau. Der einzige leicht wachsende Bereich waren die Dienstleistungen.

In Deutschland mit seinem traditionell großen industriellen Sektor waren diese Verschiebungen und die damit einhergehende Schrumpfung bisher allerdings weniger ausgeprägt als in anderen Industrieländern – ein Grund für die noch vergleichsweise günstigen Arbeitslosenzahlen. Gleichzeitig haben die stark gestiegenen Löhne in Verbindung mit geringem Produktivitätswachstum dazu geführt, daß viele Branchen mit internationalem Wettbewerb heute mit einem schwerwiegenden Kostennachteil kämpfen. Die Restrukturierung wird sich daher, wie in der vergangenen Rezession deutlich geworden ist, wohl künftig beschleunigen, so daß Deutschland mehr noch als andere Volkswirtschaften Arbeitsplätze im Dienstleistungssektor schaffen muß, um den Beschäftigungsrückgang im verarbeitenden Gewerbe aufzufangen.

In der Automobilindustrie hatten die deutschen Hersteller zu Beginn der achtziger Jahre noch einen signifikanten Kostenvorteil gegenüber ihren ausländischen Konkurrenten. Diese wurden dadurch zu einer massiven Restrukturierung gezwungen. Dann allerdings halfen die raschen Produktivitätsgewinne und ein langsamerer Anstieg der Arbeitskosten in Frankreich, Italien und Spanien während der achtziger Jahre, die Lücke zu Deutschland zu schließen, so daß etwa die französischen Automobilhersteller im Jahre

1992 eine weitaus bessere Kostenposition erreicht hatten als ihre deutschen Wettbewerber.

Begrenzte Direktinvestitionen aus dem Ausland waren ein weiterer Faktor, der ein Beschäftigungswachstum in Deutschland behinderte. Deutschland war wegen seiner hohen Arbeitskosten, seines wenig flexiblen Arbeitsmarktes und der Restriktionen auf den Gütermärkten als Standort weniger attraktiv als andere Länder. In der Automobilindustrie bevorzugten japanische und US-amerikanische Unternehmen in den ersten Jahren der Dekade Spanien, später Großbritannien als Standort für europäische Produktionsstätten. Neue Transplants für Computer konzentrieren sich auf Schottland und Irland. Diese Länder boten niedrige Arbeitskosten, viel zügigere Genehmigungsverfahren und – im Falle Großbritanniens – einen flexibleren Arbeitsmarkt als Deutschland. Nicht von ungefähr beruht Deutschlands derzeitiges Handelsdefizit bei Computer-Hardware zur Hälfte auf Importen aus Großbritannien und Irland.

Innovationen spielen dabei eine Schlüsselrolle für die Inlands- und Auslandsnachfrage nach Industrieerzeugnissen und damit für die Beschäftigung im verarbeitenden Gewerbe. Im Automobilbau beispielsweise steigerten neue Leistungsmerkmale die Wertschöpfung pro Fahrzeug und erlaubten so auch in einem zunehmend gesättigten Markt noch ein Produktionswachstum.

Mit zunehmendem Druck des internationalen Wettbewerbs wird in Zukunft eine laufende Verbesserung der Produktivität notwendig sein. Es scheint ziemlich sicher, daß der mit solchen Restrukturierungen einhergehende Stellenabbau angesichts des Strukturwandels in der Wirtschaft nur begrenzt durch Volumensteigerungen aufgefangen werden kann.

Für die nächsten Jahre ist ein weiterer Rückgang der Beschäftigung im industriellen Sektor vorprogrammiert. Das Wachstum wird in den Dienstleistungsbereichen stattfinden. Ein deutliches Beispiel ist die Computerbranche: Während auf der Hardware-Seite die Beschäftigung weltweit abnimmt, nehmen die Stellen in Programmierung und Vertrieb weiter zu. Wie andere Länder kann auch Deutschland nicht weiter auf den schrumpfenden industriellen Sektor setzen. Die Erfahrung aus den USA und Japan zeigt, daß das Potential zur Schaffung neuer Arbeitsplätze in den Dienstleistungen liegt. Wenn Deutschland den gleichen Dienstleistungsanteil in der Beschäftigung wie die USA hätte, gäbe es im Dienstleistungssektor 3 Millionen Arbeitsplätze mehr.

Barrieren hemmen die Dienstleistungsindustrie in Deutschland

Durch erfolgreiche Umsetzung von Innovationen konnten die USA Produktion und Beschäftigung im privaten Dienstleistungssektor erheblich steigern. 1980 bis 1994 wurden in den USA 44,4 Millionen Arbeitsplätze geschaffen, im gleichen Zeitraum in Deutschland nur 1,8 Millionen. Bei den Banken resultierte das Beschäftigungswachstum aus der Baufinanzierung und einer größeren Verbreitung von Anlageprodukten wie offene Investmentfonds. Im Einzelhandel entstanden in den USA überproportional viele neue Fachgeschäfte, die durch Fokussierung auf ein schmales Bedürfnissegment besonders hohen Kundennutzen bieten. Im Bereich Film und Fernsehen kam es durch die Fortschritte in der Elektronik zu einer ganzen Palette neuer Formate – etwa Video-Verleih und Kabel-/Satellitenprogramme. Diese neuen technischen Errungenschaften waren nicht nur in den USA, sondern auch anderswo verfügbar. Doch nur in den USA vermochten es die Film- und Fernsehunternehmen, daraus in großem Umfang auch Beschäftigung zu generieren.

In Deutschland wurden allgemein verfügbare Innovationen über neue Services nicht im gleichen Maße wie in den USA kommerziell genutzt. Das regulatorische Umfeld in den deutschen Märkten hat entweder die Übernahme ausländischer Innovationen blockiert oder auch durch Abschirmung vom Wettbewerb weniger Anreize zur Innovation gegeben. Beides wirkte wachstumshemmend.

Regulative Eingriffe zur Erhaltung bestehender Arbeitsplätze blockieren häufig neue Geschäfte in der gleichen oder einer benachbarten Branche. Ein Beispiel sind Ladenöffnungszeiten. Entstanden als Konzession an kleinere Einzelhändler und an die Gewerkschaften, führt diese Restriktion dazu, daß Konsumenten in Deutschland außerhalb der normalen Arbeitszeiten nur halb soviel Einkaufszeit verfügbar haben wie in den USA – ein klares Wachstumshemmnis für den Einzelhandel.

Die baurechtlichen Auflagen in Deutschland wirken sich in mehreren Branchen beschäftigungshemmend aus. Ein zu großer Erschließungsaufwand und die bis zu 2000 relevanten DIN-Normen, VDI-Richtlinien und anderen Vorschriften treiben die Kosten unnötig in die Höhe. Die Honorarordnung für Architekten und Ingenieure – je teurer der Bau, desto mehr fällt für sie ab – verringert

Die USA sind Welterster in der Schaffung neuer Arbeitsplätze

Veränderung der Erwerbstätigen, 1970 - 1994
1970 in Mio. - Index USA 1970 = 100

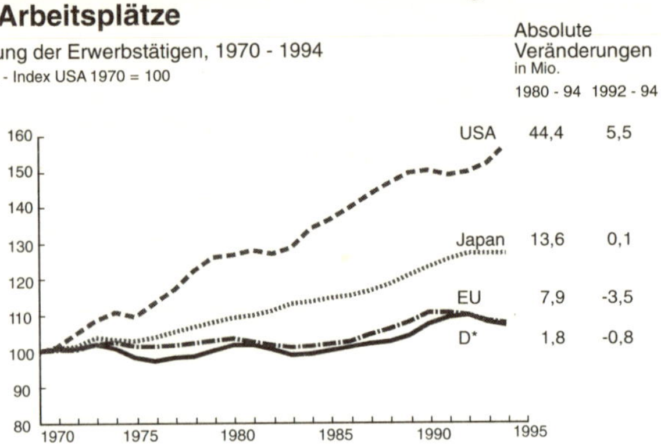

Ausgangslage: In Mio. Erwerbstätige USA 78,7; Japan 50,9; EU 120,6; Deutschland* 26,2
* Deutschland ohne NBL

Quelle: OECD, EU, McKinsey-Analyse, 1994

zudem die Anreize, Kosten zu reduzieren und billigere Materialien zu verwenden. Auch die starke Spezialisierung der Handwerker, festgeschrieben in der Handwerksordnung, macht den Bau kompliziert und teuer. Schließlich behindert der weit gefaßte Mieterschutz auch Investitionen in den Wohnungsbau.

Der deutsche Wertpapiermarkt war in den achtziger Jahren für private Anleger weniger durchschaubar als der US-amerikanische. Die Regeln für den Insider-Handel waren nicht so streng wie in den USA oder in Großbritannien, und die deutschen Bilanzierungsvorschriften erschwerten eine realistische Unternehmensbeurteilung durch ausländische Investoren. Die Folge war ein geringeres Engagement von ausländischen Investoren.

Manchmal müssen verschiedene Vorschriften gleichzeitig verändert werden, um in einer Branche das regulatorische Umfeld für Innovationen und die damit verbundenen neuen Arbeitsplätze zu verbessern. Die Beschäftigung im Wertpapierbereich der Banken ist ein Beispiel für diese Wechselwirkung. Hier wurden ein Wachstum bei offenen Investmentfonds und der damit verbundene Beschäftigungszuwachs von zwei Seiten behindert: zum einen durch fehlende Regeln für den Insider-Handel und zur Transparenz der Unternehmensleistung, zum anderen durch das Verbot von Geld-

Die USA waren mit ihrer Beschäftigungspolitik deutlich erfolgreicher

Beschäftigung* vs. Löhne USA**
Index USA 1970 = 100

Beschäftigung* vs. Löhne in Deutschland**
Index Westdeutschland 1970 = 100

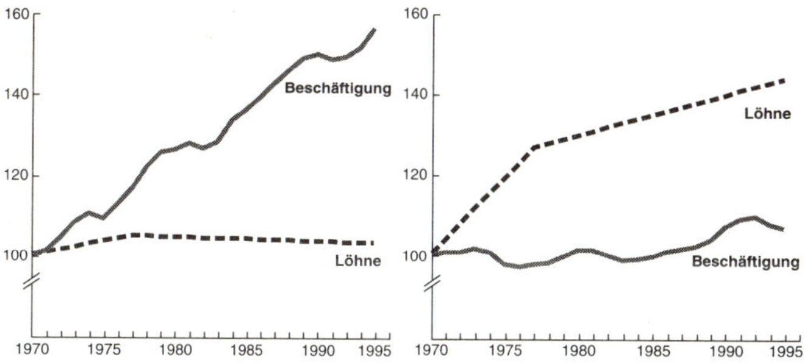

* Erwerbstätige
** Nominale Pro-Kopf-Löhne deflationiert mit GDP-Deflatoren

Quelle: OECD, McKinsey-Analyse, 1995

marktfonds, das erst 1994 aufgehoben wurde. Beschränkungen für Fernsehwerbung und für das Eigentum an Fernsehsendern verlangsamen den Arbeitsplatzzuwachs in diesem Bereich.

Diese Ergebnisse, die auf einer Studie des McKinsey Global Institute aus dem Jahre 1994 beruhen, decken sich mit anderen Branchenuntersuchungen. So sieht eine im Auftrag der Bundesregierung erstellte Untersuchung die Gründe für die Wohnungsknappheit in Deutschland zu einem großen Teil im regulatorischen Umfeld. Studien zur Wettbewerbsposition des deutschen Transport- und Verkehrsgewerbes weisen darauf hin, daß Marktrestriktionen die Branche in ihrer Existenz gefährden.

In einigen Branchen des Dienstleistungssektors erwiesen sich zudem hohe Arbeitskosten als ein Haupthindernis für Produktions- und Beschäftigungswachstum. So erreichen im deutschen Einzelhandel die Personalkosten mehr als 90 Prozent des Niveaus im verarbeitenden Gewerbe, in den USA dagegen nur 66 Prozent. Diese hohen Personalkosten haben das Angebot im Einzelhandel relativ zu anderen Gütern und Dienstleistungen verteuert und damit Nachfrage und Beschäftigung in diesem Sektor gedämpft. In Verbindung mit einem unflexiblen Arbeitsmarkt haben hohe Arbeitskosten noch einen anderen negativen Effekt: Sie führen zu weniger

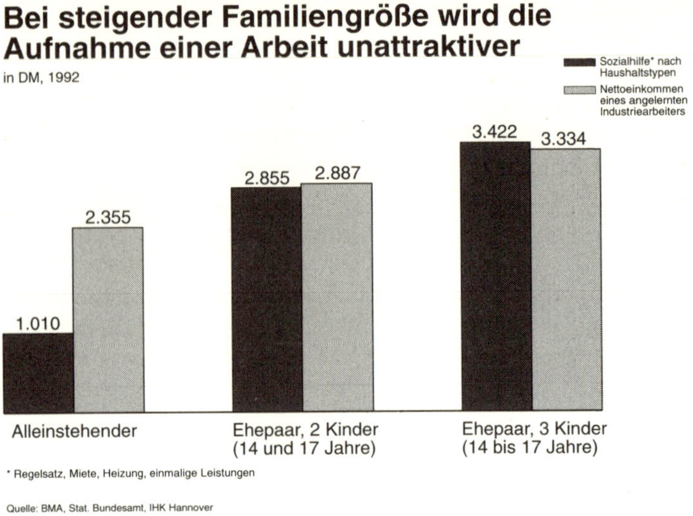

Bereitschaft zu Experimenten. Einzelhandelsstandorte mit geringer Kundenfrequenz, die in den USA noch profitabel wären, werden in Deutschland geschlossen oder nie eröffnet.

Einen Ausgleich für die hohen Arbeitskosten könnte nur eine überdurchschnittliche Produktivität in Deutschland darstellen. In den neunziger Jahren hat sich aber die Produktivitätslücke im verarbeitenden Gewerbe in Deutschland gegenüber den USA eher vergrößert. Auch bei der Dienstleistungsproduktivität scheinen wir in Deutschland noch Rückstände zu haben. Offensichtlich korrelieren aber hohe Löhne mit einer sinkenden Beschäftigung, wie der Vergleich zwischen den USA und Deutschland zeigt. Während die Löhne in den USA seit den siebziger Jahren weitgehend konstant geblieben sind und die Beschäftigung deutlich gestiegen ist, sind die Löhne in Deutschland nahezu explodiert. Das Resultat zeigt sich in der stagnierenden Beschäftigung.

Hohe Arbeitskosten sind die Folge hoher Sozialkosten sowie hoher Löhne und Gehälter auf Basis flächendeckender Tarifverträge. Die großzügige Arbeitslosenunterstützung in Deutschland wirkt quasi als Mindestlohn und ist alles andere als ein Anreiz für potentielle Arbeitskräfte. Das gilt sowohl für finanzielle oder sozial wenig attraktive Branchen wie Einzelhandel oder Bauwirtschaft, aber auch für die Industrie, wo der Nettoverdienst eines angelernten Arbeiters in Deutschland sogar leicht unter dem Niveau der Arbeitslosenunterstützung oder Sozialhilfe liegen kann. Während er als Alleinstehender doppelt soviel Einkommen aus Arbeit erzielen kann, als wenn er Sozialhilfe beanspruchen würde, schrumpft dieser Abstand mit wachsender Kinderzahl, bis die Sozialhilfe schließlich höher liegt als das reguläre Erwerbseinkommen. Nicht alle, aber immer mehr Menschen erliegen daher der Versuchung: lieber arbeitslos und Sozialhilfe beziehen, vielleicht daneben schwarzarbeiten, als regulär arbeiten und Abgaben sowie Steuern zahlen.

Restriktionen auf den Güter- und Arbeitsmärkten haben in Deutschland die Entstehung von Arbeitsplätzen in erheblichem Umfang verhindert. Zum Teil ist das Beschäftigungswachstum in den Vereinigten Staaten auf Unterschiede im Volkseinkommen, demographische Merkmale, Kundenpräferenzen und ähnliches zurückzuführen. So hat die Vorliebe der Amerikaner für Videounterhaltung den Absatz von Filmen, Fernsehen und Video beflügelt. Sinkende Zinsen und neue Steuergesetze haben zum Baufinanzierungsboom in den USA beigetragen. Diese Faktoren können von Deutschland kaum kopiert werden. Dennoch ist der Spielraum auch hierzulande für Verbesserungen groß. Eine verstärkte Schaffung neuer Arbeitsplätze im Dienstleistungssektor kann den absehbaren weiteren Arbeitsplatzabbau in der Industrie dämpfen.

Aufhebung der Produktmarktbarrieren

Im Mittelpunkt der öffentlichen Diskussion in Deutschland standen bisher die Arbeitslosenquote, der Stellenabbau im verarbeitenden Gewerbe, die Forderung nach einer zunehmenden Flexibilisierung des Arbeitsmarktes und die Förderung der Nachfrage durch makroökonomische Maßnahmen. Es existiert jedoch ein weiterer wichtiger Verbesserungsbereich. Unterschiede in nationalen Arbeitslosenquoten rühren in erster Linie aus unterschiedlichem Erfolg bei der Schaffung neuer Arbeitsplätze her. Ein Beschäftigungszuwachs ist dabei am ehesten im Dienstleistungssektor erreichbar. Als Hemmnisse für einen solchen Zuwachs in Deutschland waren und sind Einflüsse aus den Produktmärkten mindestens ebenso wichtig wie Arbeitsmarktfaktoren, wahrscheinlich sogar wichtiger.

Restriktionen auf den Produktmärkten dienen in erster Linie dem Schutz bestehender Interessen, einschließlich bestehender Arbeitsplätze. Derartige Ansätze schlagen in der Regel fehl. Die künstliche Erhaltung bestehender Arbeitsplätze, gleich in welcher Branche, bremst das Produktivitätswachstum und schwächt die Branche in ihrer Wettbewerbsfähigkeit gegenüber aggressiveren Konkurrenten. Auf Dauer läßt sich die Bedrohung durch den besser gerüsteten Wettbewerb aber nicht ausschalten. Und dann wird die zuvor hinausgeschobene Restrukturierung um so schmerzhafter. Letztlich bleiben dann oft weniger Arbeitsplätze erhalten, als dies bei stetiger Produktivitätsverbesserung möglich gewesen wäre. In der Zwischenzeit schmälert ein langsamerer Produktivitätszuwachs das Gesamteinkommen der Volkswirtschaft und damit auch Nachfrage und Beschäftigung in anderen Branchen. Beispiele für solche verzögerten Restrukturierungen und gesamtwirtschaftliche Einkommenseinbußen in Deutschland sind langfristige Subventionen für Landwirtschaft, Bergbau oder Industriezweige wie Stahl oder Schiffbau.

Auf der wirtschaftspolitischen Agenda der Regierung sollte die Beseitigung von Produktmarktrestriktionen unter dem Blickwinkel der Schaffung neuer Arbeitsplätze eine Rolle spielen. Eine Deregulierung der Produktmärkte kann in gewisser Hinsicht sogar interessanter als eine Deregulierung der Arbeitsmarktes sein, weil es damit eher möglich ist, Beschäftigung auch in hohen Einkommenskategorien zu schaffen. Vollständig läßt sich das Beschäftigungspotential der Wirtschaft allerdings nur erschließen, wenn sowohl Produkt- als auch Arbeitsmarkt dereguliert werden.

Restriktive Arbeitsmarktfaktoren beeinträchtigen die Beschäftigung besonders deutlich in Dienstleistungsbranchen der unteren Lohngruppen. Die Flexibilität der USA hat hier zu einer wesentlich besseren Beschäftigungsleistung geführt. Andererseits ist die Spreizung der Einkommen in den USA weit größer als in Deutschland und hat einigen Studien zufolge sogar in der achtziger Jahren weiter zugenommen. Würde in Deutschland mehr gering entlohnte Arbeit zugelassen, so würden vermutlich auch mehr Arbeitsplätze in dieser Kategorie entstehen. Dies muß nicht zwangsläufig dazu führen, daß sich die Einkommen weiter auseinander entwickeln. Immerhin kann die Regierung mit steuerpolitischen Maßnahmen

Einfluß auf die Nettoeinkommen nehmen, ohne in das Marktgeschehen eingreifen zu müssen. Wenn in Deutschland jedoch weiter die Schaffung von Arbeitsplätzen in gering entlohnten Dienstleistungsbranchen verhindert wird, entfallen auch die besser bezahlten Führungspositionen in diesen Branchen. Im übrigen tragen gering qualifizierte Arbeitsplätze in durchaus erheblichem Maße zur Wirtschaftsleistung bei. Die These, daß nicht genug Arbeit in unteren Lohngruppen existiere, stimmt schon augenscheinlich nicht, wenn man sich nur die bei der Weinlese, beim Spargelanbau, in der Bauwirtschaft und im Gastgewerbe eingesetzte Arbeit ansieht. Für die Gesellschaft ist es auf alle Fälle sinnvoller, Beschäftigung zu subventionieren als Arbeitslosigkeit.

In Deutschland dürfen private Arbeitsvermittler neuerdings Dauerbeschäftigte vermitteln, und eine Reihe von Hindernissen für Teilzeitarbeit wurden beseitigt. Doch es bleibt nach wie vor eine Vielzahl von Regulierungen, vor allem auf den Gütermärkten, die einer kritischen Überprüfung bedürfen. Deshalb sollte die Arbeit der Deregulierungskommission, die sich bisher auf den Arbeitsmarkt und einige wenige Branchen beschränkte, auf die Beschaffungs- und Absatzmärkte weiterer wichtiger Wirtschaftszweige ausgedehnt werden.

Wie die politische Agenda wird sich auch die Agenda der Unternehmer im Interesse dauerhafter wirtschaftlicher und sozialer Stabilität verändern müssen. Arbeitslosigkeit ist für Unternehmen von direkter Relevanz. Denn sie gefährdet den Sozialkonsens im Lande. Nicht von ungefähr haben manche Unternehmen gezögert, ein konsequentes Restrukturierungsprogramm dann in Angriff zu nehmen, wenn der Stellenabbau die Arbeitslosigkeit in ihrer Region verschärfen würde. Obwohl gut gemeint, erwiesen die Unternehmer mit dieser Politik ihrem gesellschaftlichen Umfeld langfristig keinen guten Dienst. Vielmehr schieben sie nur das Arbeitslosigkeitsproblem hinaus, das dann um so schlimmer zu Tage tritt, wenn die Restrukturierung schließlich doch unausweichlich wird.

Von anderen Ländern lernen

Internationale Beispiele können der deutschen Beschäftigungspolitik neue Ideen geben. Sie sind nicht auf die gängigen Arbeitsmarktargumente – zu hoher Mindestlohn oder zu komfortable Arbeitslosenabsicherung – bezogen, sondern decken ein möglichst breites Spektrum ab.

Uns ist bewußt, daß die Beispiele aus dem Zusammenhang herausgegriffen sein mögen. So muß bei den Niederlanden neben der positiven hohen Teilzeitquote sicher auch die hohe Zahl der Sozialhilfeempfänger mit in Betracht gezogen werden, um den Arbeitsmarkt des Landes angemessen zu beurteilen. Uns geht es hier aber um einzelne Ideen und Anregungen, die wir auch in Deutschland für realisierbar halten.

Frankreich: Schecks gegen Schwarzarbeit im Haushalt

In Frankreich können mit Hilfe von Arbeitsschecks, die es bei Banken und Sparkassen gibt, Haushalte stundenweise Aushilfskräfte legal ohne schriftlichen Arbeitsvertrag beschäftigen. Mit Hilfe der Schecks wird auch die Bezahlung von Lohn und Sozialversicherung relativ unbürokratisch abgewickelt. Zum einen wird dadurch das Problem der Schwarzarbeit gemindert, zum anderen werden Arbeitsplätze in Privathaushalten geschaffen. Denn die steuerliche Förderung fester Arbeitsverhältnisse nützt denjenigen nichts, die nur wenige Stunden in einem Haushalt arbeiten. Sie werden weiter schwarz bezahlt, und für sie besteht keine Sozialversicherung.

Schwarzarbeit ist auch in Deutschland ein großes Problem. Nach der heutigen Schätzung liegt sie bei 10 bis 12 Prozent des Bruttosozialproduktes mit stark steigender Tendenz. 1993 wurden von den Arbeitsämtern 632 000 Ermittlungsverfahren (das sind 13 Prozent!) wegen Leistungsmißbrauch und illegaler Beschäftigung eingeleitet, dabei aber »nur« 340 Millionen DM zu Unrecht gezahlter Leistungen zurückgefordert. Tatsächlich dürften rund zwei Drittel der persönlichen und Haushaltsdienstleistungen schwarz erbracht werden. Nach einer Untersuchung der Zeitschrift »Capital« nimmt praktisch jeder zweite Handwerker an Schwarzarbeit teil – von Gärtnern über Kfz-Lackierer bis zu Elektrikern und Malern. Zudem werkelten nach Schätzung der IG Bau Steine Erden noch im Jahre 1994 allein 500 000 Arbeiter illegal auf deutschen Baustellen.

Schweiz: Friedensabkommen entschärfen lohnpolitischen Verteilungskampf

Gerade in Zeiten hoher Erwerbslosigkeit kommt den Tarifparteien eine besondere Bedeutung zu: Sie entscheiden sowohl über die Sicherheit bestehender Arbeitsplätze als auch über die Beschäftigungschancen der Arbeitslosen. Entsprechend schwer fällt, die hohen Lohnforderungen, die mit Streiks durchgesetzt werden, nachzuvollziehen, ganz abgesehen von den immensen Kosten, die für die Unternehmen und die gesamte Volkswirtschaft mit den Streiks verbunden sind. Während die Italiener am streikfreudigsten sind, mit 928 verlorenen Arbeitstagen pro 1 000 Beschäftigte im Jahresdurchschnitt 1970 bis 1993, und die (West-)Deutschen mit nur 37 verlorenen Arbeitstagen sich am unteren Rand bewegen, sind die friedlichsten Arbeitnehmer mit Abstand die Schweizer mit nur einem verlorenen Arbeitstag. Grund dafür sind die zahlreichen Friedensabkommen zwischen den Tarifpartnern. Schon 1937 hatten sich Gewerkschaften und der Arbeitgeberverband der schweizerischen Maschinenbau- und Metallindustrie darauf geeinigt, Meinungsverschiedenheiten ohne Kampfmaßnahmen zu regeln. Heute sind rund vier Fünftel der Beschäftigten in der Schweiz der Friedenspflicht unterworfen.

Schweden: Reform der Sozialversicherungen selbst im Wohlfahrtsstaat möglich

Schweden ist 1992 durch eine Immobilien- und Bankenkrise in die tiefste Rezession der Nachkriegszeit geraten, die den Bankrott des universellen Wohlfahrtsstaates offenlegte. Seitdem wurde die Reform des Wohlfahrtsstaates zum zentralen Programmpunkt.

Maßnahmen waren die Privatisierung kommunaler Dienste mit rascher Verbesserung der Kosteneffektivität, eine Reduzierung von Arbeitslosengeld und Arbeitslosenhilfe um 10 Prozent, die Anhebung des Rentenalters auf 66 Jahre und strengere Regeln für den Vorruhestand. Karenztage und eine verringerte Lohnfortzahlung haben den schwedischen Krankenstand innerhalb eines Jahres nahezu halbiert. Bereits 1991 wurden die Lohnersatzleistungen von 90 auf 75 Prozent für die ersten vier Tage und auf 80 Prozent vom fünften bis neunzigsten Tag reduziert. Seit 1992 übernehmen die

Arbeitgeber die Lohnfortzahlung, während sie von Krankenversicherungsbeiträgen befreit werden. Schließlich wurde 1993 ein Karenztag eingeführt.

Und auch in einem weiteren Bereich macht Schweden von sich reden: Während die Deutschen mit nur 36,6 tariflichen Wochenarbeitsstunden bzw. 1620 Stunden Jahresarbeitszeit wiederholt zum Freizeitweltmeister wurden, haben die Schweden den Jahresurlaub per Gesetz zum 1. April 1994 um zwei Tage auf 25 Arbeitstage gekürzt, um die Wettbewerbsfähigkeit zu erhöhen.

Niederlande: Teilzeitquote von 33 Prozent entlastet den Arbeitsmarkt und steigert die Produktivität

Neben der besseren Ausnutzung von Anlagelaufzeiten wird Teilzeitarbeit zunehmend zu einem beschäftigungspolitischen Instrument. Dabei besteht ein enger Zusammenhang zwischen der Dienstleistungsquote einer Volkswirtschaft, der Frauenerwerbsquote und dem Anteil der in Teilzeit Beschäftigten. Teilzeitfreundliche Länder wie die Niederlande verfügen über einen reichen Fundus betrieblicher Teilzeiterfahrung. Jeder dritte Berufstätige ist in den Niederlanden teilzeitbeschäftigt, in Deutschland nur jeder neunte.

Bei den Niederländern ist auch das Angebot am weitesten ausgereift. So hat die Deregulierung der privaten Arbeitsvermittlung die Teilzeitbeschäftigung gefördert, die mittlerweile mit über 1000 Niederlassungen und rund 8000 Angestellten Erwerbstätige im privaten Sektor vermitteln. Teilzeitbeschäftigte haben in Holland die gleichen Rechte und Pflichten wie Vollzeitangestellte. Das gilt sowohl für Probezeit und Kündigungsfrist, aber auch bei der Arbeitslosenunterstützung, die 70 Prozent des letzten Gehaltes beträgt. In den Niederlanden können die Arbeitnehmer teilzeitarbeitslos werden, wenn sie ungewollt weniger arbeiten müssen. Für diesen Teil hat der Arbeitnehmer Anspruch auf Arbeitslosengeld. Während in Deutschland der öffentliche Sektor sehr zurückhaltend ist, haben die Holländer seit 1984 gesetzlich geregelt, daß der öffentliche Dienst jede Stelle auch als Teilzeitstelle ausschreiben muß.

Dabei steckt in der Teilzeitarbeit ein erhebliches Beschäftigungspotential. Eine Teilzeitquote wie in den Niederlanden könnte in Deutschland rund 2 Millionen mehr Arbeitsplätze schaffen. Durch flexible Arbeitszeiten kann nicht nur die Beschäftigung gesteigert werden. Auch das »carpe diem« – nutze den Tag – kann besser erfüllt werden, indem eine flexiblere Arbeitsorganisation entwickelt werden kann, die bei den heutigen Anforderungen an Innovationen, Service und Termintreue notwendig sind.

Wenn auch nur langsam, so beginnt doch ein Umdenkprozeß in der Wirtschaft. BMW hat 1994 eine großangelegte Teilzeit-Offensive zur Produktivitätssteigerung gestartet. In Regensburg wurden Maschinenlaufzeiten und individuelle Arbeitszeiten entkoppelt und damit die Maschinen um 24 Prozent besser ausgelastet und 0,6 Prozent des durchschnittlichen Fahrzeugwertes eingespart. Dabei wurden auch bewußt »Schnuppermodelle« bei der Teilzeit eingeführt, um Ängste abzubauen. BMW grenzt sich dabei deutlich von der Viertagewoche bei VW ab, die vorwiegend eine Alternative »Weiterbeschäftigung statt Entlassung« war und weniger der Flexibilisierung der Arbeitszeiten diente. Auch bei Bahlsen sind mittlerweile 10 Prozent der Angestellten, 20 Prozent der gewerblichen Mitarbeiter und 4 Prozent des Managements in flexibler Teilzeit beschäftigt.

In der Bundesrepublik würden nach einer McKinsey-Studie 38 Prozent aller Beschäftigten gerne in Teilzeit arbeiten. Damit bietet die Arbeitswelt in der Bundesrepublik ein beachtliches Teilzeit-Beschäftigungspotential, mit steigender Tendenz, vor allem wenn auch zunehmend Führungskräfte die Möglichkeiten der Teilzeit entdecken und sich damit das Image weg von der »Hausfrauen-Nebentätigkeit ohne Karrieremöglichkeit« entwickelt.

Dänemark: Sabbaticals können den Arbeitsmarkt entlasten und Langzeitarbeitslosen eine neue Chance geben

Sabbatical ist ein Langzeiturlaub, der zum Beispiel zur Weiterbildung oder Auslandsaufenthalten genutzt werden kann. Ziel ist es, eine Verbesserung des Humankapitals zu erreichen und die Rotation auf dem Arbeitsmarkt zu verstärken, um die langfristige strukturelle Arbeitslosigkeit zu reduzieren.

In Dänemark kann jeder Beschäftigte nach drei Jahren Berufserfahrung ein Sabbatical von maximal einem Jahr in Anspruch nehmen. Dabei erhält er bis zu 80 Prozent der maximalen Arbeitslosenunterstützung als Entgelt. Die Einführung der Sabbaticals hat den dänischen Arbeitsmarkt entlastet, da sich inzwischen 20 Prozent der Vollzeitbeschäftigten daran beteiligen. Sieht man von Anlaufproblemen ab und optimiert die Ausgestaltung und den Teilnehmerkreis der Sabbaticals, sind sie eine sinnvolle Lösung. Gleichzeitig kommen sie durch ihre Flexibilität den Wünschen der modernen Gesellschaft, starre Abläufe zu unterbrechen und mehr Freiheit zu erhalten, entgegen.

USA: Beschäftigungsaufbau durch Neugründungen

Wir sind schon an verschiedenen Stellen auf den beachtlichen Gründungsboom in den Vereinigten Staaten eingegangen. Die Gründungsdynamik ist in den USA dreimal so hoch wie in Deutschland. 13 Prozent der Erwerbstätigen finden in den USA in neugegründeten Unternehmen einen Arbeitsplatz, in Deutschland sind es magere 2,5 Prozent. Allerdings ist in Deutschland das organische Wachstum größer, das heißt, es gibt mehr Betriebserweiterungen und weniger Schließungen als in den USA.

Abgesehen von der besseren Bereitstellung von Risikokapital und der größeren Risikofreude der US-Amerikaner scheint aber auch die deutsche Kultur der Sicherheitsmentalität den Sprung in die Selbständigkeit bei uns zu erschweren.

Dienstleistungslücke in Deutschland schließen

Gerade im »unteren« Dienstleistungssektor schlummert ein riesiges Beschäftigungspotential. Der Blick über die Grenzen, speziell nach Amerika, zeigt, welche Dienstleistungen bei uns noch unterentwickelt oder sogar unbekannt sind.

- Sieht man einmal von Bahnhofs-Cafés ab, ist es in Deutschland eine Seltenheit, frühmorgens stilvoll außer Haus zu frühstükken – wie es in den USA, in Frankreich, Italien oder Spanien an der Tagesordnung ist.
- In Bonn war ein Jungunternehmer so clever, Autofahrern, die im Stau stehen, das Frühstück an das Auto zu bringen: zwei Brötchen, Butter, Wurst, Käse, Marmelade, Saft, Obst und Schleckereien steckten in der Tüte für sechs Mark. Nach anfänglicher

Skepsis folgte Begeisterung. Die Lunchpakete fanden reißenden Absatz, bis das Ordnungsamt einschritt. Zum einen besaß der Jungunternehmer den falschen Gewerbeschein, zum anderen werde der Verkehr behindert. Weitere Staus seien die Folge, die Verkäufer würden gefährdet. Außerdem wurde befürchtet, daß der Fahrbahnhandel ausufere und die Hauptverkehrsstraßen zu Verkaufsflächen würden – sicher nicht im Sinne des Bonner Einzelhandels.

- Wer kommt heute noch in den Genuß, seine Brötchen morgens vor die Haustür geliefert zu bekommen?
- Catering-Services, für alle möglichen Einladungen zu Hause, sind wenig verbreitet.
- Das Auto könnte abgeholt, in die Inspektion gebracht und wieder zurückgefahren werden. Einige wenige Werkstätten bieten bereits an, nach Ablieferung des Pkw den Fahrer zum Büro zu fahren – und abends wieder abzuholen.
- Wer bügelt und wäscht noch Hemden oder Blusen per Hand gegen Entgelt?
- Für Berufstätige wäre es sehr praktisch, Grundnahrungsmittel wie Reis, Mehl und Nudeln, aber auch Waschpulver, Wasser sowie Softgetränke abends ins Haus geliefert zu bekommen. Bestellung per Fax oder Telefon, Auslieferung nach Dienstschluß.
- Tankstellen sind in Deutschland mittlerweile fast immer ohne Bedienung – selbst in der Schweiz ist dies noch üblich.
- Computernotdienste: Hotline, unabhängige Kaufberatung, Reparaturservice vor Ort.
- Software-Bestell-Service: Software wird einen Tag nach der Bestellung ins Haus gebracht und gleich installiert.

Beschäftigungspolitik im Wohlfahrtsstaat

Das zentrale gesellschaftliche Problem der westlichen Industrieländer ist die Massenarbeitslosigkeit. Ihre gravierendste Erscheinung ist die sogenannte Langzeit- oder Sockelarbeitslosigkeit, die durch die »klassische« konjunkturelle Arbeitslosigkeit zyklisch überlagert und auf immer höhere Niveaus gehoben wird. Das Phänomen trat erstmals im Aufschwung nach der Ölkrise von 1974 auf, als trotz voller Kapazitätsauslastung die Arbeitslosenquote nicht mehr unter 3,6 Prozent sank. Seit damals nimmt die Sockelarbeitslosigkeit nach jeder Rezession zu. In der wirtschaftlichen Erholung nach der zweiten Ölkrise 1979/80 stieg sie auf 6,1 Prozent. Für den derzeitigen Konjunkturaufschwung ist mit einem weiteren Niveauanstieg zu rechnen, allenthalben ist von »jobless growth« oder beschäftigungsneutralem Wachstum die Rede.

Die Sockelarbeitslosigkeit hat strukturelle Ursachen: In Zeiten der Hochkonjunktur können auch wenig produktive Arbeitsplätze erhalten werden. Die Rezession zwingt dann allerdings zu deren Abbau durch produktivitätssteigernde Rationalisierung. Besonders davon betroffen sind die gering qualifizierten Arbeitskräfte, deren Tätigkeit relativ leicht durch Maschinen ersetzt werden kann. Da die freigesetzten Arbeitskräfte im Zuge des wirtschaftlichen Wiederaufschwungs nicht wieder integriert werden, verfestigt sich die Arbeitslosigkeit nach jeder Rezession weiter. Schon nahezu ein Drittel aller Arbeitslosen ist heute schon länger als ein Jahr ohne Beschäftigung. In den USA und in Kanada lag der vergleichbare Wert hingegen 1992 nur bei rund 11 Prozent.

Den Königsweg für eine richtige Beschäftigungspolitik stellt mit Sicherheit die Strategie der stabilitätsorientierten Marktwirtschaft auf Produkt- und Servicemärkten, Arbeitsmärkten und den Kapitalmärkten dar. Diese setzt allerdings ein hohes Maß an Leistungsbereitschaft, Eigeninitiative und Wettbewerb voraus und erfordert eine außerordentliche geld-, finanz- und tarifpolitische Disziplin.

Die Beziehung zwischen dem System der sozialen Sicherung (und den »sozial« ausgestalteten Lohntarifen) und dem Arbeitsmarkt kann in diesem Zusammenhang nicht oft genug thematisiert werden. Denn häufig wird gerne übersehen, daß nicht losgelöst von Marktgesetzen darüber entschieden werden kann, wie die wirtschaftliche Situation der Bürger aussehen soll. Sehr deutlich zeigt sich das bei der Sozial- und Arbeitslosenhilfe, die wir darum an dieser Stelle behandeln.

Die Sozialhilfe ist und bleibt eine wichtige Leistung. Problematisch ist lediglich, daß sie zunehmend zum Auffangbecken für solche Arbeitslose wird, die nur noch schwer den Weg zurück in den ersten Arbeitsmarkt finden. Zwischen 500 000 und einer Million Menschen in Deutschland beziehen »Hilfe zum Lebensunterhalt«, obwohl sie als arbeitsfähig gelten. 1992 erhielt jeder dritte Empfänger diese Hilfe aufgrund von Arbeitslosigkeit. In der Öffentlichkeit werden darum die Probleme von Armut und Erwerbslosigkeit im

In den unteren Lohngruppen macht arbeiten ökonomisch wenig Sinn

ICE-Betreuer*	
Jahres-Brutto-Einkommen bei der Deutschen Bahn AG (einschl. 13. Gehalt und Urlaubsgeld)	43.255 DM
Wohngeld, Kindergeld	6.024 DM
Abzüge	./. 11.339 DM
Verfügbares Jahreseinkommen	37.940 DM
Entspricht einem durchschnittlich verfügbaren Monatsnettoeinkommen von	3.162 DM

Erwerbsloser Sozialhilfeempfänger in Frankfurt am Main*	
Regelsätze pro Monat	1.746 DM
Zuschlag für einmalige Leistungen (Durchschnittswert), Warmmiete	1.537 DM
Durchschnittliche Sozialhilfe in Monat	3.283 DM

* 40 Jahre, verheiratet, 2 Kinder (10/14 Jahre), Warmmiete 1.100 DM

Quelle: Deutsche Bahn AG

modernen Wohlfahrtsstaat zunehmend diskutiert, nicht nur in Deutschland, sondern auch in den übrigen europäischen OECD-Ländern. Der Bundesgesundheitsminister, dem in der deutschen Regierung die Sozialhilfe zugeordnet ist (warum eigentlich nicht dem Arbeitsminister?), hat darauf im April 1995 mit einem sogenannten »Eckpunktepapier« reagiert. Darin werden im wesentlichen vier Vorschläge zur leichteren Wiedereingliederung von arbeitsfähigen Sozialhilfeempfängern in den regulären Arbeitsmarkt gemacht:

- Änderung der Anrechnung von Erwerbseinkommen auf die Sozialhilfe;
- Sanktionen bei Ablehnung einer zumutbaren Arbeit;
- Präzisierung des Lohnabstandsgebotes, das die Mindestdifferenz zwischen Sozialhilfe und Erwerbslöhnen regelt;
- befristete Lohnkosten- und Einarbeitungszuschüsse.

Bei allen diesen Vorschlägen geht es im Grunde um Arbeitsmarktpolitik. Sie sind darum nach unserer Auffassung auf die Arbeitslosenhilfe in analoger Weise anzuwenden. Um so mehr lohnt es sich, hier auf die Probleme und die angebotenen Lösungen genauer einzugehen.

Das heutige System erlaubt keine Kombination von Erwerbseinkommen und staatlichem Transfer. Bis auf einen Freibetrag in Höhe des halben Regelsatzes eines Haushaltsvorstandes, das sind derzeit rund 260 DM, wird ein Erwerbseinkommen in voller Höhe auf die Sozialhilfe angerechnet. Der Grenzsteuersatz für einen Sozialhilfeempfänger liegt also für Einkommen über der Hinzuverdienstgrenze bei 100 Prozent. Damit besteht ein Anreiz zur Erwerbstätigkeit aus finanzieller Sicht nur, wenn das zu erwartende Einkommen deutlich über dem Sozialhilfeniveau liegt.

Dieses Problem ist längst bekannt. Seine Lösung besteht grundsätzlich darin, zusätzliche Erwerbseinkommen nur teilweise auf die Sozialhilfe anzurechnen. Das kann in einer Maximalvariante in Form des sogenannten Bürgergeldes geschehen, das die umfassendste Konzeption einer negativen Einkommensteuer darstellt. Dabei hat jeder Bürger Anspruch auf ein Mindesteinkommen, für das der Staat aufzukommen hat. Eigene Erwerbseinkommen würden von diesem Bürgergeld progressiv in Abzug gebracht, im Idealfall mit einem linearen Tarifverlauf. Die Zahlung von Bürgergeld würde also in dem Maße mit konstanten Raten zurückgefahren, je höher das individuelle Einkommen ausfällt.

Natürlich gibt es gegen diese im Grunde sehr verlockende Konzeption Einwände. Der erste besteht in der Vermutung, daß das Bürgergeld sehr teuer würde, schon allein deshalb, weil es die Freibetragsgrenze erheblich nach oben verschiebt. Genau auszurechnen vermochte die zu erwartenden Kosten jedoch bisher noch niemand.

Der entscheidende Einwand ist aus unserer Sicht aber ein anderer: Das Bürgergeld würde die Motivation zum eigenen Einkommenserwerb aushöhlen. Viele Menschen würden ein Leben vorziehen, das ganz oder doch zu erheblichen Teilen durch die Allgemeinheit finanziert wird, sei es auch bescheiden. Das Kernproblem besteht folglich in der Umkehrung des Subsidiaritätsprinzips: Der einzelne muß beim Bürgergeld nicht länger zunächst für sich selbst sorgen, ehe er die Gesellschaft in Anspruch nehmen kann. Vielmehr ist die Gesellschaft zunächst verpflichtet, ihm sein Bürgergeld zu gewähren, und er kann darüber hinaus nach eigenem Ermessen hinzuverdienen.

Größere Aussichten auf Erfolg hat hingegen eine reduzierte Version der negativen Einkommensteuer, die auf Sozialzuschüsse zum regulären Arbeitseinkommen, also eine Art Kombi-Lohn, hinausläuft und sich auf eine ausschließlich beschäftigungsfördernde Dimension beschränkt. Diese von Fritz Scharpf, Direktor des Max-Planck-Instituts für Gesellschaftsforschung in Köln, vorgeschlagene Variante unterscheidet sich vom Bürgergeld darin, daß sie alle Elemente eines »arbeitslosen Grundeinkommens« vermeidet und sich ausschließlich auf Beschäftigte bezieht. Das gegenwärtige System der sozialen Sicherung bei Arbeitslosigkeit bleibt somit erhalten. Ziel dieses Konzeptes ist es, Beschäftigungsmöglichkeiten im Niedriglohn-Sektor zu nutzen, ohne daß das Einkommen der dort Beschäftigten unter das Existenzminimum sinkt.

Ein Arbeitsloser, der bisher zum Beispiel 1800 DM Arbeitslosenunterstützung bekommt, wird einen Job für 1600 DM nicht annehmen. Wenn ihm der Staat allerdings einen Zuschuß von 400 DM gewährt, stellt das einen positiven Leistungsanreiz für den bisher Arbeitslosen dar und bedeutet zusätzlich eine Ersparnis von 1400 DM bei den staatlichen Unterstützungszahlungen.

Voraussetzung für eine so ausgestaltete Subventionierung der Erwerbseinkommen im Niedriglohnsektor ist die Festlegung unterer und oberer Einkommensschranken, innerhalb derer ein staatlicher Zuschuß erfolgt. Wichtig ist auch, daß die Förderung so ausgestaltet wird, daß sie mit steigendem Einkommen abnimmt. Nur ein degressiver Verlauf garantiert nämlich, daß das Interesse an höheren Erwerbseinkommen erhalten bleibt. Nach Fritz Scharpf wird es dadurch auch nicht zu allgemeinen Lohnsenkungen auf Kosten der Steuerzahler kommen, da sich diese nur gegen erhebliche Widerstände der derzeit höher entlohnten Beschäftigten durchsetzen ließen.

Die kleine Version der negativen Einkommensteuer ist aus unserer Sicht ein richtiges Instrument, weil es über eine aus Sozialhilfe finanzierte Einkommenszulage einen Anreiz zur Aufnahme einer Arbeit schafft. Ihr kommt bei der Überwindung der bisher fast unpassierbaren Grenze zwischen Arbeitsmarkt und Sozialsystem eine entscheidende Rolle zu.

Neben der Version der negativen Einkommensteuer gibt es noch zwei andere Möglichkeiten, die kombiniert eingesetzt werden sollten. Das ist zum einen die generelle Absenkung des Sozialhilfeniveaus zumindest bei arbeitsfähigen Empfängern, um durch eine Erweiterung des Lohnabstands verstärkte Beschäftigungsanreize zu schaffen. Die Sozialhilfe wirkt auf dem Arbeitsmarkt wie ein offizieller, vom Staat garantierter Mindestlohn, der selbst Arbeitslose mit guten Aussichten auf eine neue Beschäftigung daran zweifeln läßt, ob sich eine niedrig bezahlte Arbeit für sie überhaupt lohnt. Hier liegt die Ursache für eine Armutsfalle, die im Grunde mehr eine Bequemlichkeitsfalle darstellt.

Zum anderen muß bei Verweigerung zumutbarer Arbeit nach bundeseinheitlichen Kriterien eine Kürzung des Regelsatzes erfolgen. Das Eckpunktepapier nennt hier konkret 25 Prozent. Einschlägige Zumutbarkeitskriterien sind vom Verwaltungsrat der Bundesanstalt für Arbeit entwickelt worden. Diese können unverändert übertragen werden.

Es reicht jedoch nicht, einseitig bei Sozial- oder Arbeitslosenhilfeempfängern anzusetzen, um deren Nachfrage nach Arbeit zu stimulieren. Es muß vor allem auch das Angebot an Arbeitsplätzen gerade im unteren Lohnsegment deutlich erhöht werden. Verantwortung dafür tragen in erster Linie die Tarifparteien, in zweiter Linie der Staat.

Möglichkeiten dazu gäbe es bereits im bestehenden Tarifsystem, in dem die unterste Lohngruppe gar nicht besetzt ist und die nächstfolgende nur sehr spärlich. Die vorhandenen Entlohnungsmöglichkeiten müssen also beschäftigungsfördernd genutzt werden. Die Gewerkschaften sind darum gefordert, sich nicht nur um Lohnerhöhungen für die Arbeitsplatzbesitzer zu kümmern, sondern auch an jene zu denken, die wieder auf dem Arbeitsmarkt Fuß fassen möchten. Deutschland braucht eine Lohnpolitik, die Flexibilität im Interesse von mehr Beschäftigung zuläßt und nicht mit der »Produktivitätspeitsche« alle geringbezahlten Tätigkeiten aus dem offiziellen Arbeitsmarkt hinausdrängt. Es muß an dieser Stelle ganz klar festgestellt werden, daß die prinzipielle Verantwortung für Arbeitsmarkt und Beschäftigung in Deutschland bei den Tarifpartnern, also bei Arbeitgebern und Gewerkschaften liegt. Der Staat kann nur flankierende Hilfestellungen geben, er kann jedoch die Wunden einer beschäftigungsfeindlichen Tarifpolitik langfristig nicht heilen. Der Mittelständler Norbert Geissler (Metallbetrieb mit 100 Beschäftigten) sagte dazu im August 1995: »Die letzten Tarifverhandlungen waren für mich entsetzlich. Dieses Imponier- und Feindgehabe, diese Sturheit von beiden Seiten fand ich schlechterdings unerträglich. So löst man nicht die komplexen Probleme der Industrie im 21. Jahrhundert. Ich bin nicht das Versuchskaninchen des Arbeitgeberverbands.«

Das Ziel der produktivitätsgerechten Lohnabsenkung besteht darin, die Einstellung von Arbeitslosen mit hohen Anfangsrisiken für Unternehmen lohnend zu machen. Wenn dies gelingen soll, muß ein Sozial- oder Arbeitslosenhilfeempfänger auch bereit sein, zumindest befristet einen geringeren Lohn in Kauf zu nehmen. Im Vordergrund muß für ihn der Wiedereintritt in den ersten Arbeitsmarkt stehen. Gelingt das, hat er wieder die Chance, sein Einkommen durch überdurchschnittliche Leistung, Engagement und Lernanstrengungen längerfristig zu steigern.

Beschäftigungshemmende Sozialabgaben

Eine wesentliche Hemmschwelle bei der Eingliederung Arbeitsloser stellen die extrem hohen Sozialversicherungsbeiträge in Deutschland dar, die auf den Lohn aufgeschlagen werden. Die Erhöhung von Steuern und Sozialabgaben hat einen wachsenden Keil zwischen Brutto- und Nettolohn getrieben. Fachleute sprechen hier von der »tax wedge«. Zudem finanziert Deutschland einen im internationalen Vergleich sehr hohen Anteil von zwei Dritteln seines Sozialbudgets nicht durch Steuern, sondern durch Sozialversicherungsbeiträge von Arbeitgebern und Arbeitnehmern. Selbst die Kirchen kritisieren daher in ihrem Diskussionspapier vom November 1994, daß »mittlerweile die sehr hohe Belastung niedriger Einkommen durch die Sozialversicherungsbeiträge zu Sozialhilfebedürftigkeit oder zu einer spürbaren Beeinträchtigung der Lebenslage der Angehörigen unterer Lohngruppen führen« könne. Sozialhilfebedürftigkeit durch Sozialabgaben – so weit hat es der überbordende Wohlfahrtsstaat inzwischen gebracht.

Eine Verminderung der Sozialabgabenlast hätte dagegen den Vorteil, daß sie die Motivation zur Schwarzarbeit und anderen »nicht-regulären« Arbeitsverhältnissen erheblich verringern würde. Die Zahl der Schwarzarbeiter wird derzeit konservativ auf 3,8 Millionen geschätzt. Sie ist also praktisch genauso hoch wie die offizielle Arbeitslosigkeit. Diese Arbeitslosen können ihre Arbeit zu einem marktgerechten Preis anbieten, weil sie den Staat um Steuern und Sozialabgaben prellen. Zusätzlich erhalten sie noch Arbeitslosen- oder Sozialhilfe, die eigentlich überflüssig ist, weil der »abgabenbefreite« Arbeitslose einen ausreichenden Wettbewerbsvorteil besitzt, um jederzeit genügend Arbeit zum Lebensunterhalt zu finden. Eine Reduzierung der Sozialabgaben – und möglichst auch der Steuern – könnte folglich die Anreize zur Schwarzarbeit abbauen und das Streben nach einer regulären Erwerbstätigkeit stärken.

Eine ähnliche Motivation ist bei Studenten gegeben, die nebenher jobben. Eine Umfrage an der Münchner Universität aus dem Jahr 1993 ergab, daß fast die Hälfte der Studenten der Wirtschaftswissenschaften einen Job haben, der ihnen zwischen 2000 und 3000 DM im Monat bringt. Studenten zahlen nur 75 DM Krankenkassenbeitrag monatlich und sonst keine weiteren Sozialabgaben. Nicht wenige ziehen darum das Examen möglichst lange hinaus, weil sie die Vorteile des Studentenstatus den Unsicherheiten des Arbeitsmarktes vorziehen.

Noch ein weiteres Beispiel für die Umgehung überhöhter Sozialabgaben bilden die sogenannten 580-DM-Verhältnisse, bei denen keine Sozialversicherungsbeiträge abgeführt werden müssen. Eine Hausgehilfin ist heute kaum mehr zu finden, wenn sie regulär angemeldet werden soll. Ähnlich ist es bei Hilfskellnern, Hilfsfernfahrern und ähnlichen Gruppen, die geringfügig beschäftigt sind, in der Praxis aber mehr oder weniger Vollzeit arbeiten.

Diese Beispiele belegen eindeutig, daß die in Deutschland geltenden Sozialabgaben dazu führen, daß reguläre Beschäftigung gemieden wird und Arbeit in fragwürdigen oder gar illegalen Verhältnissen stattfindet. Vor allem die Ausweitung der Schwarzarbeit ist ein ernstes Warnsignal an die Politik. Wer Schwarzarbeiter beschäftigt, hat die Kostenvorteile, die sich aufgrund wegfallender Steuern und Sozialversicherungsbeiträge ergeben, vor Augen. Wer anstatt der regulären Alternative die Schwarzarbeit wählt, weiß aber auch, daß er gegen staatliche Regelungen verstößt. Die wachsende Akzeptanz für Schwarzarbeit ist ein Alarmzeichen dafür, daß das Verhältnis Bürger – Staat belastet ist. Die verstärkte Bereitschaft, staatliche Regelungen zu umgehen, ist Ausdruck dafür, daß der Bürger sich immer weniger mit dem Staat identifiziert und Art und Umfang der staatlichen Aufgaben und Leistungen mehr und mehr kritisch gegenübersteht. Die Ausdehnung der Schattenwirtschaft sowie auch eine schwindende Steuermoral sind die Vorboten einer tiefgreifenden Akzeptanzkrise des überbordenden Wohlfahrtsstaates.

Es geht also hier keineswegs darum, dem Entstehen einer Klasse von »working poor« den Weg zu ebnen. Doch an ein wenig mehr soziale Differenzierung wird man sich auch in Deutschland und einigen anderen europäischen Ländern gewöhnen müssen. Das heutige System der sozialen Sicherung – das zeigen solche Sachverhalte mit aller Deutlichkeit – birgt zu wenig Anreiz zur Leistung. Dieser Tatsache muß durch eine umsichtige Neugestaltung des Steuer- und Sozialsystems Rechnung getragen werden. Dabei kann es nicht länger ausschließlich darum gehen, die Einkommens- und Sozialstandards auf immer neue internationale Spitzenniveaus hochzuschrauben. Damit beschleunigt sich der Abbau von Jobs und von Arbeitskräften, die ihre Produktivität nicht so schnell erhöhen können, wie die Löhne, Steuern und Sozialabgaben steigen. Bisher haben es sich die Verantwortlichen sehr leicht gemacht bei der Beantwortung der Frage, ob sie damit mehr soziale Gerechtigkeit schaffen. Sie waren der Ansicht, daß das Wohlbefinden der Menschen allein davon abhängt, wie sie materiell gestellt sind. Angesichts der heutigen Massenarbeitslosigkeit muß aber ernstlich gefragt werden, ob die Deutschen damit tatsächlich richtig liegen, oder ob Menschen nicht auch auf niedrigeren Lohn- und Produktivitätsstufen in ihrem Beruf Sinn, Lebensunterhalt und Daseinsvorsorge finden können! Wenn ja, wie gerecht ist dann ein Wirtschaftssystem, das immer mehr Menschen in die Arbeitslosigkeit treibt und sie damit zu Unterstützungsempfängern macht?

Arbeitsmarktpolitik im Dienste des Insiderschutzes

Rund fünf Millionen Menschen haben in Deutschland derzeit keine oder keine reguläre Beschäftigung. Das ist die traurige Bilanz, die Tarif-, Fiskal-, Sozial- und Arbeitsmarktpolitik nicht verhindern konnten und daher zu verantworten haben. Die Antwort der Gesellschaft auf dieses Versagen beschränkt sich häufig auf die Arbeitsmarktpolitik. Es müsse Arbeit geschaffen werden, die keine ist, nicht vorhandene Arbeit solle umverteilt und aufgeteilt werden.

Wir sind der Auffassung, daß Wachstum, Wohlstand und Beschäftigung alle angehen, also auch alle Politikbereiche und insbesondere die Tarifparteien. Seit Jahren muß man den Eindruck haben, daß es bei den Tarifverhandlungen nur noch darum geht, einen immer höheren Lohn für immer weniger Beschäftigte zu vereinbaren. Die Verantwortung für die Auswirkungen am Arbeitsmarkt wird von den Tarifpartnern nicht erkennbar wahrgenommen. Dabei kann die Schuldzuweisung keinesfalls ausschließlich an die Adresse der Gewerkschaften gehen, denn bekanntlich stehen unter jedem Tarifvertrag zwei Unterschriften. Gerade in der Metalltarifrunde von 1995 haben sich die Arbeitgeber durch ihre taktischen Spielchen einen Bärendienst erwiesen, der der Arbeitsplatzvernichtung weiter Vorschub leistet. Die Gewerkschaften beschränken sich in der Mehrheit erfolgreich auf die Durchsetzung von Lohn- und Freizeitforderungen, obwohl weder höhere Löhne noch kürzere Arbeitszeiten einen Beitrag zur Beschäftigung in Deutschland leisten. Beide Tarifparteien sind sich darin einig, daß die externen Effekte ihrer Kartellpolitik von der Allgemeinheit getragen werden müssen. Selten einmütig zeigen sich die Tarifpartner beim Ruf »Hände weg von der Tarifautonomie«.

»Wenn aus der Massenarbeitslosigkeit allerdings – wie in den siebziger und achtziger Jahren – ein Dauerzustand wird und auch nicht – wie in der Weltwirtschaftskrise der dreißiger Jahre – eine Serie kontraktiver geld- oder finanzpolitischer Schocks vorliegt, so liegt die Schuld bei der Lohnpolitik der Tarifparteien. Da die Tariflöhne nicht für die Beschäftigten, sondern nur für die Arbeitsuchenden zu hoch sind, ist sowohl die Lohnstruktur verzerrt als auch das durchschnittliche Reallohnniveau überhöht.« Roland Vaubel, von dem diese Äußerung stammt, schlägt darum vor, die Verbände von Arbeitgebern und Arbeitnehmern an den Kosten der Arbeitslosenversicherung zu beteiligen, da sie zu deren Schaden ihre Tarifpolitik betreiben.

Nicht nur die Überweisung von Menschen in die Arbeitslosigkeit, sondern noch vielfältige andere Regelungen der Tarifparteien tragen zur Erhöhung der Kosten für die Allgemeinheit und zur Stabilisierung ihrer Besitzstände bei. Dabei spielt der Staat eine bedenkliche Rolle, indem er einerseits den Abbau von Arbeitsplätzen begünstigt und andererseits den Arbeitsmarktzutritt durch kostspielige Schutzbestimmungen zugunsten der Arbeitsplatzbesitzer enorm erschwert.

Da ist zunächst der Vorruhestand, der staatlicherseits durch großzügige Regelungen gefördert wird. Zwischen 1980 und 1989 betrug der durchschnittliche Anteil der Beschäftigten, die vor dem 65. bzw. vor dem 63. Lebensjahr den Betrieb verlassen und in Rente gehen, mehr als 68 bzw. 76 Prozent mit steigender Tendenz. In großen und mittelgroßen Unternehmen liegen die Anteile noch deutlich höher. Die Wirkung besteht darin, daß auf Kosten der Arbeitslosen- und Rentenversicherung Überangebot aus dem Markt genommen und ein hohes Lohnniveau stabilisiert werden kann.

Als nächstes sind die Regelungen zum Sozialplan zu nennen. Gegen diese ist grundsätzlich nichts einzuwenden, da auch bei nichttarifgebundenen Arbeitsverhältnissen Abfindungen im Falle der Vertragsaufhebung gezahlt werden. Doch inzwischen erreichen die Sozialplanleistungen nicht selten ein Niveau, das der Kapitalausstattung eines industriellen Arbeitsplatzes entspricht. Der Abbau eines unrentablen Arbeitsplatzes kostet also mitunter ebensoviel, wie die Schaffung eines neuen, die damit gleichzeitig verhindert wird. Derart hohe Marktaustrittskosten schützen vor raschen Kündigungen und federn diese ab. Sie sind aber zugleich probate Markteintrittsinhibitoren, das heißt, sie wirken als Abschreckungsmittel gegen Neueinstellungen. Auch das festigt die Position der Marktinsider, der Arbeitsplatzbesitzer, und schwächt die der Arbeitsuchenden.

Ein besonders absurdes Instrument des Insiderschutzes stellt das sogenannte Günstigkeitsprinzip dar, wonach jeder Arbeitnehmer ein Anrecht darauf hat, nach dem am Ort seiner Berufsausübung – nicht etwa an dem seines Arbeitgebers – gültigen Tarif entlohnt zu werden. So wurde ein ostdeutscher Bauunternehmer, der in Westdeutschland ein Gebäude errichten wollte, per Gerichtsbeschluß dazu verpflichtet, seinen ostdeutschen Bauarbeitern den im Westen geltenden Tariflohn zu zahlen. Manfred E. Streit, Direktor des Max-Planck-Instituts für Wirtschaftsforschung in Jena, kommentiert diesen Fall so: »Man hat qua Gerichtsbeschluß einen Lohnkostenvorteil beseitigt und damit die Beschäftigungschancen eines ostdeutschen Unternehmens verringert – alles im Namen der Sozialstaatlichkeit – versteht sich. Es gibt bei solchen Dingen immer zwei Seiten, und dies ist ein Paradebeispiel dafür, wie man das Prinzip der Sozialstaatlichkeit zu Tode reiten kann.« Auch hier ist der Hintergrund die Besitzstandssicherung einer Gruppe von Arbeitnehmern und Unternehmen, nämlich derer im Westen, indem Beschäftigungssuchenden von außen der Zugang zum Güter- und Arbeitsmarkt verbaut wird.

Eine Reform der Arbeitsmarktpolitik muß darauf abzielen, die Flexibilität von Arbeitsangebot und Arbeitsnachfrage zu steigern, indem hemmende Regelungen abgebaut und spezifische Hilfen gegeben werden. Vor allem müssen alle staatlichen Regelungen auf den Prüfstand und daraufhin hinterfragt werden, wem sie tatsächlich nutzen. Die angeführten Beispiele zeigen, daß die Statussicherung für privilegierte Arbeitsplatzinhaber Vorrang vor fairem Wettbewerb hat, in dem auch schwächeren Gruppen eine Chance auf Beschäftigung eingeräumt wird. Zu deren Gunsten ist es ferner legitim, Kosten auf die Allgemeinheit abzuwälzen, deren Verteilung Sache der Tarifpartner wäre.

Es müssen also zum einen alle Regelungen überprüft werden, die den Zutritt auf den Arbeitsmarkt behindern, insbesondere für benachteiligte Personengruppen. Zum anderen muß es den Tarifparteien erschwert werden, Beschäftigte auf Staatskosten zu »entsorgen«. Statt dessen müssen sie gezwungen sein, sich über beschäftigungsfördernde Tarifregelungen Gedanken zu machen. Nicht Besitzstandsmaximierung, sondern Beschäftigungsmaximierung muß in einer wettbewerbs- und funktionsfähigen Sozialen Marktwirtschaft die Aufgabe der Sozialpartner sein. Erst wenn sie diese Verantwortung wieder ernst nehmen, haben auch die vielfältigen Maßnahmen der öffentlichen Beschäftigungsförderung eine Chance, mehr als eine sozialpolitische Ersatzveranstaltung zum richtigen Arbeitsmarkt zu sein und somit eine Vorbereitung auf diesen zu bieten.

Ziel muß die Wiederbelebung des Arbeitsmarktes sein, nicht die Erfindung immer neuer ABM-Varianten, die die versteinerten Besitzstrukturen auf dem ersten Arbeitsmarkt vor dem destabilisierenden Einfluß des Überschußangebots an Arbeitskräften schützen. Durch ABM werden nicht nur Arbeitskräfte gebunden, es wird zudem durch das Zusätzlichkeitskriterium und die Zahlung von Tariflöhnen dafür gesorgt, daß jegliche Auswirkungen auf den ersten Arbeitsmarkt ausgeschlossen sind. Fast ließe sich fragen, welcher Arbeitsmarkt tatsächlich eine künstlich inszenierte Veranstaltung darstellt, der zweite oder nicht eher der erste?

Durch ABM dürfen aufgrund der »Zusätzlichkeit« nur Arbeiten verrichtet werden, bei denen keine Konkurrenz zu Unternehmen besteht, weil diese Arbeiten – so muß man folgern – völlig überflüssig sind. Niemand käme auf die Idee, jemanden damit zu beauftragen, wenn er die Kosten tatsächlich tragen müßte. Im Marktsinne handelt es sich bei ABM also nicht um Arbeit. Insofern ist es reine Täuschung des Publikums, wenn ABM mit dem Argument angepriesen werden, daß »Arbeit statt Arbeitslosigkeit« finanziert werden müsse. Ein Unterschied wäre allenfalls zwischen tätiger und passiver Arbeitslosigkeit zu treffen.

Erst wenn die von uns geforderte Dynamisierung am richtigen Arbeitsmarkt eintritt, können sinnvolle Maßnahmen der Förderung Arbeitsloser ihre Wirkung erst richtig entfalten. Hierzu gehören beispielsweise die Fortbildungs- und Umschulungsmaßnahmen (FuU), bei denen allenfalls für mehr Bezug zum tatsächlichen Qualifikationsbedarf auf dem Arbeitsmarkt zu sorgen wäre. Innovative Vorschläge regen daher an, passive Lohnersatzleistungen in Zuschüsse für betriebliche Fortbildungsmaßnahmen etwa in Form von Ausbildungsgutscheinen für Jugendliche umzuwandeln. Auch Sozialplanabfindungen können in Qualifizierungszuschüsse bei einstellungsbereiten Unternehmen umgewandelt werden.

Angesichts des wachsenden Tempos des wirtschaftlichen Wandels auf dem Weg in die Informationsgesellschaft bilden Qualifikation und beständige Fortbildung eine immer wichtigere Ressource auf dem Arbeitsmarkt. Hier ist also in der Tat ein wichtiger Ansatzpunkt, um die Beschäftigungschancen von Arbeitslosen zu erhöhen. Es wäre dabei aus unserer Sicht nur sinnvoll, wenn Arbeitslosen oder von Kündigung betroffenen Arbeitnehmern durch individuellere Regelungen mehr Eigeninitiative bei der Wahl einer für sie geeigneten Maßnahme übertragen würde. Zu beachten bleibt jedoch, daß solche und andere Maßnahmen zur Beschäftigungsförderung nur wirken können, wenn sie nicht durch die staatlichen und tariflichen Regelungen auf dem ersten Arbeitsmarkt konterkariert werden.

Der Arbeitsmarkt in Deutschland leidet insgesamt unter viel zu geringer Dynamik und Flexibilität. Hierin liegt der Grund, warum einerseits der Abbau bestehender Arbeitsplätze so forciert verläuft und andererseits zu wenig neue und produktive Arbeitsplätze entstehen. Wo aber liegen die Beschäftigungschancen der Zukunft, wenn der wirtschaftliche Wandel vom Arbeitsmarkt konstruktiv mitvollzogen wird?

IV.6

Der Staat als Infrastrukturbetreiber

> Wahre Konservative müssen offen für den Fortschritt sein.
> Wer sich dem Fortschritt verschließt, wird zum Reaktionär.
>
> *Richard von Weizsäcker*

Eine der wichtigsten Aufgaben, die der Staat in Zukunft zu bewältigen hat, ist die Neudefinition seiner Rolle als Infrastrukturbetreiber. Deutschland steht an der Schwelle zur Dienstleistungsgesellschaft. Es muß die dritte »industrielle« Revolution gestalten und den Weg in das globale Informationszeitalter bereiten und ebnen. Die Gangart in der globalen Wirtschaft von morgen wird derjenige bestimmen, der die Infrastruktur rechtzeitig aufgebaut hat. Anpassungsdruck ergibt sich vor allem aus den Erfordernissen des internationalen Wettbewerbs. Zahlreiche empirische Untersuchungen bestätigen, daß dem Faktor Infrastruktur im internationalen Standortwettbewerb entscheidende und weiter wachsende Bedeutung zukommt.

Die neuen Technologien, insbesondere in der Informationstechnik und der Telekommunikation, erfordern völlig neue Netze. Die Dynamik, die heute bereits bei der Modernisierung der Infrastrukturausstattung von Volkswirtschaften zu beobachten ist, zwingt die Politik zu perspektivischem Denken. Der Staat muß gezielt in die Basisausstattung von morgen investieren, wenn er die Erfolgsbedingungen für den Standortwettbewerb auch künftig gewährleisten will. Er kann das jedoch – und soviel steht fest – nicht in eigener Regie und mit den überkommenen Methoden bewältigen. Es reicht daher nicht aus, wenn der Staat nur einen Gang zulegt und das Tempo etwas beschleunigt, ansonsten aber weiterhin die gesamte Infrastruktur unter seiner Kontrolle verbleibt. Die neuen Anforderungen bei der gesamten Forschung sowie im Bereich der Telekommunikation, des Verkehrs und der kommunalen Infrastruktur ziehen einen hohen Bedarf an Kapital und Fachpersonal nach sich, der den Staat mehr und mehr überfordert. Ergebnisarme Forschung, verstopfte Autobahnen, überteuerte Telekommunikationstarife und explodierende Kommunalabgaben sind dafür beredter

Ausdruck. Ein schlanker Staat, der möglichst viele dieser Aufgaben an Private überträgt und auch in seinem eigenen Handeln privatwirtschaftlichen Prinzipien größeren Raum verschafft, ist eine wichtige Vorbedingung für grundlegende Verbesserungen.

Die Not leerer öffentlicher Kassen hat dazu geführt, daß verstärkt alternative Modelle der Bereitstellung von Infrastruktur diskutiert werden. Selbst Skeptiker räumen ein, daß die Voraussetzungen meistens nicht mehr zutreffen, die früher für staatlichen Bau und Betrieb sprachen. Insbesondere die »Nichtrivalität im Konsum«, die früher als Rechtfertigung dafür gesehen wurde, daß bestimmte Leistungen als öffentliches Gut galten, dürfte bei vielen Infrastrukturgütern überholt sein. Das immens angewachsene Verkehrsaufkommen hat beispielsweise dazu beigetragen, daß die Straße den Charakter des jederzeit und für alle verfügbaren freien Gutes verloren hat. Damit gewinnen Argumente an Gewicht, die die Beteiligung privater Unternehmen an Infrastrukturaufgaben befürworten.

Das Institut der deutschen Wirtschaft hat eine Übersicht wichtiger Infrastrukturleistungen zusammengestellt und untersucht, welche Bereiche sich für eine Öffnung hin zu privatwirtschaftlicher Konkurrenz eignen. Der überwiegenden Mehrheit der Infrastrukturleistungen wird dabei ein hohes oder mindestens mittleres Potential für Wettbewerb bescheinigt, allen voran der Telekommunikation und der Gasversorgung. Das bedeutet, daß in diesen Bereichen konkurrierende Anbieter zugelassen werden können und somit eine ausschließlich öffentliche Aufgabenerledigung nicht mehr notwendig ist. Lediglich einige wenige Bereiche werden identifiziert, für die ein vergleichsweise geringes Wettbewerbspotential angenommen wird, so etwa für Schienenwege und Landstraßen.

Von der Praxis werden derartige Analysen meist noch überboten. So wird das Konkurrenzpotential im Bereich der Abwasserentsorgung und -aufbereitung in der Studie als niedrig eingeschätzt. Gerade in diesem Bereich sind aber unter dem Druck der knappen öffentlichen Kassen die ersten Schritte zur Einbeziehung privatwirtschaftlicher Initiativen unternommen worden. Dies kann als Beleg dafür aufgefaßt werden, daß »Private-Public-Partnership« auch unter Voraussetzungen möglich ist, die auf den ersten Blick ungünstig erscheinen.

Forschung

Ein elementarer Wettbewerbsfaktor im Global Game ist die Forschungsinfrastruktur eines Landes. Verstärkt engagieren sich viele Staaten in den letzten Jahren in diesem Bereich. Besonders auffällig und publikumswirksam geschieht das in den USA. Schon Star Wars war im Grunde ein Forschungsprogramm für die zivile Wirtschaft, das über den Verteidigungshaushalt finanziert wurde. Dies war jedoch nur der Auftakt zu einer nationalen Innovationsoffensive, die damals das gesamte Land erfaßt hat. Technologische Spitzenleistung gilt als Vorbedingung, um die amerikanische Führungsposition in der Welt zu verteidigen. Einige Beispiele zeigen, daß eine solche Anstrengung gelingen kann.

Ein Beispiel für den amerikanischen Aufbruch bei High-Tech ist der »Council on Competitiveness«, der im Mai 1995 seinen jüngsten Bericht über die Wettbewerbsfähigkeit der USA vorgelegt hat. Xerox-Chef Paul Allaire, gleichzeitig Vorsitzender des Council, forderte bei der Gelegenheit die amerikanische Industrie dazu auf, die Leistungsverbesserungen in allen wichtigen Technologien »schonungslos zu erzwingen«. Dazu zählen neue Werkstoffe, Fertigungstechnologie, Elektronik, Informationstechnik, Antriebstechnik und Energieübertragung, aber auch organisatorische Innovationen wie Null-Fehler-Management, das in den USA als nationale Kampagne mit jährlicher Auszeichnung durch den Präsidenten persönlich betrieben wird, oder die Integration von Forschung, Design und Management. Der Council of Competitiveness ist eine private Vereinigung von Vorständen amerikanischer Großunternehmen, Gewerkschaftsbossen und Universitäten, die sich die Verbesserung der Wettbewerbsfähigkeit der amerikanischen Industrie auf den Weltmärkten zum Ziel gesetzt haben. Es versteht sich dennoch, daß die Politik – sogar parteiübergreifend – voll hinter dieser Initiative steht. Weitere Initiativen sind bereits gestartet worden, von denen die Errichtung der »Information Highways« selbst hierzulande Aufsehen erregt hat.

Während in Deutschland ordnungspolitische Grundsatzdebatten geführt werden, handeln andere Länder, nicht nur die USA. Die deutsche Industrie reagiert zunehmend mit Investitionen im Ausland. Gert Becker, Präsident des Verbandes der Chemischen Industrie (VCI), nennt einige Beispiele ausgewanderter Forschungslabors im Bereich der Gentechnik:

- Das Zentrum für Biomedizinische Forschung der BASF in Worcester; Investitionen von 100 Millionen US-Dollar, 250 Mitarbeiter, davon 160 Wissenschaftler.
- Die Konzentration der Biotechnologie-Aktivitäten von Bayer bei Miles in Berkeley; 1000 Mitarbeiter, Umsatz 70 Millionen US-Dollar, Investitionen von 130 Millionen US-Dollar. Für das Jahr 2000 erwartet man dort einen Umsatz von 600 Millionen US-Dollar.
- Das Institut für Molekularbiologie von Bayer in West Haven mit 400 Mitarbeitern.
- Die Forschungs- und Produktionsaktivitäten von Schering in Richmond mit 550 Mitarbeitern, 450 davon in der Forschung.
- Der Aufbau der gentechnischen Hirudin-Produktion von Hoechst in Frankreich.
- Außerdem betreibt Hoechst eine gentechnische Entwicklungs- und Produktionsanlage in Japan, wo die Rahmenbedingungen günstiger sind als in Deutschland.

Den beträchtlichen Investitionen deutscher Firmen im Ausland steht keine einzige Gentechnik-Investition ausländischer Unternehmen in Deutschland gegenüber.

Aber nicht nur die FuE-Mittel werden zunehmend im Ausland eingesetzt, sondern auch die Forscher. Bei Bayer arbeitet ein Drittel des Forschungspersonals im Ausland, bei Hoechst sind es sogar 40 Prozent. Das verwundert nicht, da die Forschungs- und natürlich auch die Produktionsarbeitsplätze dort entstehen, wo eine Technologie heimisch ist. So verfügen die USA über 300 gentechnische Produktionsanlagen mit rund 80000 Beschäftigten, Deutschland dagegen über sechs mit mageren 1000 Arbeitsplätzen. Nach Ergebnissen einer Studie des europäischen Chemieverbandes wird das Marktvolumen für biotechnologische Produkte weltweit von derzeit rund 10 Milliarden DM auf 167 Milliarden DM im Jahre 2000 anwachsen und parallel dazu die Zahl der Arbeitsplätze von 80000 auf 2 Millionen. Es läßt sich schon heute ausrechnen, wie viele davon auf Deutschland entfallen werden.

Verantwortlich für die Schwäche Deutschlands auf diesem Zukunftsfeld ist sehr wesentlich die Behinderung durch eine schwer durchschaubare Gesetzgebung für die Genehmigung selbst einfachster Anlagenveränderungen. Ein Paradebeispiel ist sicherlich das prohibitive Gentechnikgesetz von 1990, das im Dezember 1993 in einigen Punkten novelliert wurde.

Aber auch die Forschung selbst ist Gegenstand mancher Kritik. Vor allem werden ihre Ineffizienz und ihre Schwäche bei der Umsetzung von Ergebnissen in marktfähige Produkte oder zumindest doch Patente beanstandet. Ein Beispiel für die öffentliche Verschwendung von FuE-Geldern bieten die 16 Großforschungseinrichtungen in Deutschland, die zu 90 Prozent vom Bund und zu 10 Prozent von den jeweiligen Ländern finanziert werden und einen Etat von rund 3 Milliarden DM zur Verfügung haben. Das Magazin »Wirtschaftswoche« berichtete im Januar 1995 von einer noch unveröffentlichten Studie des Deutschen Patentamtes in München: »Danach schaffen die 26 000 Bediensteten in den Großforschungseinrichtungen jährlich rund 200 Patente – das ist nicht einmal ein Prozent der aus Deutschland stammenden Patentanmeldungen.«

Das Problem der deutschen Forschung: Grundlagen- und Anwendungsforschung stehen mehr oder minder unverbunden nebeneinander. Die späteren Glieder der technologischen Kette müssen selbst sehen, wie sie an die Ergebnisse der Vorstufen herankommen. Dieser unzureichende Transfer von Forschungsergebnissen liegt natürlich in erster Linie daran, daß zu wenig Interesse an der Weitergabe besteht, weil es an Anreizen fehlt.

Um mehr Dynamik und Effizienz im Hinblick auf die globale wissenschaftlich-technische Herausforderung zu erbringen, muß darum auch die Forschung in Deutschland auf marktwirtschaftlicher Grundlage umgestaltet werden. Künftig muß ein offener und öffentlicher Wettbewerb um die besten Sach- und Finanzausstattungen, die besten Ideen und die besten Personen stattfinden.

Zunächst einmal müssen überhaupt die Voraussetzungen für Wettbewerb geschaffen werden. Die Einrichtungen der öffentlichen Forschung sind größtenteils autonome Anbieter. Eine staatliche Forschungseinrichtung sieht sich nicht veranlaßt, Unternehmen ihre Forschungsergebnisse anzudienen, weil weder sie noch ihr beamtetes Personal darauf angewiesen ist. Ein Wettbewerb kann sich nicht einstellen, solange die staatliche Rundumversorgung eines Teils der Forschung besteht.

Kann und darf das aber geändert werden? Zunächst zum Dürfen, dem in Deutschland zweifellos wichtigsten Innovationskriterium. Die Bestimmungen von Artikel 5, Absatz 3 Grundgesetz (»Kunst und Wissenschaft, Forschung und Lehre sind frei.«) können nicht dahingehend ausgelegt werden, daß der Staat verpflichtet ist, der Forschung ihre Steckenpferde zu finanzieren. Freiheit der Forschung heißt nicht, Anspruch auf staatliche Alimentierung zu haben, sondern lediglich die Abwesenheit staatlicher Einflußnahme. Andernfalls dürfte es privat finanzierte Industrieforschung überhaupt nicht geben. Es wäre darum sinnvoll, wenn der Staat künftig Forschungsvorhaben ausschreiben würde. Die Forschungseinrichtungen können dann völlig frei darüber entscheiden, ob sich ein Auftrag und dessen Ziele mit ihrer Autonomie vereinbaren lassen, und ob sie sich darum bewerben wollen.

Nun zum Können. Staatlicher Dirigismus ist aus unserer Sicht stets die zweitbeste Lösung. Vielmehr muß es darum gehen, richtige Anreize zu schaffen, um Eigeninitiative zu wecken. So muß auch in der Forschung der Wettbewerb als Auswahl- und Anreizmechanismus Einzug halten. Dazu ist eine *Reihe von Maßnahmen* erforderlich.

Erstens muß der Anteil der öffentlichen Finanzierung (nicht das öffentliche Forschungsbudget!) wo immer möglich zurückgefahren werden, da öffentlich finanzierte Forscher und Institutionen sich häufig nur dann zur Kooperation mit Unternehmen herbeilassen, wenn sie auf Industriegelder angewiesen sind. Der Staat darf den Anreiz zur Kooperation nicht länger durch Überversorgung abtöten.

Zweitens ist auch in der staatlich geförderten Forschung der Beamtenstatus künftig aufzuheben. Dadurch kann zum einen die personelle Flexibilität erhöht und zum anderen dem Einkommen als Anreizkomponente größeres Gewicht verschafft werden. Die unternehmerische Selbständigkeit von Professoren und Forschern – auch parallel zur Lehr- und Forschungstätigkeit – sollte gefördert werden, und zwar in richtigen Firmen, nicht in den An-Instituten. Eine bessere Form von Technologietransfer kann man sich kaum vorstellen. Dazu bedarf es einer Flexibilisierung der Dienstverpflichtung, die jede Einrichtung autonom vereinbaren kann. Ferner wäre dadurch die Tätigkeit von Industrieforschern an Universitäten und von Professoren in der Wirtschaft flexibel möglich. Die Durchlässigkeit der Karrierewege in beide Richtungen muß erhöht und Anreize zum Wechsel müssen geschaffen werden.

Drittens plädieren wir dafür, verstärkt Industrievertreter in Beiräte und Planungsgremien für die künftigen Forschungsvorhaben zu berufen, wie das beispielsweise im Kernforschungszentrum Karlsruhe bereits geschieht. Dadurch kann eine Verständigung zwischen Forschungsanbietern und -nachfragern schon im Vorfeld stattfinden. Selbst bei der Grundlagenforschung muß es nicht als zwingende Voraussetzung gelten, daß sie ins Blaue hinein betrieben wird. Durch die frühzeitige Abstimmung werden lange Anpassungszeiträume gesichert, die die spätere technologische Umsetzung erleichtern. Auf diese Weise können die Interessen der Wirtschaft Eingang finden und einen »technology-pull« bewirken.

Und viertens müssen umgekehrt Universitäten und Großforschungseinrichtungen verstärkt Marketing betreiben und die Industrie mit Forderungen nach Umsetzung ihrer Ergebnisse angehen. Es muß mit anderen Worten ein komplementärer »technology-push« von ihnen ausgehen, um Nachfrage nach Forschungsleistungen zu wecken. Solche Werbung fördert zudem das Ansehen und die Bekanntheit der Institute. Diese müssen sich als Dienstleister mit öffentlicher Verantwortung begreifen. Eine Kultur der Offenheit würde so innerhalb des gesamten Forschungssystems etabliert.

Als Fazit läßt sich festhalten, daß nicht durch neue oder veränderte Vorschriften, sondern nur durch Anreiz- und Sanktionsstrukturen, die unabhängig von konkreten Akteuren und Themen sind, die industrielle Umsetzung von Forschungsergebnissen dauerhaft und quasi automatisch verbessert werden kann. Marktwirtschaftliche Anreize müssen bei allen Beteiligten ein Eigeninteresse an verbesserter Kooperation und Kommunikation erzeugen. Die Vollkasko-Versorgung der öffentlichen Forschung und ihres Personals durch den Staat muß daher aufhören. Nur dann kann der Markt als Koordinations- und Informationsinstanz greifen und »von unsichtbarer Hand« die Vernetzung der FuE-Kapazitäten und die Umsetzung der Forschungsergebnisse herbeiführen.

Doch nicht nur im Forschungssystem selbst verhindern vielfältige Blockierungen den wirksamen Transfer von Ergebnissen. Auch der Staat kann noch vieles zur besseren Umsetzung von Innovationen beitragen. Dazu muß er allerdings seine Rolle in der Forschungspolitik grundlegend neu überdenken. So kann es nicht Aufgabe des Staates sein, selbst Forschung zu betreiben. Er muß vielmehr die Schwerpunkte staatlicher Forschungsförderung und damit die technologischen Leitlinien vorgeben, und zwar in enger Abstimmung mit den Forschungseinrichtungen und der Wirtschaft. Hier ist also bereits der erste Ansatz zur Verbesserung der Abstimmung.

Eine bessere Verzahnung von Aufgaben ist aber auch auf politischer Ebene überfällig. Sie kann nicht durch gelegentliche Treffs ausgewählter Technologieexperten beim Kanzler ersetzt werden. Technologiepolitik darf nicht nur im Zukunftsministerium stattfinden, sie muß beispielsweise auch den Bereich Infrastruktur einbeziehen. Der Staat muß sich auf allen Feldern, auf denen er im öffentlichen Interesse für fortschrittliche Rahmenbedingungen zu sorgen hat, zum technologischen Risikopartner für die Wirtschaft machen. Das gilt für die Forschung, vor allem aber auch für die Umsetzung risikoreicher Pilotvorhaben. So können in Zusammenarbeit mit Hochschulen und Industrie hochinnovative Infrastrukturprojekte erprobt werden, deren Anfangsrisiken nicht vollständig privatisierbar sind. Risikoreiche Pilotvorhaben wie die modellhafte Vernetzung von internationalem Luftverkehr und inländischen Hochgeschwindigkeitsbahnen gehören zum Aufgabengebiet des Staates, der seine Verantwortung für die künftige Leistungsfähigkeit des Standorts ernst nimmt. Solche Modellösungen müssen in der darauffolgenden Phase von der Industrie übernommen sowie eigenständig umgesetzt und vermarktet werden. Vor allem für die Wettbewerbsfähigkeit deutscher Systeme im Ausland ist es unabdingbar, daß hiesige Technologien auch frühzeitig und konsequent im eigenen Land zum Einsatz kommen. Das Beispiel des verlorenen Konkurrenz-Wettlaufs zwischen ICE und TGV in Korea hat das gezeigt.

Staatliche Innovationsförderung darf also nicht auf Forschungsförderung verengt werden. Beispielsweise böte die öffentliche Verwaltung ein einmaliges Aufgabenfeld für alle Fragen der Büroautomation, der Datenkommunikation und des Einsatzes von Multimedia in der Arbeitswelt. Statt seine Amtsstuben zur Fortschrittswerkstatt der Nation zu machen, läßt der Staat auch heute noch Sekretärinnen mit Kugelkopf-Schreibmaschinen arbeiten. Aber nicht nur technologische Forschung, sondern auch neue wirtschafts- und organisationswissenschaftliche Modelle zur Optimierung von Verwaltungsprozessen ließen sich im öffentlichen Dienst entwickeln, um sie hinterher der Wirtschaft zur Verfügung zu stellen.

Verkehrsinfrastruktur

Selten wird die Überlastung eines Systems so augenfällig wie im Verkehrsbereich. Während Autofahren früher noch ein Gefühl der Freiheit vermittelt hat, sind heute kilometerlange Staus an der Tagesordnung. Nicht mehr die mögliche oder auch nur die zulässige Höchstgeschwindigkeit ist entscheidend für die benötigte Fahrzeit, sondern die Zahl von Baustellen, Unfällen und sonstigen Imponderabilien, die die ohnehin prekäre Situation auf den deutschen Fernstraßen sofort ins Chaos abgleiten lassen. Die Verkehrsnachrichten der Rundfunksender sind oft länger als die Berichte über die Neuigkeiten in der Welt. Täglich verzeichnen wir in Deutschland mehr als hundert größere Verkehrsstaus. Der volkswirtschaftliche Schaden, der hierdurch entsteht, ist immens. BMW schätzt den Verlust aus nicht erbrachten Arbeitsleistungen, entgangenen Gewinnchancen und sonstigen Zusatzausgaben der Wirtschaft auf 200 Milliarden DM jährlich.

Selbst wenn man diesen Schätzwert in Zweifel zieht, ist doch sicher, daß die Belastungen durch zunehmenden Verkehr eine kritische Schwelle erreicht haben, deren Überschreitung aber bereits als sicher gilt. Bis zum Jahr 2010 rechnet das Bundesverkehrsministerium mit einer Erhöhung des Straßenpersonenverkehrs um mehr als ein Viertel. Für denselben Zeitraum wird für den Güterverkehr auf der Straße eine annähernde Verdoppelung prognostiziert. Diese Werte illustrieren die Brisanz des Problems. Es besteht die Gefahr, daß das deutsche Verkehrssystem durch den weiteren steilen Anstieg des Verkehrsaufkommens paralysiert wird. Die deutsche Wiedervereinigung und vor allem die offenen Grenzen nach Osteuropa tragen erheblich dazu bei, daß der Problemdruck rapide steigt. Die völlig veraltete und unzureichende Verkehrsinfrastruktur im Osten muß möglichst rasch an den wachsenden Bedarf angepaßt werden. Angesichts der allgemeinen Überlastung des Straßennetzes sowie der zusätzlichen Aufbauaufgaben in Ostdeutschland müssen die Anstrengungen intensiviert werden.

Doch den Finanzierungsmöglichkeiten des Staates sind enge Grenzen gesetzt. Schon heute ist der Bundesverkehrswegeplan, der bis zum Jahre 2012 Infrastrukturinvestitionen in Höhe von 453 Milliarden DM vorsieht, unterfinanziert. Der verkehrspolitische Sprecher der CDU, Dirk Fischer, fordert deshalb eine Konzentration auf wenige, vorrangig zu behandelnde Projekte, während andere – unter ihnen auch die Vorhaben aus dem Programm »Deutsche Einheit« – notfalls um zehn Jahre verschoben werden. Das käme einer Kapitulation der staatlichen Verkehrspolitik gleich. Ehe an solchen Einschnitten gearbeitet wird, muß darum zunächst über alternative Modelle ausreichend nachgedacht werden.

Während bei unseren Nachbarn die Finanzierung oder der Betrieb von gesamten Autobahnen in privater Regie üblich ist, zählen bei uns kommerzielle Betreiber und Financiers in der Regel zu den Zaungästen jedes Verkehrswegeprojekts. Erst in jüngster Zeit und aufgrund der akuten Finanznotlage wurden vom Verkehrsministerium einige Pilotprojekte initiiert, die eine Privatfinanzierung zum Inhalt haben. Es ist höchste Zeit, daß auch in Deutschland privates Kapital zum Ausbau der Verkehrsinfrastruktur genutzt wird.

Der Transrapid sei hier als Beispiel angeführt, wie es anders gemacht werden kann. Denn er stellt nicht nur eine technologische Innovation, sondern auch eine finanzielle Neuerung dar. Zu seiner Finanzierung wird zum ersten Mal Risikokapital bei einem spurgebundenen Verkehrssystem eingesetzt. Nach dem Finanzierungskonzept der Bundesregierung investiert die öffentliche Hand 5,6 Milliarden DM in den Fahrweg. Die Gelder für die Fahrzeuge, Bahnhöfe und Leitsysteme bringt hingegen eine private Betreibergesellschaft auf. Dabei handelt es sich um 1,5 Milliarden DM Risikokapital und 3,3 Milliarden DM Fremdkapital. Das Risikokapital soll zu 500 Millionen von privaten und institutionellen Anlegern, zu 300 Millionen von der Deutschen Bahn AG und der Lufthansa und zu 700 Millionen von einer Holding-Gesellschaft kommen, die sich aus Firmen zusammensetzt, die am Bau und Betrieb des Transrapid interessiert sind.

Gerade in Ostdeutschland wären neue Finanzkonzepte zur Bewältigung der enormen Verkehrsprobleme schon seit 1991 möglich und auch dringend erforderlich gewesen. Die Phantasielosigkeit, mit der die Aufgaben angepackt wurden, ist in erheblichem Maß für überflüssige Belastungen der staatlichen Haushalte und unnötig hohe Transferzahlungen verantwortlich. Warum wurde nicht anläßlich der Umgestaltung der ostdeutschen Wirtschaft ein Großteil der Autobahnen zum Verkauf gestellt? Gleichzeitig hätte man zur Planung und zum Betrieb neuer Autobahnen private Konsortien zulassen können. Schnell wäre dann privatwirtschaftlicher Wettbewerb um das beste Betriebskonzept entfacht worden. Die Möglichkeit des Staates, hier innovative Unternehmer zum Zuge kommen zu lassen, wurde aber verpaßt.

Die ideenlose Verschwendung im Namen der deutschen Einheit geht aber noch weiter. Durch monomane Prestigeprojekte jenseits jeglicher Rentabilität wird die Beteiligung privater Unternehmen am Aufschwung Ost von vornherein ausgeschlossen. Ein abschrekkendes Beispiel ist die geplante Hochgeschwindigkeitsstrecke von Berlin über Leipzig nach München (Schienenverkehrsprojekt Nr. 8 der Verkehrsprojekte »Deutsche Einheit«), für die eine völlig neue Trasse durch den Thüringer Wald geschlagen werden soll. Geschätzte Gesamtkosten: 14 Milliarden DM. Fahrzeit Berlin-München: circa 4 Stunden. Die Umgestaltung der vorhandenen Trasse durch das Saaletal für den Einsatz moderner Züge mit Neigetechnik würde nur rund 3 Milliarden Mark kosten. Fahrzeit Berlin – München: 4 1/2 Stunden. Natürlich läßt sich für diesen kleinen, aber kostspieligen Unterschied kein Unternehmer begeistern. Der rechnet nämlich, bevor er investiert. In solchem Umfang sind nur Politiker bereit und auch in der Lage, Geld auszugeben.

Doch allein mit neuen Finanzierungs- und Betriebskonzepten ist es noch nicht getan. Es muß zusätzlich darüber nachgedacht werden, wie die vorhandene Verkehrsinfrastruktur intelligenter genutzt und vernetzt werden kann. Obwohl heute unbestritten ist, daß eine Lösung der Verkehrsprobleme nur erreicht werden kann, wenn die unterschiedlichen Verkehrsträger bestmöglich aufeinander abgestimmt sind, wurden auch in bezug auf die Entwicklung eines integrierten Verkehrskonzepts wenig Fortschritte erzielt. Trotz aller Möglichkeiten moderner Informationssysteme müssen sich Autofahrer immer noch auf die Verkehrsdurchsagen im Radio oder ihren »Riecher« verlassen und landen damit immer öfter im Stau. Satellitengesteuerte Verkehrsleitsysteme müssen endlich zum Einsatz kommen, die den Autofahrer in Abhängigkeit von der aktuellen Verkehrslage zum Ziel dirigieren. Vergleichbare Lösungen gibt es auch für die Innenstädte und den kommunalen Verkehr. Diese müssen mit Gebühren gekoppelt werden, die die Nutzung des privaten Pkw bei hohem Aufkommen verteuern und die Fahrten auf verkehrsschwache Zeiten oder unterbelegte öffentliche Verkehrsträger umleiten. Sowohl das Road Pricing auf Autobahnen wie auch die Innenstadt-Maut sind Konzepte, die getestet werden sollten. Der Ausbau von »Park & Ride«-Systemen ist dringlich, denn nach Aussagen des Bundesverkehrsministeriums und des ADAC trägt allein der Parkplatzsuchverkehr mit 30 Prozent zum innerstädtischen Verkehrsaufkommen bei. Optimierte Umsteigeknotenpunkte, elektronische Fahrpläne und integrierter Taktverkehr bilden darum weitere Elemente einer Gesamtkonzeption, die für eine bessere Nutzung sämtlicher verfügbarer Verkehrsträger sorgen könnte.

Besonders der Schienenverkehr ist stärker als bisher mit anderen Verkehrsarten zu vernetzen. Nach wie vor wird ein viel zu hoher Anteil des Güterverkehrs über die Straße abgewickelt, obwohl bereits überzeugende Konzepte des kombinierten Verkehrs (Straße-Schiene) auf dem Tisch liegen. Ferner muß das noch reichlich vorhandene Optimierungspotential bei der Bahn mobilisiert werden. Zu Zeiten der Staatsbahn wurde zu wenig in neue Technologien investiert, die eine bessere Nutzung der vorhandenen Kapazitäten erlauben würden. Auf manchen Strecken ist heute eine Verkehrsausweitung nicht mehr möglich, weil die Grenzen beim vorhandenen Stand der Technik bereits erreicht sind. Nach Ansicht von Experten wäre aber mit Hilfe moderner Verkehrsleitsysteme eine Steigerung um 30 Prozent möglich.

Schließlich ist auch über den Einsatz neuer Verkehrstechnologien nachzudenken. Die deutsche Industrie hat mit der Magnetschwebebahn Transrapid ein innovatives Massenverkehrsmittel entwickelt, das sich vorzüglich zur raschen Überwindung mittlerer Distanzen eignet und eine echte Alternative zu Kurzstreckenflügen darstellt. Doch beim Aufbau einer leistungsfähigen ostdeutschen Verkehrsinfrastruktur kommt diese Neuentwicklung – von der Strecke Berlin–Hamburg abgesehen – nicht zum Einsatz. Statt dessen sind zahllose kleine Regionalflughäfen in Planung, deren Anbindung an andere Massenverkehrsmittel – etwa an das Schienenverkehrsnetz – nicht sichergestellt ist. Hinzu kommen die in den letzten Jahren angewachsenen Probleme der Flugsicherung und -koordinierung. Es sollte darum schon heute ein stufenweises Übergangskonzept entwickelt werden, das den innerdeutschen Flugverkehr im Zuge des Transrapidausbaus einschränkt. Die ohnehin am Projekt beteiligte Lufthansa kann schon heute Konzepte für dessen Vernetzung mit dem Flugzeug entwickeln, so daß Auslandspassagiere im Zug einchecken, ihr Gepäck aufgeben und ohne Umsteigen bis zum Airport fahren können. Durch solche Lösungen können Maßstäbe für den Verkehr im 21. Jahrhundert gesetzt werden, die auch einen staatlichen Zuschuß für die Pilotphase rechtfertigen würden.

Es herrscht also kein Mangel an intelligenten Verfahren und zukunftsweisenden Konzepten der Verkehrsoptimierung. Längst werden die einschlägigen Technologien in Deutschland erprobt oder in vereinzelten Insellösungen sogar schon praktiziert. Doch es fehlt – wie lange Zeit beim Katalysator – an der Initiative zur Umsetzung und Integration der vorhandenen Möglichkeiten. Die Verkehrspolitik ist gefordert, endlich den Startschuß zu geben, damit das zum Einsatz kommt, was an Plänen für Innovationen in den Schubladen vorhanden ist. Es droht sonst, wie schon so oft, daß ausländische Konkurrenten die Umsetzung schneller besorgen und damit die Märkte erobern. Der französische TGV war ein eingängiges Beispiel. Das könnte aber schon bald vergessen sein, wenn erst die japanische Konkurrenz ihre Magnetschwebebahn präsentiert, an der schon längst gearbeitet wird.

Es gibt kaum ein Feld, auf dem die deutsche Stärke für Systemlösungen besser ausgespielt werden könnte, als den Verkehrssektor. Denn hier ist nicht nur die klassische Ingenieurleistung gefragt, für die die deutsche Industrie nach wie vor Weltgeltung genießt, sondern es sind auch Planungsverfahren und Steuerungslösungen erforderlich, die das optimale Zusammenspiel aller Komponenten sicherstellen. Angefangen von der Beratung und Planung über die Systemsoftware und die technischen Komponenten (Sensorik, Signal- und Regeltechnik, rollendes Material) bis hin zur ständigen Fortentwicklung bestehender Lösungen könnte hier eine moderne Technologie geschaffen werden, die weltweit ihresgleichen sucht. In wenigen Jahren wären solche Systeme ein Exportschlager, der vor allem in den boomenden Metropolen in Asien reißenden Absatz fände. Doch die Deutschen müssen erst einmal den Mut und die Kooperationsfähigkeit aufbringen, um die neuen Verfahren im eigenen Land zu installieren. Wenn München nicht eines der weltweit modernsten U-Bahnnetze besäße, würde Siemens kaum U-Bahnen in aller Herren Länder verkaufen. Das beste Argument für den Transrapid in China muß es sein, in Deutschland einmal mit einem gefahren zu sein, und zwar nicht nur auf der Teststrecke im Emsland, an deren Rundkurs friedliche Kühe grasen. Kaum ein Land der Erde hat auf so kleiner Fläche so komplexe Verkehrsprobleme zu lösen wie Deutschland. In dieser besonderen Herausforderung liegt auch eine große Chance, wenn der Staat seine Rolle als Innovationsmotor im Infrastrukturbereich konsequent nutzt und das Modell von morgen anschiebt.

Telekommunikation

Wie kaum ein anderer Sektor zieht gegenwärtig die Telekommunikation die Aufmerksamkeit von Politik, Wirtschaft und Öffentlichkeit auf sich. Der Telekommunikationsmarkt wird durch die Beseitigung des Fernmeldemonopols, durch die veränderten Kundenanforderungen und durch die rasanten technologischen Entwicklungen in Zukunft völlig neu gestaltet. Man denke dabei zum Beispiel an Technologien und Dienste wie Mobilfunk und Multimedia. Nach Prognosen des Bundesministeriums für Wirtschaft wird sich der Markt für Telekommunikationsdienste (wie Telefon, Fax, Datenübertragung etc.) in Deutschland innerhalb des nächsten Jahrzehnts auf über 100 Milliarden DM nahezu verdoppeln. Insbesondere vor dem Hintergrund der Veränderungen von der Industrie- zur Informationsgesellschaft kommt einem leistungsfähigen Telekommunikationsmarkt hohe Bedeutung für die Wettbewerbsfähigkeit des Standortes Deutschland zu.

Telefon und Telegrafie waren lange Zeit die einzigen Formen der Daten- und Sprachübertragung. Es dauerte fast 100 Jahre, bis etwa zum Jahr 1970, ehe sich weitere Dienste hinzugesellten, wie das Fax, erste Funktelefone oder die Datex-Dienste zur Datenübertragung. Breitere Anwendung erfuhren diese Dienste aber erst in den neunziger Jahren.

Die Telekommunikation in Deutschland war lange Zeit ein staatliches Monopol. Die Deutsche Bundespost war eine Behörde und handelte auch dementsprechend; im Vordergrund standen der Aufbau und der Betrieb der Telekommunikations-Infrastruktur auf der Basis allgemeiner Verfügungen und Regelungen. Die Erfüllung von differenzierten Kundenanforderungen stand weit unten auf der Prioritätenliste. Man mußte Monate auf einen Telefonanschluß warten und einen Telefonapparat nehmen, der von der Deutschen Bundespost angeboten wurde. Viel zu wählen gab es dabei nicht.

In den letzten Jahren hat sich einiges verändert: Das Monopol der Deutschen Bundespost wurde an vielen Stellen bereits aufgehoben. Telefongeräte kann man heute in Supermärkten und Elektronik-Geschäften kaufen, die Preise sind deutlich gesunken und die Produktvielfalt ist erheblich gewachsen: zum Beispiel drahtlose Telefone für zu Hause, preisgünstige Kombi-Geräte für Telefon, Fax und Anrufbeantworter oder alle Arten von Mobilfunkgeräten. Im Mobilfunk befindet sich die Deutsche Telekom AG – der Nachfolger der Deutschen Bundespost – mit ihrem C-Netz und ihrem D1-Netz in intensivem Wettbewerb mit dem D2-Netz von Mannesmann und jetzt auch dem E-Netz von Thyssen. Allein bei Mannesmann hat das Mobilfunkgeschäft in den letzten fünf Jahren zu einem Unternehmensbereich mit 1,7 Milliarden DM Umsatz und 2600 Beschäftigten geführt. Der Mobilmarkt ist geradezu explodiert; in wenigen Jahren wurden mehr als zwei Millionen zusätzliche Teilnehmer zugeschaltet. Auch bei den Daten- und Mehrwertdiensten und bei den internen Firmennetzen von Großkunden befindet sich die Deutsche Telekom im Wettbewerb.

Die Palette an Telefondiensten wurde in den letzten Jahren ebenfalls erheblich ausgeweitet. Heute ist in Deutschland das leistungsfähigste digitale ISDN-Netz der Welt vorhanden, mit dem in hoher Qualität und mit zusätzlichen Leistungsmerkmalen telefoniert werden kann, Videokonferenzen durchgeführt oder große Datenmengen sehr anwenderfreundlich verschickt werden können.

Für die nächsten Jahre sind einige weitere Entwicklungen in der Telekommunikation schon klar vorgezeichnet: Wie in Großbritannien, Japan, USA, Australien und einigen weiteren Ländern bereits geschehen, werden 1998 die letzten Monopole im Telekommunikationsmarkt in Deutschland aufgehoben: das Netzmonopol und das Telefonnetzdienstmonopol der Deutschen Telekom AG. Mehr noch als heute schon im Mobilfunk werden sich Unternehmen und Privatkunden aussuchen können, welcher »Service-Provider« ihnen die Telefonanschlüsse bereit- und ihnen die Rechnung ausstellt. Zusätzlich wird es auch verschiedene Fernnetzbetreiber geben, und jeder kann entscheiden, über welches Netz die Ferngespräche geschickt werden sollen. Nach allen internationalen Erfahrungen wird dieser Wettbewerb zu erheblichen Vorteilen für die Kunden führen: Neue Technologie- und Diensteinnovationen werden in kurzer Zeit den Markt erobern, ein deutlich verbesserter Kundenservice wird kurzfristig die Folge sein und dies alles bei einem deutlich geringeren Preisniveau als heute.

Um den Anforderungen des Wettbewerbs gewachsen zu sein, wird gleichzeitig die Deutsche Telekom von einer Behörde in ein wirtschaftlich handelndes Unternehmen umgewandelt. Kernpunkt ist die Privatisierung der Deutschen Telekom, bei der das Staatsunternehmen schrittweise in Privatbesitz übergehen wird.

Wie muß man sich den Wettbewerb im Telekommunikationsmarkt ab 1998 vorstellen?

In Deutschland wird es nach dem Entwurf des Bundesministers für Post und Telekommunikation, im Gegensatz zu vielen anderen Ländern, keine Beschränkung der Anzahl von Wettbewerbern für Netze und Dienste geben. Insbesondere Unternehmen und Privatkunden werden sich unter einer Vielzahl von Dienste-Anbietern und Netzbetreibern ihre Partner aussuchen können. In den Startlöchern stehen unter anderem schon die großen Energieversorgungsunternehmen wie RWE, Viag und Veba und die Deutsche Bahn AG, die allesamt schon über eine gut ausgebaute Infrastruktur – Überlandstromleitungen bzw. Bahntrassen – und über eigene Glasfaser-Übertragungstechniken verfügen, die auch relativ einfach für den Transport von Sprache und Daten genutzt werden können. Die meisten dieser Unternehmen sind bereits strategische Verbindungen mit internationalen Telekommunikationsunternehmen, wie British Telecom und Bell South, eingegangen, um sich das erforderliche Know-how für den Wettbewerb ab 1998 zu sichern. Besonders bei den großen Energieversorgern handelt es sich durchweg um Milliardenunternehmen, die aufgrund ihrer bereits vorhandenen Infrastruktur, ihrer prall gefüllten »Kriegskassen«, ihrer strategischen Allianzen und ihrer Erfahrung in staatlich regulierten Branchen ernstzunehmende Wettbewerber im Kampf der Giganten mit der Deutschen Telekom darstellen werden.

Darüber hinaus werden sich in bestimmten Segmenten weitere Wettbewerber tummeln. So ist bereits jetzt abzusehen, daß sich insbesondere in den großen Städten mit attraktiven Geschäftskunden regionale Netzbetreiber etablieren werden. Häufig werden diese Anbieter die vorhandenen Kanalanlagen der Kommunen nutzen, um schnell und kostengünstig bis direkt zu den Kunden vorzudringen.

Wir werden also voraussichtlich in Deutschland eine sehr zersplitterte Wettbewerbslandschaft vorfinden, mit einer großen Zahl lokaler und regionaler Anbieter, die selektiv die Rosinen aus dem großen Telekommunikationsmarkt herauspicken werden. Das Rosinenpicken wird die heutige Tarifstruktur stark verändern, da die Telekom gezwungen sein wird, sämtliche Quersubventionen kurzfristig abzuschaffen, um nicht dramatisch an Marktanteilen zu verlieren bzw. rote Zahlen zu schreiben. Die öffentliche Erregung im Jahr 1995 über die Erhöhung der Preise für die Telefonauskunft und öffentliche Telefonzellen und die veränderten Gesprächstarife deuten an, wie schwierig es für die Deutsche Telekom sein wird, kostendeckende Preise für ihre heute quersubventionierten Bereiche zu erzielen.

Im einzelnen bedeutet dies eine erhebliche Verbilligung der Ferngespräche und voraussichtlich auch eine Verteuerung der Anschlüsse, sofern dies politisch durchsetzbar ist; Großkunden werden darüber hinaus noch von deutlichen Mengenrabatten profitieren, da erhebliche skalenabhängige Kostenvorteile an die Kunden weitergegeben werden.

Nur wenn ein wirklich funktionsfähiger Wettbewerb entsteht, ist sichergestellt, daß die hochgesteckten Ziele auch tatsächlich erreicht werden: Steigerung der Innovationsgeschwindigkeit bei gleichzeitiger Senkung der Preise für Unternehmen und Privatkunden. Wie internationale Vergleiche zeigen, bestimmt in kaum einer anderen Branche der Staat in vergleichbarem Maße über den Ausgang des Wettbewerbs wie in der Telekommunikation. Als ein Beispiel sei hier die Festlegung der Gebühren genannt, die ein künftiger Wettbewerber der Deutschen Telekom zahlen muß, wenn er zur Abwicklung eines Gesprächs Teile des Netzes der Deutschen Telekom benutzen muß. Es ist offensichtlich, daß die Höhe dieser Gebühr erheblichen Einfluß auf die Ergebnisse der Wettbewerber hat. Obwohl man die detaillierte Aushandlung der Gebühren den beiden Partnern überlassen kann, muß der Staat die Grundlagen festlegen, auf denen die Gebühren berechnet werden. Es gibt noch eine Reihe weiterer Felder, bei der die erforderlichen staatlichen Grundsatzentscheidungen die Zukunft des Telekommunikationsmarktes erheblich beeinflussen werden.

Für den funktionierenden Wettbewerb sind zwei Grundvoraussetzungen zu schaffen. Zum einen müssen die neuen Wettbewerber die Möglichkeit haben, zu vertretbaren Kosten chancengleich mit der Deutschen Telekom das bestehende Telekommunikationsnetz zu benutzen. Zum anderen muß aber auch die Deutsche Telekom die Freiheit haben, sich flexibel in einem dynamischen Wettbewerbsumfeld zu bewegen. Ein gefesselter Riese Deutsche Telekom, der mit großen Auflagen belastet ist und dem die Wettbewerber schnell davonlaufen, wird sicherlich nicht lange die Kapitalkraft besitzen, um die Innovationen durchzuführen, die für den Standort Deutschland zwingend erforderlich sind. Wenig Vertrauen in den Regulierer scheint dabei der neue Vorstandsvorsitzende der Deutschen Telekom zu haben, der in einem Interview im August 1995 mit der Süddeutschen Zeitung äußert: »Offensichtlich ist man im Ministerium noch nicht so ganz davon überzeugt, daß ein wirklicher Markt mit starken Playern entstehen wird. Vielmehr scheint man zu glauben, daß dieser Markt nur dann entstehen kann, wenn die Telekom besondere Auflagen bekommt. Darin sehe ich das Kernproblem.«

Alle Beteiligten, von den Wettbewerbern bis zu den Kunden, würden sicherlich profitieren, wenn man im Rahmen relativ allgemeiner Regeln die Kräfte des Marktes so weit wie möglich über Erfolg und Mißerfolg entscheiden ließe. Ein sehr positives Signal in die richtige Richtung wäre es, wenn die neue Regulierungsbehörde nicht die Größe des aufzulösenden Ministeriums für Post und Telekommunikation annimmt, sondern mit einigen hochqualifizierten und im Wettbewerb erfahrenen Fachleuten ausgestattet würde. Eine kleine Truppe von sachverständigen Experten müßte sich allein aus Kapazitätsgründen darauf beschränken, die wichtigsten Eckpunkte des Wettbewerbs zu regeln. Hier muß nun der Staat in sehr kurzer Zeit beweisen, wie ernst er es mit einem echten funktionsfähigen Wettbewerb in einem der wichtigsten Sektoren der Volkswirtschaft nimmt.

Telekommunikation ist heute eine Art Schmiermittel der Ökonomie, das die Effizienz der Wirtschaft in allen Bereichen beeinflußt. Beispielsweise werden Teleshopping und Electronic Banking nur dann von einem großen Nutzerkreis angenommen, wenn die Kosten der Inanspruchnahme nicht ihren Nutzen übersteigen. Im Bankensektor ergeben sich Rationalisierungsreserven durch die neuen Dienstleistungen nur dann, wenn ein nennenswerter Anteil der Bankgeschäfte auf diese Weise erledigt wird. Angesichts der hohen Preise verharren zu viele derer, die die neuen Möglichkeiten des Informationszeitalters gerne nutzen würden, in den Startlöchern. Es wäre darum aus Effizienzgesichtspunkten zu begrüßen, wenn die Öffnung des Festnetzes schon vor 1998 erfolgen würde.

Immer wieder wird befürchtet, daß Privatkunden qualitative Nachteile durch die Dominanz privater Anbieter erleiden würden, weil diese angeblich im Unterschied zur Telekom die Versorgung in der Fläche nicht garantieren, sondern einzig die attraktiven Großkunden in den Ballungszentren bedienten. Gerne wird in diesem Zusammenhang auf die Modernisierung der Telekommunikations-Infrastruktur Ostdeutschlands hingewiesen. Diese Angriffe gegen die privaten Lizenzbewerber sind jedoch unbewiesene Behauptungen. Es durfte ja niemand antreten, um das Gegenteil zu beweisen, und auch in den kommenden zweieinhalb Jahren wird das niemand dürfen.

Gerade die historische Chance der Wiedervereinigung für neue Modelle in der Telekommunikations-Infrastruktur hat der Staat verstreichen lassen. Er hat vielmehr über das Sondervermögen der Post öffentliche Schulden in Höhe von bislang 30 Milliarden DM aufgenommen, statt private Investoren zum Zuge kommen zu lassen. Vielleicht zeigt sich hier besonders deutlich, daß der Staat zu spät erkannt hat, daß einzelstaatliche Politik den Herausforderungen des globalen Zeitalters nicht gewachsen ist, daß er nur in einem nationalen Käfig herrschen kann, dem die Gitterstäbe durchrosten. Die Entwicklung der Telekommunikation durch die weltweit präsenten Konzerne geht über nationale Schrullen schlicht hinweg. Wer zu lange den Traum vom großen, starken Staat träumt, wird mit leeren Taschen auf dem Abstellgleis der Weltwirtschaft erwachen.

Kommunale Infrastruktur

Auch im kommunalen Sektor gibt es erheblichen Reformbedarf. Städte und Gemeinden zeigen sich angesichts der Fülle der Aufgaben, die sie zu bewältigen haben, zunehmend überfordert. So betrug die Verschuldung der Kommunen pro Kopf der Bevölkerung Ende 1993 rund 2 200 DM in Westdeutschland und schon fast 1 300 DM in Ostdeutschland. Vor allem dort ist der Anstieg weiterhin dramatisch, und schon 1995, nur fünf Jahre nach der Wiedervereinigung, wird sie wahrscheinlich die Marke von 1 500 DM überschreiten. Angesichts leerer Kassen ist darum die Privatisierung kommunaler Aufgaben kein Tabuthema mehr.

Die Einsicht vieler Städte und Gemeinden, daß nur strategische Weichenstellungen einen dauerhaften Einspareffekt haben, kommt sehr spät. Mancherorts hat eine konzeptionslose Rotstiftpolitik bereits erhebliche Probleme verursacht. Einige Kommunen schrekken nicht davor zurück, ihre Investitionsbudgets auch in jenen Bereichen zusammenzustreichen, die aus Gründen der Verkehrssicherheit, des Umweltschutzes oder anderer vitaler Interessen der Bürger ausgeklammert bleiben müssen. Gespart wird dort, wo es nicht unmittelbar zutage tritt, etwa bei mischfinanzierten Investitionsvorhaben, bei denen die Bürger den unterlassenen Erhaltungsaufwand nicht gleich bemerken. Heute ist das Ende der Fahnenstange einer derartigen Politik erreicht.

Die Abwasserentsorgung ist ein markantes Beispiel hierfür. Bis heute unterliegt sie der hoheitlichen Verantwortung. Mit ihrem immensen Investitionsbedarf ist sie einer der größten Sanierungsfälle der Republik. In den alten Bundesländern ist ein Fünftel des 300 000 Kilometer langen Abwasserkanalnetzes dringend reparaturbedürftig, im Osten sieht es noch schlimmer aus. Das Ausmaß der notwendigen Sanierungen veranlaßt selbst Fachleute, die den staatlichen Einflußbereich im großen und ganzen unangetastet lassen wollen, zum Umdenken. Angestauter Handlungsbedarf und der damit verbundene Leidensdruck ermöglichen heute eine zunehmend wertfreie Diskussion über die originär hoheitlichen Aufgaben des Staates, zu denen die Sorge um die Abwässer zweifellos nicht gehört.

Inzwischen erleben wir in Deutschland einen Wettbewerb unterschiedlicher Betriebsmodelle. Öffentlich-rechtlich ist die Abwasserentsorgung beispielsweise in Münster, Passau und Konstanz geregelt. Eine private Lösung unter öffentlicher Regie finden wir beim niedersächsischen Betreibermodell. Es gibt aber auch rein private Lösungen wie beispielsweise in Rostock. Das einsetzende Gerangel von Bürgermeistern und Verwaltungsdirektoren um die beste und effizienteste Lösung ist nur zu begrüßen. Zunehmend darf nun der Markt darüber entscheiden, mit welchen Konzepten am wirtschaftlichsten gearbeitet werden kann. Unterschiedliche technische Lösungen konkurrieren miteinander. Nach Angaben des Instituts der deutschen Wirtschaft beträgt die Kostenersparnis der privaten Abwasserklärung gegenüber der öffentlichen 15 bis 30 Prozent.

Oftmals dürfte heute das Potential der Betriebskostensenkung, welches durch wirtschaftlich optimierte Investitionen erreicht werden kann, nicht ausgeschöpft werden. Denn bisher sind erhöhte Investitionskosten nicht zwangsläufig zu höheren Produktionskosten geworden. Wenn die Rahmenbedingungen richtig gesetzt werden, wird nun die Anlagenoptimierung zum Gegenstand wirtschaftlicher Konkurrenz. Dies ist deshalb so wichtig, weil es einen sehr engen Zusammenhang zwischen der Investitionshöhe und der daraus resultierenden Betriebskostenhöhe gibt.

Das Potential des Wettbewerbs um die beste Lösung kommt aber nur dann voll zum Tragen, wenn die verschiedenen Betriebskonzepte miteinander vergleichbar gemacht werden. Die Kosten des Betriebs der Abwasserentsorgung sind zwangsläufig von vorgegebenen, nicht veränderbaren Parametern wie Bevölkerungsdichte, Industriestruktur und geographischen Besonderheiten abhängig. Die Politik muß ein einheitliches System des Rechnungswesens schaffen, welches die erforderliche Transparenz auf der Kostenseite bringt. Wenn von Gesetzgeberseite verbindliche Regeln bei der Bewertung verschiedener Kosteneinflüsse vorgegeben werden, ist ein effizienter Wettbewerb in diesem Bereich möglich. Unterstützung von staatlicher Seite bekommen dann nämlich nur noch Wasserentsorgungsbetriebe, die nachweisen können, daß ihre erhöhten Kosten auf strukturelle Besonderheiten zurückgehen.

Es ist zum Beispiel ein Unding, daß bei den kommunalen Dienstleistungen Gebührenunterschiede von zum Teil mehr als 750 Prozent bestehen. So zahlen nach einer Untersuchung des Bundes der Steuerzahler in Nordrhein-Westfalen von 1992 Einwohner von Waldfeucht/Kreis Heinsberg an jährlichen Abwassergebühren 284 DM, während diese Leistung im 50 Kilometer entfernten Vettweiß 2 168 DM kostet. Es ist schlechterdings nicht vorstellbar, daß derart krasse Differenzen allein auf unterschiedliche Ausgangsbedingungen zurückgehen.

Es ist erstaunlich, daß noch immer nicht alle Kritiker der Privatisierung der Abwasserentsorgung verstummt sind. Sie warnen, der Staat solle sich nicht seiner »originär hoheitlichen Aufgaben« entledigen, weil die Gefahr einfach zu groß sei. Dabei gibt das schadhafte Abwasserkanalsystem in beiden Teilen Deutschlands bereits genügend Anlaß zur Sorge, da von ihm nicht zu unterschätzende Umweltgefahren ausgehen. Die Kommunalwirtschaft ist keineswegs ein Garant für die umweltverträgliche und effiziente Abwasserentsorgung.

Zum einen haben also manche der Gebietskörperschaften selbst ihre Sorgfaltspflicht verletzt, zum anderen betreiben private Unternehmen seit jeher Anlagen in eigener Verantwortung, die ein ungleich höheres Gefahrenpotential in sich tragen. So sorgt beispielsweise die BASF in Ludwigshafen selbst für die Reinigung ihrer chemisch belasteten Abwässer. Das rheinland-pfälzische Wasserhaushaltsgesetz macht das möglich. Dazu betreibt das Unternehmen eine Kläranlage mit einer Kapazität von 6,6 Millionen Einwohneräquivalenten. Die Stadt Ludwigshafen macht sich das zunutze, indem sie der BASF die Klärung des kommunalen Abwassers übertragen hat. Dazu hat die Kommune Ziehungsrechte erworben, mit denen die Einleitung abgegolten wird.

Diese Lösung sollte auch die letzten Kritiker überzeugen. Warum sollte das, was in Ludwigshafen möglich ist, nicht auch bei der gesamten Abwasserentsorgung gelten? Warum lassen wir zwar die private Wasserversorgung zu, belassen aber die Wasserentsorgung weiterhin beim Staat? Ist die Gefahr, daß Abwasser aus einer schadhaften Anlage austritt, bei Anlagen in privater Verantwortung wirklich höher anzusetzen als bei solchen in hoheitlicher Regie? Und wieso können schließlich Chemieanlagen, Kraftwerke und Raffinerien überhaupt von Unternehmen betrieben werden? Wenn der private Umgang mit wirklich gefährlichen Produkten und Verfahren als normal gilt, kann nicht die Aufbereitung von Abwasser zum Staatsakt erklärt werden.

Der aufkommende Wettbewerb zwischen den verschiedenen Organisationsformen kommunaler Aufgabenerfüllung – wofür die Abwasserentsorgung nur ein Beispiel ist – muß in Zukunft weiter Platz greifen und überall transparent gemacht werden. Auf diese Weise kann ein Prozeß in Gang gesetzt werden, innerhalb dessen sich die Kommunen mehr und mehr auf ihre eigentlichen hoheitlichen Aufgaben besinnen. Ähnlich wie im unternehmerischen Bereich kann eine Beschränkung des Staates auf die eigenen Kernkompetenzen ein großes Potential für Effizienzsteigerung bewirken. Dieses zu nutzen ist sicherlich eine der wichtigsten Aufgaben für die Zukunft.

IV.7

Der Staat als Wegbereiter im Globalisierungsprozeß

> Wir sind durch die Globalisierung
> des Wettbewerbs in einen Wettbewerb
> der Systeme und Kulturen eingetreten.
> *Eberhard von Koerber*

In den letzten Kapiteln haben wir uns auf diejenigen Bereiche konzentriert, aus denen sich der Staat ganz oder zum Teil zurückziehen muß, um Entlastung und damit Raum für neue Dynamik zu schaffen. Es gibt jedoch auch Bereiche, die im Gegenteil stärkere Unterstützung vom Staat erhalten müssen, Bereiche, die bislang vernachlässigt wurden. Das heißt nun nicht, daß dort keine Deregulierung und Entstaatlichung stattfinden müsse. Im Rahmen einer bewußten und gewollten gesamtgesellschaftlichen Vorsorgepolitik müssen auf solchen Feldern aber vermehrt Anreize für Leistung und Risiko geschaffen werden. Nur wenn diese beiden Faktoren wieder stärker gefördert und honoriert werden, haben der einzelne ebenso wie die Gesellschaft als Ganzes den Rückhalt, um auf den Weltmärkten in die Offensive zu gehen. Denn man kann die Zukunft nicht im statischen Sinne »sichern«, man kann sich nur immer wieder aufs Neue behaupten. Es ist darum zu fragen, welches Selbstverständnis der Staat von seiner Rolle hat und ob dieses ihn zur Wahrnehmung seiner Führungsaufgaben im Prozeß der Globalisierung befähigt.

Wir sind der Auffassung, daß es nicht Aufgabe des Staates sein kann, sämtliche Risiken zu eliminieren, sondern sie für die Gesellschaft und den einzelnen tragbar zu machen. Verantwortung fördern heißt Risiken zumuten. Eine Gesellschaft, die Risiken als Zumutung auffaßt, begünstigt Verantwortungslosigkeit und bringt sich um ihre Zukunft.

Die politischen Entscheidungsträger, die leitenden Beamten und die Spitzen von Verbänden und Gewerkschaften waren sich bislang darin einig, daß nicht Elitenbildung, sondern Egalisierung, nicht Eigenverantworung, sondern kollektive Vorsorge und nicht Innovation, sondern Regulierung für das allgemeine Wohlergehen maßgeblich sind. Nicht die Mentalität des Unternehmers ist sinnbildlich für die Gesellschaft, sondern die des Beamten oder Angestellten. Dieser läßt andere unternehmen und beschränkt sich darauf zu definieren, wie das für ihn human eingerichtet sein muß, um erträglich zu sein. Über 70 Prozent der Deutschen in den alten und neuen Ländern haben einer Allensbach-Umfrage vom Mai 1991 zufolge noch nie daran gedacht, sich selbständig zu machen, und ein ebenso hoher Anteil bestreitet, dafür überhaupt Neigungen und Anlagen zu besitzen. Nur 4 Prozent im Westen und 7 Prozent im Osten hatten zu dem Zeitpunkt fest vor, ein Unternehmen zu gründen. Es besteht also wahrlich genügend Raum, das Rollenmodell des Unternehmers und des Umsetzers von Innovation wiederzubeleben und dafür förderliche Rahmenbedingungen materieller wie mentaler Art zu schaffen.

Eine interne Studie des Bonner »Zukunftsministeriums« (BMBF), von der das »Handelsblatt« im Juni 1995 berichtete, kommt in diesem Zusammenhang zu beunruhigenden Ergebnissen. Eine erhebliche »Bestandslücke« klaffe bei Unternehmen unter 50 Beschäftigten im Technologiebereich. Von allen kleinen und mittleren Unternehmen des produzierenden Gewerbes beschäftigten sich 1992 nicht einmal 4 Prozent mit Spitzentechnik und gerade 8 Prozent mit höherwertiger Technologie. Es wird als besorgniserregend bezeichnet, daß gerade bei diesen für die Innovations- und Beschäftigungsdynamik so wichtigen Unternehmen Nachwuchsmangel herrsche. Die Innovationsschwäche der deutschen Wirtschaft stehe hiermit in direktem Zusammenhang.

Die Studie des Ministeriums meint denn auch, daß es doch eigentlich genügend interessante Betätigungsfelder für die Gründung kleiner Firmen geben müsse. Genannt wird etwa die Biotechnologie, für die es in den USA bereits über 1000 neue unabhängige Unternehmen gebe. Deutschland hinke auf diesem Gebiet – auch im europäischen Vergleich – erschreckend hinterher. Fehlendes Risikokapital wird als eine der wesentlichen Ursachen für die Gründungsschwäche genannt. In den USA dagegen fließt es reichlich und mit Erfolg. Nach einem Bericht des »manager magazin« investierten Venture-Capital-Firmen und Banken in den USA 1993 mehr als 2,2 Milliarden US-Dollar in die Biotechnikbranche. Ein Jahr zuvor waren 24 Biotech-Unternehmen an der New Yorker Börse eingeführt worden – mit Startkapitalhilfen in Höhe von 650 Millionen US-Dollar.

In Deutschland wird der Mangel an Wagniskapital zwar inzwischen ministeriell bedauert, der Staat unternimmt aber nichts, um die Rahmenbedingungen entscheidend zu verbessern. Von den Prioritäten, die staatlicherseits gelten, zeugt die herrschende Steuergesetzgebung, nach der die Gewährung von Risikokapital nicht förderungswürdig ist. Dagegen können auf jede Immobilie in Deutschland Abschreibungen vorgenommen werden. In den neuen Ländern können für Supermärkte an der Autobahn, ja selbst für nicht benötigte Büroflächen noch zusätzlich 50 Prozent steuermindernd geltend gemacht werden. Wenn jemand aber eine gute Idee hat und ein Unternehmen gründen will, dann muß er es schon vorher zu einer beleihbaren Immobilie gebracht haben, sonst schickt ihn der Kreditsachbearbeiter gleich wieder nach Hause. Natürlich hilft der Staat. Er gewährt großzügig KfW-Kredite, und es gibt sogar ein Risikokapitalprogramm des Forschungsministeriums für Technologieunternehmen, für das die sagenhafte Summe von 110 Millionen DM bereitsteht (natürlich auf mehrere Jahre verteilt). Das BMBF selbst bezeichnet diese Mittel in der erwähnten internen Studie als unzureichend. Für jede der 16 Großforschungseinrichtungen gibt der Bund aber im Schnitt rund 200 Millionen pro Jahr aus.

Viele erfolgreiche deutsche Pioniere sind darum schon vor zehn Jahren in die USA abgewandert, um ihre Ideen umsetzen zu können. So Andreas von Bechtolsheim, der an der Stanford University seine ersten Computerplatinen zusammenlötete und heute als Mitbegründer von Sun Microsystems Milliardenumsätze erwirtschaftet. Ein aktuelles Beispiel ist die in München ansässige Fast Multimedia AG, die auf Erweiterungskarten spezialisiert ist. Um das zur Expansion benötigte Kapital aufzubringen, will das Unternehmen noch im Herbst 1995 an die New Yorker NASDAQ gehen.

Die deutsche Steuer- und Kapitalmarktgesetzgebung ist in dieser Hinsicht auf eine Rentiersgesellschaft von Immobilienbesitzern, oder sagen wir gleich: auf eine immobile Gesellschaft, zugeschnitten. In der risikolosen Gesellschaft ist jeder zunächst auf sein privates Wohl bedacht. Die individuelle Risikovorsorge, sicherlich ein wichtiges Element der privaten Vermögensbildung, wird in jeder erdenklichen Weise gefördert. Die gesellschaftliche Zukunftsvorsorge durch junge Unternehmen mit neuen Produkten und Ideen wird dagegen völlig vernachlässigt. Die produktiven Risiken, die die Basis unseres Wohlstandes bilden, geraten aus den Augen, wo jeder nur noch an seine eigene Versorgung denkt. Man mag durchaus weiterhin private Kapitallebensversicherungen steuerlich begünstigen. Es muß aber gleichzeitig dafür gesorgt sein, daß das angesammelte Kapital nicht nur in Immobilien gleichsam stillgelegt wird, sondern in Beteiligungsfonds für Jungunternehmer der Zukunft Deutschlands zugute kommt.

Bildungswesen

Ehedem konnte Bildung den einzelnen auf das Leben vorbereiten, indem sie ihm die später für den Beruf erforderlichen Qualifikationen vermittelte. Lange Zeit war die Arbeitswelt durch eine klassische Trennung von Lernen und Anwenden geprägt. Die Schule und die daran anschließende Ausbildung oder das Studium stellten die notwendige und zumeist auch die hinreichende Bedingung für beruflichen Erfolg dar. Dabei waren bis in die frühe Neuzeit Veränderungen selbst von Generation zu Generation kaum spürbar. Das wichtigste Wissen bestand in der Erfahrung, die von Eltern zu Kindern innerhalb des Berufsstandes weitergereicht wurde.

Die Aufklärung, der Aufstieg des Bürgertums und die industrielle Revolution haben das radikal verändert. Gesellschaftlicher und technischer »Fortschritt« wurden bestimmend. Das Bildungswesen reagierte darauf mit neuen Lehrinhalten. Je mehr sich die Welt veränderte, desto umfangreicher wurden die Curricula, desto länger dic Ausbildungszeiten und desto größer der Anteil von Höherqualifizierten und Akademikern. Unser Bildungswesen wurde von der Lawine des Wissens überrollt. Es hat wie alle überregulierten staatlichen Systeme zunächst mit einer immensen Aufblähung reagiert und droht nun angesichts fehlender Mittel, in sich zusammenzufallen. Wir befinden uns heute am Endpunkt dieser Spirale. Unser überkommenes Bildungssystem steht vor der Kapitulation.

Dabei ist die Krise hausgemacht: Der Staat scheut sich vor jeder umfassenden Neuordnung des durch das Beamtenrecht geknebelten Bildungswesens. Gleichzeitig stehen für Bildung immer weniger Finanzmittel zur Verfügung. Beamte in den Ministerien, die weit weg von den Problemen vor Ort sind, streichen Planstellen nicht selten nach dem Rasenmäherprinzip. Auf diese Weise ging der relative Anteil des Bildungsbudgets seit 1975 beständig zurück. Lag diese Größe Mitte der siebziger Jahre noch bei 5,5 Prozent des Bruttosozialprodukts, so waren es im Jahr 1990 nur noch 4,2 Prozent. Der OECD-Vergleich der Bildungsausgaben pro Kopf weist Deutschland nur noch den viertletzten Rang vor Griechenland, Spanien und der Türkei zu. Auch die Bereitschaft des Bundes, sich im länderhoheitlich geregelten Ausbildungssektor zu engagieren, hat in der Vergangenheit stark abgenommen. Sehr deutlich zeigt sich das im Hochschulbereich. Dort ist sein Anteil an der Finanzierung der wissenschaftlichen Ausbildungseinrichtungen seit 1970 von 14 auf nur noch 6 Prozent im Jahr 1993 gesunken. Ein Motiv, welches diesem Rückzug zugrunde liegt, mag in der Überzeugung liegen, daß die Zahl der Studenten ohnehin weit über dem tatsächlichen Bedarf an Hochschulabsolventen liegt.

Daß diese Aussage nicht zutrifft, hat vor kurzem eine Studie des Instituts für Arbeitsmarkt- und Berufsforschung (IAB) bei der Bundesanstalt für Arbeit in Nürnberg erwiesen. Bis zum Jahr 2010 wird der Bedarf an Akademikern weiter steigen. Es wird damit gerechnet, daß in 15 Jahren die Zahl der erwerbstätigen Akademiker von 2,3 Millionen (1991) auf 3,1 bis 3,4 Millionen ansteigen wird. Ähnliche Wachstumsprognosen gelten auch für die Entwicklung der Beschäftigung von FH-Absolventen. Im betrachteten Zeitraum werden die Erwerbstätigen, die über einen Fachhochschulabschluß verfügen, von 1,1 Millionen auf 1,6 Millionen zunehmen. Diese Zahlen belegen, daß die Reform des Hochschulwesens nicht auf die leichte Schulter genommen werden darf.

Doch es handelt sich dabei nicht um den einzigen Bereich, der großen Reformbedarf aufweist. Angesichts der Tatsache, daß die Privatwirtschaft sich mehr und mehr aus der dualen Berufsausbildung verabschiedet, wird klar, daß auch hier neu nachgedacht werden muß. Mehr, als dies bisher der Fall war, muß in Zukunft an einem ganzheitlichen Bildungskonzept gearbeitet werden. Weitere Beispiele für dringend erforderliche Weichenstellungen sind die Finanzierung der Meisterausbildung und eine Reform der Weiterbildung. Nur wer dafür sorgt, daß auch den Menschen, die in einem regulären Beschäftigungsverhältnis stehen, jederzeit das gesamte

Spektrum der Bildungsmöglichkeiten an Universitäten, Fachhochschulen und sonstigen Einrichtungen zur Verfügung steht, kann die Herausforderungen bewältigen, die eine dynamische Umwelt an den Faktor »menschliche Arbeit« stellt. Statt sich Gedanken darüber zu machen, wie der Bildungssektor insgesamt effizienter organisiert werden kann, wird hier eine staatliche Mangelverwaltung betrieben, die keine Zukunftsentwürfe zuläßt.

Wir plädieren für die Haushaltsautonomie von Bildungseinrichtungen. Eine finanziell unabhängige Universität kann selbst entscheiden, wieviel sie für Personal in Lehre und Forschung und wieviel für Investitionen ausgibt. Sie kann sogar zusehen, ob sie durch private Trägerschaft einzelne, vor allem große Bauvorhaben, wie Hochschulkliniken, schneller umsetzen kann als auf dem Weg des Hochschulbauförderungsgesetzes. In den neuen Bundesländern sind immense Investitionen im Hochschulbau erforderlich, die nach den geltenden Bestimmungen Jahrzehnte dauern werden. Warum wird hier angesichts der schwierigen Finanzsituation der Länder nicht massiv privates Kapital mobilisiert? Ein weiterer Schritt hin zu privaten Betreibermodellen, bei denen nicht nur die Organisation der Reinigung oder der Verpflegung (Mensen und Cafeterien) durch Private erfolgt, wäre denkbar und könnte zur Entlastung der Länderhaushalte beitragen.

Selbst einzelne Institute können als Profit-Center geführt werden, die durch Drittmittel aus öffentlichen und privaten Einrichtungen über ein eigenes Betriebsvermögen verfügen. Die Unsitte der sogenannten An-Institute, die Professoren eine gewisse Unabhängigkeit vom Haushalt der Universität gewähren, könnte aufhören, wenn sich Universitäten künftig als Dach vielfältiger eigenständiger Forscher und Lehrer definieren.

Die Universitäten können sich auf diese Weise im Wettbewerb um Studenten positionieren. Damit sie das auch tun müssen, ist die Nachfragemacht zu stärken. Die Studenten erhalten vom Staat ein Ausbildungsbudget in Form von Vouchern, die die Regelstudienzeit eines Faches abdecken. In Baden-Württemberg existiert bereits der Vorschlag, eine zumindest teilweise erfolgsabhängige Finanzmittelausstattung der Hochschulen über Coupons vorzunehmen. Der einzelne Student, der zu Beginn des Studiums vom Staat mit einer gewissen Anzahl von Coupons ausgestattet wird, hat damit die freie Wahl seiner Hochschule. Durch Einreichung eines Coupons ist er zum Studium an der gewählten Hochschule berechtigt.

Universitäten und Fachhochschulen finanzierten sich dann – entsprechend dem Vorschlag – zu einem erheblichen Anteil aus den Finanzmitteln, die das Land ihnen pro eingereichtem Gutschein zur Verfügung stellt.

Dieser Vorschlag kann in verschiedener Hinsicht weiterentwickelt werden. Zum einen sollte der Staat keinen Unterschied zwischen privaten, staatlichen oder gemischten Gesellschaften machen, die die Universitäten führen. Dadurch können nun unterschiedliche Bildungsträger miteinander konkurrieren, die bestimmte einheitliche Qualitätsanforderungen erfüllen. Es läßt sich beispielsweise sogar vorstellen, daß die Coupons auch an ausländische Hochschulen für Studiengebühren ausgezahlt werden, so daß die Internationalität des Studiums gestärkt würde. Zum zweiten sollten die Universitäten die Höhe ihrer Studiengebühren eigenständig festlegen können. Je teurer die Uni und je länger das Studium, desto mehr muß in Form von Stipendien aufgrund besonderer Leistung oder durch zinsgünstige staatliche Studienkredite zusätzlich selbst finanziert werden. Die Studenten lernen dadurch, ihre Ausbildung als Investition in ihre Zukunft zu begreifen. Außerdem werden sie vermehrt Leistungsanforderungen an die Universität stellen. Schließlich wollen sie für »ihr« Geld und für ihre Zukunft etwas geboten bekommen. Ein solches Modell könnte schrittweise an den Universitäten eingeführt und, sobald es sich eingespielt und bewährt hat, auf Akademien und Fachhochschulen ausgedehnt werden.

IV.8

Neuordnung des Staates

> Die Vollbeschäftigung bei Behörden ist immer garantiert, denn Beamte schaffen sich gegenseitig so viel Arbeit, daß sie ständig genug zu tun haben.
>
> *Cyril N. Parkinson*

Der Staat als die Summe öffentlicher Institutionen ist zu einem aufgeblähten Bereich unseres Gemeinwesens geworden. Von den 1,8 Millionen Arbeitsplätzen, die hierzulande in den siebziger und achtziger Jahren geschaffen wurden, entstand allein eine Million im öffentlichen Bereich. In den alten Bundesländern wuchs die Zahl der öffentlich Bediensteten in den vergangenen 40 Jahren fünfmal so schnell wie die der Bevölkerung. Längst ist die Schwelle überschritten, da die Größe und Komplexität der staatlichen Einrichtungen noch sinnvoll zu steuern wären. Behörden und Gesetze widersprechen einander immer häufiger, der überregulierte Staat führt sich selbst ad absurdum. Das Gebot der wirtschaftlichen und sparsamen Haushaltsführung ist längst nicht mehr Richtschnur staatlichen Handelns. Wie konnte es dazu kommen, ausgerechnet in Deutschland, dessen korrekte und leistungsfähige Verwaltung weltweit berühmt war?

Die wesentliche Ursache liegt in der zunehmenden Dynamik und Verflochtenheit der gesellschaftlichen und wirtschaftlichen Entwicklung, auf die der Staat völlig falsch reagiert hat. Er hat nämlich einerseits immer mehr Aufgaben an sich gezogen, und die Bürger haben sich gleichzeitig daran gewöhnt, immer mehr Forderungen an den Staat zu richten. Andererseits hat er nicht erkannt, daß die neuartigen Aufgaben wegen ihrer Fülle und der Komplexität des Lebens in einer hochentwickelten Gesellschaft neue Formen der Verwaltungsorganisation erfordern. Unternehmen wurden und werden ständig zur Anpassung gezwungen, sie dezentralisieren und verschlanken ihre Strukturen, lagern Aufgaben aus und beziehen Leistungen von Fremdfirmen. Dadurch versuchen sie, dem wachsenden Anforderungsdruck standzuhalten. Die öffentliche Verwaltung reagierte dagegen bislang nicht durch Flexibilisierung, sondern im Gegenteil durch größere Rigidität auf diese Herausfor-

Bei insgesamt rückläufiger Beschäftigung in Europa hat der öffentliche Dienst während der 80er Jahre zugenommen

Veränderung der Beschäftigung 1980 - 90

Erwerbstätige pro 1.000 Erwerbspersonen

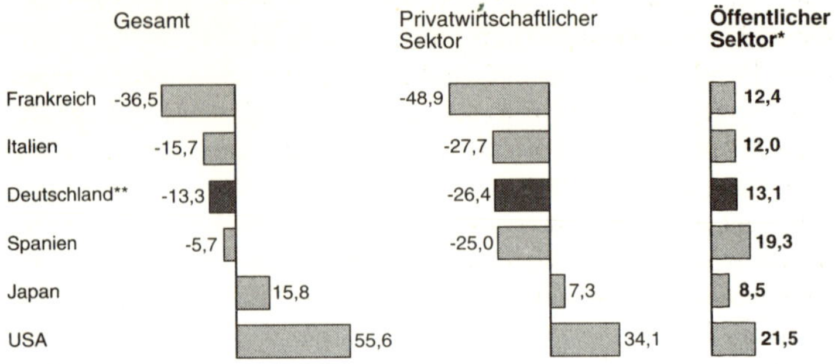

* Öffentliche, soziale und kommunale Dienstleistungen wie Gebietskörperschaften, Ausbildung, Gesundheit

** Alte Bundesländer

Quelle: OECD, nationale Statistiken, McKinsey Global Institute

derungen. Der zunehmenden Geschwindigkeit von Veränderungen und der steigenden Unsicherheit versucht sie durch schärfere Dienstvorschriften und die Verlagerung von Entscheidungen auf höhere Ebenen entgegenzuwirken. Das Streben nach Perfektion und die Angst vor Sanktionen wirken hier in dieselbe Richtung. Jedes Problem wird mit einer neuen Regelung gelöst, die wieder neue Fragen aufwirft. Die öffentlich Bediensteten werden Opfer eines Machbarkeitswahns, den sie selbst als Täter tagtäglich pflegen. Die Behörden beschäftigen sich daher zunehmend mit hausgemachten Problemen. Ein besonders grotesker Auswuchs dieser Kettenreaktion ist die wachsende Zahl von Verwaltungsprozessen, die einzelne Behörden gegeneinander führen. Das Ergebnis ist, daß sich der Apparat immer weiter aufbläht und schließlich selbst blockiert.

Aufgabenkritik

Der erste Schritt, um die Relation zwischen Bürgergesellschaft und Regulierungsstaat wieder ins Lot zu bringen und zurechtzurücken, ist darum eine radikale Aufgabenkritik. Aber ein pauschales Urteil ist nicht angebracht. Wir plädieren für eine gründliche Untersuchung, im Rahmen derer jede staatliche Tätigkeit auf den Prüfstand gestellt und auf ihre Privatisierbarkeit geprüft wird. Als Richtschnur muß gelten, daß ausschließlich hoheitliche Aufgaben vom Staat wahrgenommen oder verantwortet werden. So halten wir sämtliche Dienstleistungsaufgaben des Staates grundsätzlich in privaten Händen für besser aufgehoben, mag es auch Ausnahmen geben. Hingegen halten wir es für bedenklich, daß wirklich hoheitliche Aufgaben, wie die öffentliche Sicherheit, zunehmend Privaten überlassen werden. Statt dessen müßte die Polizei mit moderner EDV und Kommunikationstechnik ausgerüstet werden, damit die Beamten die meiste Zeit beim Bürger und nicht hinter der hoffnungslos veralteten Schreibmaschine beim Protokollschreiben zubringen.

Dagegen ist beim staatlichen Bildungswesen zu fragen: Muß hier hoheitlich gehandelt werden? Eine Unzahl privater Anbieter tummelt sich heute auf dem Markt der Aus-, Fort- und Weiterbildung, angefangen von der Kinderkrippe bis zur Erwachsenenakademie. Würde es nicht genügen, die Abschlußqualifikationen an Schulen und Hochschulen staatlicherseits zu normieren und dadurch die Qualität der Ausbildung zu kontrollieren? Warum sollten Universitäten nicht selbst ihren Aufbau und ihre Verwaltung regeln können? Warum müssen Beamte dort Lehrstühle besetzt halten, wo doch ein Großteil der Lehre de facto über schlechtbezahlte, befristet angestellte Assistenten und Lehrbeauftragte sowie über private Repetitoren abgewickelt wird? Und vollends unklar ist schließlich, warum die Forschung von Beamten durchgeführt werden muß.

Welches System von Prioritäten bei den Verantwortlichen bislang hinter der Durchstaatlichung einerseits und der Entstaatlichung der genannten Bereiche andererseits steckt, ist nicht erkennbar. Maßgeblich scheint zu sein, welcher Aufgaben der Staat und einzelne Behörden bis hin zu Großforschungseinrichtungen noch habhaft werden können. Was aber für die Europäische Union gilt, muß auch innerstaatlich gelten, nämlich das Gebot der Subsidiarität: Was der einzelne, die gesellschaftlichen Organisationen und die privaten Unternehmen leisten können, darf nicht vom Staat usurpiert werden. Die Folgen der Usurpation werden längst deutlich: Erschlaffung der Gesellschaft und Überforderung des Staates. Konsumhaltung und Fürsorgediktatur sind zwei Seiten einer Medaille.

Reengineering im öffentlichen Dienst: Problemlösung statt Verwaltung

Ein weiteres Problem besteht in der antiquierten Struktur unserer Verwaltung. Sie orientiert sich immer noch an der Hoheitsverwaltung, in der die strikte Befolgung von Normen, der streng hierarchische Dienstweg und die Besoldung nach Rang und Alter eine perfekt gleichförmige Durchsetzung des staatlichen Willens gewährleisten sollen. In der Verwaltungsrealität geht es aber zunehmend darum, durch öffentliche Verwaltung etwas zu gestalten oder als Dienstleistung anzubieten. Längst hat der Staat viel mehr Leistungs- als Hoheitsaufgaben. Dennoch wurde das Muster der Hoheitsverwaltung kritiklos beibehalten. Weder die Struktur der Verwaltung noch das Berufsverständnis der öffentlich Bediensteten hat den Wandel in den Aufgaben genügend mitvollzogen. Letzteres ist immer noch überwiegend vorschriften-, verfahrens- und ausgabenorientiert, statt verantwortungs-, situations- und aufgabenorientiert. Friktionen aller Art sind die Folge davon, daß moderne Management- und Dienstleistungsaufgaben in das organisatorische Prokrustesbett von Katasterämtern gepreßt werden.

Die innere Reform ist für die Bürger als »Kunden« der Verwaltung ebenso wichtig wie für ihre Funktionsfähigkeit und die berufliche Zufriedenheit der Bediensteten. Der überkommene öffentliche Dienst befindet sich in einem Teufelskreis wechselseitiger Blockierung. Seine Tätigkeitsgebiete werden immer verflochtener und komplexer. Querschnittsaufgaben, beispielsweise im Umweltschutz, bei der Stadtentwicklung oder bei der sozialen Versorgung, nehmen zu. Der Staat trägt dem aber nicht durch anforderungsgerechte Strukturen und Dezentralisierung der Verantwortung Rechnung, sondern durch eine explosionsartige Vermehrung von Vorschriften und Institutionen. Dadurch werden selbst normale Genehmigungsverfahren zu einem Dickicht verflochtener Zuständigkeiten, in das eine Vielzahl von Behörden auf unterschiedliche Weise einbezogen ist. Sinnvoll können solche Aufgaben im Grunde nur durch ressortübergreifende, eben problemorientierte Strukturen und Vorgehensweisen bearbeitet werden. Damit würden aber Zuständigkeiten in Frage gestellt. Die Folge ist, daß die Entscheidungen auf die höheren Ebenen der Hierarchie verlagert werden, die durch diesen »Schornsteineffekt« zusehends überlastet werden. Der ordentliche Dienstweg wird komplexen Problemen schon im

Verwaltungsalltag nicht gerecht. Verzögerungen wegen langer Dienstwege sind daher die Regel. Unmittelbares Versagen tritt aber ein, sobald etwa bei unvorhergesehenen Katastrophen sofortiges, ressortübergreifend koordiniertes Handeln gefordert ist.

Die Unternehmen haben diese Probleme der funktionalen, streng hierarchischen Linienorganisation schon vor mehr als dreißig Jahren erkannt und durch die Bildung von produkt- oder kundenbezogenen Sparten behoben. Kaum jemand kauft heute noch eine Einzelleistung wie einen Computer. Gefragt ist die Komplettlösung für ein konkretes Problem. Den Computer verkauft nur, wer die Lösung dazu programmiert, die Software anpaßt, die Installation vornimmt, die Schulung der Mitarbeiter leistet und einen umfassenden After-Sales-Service gewährleistet. Man stelle dem nur einmal ein Genehmigungsverfahren für eine Chemieanlage gegenüber. Dafür sind rund 2000 Gesetze, Verordnungen und Richtlinien zu erfüllen, für die unterschiedlichste Behörden zuständig sind. Darum beschäftigen sich beispielsweise bei der BASF 200 Mitarbeiter allein damit, daß die richtigen Unterlagen zur richtigen Zeit bei der richtigen Behörde sind. »Behörden-Engineering« nennt sich tatsächlich diese neue »Zukunftstechnologie« am Standort Deutschland. Der Staat wälzt also seine Unfähigkeit, den Genehmigungsprozeß sinnvoll zu organisieren, auf die Privatwirtschaft ab. Sie muß dem Staat die Koordination seiner Behörden abnehmen. Statt »alles aus einer Hand« zu erhalten, muß der Unternehmer wie Buchbinder Wanninger, die literarische Figur von Karl Valentin, von einer Behörde zur anderen laufen.

Zu verlangen ist statt dessen, daß der Staat den Leistungserbringern, also den Unternehmen, gegenüber als Dienstleister auftritt. Die Behörden haben eine Bringschuld zu leisten und Genehmigungsverfahren aktiv zu managen, statt passiv zu warten, bis ihnen mundgerechte Anträge serviert werden. Es gibt auch bereits positive Ansätze in dieser Richtung: Bayern hat sogenannte »Projekt-Manager« eingeführt. Das sind Beamte, die bei den Bezirksregierungen »installiert« werden und dort federführend dafür sorgen sollen, daß Genehmigungsverfahren reibungslos durchgeführt werden und nicht irgendwo im Stapel landen und Stockflecken bekommen.

Für eine andere Herangehensweise fehlen aber zum einen die am Bürger und seinem Problem orientierten Strukturen, und zum anderen mangelt es an der nötigen Kompetenz des einzelnen Beamten, der alleinverantwortlich handeln können muß. Auch hier ist die Wirtschaft längst voraus. Derzeit läuft eine weitere Welle der Dezentralisierung, mit der ganze Hierarchieebenen gestrichen werden. Die Unternehmen wollen nicht nur schlank, sondern auch flach werden. Der einzelne Mitarbeiter erhält Entscheidungsautonomie und Ausgabenverantwortung, er kann Aufgabenkomplexe als zusammenhängendes Ganzes bearbeiten, und er erfährt unmittelbar die Bedeutung eigener Leistung und Verantwortlichkeit. Als Konsequenz steigt die Kundenorientierung, die für viele Unternehmen heute an der Spitze ihrer Zielpyramide steht.

Mehr Wirtschaftlichkeit durch Profit-Center

Die staatlichen Einheiten müssen sich ebenfalls den steigenden Anforderungen und dem Gebot der Wirtschaftlichkeit stellen. Am besten läßt sich das durch die Umwandlung zur Profit-Center-Organisation bewerkstelligen. Das mag zunächst befremdlich klingen, da doch gerade in den klassischen Verwaltungsbereichen kein »Profit« anfällt. Profit-Center-Bildung setzt aber keineswegs voraus, daß eine Behörde Gewinn erzielen muß, sondern vielmehr nur, daß sie ihre Aufgaben mit dem geringstmöglichen Aufwand erledigt. Das bedeutet, daß sie für Kosten und Erlöse eigenverantwortlich ist.

Die Grundlage für die Neugliederung der öffentlichen Verwaltung zu selbständigen, dezentralen Einheiten stellt das New Public Management dar. Gemäß dem 3E-Konzept geht es dabei um Effectiveness, Efficiency und Economy. Im Vordergrund steht die Stärkung des Wettbewerbsgedankens. Also: Der Bürger soll die Dienstleistungen so günstig wie möglich erhalten. Im Grunde meint das nur eine Wiederbelebung des Grundsatzes der sparsamen und wirtschaftlichen Haushaltsführung. Doch nun werden den Behörden auch das Instrumentarium und die Kompetenz gegeben, damit sie überhaupt eigenverantwortlich über ihre Etats verfügen können. Beispielsweise kommen so neue Kooperationsmuster mit dem privaten Sektor in Betracht (contracting out, public private partnership). Die Prinzipien des Lean Management können sehr wohl auf die öffentliche Leistungsverwaltung angewandt werden. Für eine schlanke Verwaltung müßte zum Beispiel nur bei jeder neu zu schaffenden oder auch schon bestehenden Stelle die Frage nach »Eigenfertigung oder Fremdbezug« gestellt werden. Es ist sicher,

Die Abläufe in der Stadtverwaltung sind oft unnötig kompliziert

Beispiel: Ablauf zur Abrechnung der Pkw-Kilometerpauschale für Dienstfahrten

1. Fachamt stellt einen Antrag zur Kfz-Benutzung an Hauptamt
2. Antrag über Hauptamt an zuständigen Organisationssachbearbeiter zur Prüfung
3. Nach Prüfung und Genehmigung an Sachbearbeiter Kfz (bei Hauptamt)
4. Erstellung Genehmigungsschreiben (3fach: Fachamt, Nutzer, Hauptamt)
5. Nutzer schreibt Fahrstrecke auf, leitet an Amtsleiter weiter
6. Von Amtsleitung an Dezernent weitergeleitet
7. Dezernent zeichnet ab und leitet weiter an Hauptamt
8. Prüfung durch Organisationssachbearbeiter
9. Prüfung und Bearbeitung durch Kfz-Sachbearbeiter
10. Erstellen der Auszahlungsanforderung (3fach: Personalamt, Fachamt, Hauptamt)
11. Personalamt läßt von Kasse auszahlen

daß die Arbeit ganzer Behörden (von der übergreifenden Kontrolle und Steuerung einmal abgesehen) an private Aufgabenträger ausgelagert werden kann. Zum Beispiel können von den kommunalen Diensten nach dem Urteil der Deutsche Bank Research 80 Prozent grundsätzlich privatisiert werden.

Bislang fehlte es den Behörden sowohl an Befugnissen als auch an Anreizen, um ihr Handeln unter dem Aspekt der Wirtschaftlichkeit zu optimieren. Angesichts leerer öffentlicher Kassen wird sich das nun radikal ändern. Vor allem im kommunalen Bereich wird bereits intensiv mit solchen neuen Konzepten experimentiert. Denn immer mehr Kommunen drohen von den steigenden Ausgaben erdrückt zu werden.

Öffentliche Haushaltsführung

Traditionelle Behörden – egal auf welcher staatlichen Ebene – sind auf die Führungsaufgaben in einer modernen, dezentralen und bürgernahen Verwaltung denkbar schlecht vorbereitet. Beispielhaft wird das an der Steuerung von kommunalen Beteiligungsunternehmen deutlich, die zu einem immer drängenderen Problem für die Kommunen wird. Denn solche Beteiligungen haben in der Form von kommunalem Sondervermögen, von Eigenbetrieben und Eigengesellschaften in den letzten Jahren eine erhebliche Größenordnung erreicht. Mit dem herkömmlichen kameralistischen Verfahren der Einnahmen-/Ausgabenrechnung können diese Beteiligungen aber nicht wirtschaftlich gesteuert werden. Voraussetzung hierfür ist eine kaufmännische Buchführung. Die Belastungen durch Investitionen müssen beispielsweise künftig in den Bilanzen deutlich werden, egal ob Anschaffungen »betrieblich« oder politisch veranlaßt wurden. Erst dadurch werden Verwaltung und Politik nämlich überhaupt »rechenschaftsfähig«, wie der Direktor des Hessischen Städtetages, Hans-Erich Frey, treffend anmerkt.

Konsolidierte Gewinn- und Verlustrechnungen und bereinigte Bilanzen sind aber bislang für das Unternehmen Stadt und das Unternehmen Staat reine Utopie. Tatsächlich läuft es in etwa so: Eine Kommune bietet eine Dienstleistung an, für die 5 Millionen DM an Einnahmen und 4 Millionen an Kosten pro Jahr veranschlagt werden. Die dafür eingesetzten Maschinen, Ausstattungen und Gebäude müssen nach einigen Jahren ersetzt oder erneuert werden. Ein Unternehmen setzt diesen Aufwand, verteilt auf die voraussichtliche Gesamtnutzungsdauer der Gegenstände, als jährliche Abschreibung in seiner Kostenrechnung an und rechnet ihn der erbrachten Leistung ursachengerecht zu. Betragen die Abschreibungen beispielsweise 2 Millionen DM im Jahr, liegt für ein Unternehmen eine klare Verlustsituation vor. Anders verhält es sich dagegen bei der Gemeinde, da in der Kameralistik keine Abschreibungen vorgesehen sind. In ihrem Haushalt erscheint die Dienstleistung daher mit einem Überschuß von einer Million DM, ein scheinbar gutes Geschäft also, das zudem das Gewissen von Bürgermeistern und Stadträten beruhigt. Die Stadt wird daher zum Zahlmeister ihrer Töchter, weil sie keinen klaren Einblick in deren wirtschaftliches Gebaren hat.

Die Stadt muß vielmehr wie ein Konzern mit Holdingstruktur organisiert werden, deren Behörden als Profitcenter über Kennzahlensysteme gesteuert werden. Besonders weit ist in dieser Hinsicht die Stadt Duisburg vorangeschritten, die 1992 mit dem Speyerer Preis ausgezeichnet wurde. Die Stadt als Dienstleistungskonzern mit rund 10000 Mitarbeitern regelt ihre Beziehungen zu den kommunalen Betrieben wie private Unternehmen und setzt dort Qualitätszirkel, Personalentwicklungskonzepte, Corporate Identity und ähnliche Managementinstrumente ein.

Analoge Probleme stellen sich in allen öffentlichen Ämtern und Behörden. Die Kameralistik erlaubt als bloße Einnahmen- und Ausgabenrechnung keine periodengerechte Ermittlung des Jahresergebnisses. Sie eröffnet zudem zahlreiche Möglichkeiten, die ohnehin wenig aussagekräftigen Zahlen durch Verschuldung, Rückgriffe, Rücklagen und sonstige Vermögen zu verschleiern. Die Leistung der politisch Verantwortlichen und der Amtsleiter ist daher gar nicht anhand der von ihnen vorgelegten Jahresabschlußzahlen zu beurteilen. Das kameralistische Rechnungswesen liefert keine entscheidungsrelevanten Informationen – schon gar nicht für den wahlberechtigten Bürger. Sie kann nicht zu einer wirtschaftlichen, an den Bedürfnissen der Bürger ausgerichteten Haushaltsführung beitragen und genügt damit nicht den Anforderungen an ein Führungsinstrument.

Statt dessen braucht die öffentliche Verwaltung ein kaufmännisches Rechnungswesen auf allen Ebenen, das eine ordentliche Haushalts- und Investitionsplanung und eine periodische Erfolgsermittlung durch Bilanz und Gewinn- und Verlustrechnung sowie eine laufende Kostenkontrolle durch ein prozeßorientiertes Kostenrechnungs- und Controllingsystem ermöglicht. Wer in der Verwaltung eine echte Kostenträgerrechnung anstellt, kommt zu verblüffenden Ergebnissen. So betragen die Kosten einer Eheschließung mehr als das fünffache der tatsächlich erhobenen Gebühr. Auch die Kosten für Ausweispapiere liegen mehr als dreimal so hoch wie die Gebühr. Wer den öffentlichen Dienst kennt, wird nun sagen: Das ist ja gut und schön, doch was bringt das? Die Frage hat in der Tat ihre Berechtigung. Die transparentere Buchführung allein hat keinerlei Wirkung, solange das öffentliche Haushaltsrecht nicht grundlegend geändert wird. Nach heutigem Stand unterbindet, ja bestraft es das ökonomische Verhalten von öffentlichen Behörden und ihren Bediensteten.

Budgetverantwortung statt Budgetmaximierung

Das wesentliche Problem der öffentlichen Haushaltsführung liegt in der Fortschreibungsmentalität, also darin, daß Aufgaben und Ausgaben einfach vom Vorjahr fortgeschrieben werden, ohne zu fragen, ob sie noch Sinn machen. Dabei wird Mehrverbrauch im abgelaufenen Jahr in der Regel durch Erhöhung des Etats honoriert, Minderverbrauch, etwa durch Einsparungen, dagegen durch Kürzung bestraft.

Haushaltsreste, die durch besonders sparsames Wirtschaften entstehen könnten, dürfen nicht in das nächste Jahr hinübergenommen werden. Darum gibt es das sogenannte »Dezemberfieber«, durch das die Behörden alljährlich in einen Kaufrausch verfallen, um die unverbrauchten Gelder noch schnell auszugeben.

Der Versuch der Kostenminimierung wird in diesem System also schlicht irrational. Vernünftig verhält sich vielmehr ein Beamter, der seinen Etat vollständig ausschöpft und möglichst noch nachweist, daß er im kommenden Jahr dringend mehr Mittel und weitere Planstellen, sprich Mitarbeiter, benötigt. Die ökonomische Theorie hat dafür den Begriff des »budgetmaximierenden Verhaltens« geprägt. Behörden versuchen demnach fortwährend ihr Budget zu vergrößern – im Unterschied zu den Unternehmen, die (idealtypisch) Gewinnmaximierung anstreben. Ein Amtsvorsteher hat keinen Vorteil aus gewinnmaximierendem oder kostenminimierendem Verhalten. Im Gegenteil: Sein Einfluß bemißt sich nach der Höhe seines Etats und der Anzahl seiner Untergebenen. Somit ist er bemüht, beides möglichst auszuweiten. Der Budgetmaximierer handelt folglich rational, er gehorcht den Spielregeln in dieser anderen Welt der öffentlichen Verwaltung.

Die falsche Logik der öffentlichen Haushaltsführung ist ein wesentliches Hindernis auf dem Weg zu mehr Effizienz in der Verwaltung. Um diese »Logik« zu durchbrechen, wurde in Offenbach die Finanzverwaltung dezentralisiert, und die Bereiche erhielten eine eigene Budgetverantwortung übertragen. Dadurch entsteht Kostenbewußtsein.

Das sind wichtige Schritte zur Reform, denn das heutige öffentliche Haushaltsrecht mit seinen widersinnigen Prinzipien zwingt bislang geradezu zur Unwirtschaftlichkeit. Reformen sind darum nur möglich, wenn sie die Regeln so verändern, daß eine neue Handlungslogik für die Mitarbeiter entstehen kann.

Wenn Job Enrichment, anreizorientierte Entlohnung, persönliche Karriereplanung und dergleichen mehr auch von den Mitarbeitern beim Staat gewünscht werden, müssen sich die Verhältnisse ändern. Begriffe wie Motivation und Identifikation mit der Aufgabe tauchen jedoch in der klassischen Verwaltung nicht auf. In-

Erst eine detaillierte Kostenschätzung zeigt, wie teuer viele Dienstleistungen einer Kommune tatsächlich sind

BEISPIELE AUS DER KOSTENTRÄGERRECHNUNG

Beispiele	**Kostenträger**	**Anzahl Vorfälle**	**Vollkosten pro Vorfall** in DM	**Einzel-erlöse** in DM	**Einzel-zuschuß** in DM
Amt 34 (Standesamt)	Eheschließung	754	516	80	**436**
	Familienbuch-Antrag	80	1.082	–	**1.082**
	Geburt	1.557	153	10	**142**
	Sterbefall	1.640	178	21	**157**
	Stammbuchverkauf	700	37	23	**14**
Amt 43 (Volkshochschule)	Einzelveranstaltungen	138	209	29	**180**
	Ausstellungen	1	5.780	–	**5.780**
	Kursangebote				
	• Kurse	780	4.365	1.916	**2.449**
	• Nutzer	7.009	486	213	**273**
Amt 12 (Amt für Stadtentwicklung und Meldewesen)	Fachplanungen (Projekte)	15	22.243	83	**22.160**
	Meldeangelegenheiten	90.957	11	1	**10**
	Ausweispapiere	18.851	53	15	**38**
	Lohnsteuerkarten	130.100	3	0	**3**
	Auskünfte	64.959	6	2	**4**
Amt 61 (Stadtplanungsamt)	Bauberatung	1.179	171	–	**171**
	Untere Denkmalschutzbehörde (Kulturdenkmale)	162	936	–	**936**
	Stellungnahmen für stadträtliche Gremien	49	6.188	–	**6.188**

nere Kündigung und hohe Fehlzeiten sind die Folge. Doch nur ganz allmählich können sich Ansätze zu einer Verbesserung im überkommenen Dienstrecht und Verwaltungsaufbau etablieren.

Der Staat kann sich dem wachsenden Anpassungs- und Aufgabendruck nicht entziehen. Verzweifelt versucht er mit der wachsenden Dynamik in Wirtschaft und Gesellschaft Schritt zu halten. Doch er muß sich diese Flexibilität doppelt teuer erkaufen. Denn alte Aufgaben können nicht einfach abgeschafft werden, um Platz für neue zu machen. Viele öffentliche Aufgaben werden längst nur noch deshalb durchgeführt, weil die Behörde oder das Institut nicht aufgelöst werden kann. Denn die dortigen Beamten brauchen dann ja anderswo eine adäquate Planstelle. Darum kann eine einmal eingerichtete Behörde praktisch nie wieder abgeschafft werden.

Der Staat als Standortfaktor oder: Die Wirtschaft – Opfer des Staates?

Doch nicht nur die Verwaltung, sondern auch der Gesetzgeber ist für den schlechten Zustand des öffentlichen Sektors verantwortlich. Das deutsche Gesetzgebungsverfahren gleicht einem Kampf gegen die Hydra: Wird eine Bestimmung hinfällig, treten sogleich zwei neue an ihre Stelle.

Eine von der Bundesregierung beauftragte »Expertenkommission zur Vereinfachung und Beschleunigung von Planungs- und Genehmigungsverfahren« dokumentiert in ihrem Gutachten vom November 1994 das Dilemma anhand des Bundesimmissionsschutzgesetzes. In Nordrhein-Westfalen wurden Genehmigungen nach diesem Gesetz 1980 noch zu fast zwei Dritteln innerhalb eines halben Jahres erteilt; 1988 nur noch zur Hälfte. Dagegen hat sich der Anteil der Verfahren, die sich über mehr als ein Jahr hinzogen, auf 17 Prozent fast verdoppelt. Häufig handelt die Verwaltung selbst bereits gegen den Willen des Gesetzes, denn wesentliche Änderungen einer Anlage sollen ihm zufolge innerhalb von sechs Monaten beschieden sein. Tatsächlich brauchen die Ämter aber im Durchschnitt 5 bis 10 Monate, falls die Öffentlichkeit nicht beteiligt werden muß, und 9 bis 12 Monate, falls diese darauf Anspruch hat. Die Genehmigung einer Industrieanlage bringt jedoch eine Vielzahl weiterer Genehmigungsverfahren mit sich, die teils aufeinander aufbauen. Summa summarum erhält so ein deutscher Unternehmer seine Betriebserlaubnis mitunter erst nach 32 Monaten. Man kann hier mit Fug und Recht vom Staat als einem Handicap im internationalen Wettbewerb sprechen.

Die Expertenkommission hat gerade diesen Aspekt sehr eingehend gewürdigt. In einem Land wie Deutschland, in dem die Faktoren Arbeit, Boden und Umwelt zwangsläufig relativ teuer sind, fallen Wettbewerbsvorteile in anderen Bereichen um so mehr ins Gewicht. Die Qualität und Geschwindigkeit administrativer Verfahren zählen ausdrücklich dazu. Wörtlich schreiben die Gutachter der Bundesregierung ins Stammbuch: »Um im weltweiten Standortwettbewerb Nachteile wie hohe Lohn- und Lohnnebenkosten auszugleichen, müssen Genehmigungsverfahren im Weltmaßstab bestens vereinfacht und beschleunigt werden. Es genügt nicht, den Standard konkurrierender Länder einzuhalten.« Wir möchten hier nochmals an die weltweite Vorbildrolle erinnern, die die deutsche

Verwaltung einstmals genoß. Der Staat kann nicht von der Wirtschaft internationale Spitzenleistungen erwarten, wenn er sich nicht auch selbst stets höhere Qualitätsziele setzt und auf ständige Verbesserungen gegenüber den Besten hinarbeitet.

Besonders drückend ist die Last der Genehmigungsverfahren in innovativen Bereichen der Wirtschaft. Gerade da, wo das unternehmerische Risiko am höchsten ist, ist die behördliche und staatliche Risikobereitschaft besonders gering. Darum dauert beispielsweise die Zulassung gentechnischer Anlagen hierzulande ganz besonders lange. Viele Unternehmen unterlassen es deswegen gleich, in Deutschland eine Genehmigung zu beantragen. Aus Behördensicht ist das allemal das Beste. Die es dennoch auf sich nehmen, sind erwartungsgemäß nicht die jungen Existenzgründer von den Universitäten oder innovative Mittelständler, sondern vor allem die großen Konzerne. Nur die können sich nämlich die Unwägbarkeiten und den Zeitaufwand leisten. Die Expertenkommission formuliert dazu sehr vorsichtig: »Über das Feld der Gentechnologie hinaus könnte sich aus dieser Beobachtung die wichtige Implikation ergeben, daß Genehmigungsverfahren allgemein vor allem Investitionsprojekte kleinerer Unternehmen belasten, zumal dann, wenn sie mit dem Risiko rechnen müssen, daß eine Genehmigung nach einem langwierigen und kostspieligen Verfahren versagt wird. Dabei gelten gerade diese Unternehmen an sich als besonders innovativ.« Dem ist nichts hinzuzufügen.

Es soll aber nicht unerwähnt bleiben, daß die Kommission eine Reihe sehr unterstützenswerter Forderungen vorgestellt hat. Zu nennen ist etwa die Anregung, Genehmigungen schrittweise parallel zum Projektfortschritt zu erteilen, die Einwendungen bei Planfeststellungsverfahren zeitlich zu befristen sowie bei Bebauungsplänen die Zulässigkeit von Klagen und die Zahl der Prozeßinstanzen zu beschränken. Ferner schlagen die Experten vor, daß bei umweltverbessernden Änderungen im Immissionsschutzrecht künftig ein Anzeigeverfahren, statt der üblichen Genehmigungen angewandt wird. Prozedurale Verbesserungen, sachgerechtere Koordination oder besser Umstrukturierung der Behörden und vor allem ein Verzicht auf perfektionistische Regelungen sind aus unserer Sicht der richtige Weg, um zu besseren Verfahrensleistungen zu kommen.

Es muß kaum betont werden, daß die Entstehung neuer Arbeitsplätze in Deutschland, sei es durch die Erweiterung bestehender

Unternehmen, durch Ansiedlung ausländischer Investoren oder durch die Gründung neuer, womöglich gar innovativer Unternehmen seitens des Staates, fast nirgendwo aktiv unterstützt wird. Während sich der Wirtschaftsminister höchstpersönlich um die Subventionierung der größten industriellen Leichen kümmert, ist für die tatsächliche Reform des öffentlichen Dienstes keiner so recht zuständig. Selbst die Politik muß heute einsehen, daß sich das Beschäftigungsproblem in Deutschland nicht über den öffentlichen Dienst lösen läßt, sondern nur über eine neue Dynamik in der Wirtschaft.

V

Und der Zukunft zugewandt

Wer nicht über die Zukunft nachdenkt,
wird nie eine haben.
John Galsworthy

Wie die Überschrift dieses Kapitels lautet der Titel eines Buches von Wolfgang Schäuble, in dem er sich mit den Problemen der gegenwärtigen deutschen Politik und den wichtigen Fragen der Zukunft auseinandersetzt. Damit verband er wohl auch die Hoffnung, eine Diskussion über die großen Zukunftsfragen unserer Gesellschaft vom Zaun zu brechen. Die öffentliche Resonanz blieb merkwürdig ruhig. Gerade das ist beunruhigend.

Schon in der Einleitung zu diesem Buch haben wir auf die Gefahr hingewiesen, daß sich die deutsche Gesellschaft und Öffentlichkeit nur noch mit sich selbst beschäftigt.

Wir betrachten dieses Buch deshalb als einen erneuten Versuch, eine grundsätzliche Debatte darüber anzustoßen, in welcher Gesellschaft wir in Zukunft leben wollen. Konsequenterweise sagen wir dabei zugleich, daß nur eine Aufbruchstimmung mit der Bereitschaft zu umfassenden Reformen den Weg in eine solche Gesellschaft frei macht.

V.1

Werte und Visionen einer Zukunftsgesellschaft

Wie soll die künftige Gesellschaft in Deutschland nun aussehen? Welche Lebensformen und welche Lebensinhalte machen heute und in Zukunft das Leben in Deutschland lebenswert?

Hier sind Werte angesprochen, die wir gemeinsam anerkennen und deren Verwirklichung wir gemeinsam anstreben müssen.

»Langsam!« werden viele Realpolitiker da sagen. »Jetzt fangt ihr auch noch an mit dem Geschwätz! Die UN-Charta, das Grundgesetz, die Länderverfassungen und zig internationale Erklärungen zu Frieden, Sicherheit und Menschenrechten liegen längst vor. Und jetzt kommt ihr mit ›Visionen‹ und ›neuen Werten‹.

Die Grundwerte der abendländischen Gesellschaft stehen fest, die kann man nicht ständig wechselnden Mode- und Verhaltenstrends unterwerfen. Mit der These vom ›Wertewandel‹ will man das natürlich suggerieren. Grundwerte sind aber deshalb so wichtige Werte, weil sie eben keinem Wandel unterliegen.

Die sogenannten Reformer reden ja nur darum ständig vom Wertewandel, weil ihnen die bestehenden Werte nicht mehr passen. Wenn in der Vergangenheit jede Generation ihre gemeinsamen Wertvorstellungen neu definiert hätte, wären Grundwerte erst gar nicht entstanden.

Und Visionen? Hirngespinste! Wir haben genügend Sorgen mit den Alltagsproblemen. Die Aufgaben, mit denen sich die Politik tagtäglich herumschlagen muß, fordern unseren vollen Einsatz. Die Gesellschaften und Staaten national und international in der Balance zu halten, ist schon schwer genug. Visionen, das ist etwas für Leute im Elfenbeinturm, aber doch keine Hilfe für die reale Politik.«

Ebenso sagen die meisten erfolgreichen Pragmatiker der Wirtschaft: »Die Politiker sind hilflos und überfordert. Die sollen uns in Ruhe lassen und dafür sorgen, daß sich unser individuelles Privatleben ungestört abspielen kann. Dafür zahlen wir schließlich Steuern. Und wer meine Besitzstände antastet, der wird sich wundern, wie hart ich das verteidige, was ich mir schwer erarbeitet habe.

Im übrigen hat die Soziale Martkwirtschaft erfolgreich alle sozialistischen Spielereien und die Planwirtschaft ein für allemal erledigt. Dafür sind wir in Deutschland jetzt schon im fünften Jahr mit den teuren Aufräumungsarbeiten im Osten beschäftigt. Also bitte nicht schon wieder neue Visionen. Laßt uns ordentlich unsere ›Hausaufgaben‹ erledigen.«

Wir haben uns eingerichtet! Wir haben für uns und unsere Kinder etwas aufgebaut, das darf niemand antasten. Ja, früher konnte man nur durch harte Arbeit, Anpassungsbereitschaft, Wagemut und solidarisches Verhalten eine neue, überlegene Wirtschaftssubstanz in Deutschland aufbauen. Deshalb hat alle Welt das Wirtschaftswunderland bestaunt. Aber jetzt drohen plötzlich überall Gefahren. Jetzt ist nicht die Zeit für neue Entwürfe, jetzt gilt es, die nackte Substanz zu verteidigen und drohende Gefahren abzuwehren.

Solche Gefahren kommen tatsächlich und aus vielen Richtungen. Wir haben versucht, sie in den vorherigen Kapiteln zu analysieren und dabei darzustellen, welcher Wandlungsdruck auf unsere Gesellschaft zukommt. Wir haben sichtbar gemacht, daß Wettbewerber aus nah und fern mit anderer Kultur und anderen Wertvorstellungen bei uns eindringen. Und wir haben aufgezeigt, daß unsere bisherigen Erfolgsrezepte nichts mehr taugen.

Wir haben darauf hingewiesen, daß die deutsche Leistungsgesellschaft zu einem Konsum- und Rentiersclub zu werden droht. Bei dieser Mentalität werden nicht mehr Zukunftsideen miteinander konkurrieren, sondern Besitzansprüche gegen Besitzstände stehen. Diese sind als Ergebnis der Wertschöpfungs- und Gestaltungskraft einer jungen dynamischen Volkswirtschaft entstanden, wie sie in den fünfziger und sechziger Jahren in Deutschland bestand. Sie passen aber nicht mehr zu ciner ideenarmen, lamentierenden, allein an wirtschaftlichen und sozialen Besitzständen ausgerichteten Gesellschaft, die ihre Egoismen pflegt.

Wer im Wohlstands- und Besitzstandsdenken aufgewachsen ist, wird nicht mehr neugierig und risikobereit neue Wissenschaftserkenntnisse in moderne Technologien umsetzen. Er wird durch immer neue Bedenken sowie die ausschließliche Erörterung von Risiken und Gefahren ein Klima der hilflosen Stagnation auslösen. Damit gehen die Voraussetzung für weiteren Wohlstand und international wettbewerbsfähige Arbeitsplätze sukzessive verloren.

Wer die Öffnung der Welt und die Globalisierung nur unter dem Aspekt der Erschließung neuer Urlaubsziele sieht, wird sich nur mürrisch und im wesentlichen kritisch mit anderen kulturellen Welt- und Wertvorstellungen auseinandersetzen. Die kleine Zahl von Deutschen, die durch die internationale Arbeitsteilung gezwungen sind, in anderen Kulturen als Minderheit zu leben, wird es kaum schaffen, der Mehrheit zu Hause das Toleranzprinzip zu vermitteln, das für sie als »Expatriats« so wichtig ist. Man hat den Eindruck, daß es besonders schwierig ist, in Deutschland die multikulturellen Anforderungen einer mobilen Weltgesellschaft zu vermitteln, zu der selbstverständlich auch die respektvolle Anpassung von Minderheiten an die kulturellen Traditionen der jeweils beheimateten Mehrheit gehört.

Wer in der durch die industrielle Revolution geprägten Ära seinen Wohlstand, seine Lebenserfahrung und sein Weltbild gewonnen hat, will nicht verstehen, daß die nachindustrielle Gesellschaft in nur 20 Jahren fast alle Lebenserfahrungen (nicht die Grundwerte) der vorangegangenen 200 Jahre auf den Kopf stellt. Deshalb fehlt die Bereitschaft, die Bildungs- und Hochschul-, die Wissenschafts- und Forschungslandschaft rasch und revolutionär umzugestalten. Doch nur so werden die Menschen fähig gemacht, den Wandel erfolgreich zu bewältigen – nicht den der Werte, sondern den der Gesellschaft, die ihren Grundwerten verbunden bleiben muß.

Die Normen und Gewohnheiten der maschinenorientierten Produktionsgesellschaft passen nicht mehr in die Hochtechnologiegesellschaft, in der die Fabrikhallen zunehmend durch Labors abgelöst werden und sich die Einteilung von Tages-, Wochen-, Jahres- und Lebensarbeitszeit an völlig neuen Bedürfnissen orientiert.

Die neuen Möglichkeiten fordern keinen Wertewandel, aber sie verschieben die Lebensbedingungen. Eine industrielle Massengesellschaft, wie sie über Generationen aufgebaut wurde, erfährt ihre Grundwertvorstellungen heute in einer anderen Lebensumwelt und muß lernen, sie dort auf neue Weise umzusetzen. Sie muß zur Kenntnis nehmen, daß die aufkommende Individualgesellschaft aus Menschen mit völlig anderen und stark differenzierten Lebensentwürfen besteht.

Die Massengesellschaft mußte zuerst Solidargesellschaft sein, während die Individualgesellschaft sich zunehmend der kollektiven Solidarisierung entzieht. Dabei will sie aber gleichzeitig die Grundwerte wie Nächstenliebe und Zuwendung zu den Schwachen, überhaupt ihre Beziehungen zur Gemeinschaft keineswegs aufgeben, sondern lediglich anders leben.

Ähnlich verhält es sich bei den kulturellen Werten. Die abendländische Kultur ist von ihrer Weltoffenheit geprägt, durch die sich alle Strömungen einrichten konnten. Die großen kosmopolitischen Geister konnten sich entfalten, während die regionalen Kulturen ohne Berührungszwang ihr Eigenleben führten. Jetzt ist die Welt offen, die neuen Medien und Kommunikationsmöglichkeiten zwingen zur Information und lassen Kulturen zusammenstoßen. Gleichzeitig verbinden sich Elemente der verschiedensten Zivilisationen, und Wertvorstellungen geraten miteinander in Konflikt. Gelegentliche Neugier auf andere Länder und Sitten muß der Notwendigkeit weichen, sich mit den Kulturen wirklich zu beschäftigen, mit denen wir zwangsweise in Berührung geraten. Die Offenheit der europäischen Kultur muß daher als Wert bewahrt und zugleich in neuer Form wiederbelebt werden.

Diese Offenheit und Vielfalt spielen noch in anderer Hinsicht ein wachsende Rolle: Die in der nachindustriellen Epoche lebenden Menschen haben immer mehr Freizeit. Die Tätigkeit, die sie ausüben, erschöpft sie mehr geistig als körperlich. Darum sind sie auf ständig neue Anregungen angewiesen. Denn im Gegensatz zu den technischen Dingen, die ihnen Roboter und Computer abnehmen, erfordert die konzeptionelle Tätigkeit, die Verknüpfung von Systemen und die Gestaltung von Verfahren vor allem Einfallsreichtum und Phantasie. Kreativität ist die Wettbewerbswaffe der Zukunft, nicht Kapital und Arbeit. Wer kreativ sein will, braucht Muße, die Bereitschaft, sich auf Neues einzulassen, und vielfältige Anregungen, um geistig beweglich zu bleiben. Deshalb werden Kunst und Kultur einen neuen Stellenwert in der Gesellschaft bekommen.

Wir halten es darum für wünschenswert und möglich, daß die fremdbestimmte Massengesellschaft durch die selbstbestimmte Individualgesellschaft abgelöst wird. In ihrem Mittelpunkt werden neue, international vereinbarte und durchgesetzte Wertvorstellungen vom Menschen und seiner Toleranz, seinen Freiheitsbedürfnissen und seiner Zuwendungsfähigkeit, seiner Kreativität und seiner Offenheit stehen. Sie wird darum vielleicht einmal rückblickend und idealisierend Kulturgesellschaft genannt.

Für die Gestaltung dieser Kulturgesellschaft müssen wir, wohlgemerkt, nicht unsere Werte einem Wandel unterwerfen, sondern nur uns selbst. Herrscht also gar kein Bedarf an Visionen? Oder ist es nur die Angst, Visionen könnten aufzeigen, wie wenig Gestaltungskraft wir zur Veränderung unserer Gesellschaft und zur Neubelebung unserer Werte tatsächlich noch aufbringen?

Visionen können Aufbruchstimmung erzeugen, Kräfte freisetzen für Reformen. Wenn aber schon am Anfang die Trägheit statt der Begeisterung für eine Idee steht, wie soll dann die Zeit einer Idee kommen? Schritte in die richtige Richtung sind nicht genug!

Zukunft beschreiben (Fehleinschätzungen eingeschlossen und eingeräumt), Alternativentwürfe neugierig aufnehmen, Suchen statt Warten – das muß die Devise sein. Die Suche, zu der schon die Bibel auffordert (»Suchet, so werdet ihr finden«), muß wieder unser geistiges Leben beherrschen. Die Bereitschaft zu suchen und aufzubrechen zu neuen Ufern vermissen wir und viele andere in Deutschland. Deshalb wollen wir visionäre Elemente der Zukunftsgesellschaft beschreiben und darauf aufbauend die grundsätzlichen Reformen anmahnen, die so offensichtlich und unumgänglich notwendig sind. Noch einmal wollen wir die Bekenntnisse und visionären Elemente der Zukunftsgesellschaft zusammenfassen:

V.1.1
Forschung und Wissenschaft formen eine neue globale Welt

Früher waren Technologien längst nicht immer am Menschen orientiert. Sie waren mitunter gefährlich und schädigten die Umwelt. Das ist heute anders. Die neuen Technologien, die wir eingehend geschildert haben, bieten vielfältige Vorteile und positive Möglichkeiten für die Zukunft. Mit ihnen können völlig neue Dimensionen eröffnet werden, in der Gesundheit ebenso wie bei der Energieversorgung, beim Verkehr und bei der Lösung der weltweiten Ernährungsprobleme bis hin zu der Vorhersage von Naturkatastrophen wie beispielsweise Erdbeben. Diese können zwar durch moderne Technologien nicht verhindert werden, die Technik eröffnet uns aber zumindest die Möglichkeit, sie rechtzeitig zu erkennen und somit Vorsorge zu treffen.

Vor der Hochtechnologiegesellschaft braucht niemand Angst zu haben.

Ziele müssen dabei nicht auf den ersten Blick realistisch sein. Wären die JVC-Ingenieure »realistisch« gewesen, so hätten sie niemals den modernen Videorecorder entwickelt. Wäre John F. Kennedy »realistisch« gewesen, so hätte er nie entschieden, einen Amerikaner auf den Mond zu schicken. Auch die Vision von Sony, ein Transistorradio zu entwickeln, war zum damaligen Zeitpunkt im höchsten Maße unrealistisch. Zu Beginn der fünfziger Jahre waren Radios noch auf Vakuumröhren angewiesen. Keinem Unternehmen war es bis dahin gelungen, die Transistortechnik erfolgreich auf Heimradios anzuwenden. Zudem waren Transistoren so teuer, daß sie in den USA nur zu militärischen Zwecken, bei denen Geld keine Rolle spielte, benutzt wurden.

Die wichtigste Quelle der technischen Innovation ist die wissenschaftliche Forschung. Es muß künftig zu einer fruchtbaren Kommunikation zwischen Wissenschaft und Wirtschaft kommen. Technologische Netzwerke müssen etabliert werden, in denen Wissenschaft, Wirtschaft, Staat und Gesellschaft gleichberechtigt vertreten sind. Sie sind als Ideenbörsen zu verstehen, in denen vor allem junge Forscher die Chance erhalten, ihre Erkenntnisse einer objektiven Auslese nach Kriterien der Nützlichkeit und Verwertbarkeit zuzuführen.

Reine Kostensenkungen und Verfahrensinnovationen beim Angebot herkömmlicher Produkte lösen die Probleme nicht. Die Deutschen müssen Visionen für künftige Industrien entwickeln, mit denen sie in den kommenden Jahrzehnten ihren Wohlstand, ihren sozialen Standard und die Umwelt sichern können.

Das heißt:

- Förderung der Grundlagenforschung als Vorbedingung für marktfähige zukunftsträchtige Innovationen. Dabei ist zu überlegen, ob die in Deutschland vorherrschende Kleinstforschung mit zahllosen eigenständigen Forschungsinstituten noch ökonomisch sinnvoll ist.
- Förderung des Forschungsverbundes zwischen innovativen kleinen und mittleren Unternehmen. Auf diese Weise kann durch eine sinnvolle Arbeitsteilung die Forschung vertieft werden.
- Mut zu Visionen, keine simple Verbesserungsstrategie bestehender Produkte.

Bereits heute sind in mehreren tausend wissenschaftlichen Datenbanken unzählige Informationen gespeichert. Vorlesungsverzeichnisse werden über Datenleitungen verbreitet. Eine Studienberatung erfolgt über Internet. Auch Skripte zu Vorlesungen und Seminaren werden über Datenleitungen verbreitet und können von den Studenten gleich weiterverarbeitet und ergänzt werden. Die Studenten können zudem damit ein eigenes Archiv anlegen, das immer auf dem neuesten Stand ist.

Beim Teleteaching werden Vorlesungen oder Seminare per Datenleitung live von einer Uni zur anderen übertragen. Anders als bei Fernsehübertragungen können sich die Studenten an beiden Orten direkt in die Vorlesung einmischen und sowohl mit dem Professor als auch untereinander diskutieren. Der Dozent kann darüber hinaus auf den Großbildschirmen zusätzlich Animationen, Grafiken oder Filme einblenden. Auch Lern- und Simulationssoftware kann von den Dozenten eingesetzt werden. Viele Vorlesungen werden mit Multimedia gestaltet. Computer und Großbildschirm ersetzen Tafel und Kreide. Gerade bei Massenvorlesungen im Grundstudium kann dadurch die Qualität erheblich verbessert werden.

Für alle Fächer bietet der Computer neue Ressourcen. Musikstudenten komponieren wie die Rockstars direkt am Computer, künftige Architekten entwerfen ihre Häuser und Städte der Zukunft am 3D-Terminal, Wirtschaftswissenschaftler sind per Computer mit Wall Street verbunden und können ihre Transaktionen durchführen, die zwar ohne finanzielle Folgen bleiben, aber auf echten Informationen aus New York basieren. Mediziner sezieren virtuelle Frösche. Anglisten können empirische Textanalysen leichter durchführen, wenn alle Klassiker digitalisiert und abrufbar sind.

Über das Internet laufen Kontakte zu ausländischen Kommilitonen und Hochschulen. Der Computer verbindet die abgelegene Provinz-Universität direkt mit den großen Wissenschaftszentren rund um den Globus.

Es gibt sogar Akademien und Hochschulen, die ausschließlich im Internet existieren, praktisch eine neue Form von Fernunis. Dozenten und Studenten kommen aus unterschiedlichen Kontinenten und können Vorlesungen abrufen und Aufgaben austauschen.

Nach der industriellen Revolution, die sich immerhin über 200 Jahre hinzog, stehen die Menschen nun an der Schwelle einer neuen Revolution. Sie ist eine Umweltrevolution, eine Revolution der Gentechnik, eine Revolution der neuen Materialien, eine digitale Revolution und vor allem eine Informationsrevolution. Zu unserer Vision von der Hochtechnologiegesellschaft gehören völlig neue Bereiche: Die Mikrorobotronik, das sind Miniaturroboter, die künftig beispielsweise in der Lage sein können, verkalkte Arterien zu reinigen; maschinelle Übersetzungen, Telefonschaltungen und ähnliches, die eine Echtzeit-Übersetzung bei einer mehrsprachigen Unterhaltung ermöglichen; digitale Highways, die jedem Haushalt den Zugang zum globalen Vorrat an Wissen und Kommunikation erlauben; automatisierte unterirdische Regelungssysteme für die Städte zur Reduzierung des Verkehrsstaus; virtuelle Versammlungsräume, die Managern die Kosten und Mühen für Flugreisen ersparen; biomimische Materialien, welche die verblüffenden Eigenschaften von in der Natur vorkommenden Stoffen kopieren; satellitengestützte Personal Communicators, die es erlauben, von jedem Ort der Welt überall hin zu telefonieren; Maschinen, die zu logischen Verknüpfungen und zum Lernen fähig sind und mit den Menschen auf völlig neue Art interagieren; biologische Sanierung mit Hilfe maßgeschneiderter Organismen, die zur Beseitigung von Umweltschäden eingesetzt werden können.

Auch die bestehenden Bereiche wie Gesundheitswesen, Umweltschutz, Bildungswesen, Transport, Banken, Telekommunikation oder Einzelhandel werden sich grundlegend verändern. Autos mit eingebauten Navigationssystemen werden Unfälle vermeiden, die Ausbildung erfolgt per Multimedia am heimischen PC, chirurgische Eingriffe werden von fernbedienten Robotern durchgeführt, Präventivmedizin mittels Gen-Austauschtherapie – dies sind nur einige Beispiele, wie Industrien und Lebenssektoren sich in den nächsten Jahrzehnten verändern können und verändern werden.

In dieser Hochtechnologiegesellschaft werden wir mehr und mehr auch einen neuen Unternehmertyp erleben. Forscher und Wissenschaftler, Erfinder und Entdecker werden eine neue Qualität in die Hochtechnologiegesellschaft bringen. Sie werden sich entscheiden, ihre »stillen Kämmerlein« und Gelehrtenstuben zu verlassen, um ihre Erfindungen und Entdeckungen in neue Produkte und neue Industrien einzubringen. Sie werden Risiken eingehen, um erfolgreich zu sein. Das Bewußtsein wird sie prägen, daß ihre Erfindungen den Menschen, der Gesellschaft, der Umwelt und der Wirtschaft dienen. Und wer in solcher Weise dient, der erbringt Dienstleistungen, die weit über das hinausgehen, was wir bisher unter diesem Begriff verstanden haben.

V.1.2
Menschen dienen Menschen

Wir glauben, daß die Gesellschaft von morgen vor allem in Deutschland immer weniger eine Produktions- und Industriegesellschaft, sondern vor allem eine Dienstleistungsgesellschaft sein wird. Es wird einen neuen und erweiterten Dienstleistungsbegriff geben. Er umfaßt mehr als den Haarschnitt und jene kleinen Dienste, die wir im unteren Sektor dieses Bereichs angesiedelt haben.

Die Bildung und Pflege von Menschen, die Fürsorge für die Lebensumwelt, die Zuwendung zur Kreatur wird, auf welcher Ebene auch immer, für die Menschen Dienstleistungsaufgaben bereithalten. Aus dieser Grundüberlegung heraus kann und muß eine neue Dienstleistungsmentalität entstehen:

- Dienst am Patienten und seiner Gesundheit leistet der Arzt, der nicht länger der autoritäre »Halbgott« in Weiß oder Blaßgrün ist.
- Die Lehrenden an Schulen und Hochschulen sehen sich nicht in erster Linie als »strenge Pauker« und »Zensuren-Knechte«, sondern als Pädagogen in des Wortes wahrer Bedeutung, die jungen Menschen neue Horizonte eröffnen und ihnen den Weg in eine gute Zukunft weisen.
- Beamte und Mitarbeiter des öffentlichen Dienstes haben verinnerlicht, daß sie nicht mehr die Obrigkeit repräsentieren, sondern für die Bürger, die Gesellschaft und die Wirtschaft eine Service-Funktion wahrzunehmen haben.

Dienstleistungen zu erbringen hat nichts mehr mit einem Abhängigkeitsverhältnis zu tun, das von Hierarchien und starren Regeln geprägt ist. Vielmehr geht es um einen Austausch von Erfahrungen und von Wissen, von konkreten Hilfen und Leistungen, es ist also ein Prozeß des gegenseitigen Gebens und Nehmens.

V.1.3
Das Individuum entwindet sich dem Kollektiv, Gemeinschaft ist Bedürfnis, nicht Zwang

Neue Technologien stärken das Individuum. George Orwell und Aldous Huxley haben mit ihren negativen Visionen falsch gelegen. Das Individuum hat sich durchgesetzt. Neue individuelle Lebensentwürfe lassen sich besser umsetzen. In der neuen Gesellschaft –

wie sie unserer Vision entspricht – wird es auch neue Verhaltensweisen der Menschen und neue Formen gegenseitiger Solidarität und Zuwendung geben.

Das große allumfassende Thema des 20. Jahrhunderts ist der Individualismus. Die neunziger Jahre sind gekennzeichnet durch eine neue Achtung vor dem Individuum, das als die Grundlage der Gesellschaft und des Wandels gesehen wird. Es ist nicht jene Form von Individualismus, die nur das eigene Wohl vor Augen hat und alle anderen zum Teufel gehen läßt. Vielmehr steht eine Ethik dahinter, die das Subjekt an seine Verantwortung der Allgemeinheit gegenüber erinnert. Für die Bewahrung der Umwelt haften alle, genauso wie die Vermeidung des Atomkrieges oder die Beseitigung der Armut alle angeht.

Der Triumph des Individuums brachte das Ende des Kollektivs mit sich. Das hat zum Zusammenbruch der kommunistischen Staaten beigetragen. Fast alle kollektiven Organisationen und Zusammenschlüsse, seien es Kirchen, Gewerkschaften oder politische Parteien, haben an Bedeutung verloren.

Kirchen verzeichnen in den letzten Jahren einen dramatischen Mitgliederschwund. In den vergangenen zehn Jahren hat sich die Zahl der Kirchenaustritte in Deutschland mehr als verdreifacht. Gleichzeitig hat die Beschäftigung vieler Menschen mit dem Sinn des Lebens nach allen zur Verfügung stehenden Untersuchungen aber eher zugenommen. Es ist die Zwangsmitgliedschaft, die Menschen aufkündigen und durch intensive Zuwendung ersetzen. Die Kirchen spüren, daß nicht die Kraft der Religion, sondern die Kraft der Institution abnimmt.

Gewerkschaften haben in allen europäischen Ländern, aber auch in Amerika an Bedeutung verloren. Ihre Gleichbehandlungsphilosophie scheitert am wachsenden Individualismus der Menschen. Die Institution Gewerkschaft, die mit der Institution Unternehmerverband die Arbeitsbedingungen für alle abhängig tätigen Menschen bewertet und aushandelt, ist in ihrer überkommenen Form ernstlich in Frage gestellt. Das einzelne Unternehmen, das seine Mitarbeiter mehr und mehr am unternehmerischen Prozeß mitwirken läßt oder gar auf ihre Mitwirkung angewiesen ist, möchte von seinem Verband beraten werden, ebenso wie die Beschäftigten von ihrer Gewerkschaft beraten werden wollen. Aber sie wollen gemeinsam – und das ist ihr neues Selbstverständnis – die individuelle Situation ihres Unternehmens gestalten. Das Leben und der Erfolg ihres Betriebs steht im Mittelpunkt, nicht die abstrakte Gestaltungskraft des Flächentarifs der Tarifparteien.

Die Grundsatzreden der Funktionäre klingen für die Beteiligten immer phrasenhafter, und der Bevollmächtigte wird immer öfter nach seiner Vollmacht gefragt. Nicht die Gewerkschaften und die Unternehmensverbände werden überflüssig, sondern das Kollektiv mit seinem Allgemeinverbindlichkeitsanspruch.

Auch die gängigen Vorstellungen von der gesellschaftlichen Verantwortung für den einzelnen Bürger werden sich im Zeitalter des Individualismus verändern. Der Bürger ist mündig. Er braucht keine Gewerkschaft, um ihn zu gängeln, und keinen Staat, der ihn bei der Hand nimmt, so sich wie ein Vater um sein Kind sorgt. Statt dessen ist er in der Lage, seine eigenen Interessen durchzusetzen. Er erwartet eine Grundsicherung vom Staat, damit Hasardeure nicht eines Tages der Allgemeinheit zur Last fallen. Aber ansonsten möchte er selbst bestimmen, wie seine Krankenversicherung ausgestaltet ist, ob mit oder ohne Karenztage, ob mit vielen oder wenigen Zusatzleistungen – jeweils mit dem entsprechenden Preis. Er wird eigenständig Kosten und Nutzen abwägen. Gleiches gilt auch für die Rentenversicherung. Er möchte lediglich sicher sein, daß er das, was er eingezahlt hat, später auch zurückbekommt.

Es wird einen neuen Gesellschaftsvertrag geben. Der Generationenvertrag wird aufgekündigt, weil er bei einer kopflastigen Alterspyramide nicht mehr bezahlbar ist. Der neue Gesellschaftsvertrag wird für jede Leistung eine Gegenleistung einfordern. Er ist ein Vertrag auf Gegenseitigkeit. Wohlfahrt wird künftig so verstanden werden, daß jeder, der einen Nutzen hat, auch eine Pflicht übernimmt. Wer Sozialhilfe annimmt, wird verpflichtet sein, sich ernsthaft um Arbeit zu bemühen. Entsprechend werden auch die vertragliche Ausgestaltung und die Höhe der Sozialhilfe sein.

Die Verlagerung des Schwerpunkts weg vom Staat und hin zum einzelnen ist Teil des allgemeinen Wandels zur Informationsgesellschaft. Im Gegensatz zu George Orwells Vision, der Staat würde durch den Computer die Kontrolle über den einzelnen erhalten, verstärkt der Computer die Position des Individuums und schwächt die Macht des Staates. Während die Volkswirtschaften zu einem globalen Wirtschaftsraum zusammenwachsen, gewinnt die Position des einzelnen an Stärke. Sie ist heute viel höher anzusetzen als im Industriezeitalter alter Prägung. Denn durch die zunehmende Vielfalt an Informationsmedien ist das Wissen für die Mächtigen nicht mehr kontrollierbar und damit nicht mehr manipulierbar. Keine staatliche Handlung – egal ob der Versuch, freie Wahlen zu behindern oder die Studentenrevolte auf dem Platz des Himmlischen Friedens in China niederzuschlagen – bleibt heute von den Medien unbemerkt. Damit gewinnen aber der Mensch und die Gesellschaft wieder mehr Macht und Autonomie gegenüber dem Staat.

V.1.4
Das Ende des Kollektivs, aber der Mensch bleibt trotzdem ein Gemeinschaftswesen

Eine Zwangssolidargemeinschaft paßt nicht zur Individualgesellschaft. Die Zwangssolidarität war die Antwort auf die »alte soziale Frage«, die Antwort also auf Massenprobleme.

Aber die Individualgesellschaft würde zur Versammlung von Egoisten oder zur Ellbogengesellschaft verkommen, würde sie nicht die Veranlagung des Menschen als ein auf Gemeinschaft und Zuwendung zu seinen Mitmenschen angelegtes Wesen fördern und fordern.

Die Zuwendungsgesellschaft zeigt heute schon in vielfältiger Form ihre Leistungsfähigkeit. Sammelaktionen bei weltweiten Katastrophen, die Aktionen der Kirchen gegen weltweiten Hunger, die Arbeiten des Internationalen Roten Kreuzes finden bereitwillige Spender. Soziale Bürgeraktionen für Schwache und Behinderte, Vereine und Aktionen für Gemeinsinn, zur Bewahrung von Natur und Umwelt finden große Resonanz und auch mit persönlichen Opfern verbundene Unterstützung. Die örtliche Verwurzelung, die dörfliche Gemeinschaft, nachbarliche Verbundenheit werden stärker als Gleichgewicht zur Globalisierung empfunden. Wer immer zu Hause ist, hat kein Heimweh. Wer sich dauernd in der Welt bewegt, versichert sich der heimatlichen Wurzeln.

Auch die Vermögensentwicklung schafft neue Möglichkeiten der Zuwendung zur Gemeinschaft. Die Förderung von Stiftungen für soziale Zwecke, für Wissenschaft und Forschung, das Mäzenatentum für Kunst und Kultur kann neu entfacht werden. Eine aufgeklärte Konsumgesellschaft wird es honorieren, wenn langweilige Produktwerbung durch Sponsoring wichtiger Gemeinschaftsanliegen als Werbeelement abgelöst wird. Der Staat muß zur Realisierung dieser Visionen Raum schaffen. Ein schlanker, sparsamer Staat, dessen Steueransprüche moderat sind, kann viel Raum für private gemeinnützige Initiative schaffen. Er kann durch Stiftungsrecht und Erbschaftssteuerregelung, durch öffentliche Anerkennung und Auszeichnung privaten Mäzenatentums ein Klima des Miteinander und Füreinander erzeugen, das vielen Menschen in freier Form Heimat und Gemeinschaftsgefühl vermittelt.

Menschen werden sich in einer solchen Zuwendungsgesellschaft mit immer mehr ehrenamtlichem Engagement wohler fühlen als im allmächtigen Verteilungsstaat. In einer Wohlstandsgesellschaft, deren Mitglieder über immer mehr Freiheit verfügen, können sich Menschen das schenken, was am Wertvollsten ist: Zeit!

V.1.5
Tolerante und offene Kulturgesellschaft als Ziel und Vision

Durch die zunehmende Globalisierung entwickeln sich die internationale Telekommunikation, das Reisen und der Austausch zwischen verschiedenen Kulturen in einem rasanten Tempo. Handel, Reisen und weltweite Kommunikation bilden das Fundament des weltweit gleichen, globalen Lebensstils.

Während sich auf der einen Seite die »globale Kultur« immer mehr ausbreitet, bildet sich ein Gegengewicht: Das Bedürfnis, das Einzigartige einer Kultur zu bewahren, fremde Einflüsse abzuwehren, souverän zu sein und nicht in einem multikulturellen Brei aufzugehen. Wer von einem längeren Urlaub aus dem Ausland zurückkommt, wird es sicher schon einmal bemerkt haben: Zu Hause fühlt er sich erst, wenn er seine Heimatstadt erreicht hat, den gewohnten Dialekt hört und vielleicht die letzten Ergebnisse des heimischen Fußballclubs gelesen hat.

Diese Rückbesinnung auf das Regionale läßt sich quer über alle Kontinente verfolgen. Nachdem Englisch in Singapur zwanzig Jahre lang die Unterrichtssprache war, hat Singapur Anfang der neunziger Jahre eine »Sprecht Mandarin«-Kampagne eingeleitet. Im Südosten Spaniens ist Katalanisch wieder die offizielle Landessprache geworden, nachdem sie unter der Diktatur Francos verboten worden war. In der kanadischen Provinz Quebec sind englischsprachige Straßenschilder verboten, die französischsprachige Provinz droht auch immer wieder mit der Abspaltung von Kanada. Die

Liste ließe sich endlos fortsetzen. Die Nationalitätenkonflikte im ehemaligen Jugoslawien und in den Staaten der früheren Sowjetunion sind letztlich ein – wenn auch gewalttätiger – Ausdruck der individuellen Kultur und des Strebens nach Eigenständigkeit. Auch die Betonung der eigenen Sprache findet sich ebenso bei den Wallisern wie bei den Basken, den Flamen und Wallonen. Während Englisch zur Weltsprache wird, versuchen Menschen ihre traditionellen Sprachen und ihre Kultur lebendig zu halten. Regionale Dialekte werden gepflegt.

Diese beiden Trends stehen nicht im Widerspruch. Je ähnlicher die Art zu leben wird, desto stärker halten die Menschen an tieferen, vertrauten Werten fest: an Sprache, Kunst, Literatur. Während die äußere Welt immer globaler und ähnlicher wird, werden die Traditionen und Werte immer wichtiger. Dies ist übrigens auch die Chance Europas. Europas große kulturelle Weite und Vielfalt muß bewahrt werden und ausstrahlen. Dann wird sich das Kultureuropa am Ende stärker als das politische oder wirtschaftliche Europa zeigen.

Aber wenn wir von einer Vision der Kulturgesellschaft reden, meinen wir nicht nur die Begegnung von internationalen Kulturen.

Der Mensch mit seinen Emotionen, seinen Träumen und Phantasien, seinem Bedürfnis nach Spiel und Gemeinschaft kann in der nachindustriellen Gemeinschaft seinem kulturellen Bedürfnis in vielerlei Hinsicht freien Lauf lassen.

Mehr Freizeit für alle macht Kulturgenuß nicht mehr zum Privileg der Oberklasse. Musikschulen, Kunstschulen, öffentliche und private Angebote schießen aus dem Boden. Nicht nur Bayreuth und Salzburg sind überfüllt. Kunstfestivals gehören zum begehrten Programmangebot jeder Region. Fördervereine und Sponsoren ergänzen die staatliche Förderung.

Für alle Kunst- und Kulturelemente ist Platz. Der Mensch ist nicht mehr Knecht stampfender und lärmender Maschinen. Er findet über Globalisierung und Internationalisierung zurück zu sich selbst, vielleicht ein Stück zurück zur Philosophie, zur offenen und kritischen Weltbetrachtung. Niemand wird ihn je wieder zum Massenwahn und zur Intoleranz verführen können.

Sind das nicht Visionen, die den Versuch Wert sind, diesen Zielen näher zu kommen?

V.2
Reformen

Wir sind überzeugt, daß wir viele Leser des Buches wachgerüttelt haben. Die Gestaltung unserer Lebensverhältnisse für morgen kann nicht mehr mit einem mutigen »Weiter so, Deutschland« angegangen werden. Wir müssen uns auf eine neue Zeit vorbereiten. Um die Zukunft zu gestalten, müssen wir uns jetzt entschlossen auf den Weg machen.

Wir haben versucht, eine Vielzahl von Anregungen für Weiterentwicklung in Einzelbereichen von Wirtschaft, Staat und Gesellschaft zu geben. Wir haben auch auf notwendige revolutionäre Veränderungen hingewiesen.

Aufgabe dieses Buches soll und kann es nicht sein, gewissermaßen Anforderungen an ein umfassendes gesellschaftspolitisches Gesamtprogramm zu formulieren. Wir gehen davon aus, daß die notwendigen Veränderungen in der Wirtschaft mit der zunehmenden Wettbewerbsintensität kommen werden. Wenn der japanische Konkurrent schneller neue Produktgenerationen entwickelt, wenn die Koreaner billiger fertigen und wenn die Amerikaner besser vermarkten, kann man als deutsches Unternehmen nicht tatenlos zusehen. Es muß nach Antworten in Form von besseren Produkten, niedrigeren Kosten oder größerer Schnelligkeit am Markt gesucht werden. Ansonsten fallen die deutschen Unternehmen aus dem Wettbewerb heraus – auch in Nischen kann man nicht dauerhaft überleben. Insofern glauben wir auch, daß die Gesetzmäßigkeiten des Wettbewerbs dafür sorgen werden, daß die Produktivitätsniveaus bei uns Weltmaßstab erreichen, daß die Wachstumschancen in bisher wenig beachteten Märkten genutzt und daß verstärkt neue Produkte und Services mit globaler Bedeutung geschaffen werden. In zehn Jahren wird die innere Struktur und globale Präsenz der erfolgreichen deutschen Unternehmen mit dem heutigen Bild nichts mehr gemein haben. Sie werden zum »Global player« mutiert sein. Das »Made by Mercedes Benz« statt des »Made in Germany« steht stellvertretend für diesen Prozeß.

Wenn wir aber überlegen, welche großen *politischen* Würfe wir brauchen, um gewissermaßen die Highways in die Zukunftslandschaft zu bauen, dann möchten wir unter Vernachlässigung der vielen Bundes-, Landes- und Kommunalstraßen vier große Reformen anmahnen, die jetzt in Angriff genommen werden müssen. Diese

Reformen erfordern Mut, Durchsetzungskraft und Zähigkeit der verantwortlichen Politiker, aber vor allem – und dazu sollten unsere Leser beitragen – ein Klima in Deutschland, in dem die Politik Risiko- und Opferbereitschaft der Bevölkerung für die Zukunftsgestaltung einklagen kann:

1. Ohne eine umfassende *Reform des Sozialsystems* wird die Dynamisierung der deutschen Gesellschaft nicht gelingen (und erst eine dynamische Gesellschaft kann eine dynamische Wirtschaft auslösen).
2. Ohne eine große *Steuerreform*, die Deutschland und die Deutschen wieder leistungsfähig und leistungsbereit macht, werden wir die Zukunft nicht gewinnen können.
3. Eine langfristige Sicherung des Standorts Deutschland im globalen Wettbewerb ohne eine umfassende *Bildungs- und Hochschulreform* ist nicht denkbar.
4. Und wenn schließlich nicht sowohl der *Öffentliche Dienst* als auch die gesamte *staatliche Verwaltung* der Zukunftsanforderung angepaßt werden (wobei wir den Ausdruck revolutioniert anwenden würden), werden die anderen Reformen zur Zukunftsgestaltung nicht ausreichen.

Nachstehend wollen wir den Kern dieser Reformforderungen beschreiben:

V.2.1
Sozialreform: Soziale Sicherung ohne kollektive Bevormundung

Die Arbeitswelt von morgen wird dynamischer, flexibler und gleichzeitig individueller sein als heute. Zwischen der Gegenwart im Deutschland des ausgehenden 20. Jahrhunderts und der Ära, in der die heutigen Sozialversicherungen geschaffen wurden, liegen längst Welten. Doch die alten paternalistischen Systeme, mit denen die »proletarischen Massen« unter staatliche Vormundschaft gestellt wurden, haben ihren Charakter in keiner Weise geändert.

Natürlich muß auch künftig durch eine Mindestversicherungspflicht gewährleistet sein, daß niemand der Allgemeinheit zur Last fällt. Doch alles, was darüber hinausgeht, kann und muß in die Entscheidung des einzelnen fallen. Ihm muß die Freiheit gehören, seinem individuellen Bedarf entsprechend Vorsorge zu treffen, zu der

Zeit, in der Höhe und in der Form, die ihm zusagt. Das heißt aber auch, das entsprechende Risiko zu tragen.

Das überkommene System ist nicht nur flexibilitätsfeindlich. Es belastet zudem Wachstum und Beschäftigung, weil es den Faktor Arbeit einseitig verteuert und daher im internationalen Wettbewerb benachteiligt. Leider kochen auch die Gewerkschaften einen Einheitsbrei. Sie gehen überwiegend noch vom organisationsfreundlichen Einheitsarbeitnehmer aus, dessen Versorgung gleichsam zwangsweise organisiert wird.

Die Menschen wollen größere Freiräume. Sie sind nicht an der von oben verordneten Rundumversorgung interessiert. Ihnen reicht oft eine Mindestabsicherung. Die deutschen Sozialsysteme können nicht auf Dauer auf die zugeschnitten bleiben, die die größten Vorteile aus der gegenwärtigen Konzeption ziehen.

Daher muß Deutschland heute nicht in erster Linie daran denken, seine Systeme zu stabilisieren, sondern neue Chancen für mehr Menschen zu schaffen.

Der Kollektivismus der deutschen Sozialversicherungssysteme muß zurückgestutzt werden, um diese preisgünstiger und bedarfsgerechter zu gestalten.

Deshalb müssen sie weitestgehend privatisiert werden. Der Staat wird jedoch weiterhin wichtige Verantwortlichkeiten wahrnehmen. Er muß zum einen die Kontrolle über das private Versicherungswesen führen und zum anderen jene Leistungsverpflichtungen erfüllen, die er bis dato in den gesetzlichen Versicherungen, vor allem der Rentenkasse, eingegangen ist.

Rentenversicherung

Die Rentenversicherung ist sicherlich der wichtigste Pfeiler im deutschen Sozialversicherungssystem. Gerade weil das so ist, muß sie auf eine langfristig tragfähige Grundlage gestellt werden, solange das noch möglich ist. Wir plädieren daher für die Privatisierung der Gesetzlichen Rentenversicherung und damit für deren Umstellung auf ein System der Pflichtgrundversicherung nach dem Kapitaldeckungsverfahren.

Bisher zahlen die Rentenversicherten zwar Beiträge in eine sogenannte »Versicherung«, doch diese Versicherung heißt »Bundesrepublik Deutschland«. Beim derzeitigen Umlagesystem garantiert der Staat die spätere Rentenzahlung, es haftet demnach letztlich die Allgemeinheit. Das System basiert also auf der bekannten Formel: Der Staat nimmt's, der Staat gibt's.

Auch hier trägt ein Blick ins Matthäus-Evangelium (Matth. 6, 26) manches zur Erhellung bei: »Seht euch die Vögel des Himmels an: Sie säen nicht, sie ernten nicht und sammeln keine Vorräte in Scheunen, und euer himmlischer Vater ernährt sie doch.« Im Grunde sorgt durch die Umlagefinanzierung der Gesetzlichen Rentenversicherung niemand mehr für sein eigenes Alter vor. Vielmehr vertrauen alle darauf, daß Vater Staat das schon für sie regeln wird.

Die von uns vorgeschlagene Umstellung des heutigen Systems auf ein System der kapitalfinanzierten Pflichtgrundversicherung erfordert allerdings Regelungen für die Übergangszeit. Der Staat muß nämlich die Rentenzusagen, die seine »Versicherung« gegeben hat, selbstverständlich einhalten und abgelten. Nach dem von uns vertretenen Konzept für eine Umstellung auf das Kapitaldeckungssystem und die private Trägerschaft tut er das jedoch nicht mehr durch Zahlungen an die Rentner direkt. Die laufende oder künftige Rentenzahlung übernimmt die private Versicherung, sobald die verbriefte Rentenanwartschaft des Versicherten bei ihr eingegangen ist. Das sind Obligationen, auf die der Staat Zinsen und Tilgung zahlt. Nach Ablauf von deren Laufzeit – nach längstens 30 Jahren – ist die Umstellungsphase endgültig vollzogen.

Es bleibt nur noch die Frage, wovon der Staat die Tilgung aufbringen soll, wenn künftig die Rentenbeiträge an die privaten Träger fließen und jeder Versicherte nur noch für seine eigene Rente einzahlt. Dazu vertreten wir folgende Auffassung: Sicherlich kann die Rückzahlung nicht aus einer einzigen Quelle und auch nicht allein durch die Sozialpartner erfolgen. Denn bei den bisherigen Rentenansprüchen handelt es sich – wie erläutert – um eine staatliche, also die gesamte Gesellschaft betreffende Verpflichtung. Darum muß die Tilgung in erster Linie aus dem allgemeinen Staatshaushalt erfolgen. Schon heute leistet der Bund ja Zuschüsse in Höhe von jährlich 60 Milliarden DM an die Gesetzliche Rentenversicherung. Schon im bestehenden System könnte die Beitragshöhe um circa 5 Prozent (bzw. einen Prozentpunkt) niedriger liegen, würde man alle staatlich oktroyierten, aber versicherungsfremden Leistungen ausgliedern.

Arbeitnehmer und Arbeitgeber würden nach der Umstellung auf die Grundrente durch wesentlich niedrigere Pflichtbeiträge und den

Wegfall politischer Zusatzaufgaben entlastet. Der Staat muß zusehen, wie er durch weitere Einsparungen und/oder höhere Steuereinnahmen die Belastung abträgt. Da diese Maßnahmen breiter gestreut sind und nicht mehr nur die Tarifpartner treffen, entstehen gleichzeitig Wachstums- und Beschäftigungsimpulse.

Das kann jedoch nicht alles sein. Aus Gerechtigkeitsgründen muß auch die ältere Generation zugunsten der jüngeren finanziell an dieser Übergangslösung beteiligt werden, und zwar in Abhängigkeit vom individuellen Vermögen. Das kann auf zwei Arten geschehen: Im ersten Fall müssen die heutigen Rentner ihr Vermögen verstärkt zur eigenen Absicherung heranziehen, weil ihre Rente vermögensabhängig reduziert wird. Eine solche Lösung würde jedoch diejenigen bestrafen, die in ihrem Erwerbsleben besonders sparsam oder auch besonders erfolgreich gewirtschaftet und sich ein Vermögen geschaffen haben. Statt sich davon im Alter einige wohlverdiente Annehmlichkeiten leisten zu können, würden sie ihr Erspartes zum Lebensunterhalt aufzehren müssen. Außerdem werden im Fall der Pflegebedürftigkeit häufig genug Vermögenswerte aufgelöst, weil die gesetzliche Rente nicht ausreicht, um die Kosten der Heimpflege zu decken. Die Rente der Vermögenden wäre dann noch niedriger, ihr Vermögen bis zum Eintritt der Pflegebedürftigkeit vielleicht schon aufgebraucht, und letztlich müßte der Staat doch wieder finanziell eintreten. Dieser Weg ist darum aus unserer Sicht abzulehnen. Die vermögensabhängige Absenkung der Renten würde zu einer unnötigen Verunsicherung der Rentner führen und wäre im übrigen von zweifelhafter Wirkung.

Die andere Möglichkeit, die wir befürworten, besteht darin, daß der Staat zum Zeitpunkt des Vermögensübergangs auf die jüngere Generation abschöpft, also spätestens im Erbfall. Die weggesteuerten Vermögensteile würden dann in die Tilgung der Rentenschuld fließen. Damit wird niemandem etwas weggenommen, worauf er durch eigene Leistung und Arbeit Anspruch erworben hat. Auch die Gesellschaft insgesamt würde von dieser Lösung profitieren, weil sie den Leistungsgedanken an Stelle der Besitzabsicherung stärkt und durch die Tilgung der staatlichen Rentenschuld zur Befreiung der Leistungserbringer von den erdrückend hohen Sozial- und Steuerlasten beiträgt.

Die Abschöpfung der Vermögen sollte selbstverständlich erst ab einer festzulegenden Höhe einsetzen und eventuell progressiv verlaufen. Die Grenze sollte so bemessen sein, daß kleine Familienbetriebe davon nicht betroffen wären. Familienunternehmen, die groß genug sind, um als Publikumsgesellschaften geführt zu werden, könnten hingegen unter die Erbschaftssteuer fallen. Die Steuerschuld kann in diesem Fall durch die Veräußerung von Geschäftsanteilen oder Aktien an Dritte aufgebracht werden. Der Bestand der Unternehmen wäre davon in keiner Weise negativ berührt. Der Zutritt weiterer Gesellschafter und die Vergrößerung der Zahl von Publikumsgesellschaften in Deutschland könnte aus unserer Sicht durchaus belebende Wirkungen zeitigen.

Insgesamt muß uns Deutschen klar sein, daß die Entschärfung dieser Zeitbombe der solidarischen Mitwirkung aller bedarf. Die Umstellung auf die Grundrente und auf ein privatwirtschaftliches System wird eine enorme Entlastung der Tarifpartner mit sich bringen. Denn die Beiträge sinken zum einen, weil nur noch die Mindestabsicherung bezahlt werden muß, und zum anderen, weil sie künftig versicherungsmathematisch fair kalkuliert werden.

Die langfristigen Gewinner dieser Umstellung werden die jungen Menschen sein, an die die Verantwortung für die künftige Gestaltung Deutschlands übergeht. Der älteren Generation muß klar sein, daß sie ihren Kindern und Enkeln nicht nur durch ein möglichst hohes nachgelassenes Erbe nutzt, sondern vor allem dadurch, daß sie zur Schaffung der Voraussetzungen beiträgt, die es ihnen ermöglicht, sich ebenso wie sie durch Leistung etwas zu erwerben und durch ihre Anstrengung ein Stück Zukunft für alle zu gestalten.

Also: Das Konzept der Sozialen Marktwirtschaft benötigt keine staatliche Vollversicherung im Alter. Sozialstaatlichkeit ist ein Grundprinzip unseres Staates, sie ist aber deshalb nicht vom Staat monopolistisch auszugestalten. Wenn wir also die Privatisierung und Rückführung auf eine verpflichtende Grundversicherung fordern, so ist das durchaus systemkonform. Durch eine Pflichtgrundversicherung wird sichergestellt, daß niemand im Alter der Sozialhilfe zur Last fällt, falls er aufgrund eines zu kurzen Zeithorizonts die private Altersvorsorge vernachlässigt hat. Eine darüber hinausgehende private Zusatzversicherung sollte jedoch dem mündigen Bürger selbst überlassen werden. Durch eine solche Ausgestaltung der Alterssicherung behält die Eigenhilfe Vorrang vor der kollektiven Hilfe der Gemeinschaft. Das Subsidiaritätsprinzip bleibt gewahrt. Nur dadurch kann sichergestellt werden, daß jeder einzelne für sich – gemäß seinen persönlichen Präferenzen – die für ihn optimale Altersvorsorge treffen kann. Jeder kann dadurch für sich bestimmen, wann er in die Rente gehen will und wieviel Kapital er für ein bestimmtes Rentenniveau ansparen will. Es ist vermessen, anzunehmen, daß ein staatliches Alterssicherungssystem angesichts der vielfältigen individuellen Präferenzen für alle Beteiligten optimal sein kann.

Krankenversicherung

Wesentlich einfacher ist die Reform der Krankenversicherung, mit der immerhin bereits begonnen wurde. Der eingeschlagene Weg muß konsequent fortgesetzt werden und in die völlige Abschaffung staatlicher Regulierungen münden. An die Stelle der gescheiterten »Gesundheit nach Gesetz« muß der Wettbewerb der Versicherungsträger und der Leistungsanbieter treten. Die Versicherungspflicht darf sich nur noch auf die Abdeckung der großen Risiken erstrecken, um auch hier zu verhindern, daß einzelne der Gesellschaft zur Last fallen. Im übrigen kann jeder selbst entscheiden, ob er sich darüber hinaus zusätzlich versichern will. Er muß darum sein Leistungspaket und seinen Tarif selbst wählen können. Das setzt voraus, daß die Kassen unterschiedliche Wahltarife anbieten und jeder Versicherte sich selbst für eine Krankenkasse seiner Wahl entscheiden kann, unabhängig von seinem Einkommen.

Die Rolle des Staates darf künftig nur noch in der Aufsicht über das Gesundheits- und Krankenversicherungswesen liegen, und auch das nur, soweit dies die Leistungen der gesetzlich vorgeschriebenen Grundversicherung anbelangt. Wieso soll der Staat die Tarife von Arzneimitteln festlegen oder gar – was nun glücklicherweise nicht geschieht – bestimmte Arzneimittel durch Positivlisten bevorzugen? Weshalb soll der Staat vorschreiben, ob man gleich zum Facharzt gehen darf oder sich von einem Hausarzt überweisen lassen muß? Warum ist es Aufgabe des Staates, den Preis für Herzklappen oder die Kosten einer Blinddarmoperation zu kennen? All diese Dinge können von denen, die es angeht, Kassen und Patienten einerseits und Ärzten und Krankenhäusern andererseits, ungleich besser vereinbart und kontrolliert werden. Es kann doch ohne weiteres Kassen geben, die den Weg über den Hausarzt vorschreiben und dafür einen günstigeren Tarif anbieten. Wer das nicht will, geht eben zu einer anderen Versicherung. Wenn die Kassen die Freiheit hätten, mit den Ärzten und Kliniken frei Verträge und

Konditionen auszuhandeln, gäbe es sehr schnell durch den Markt eine wirksamere Kontrolle der Kosten.

Die staatliche Regulierung des Gesundheitswesens ist ineffizient und kostentreibend, weil sie das Individuum entmündigt und die Freiheit zur Entscheidung zwischen verschiedenen Leistungen auf einem Markt verneint. Wir sind darum dafür, die »Kolchosenwirtschaft« im Gesundheitswesen aufzuheben, die Monopole und Quasi-Kartelle auf allen Seiten zu schleifen und das zu tun, was alle, die bislang vom System profitierten und sich in ihm eingerichtet hatten, fürchten: den Patienten bestimmen zu lassen, wieviel Geld er für welche Gesundheitsleistungen ausgeben mag.

Für das gesamte Gesundheitswesen in Deutschland liegt darin die Chance, wieder zu einem vitalen Bereich der Volkswirtschaft zu werden. Denn nicht zuletzt würde der Wettbewerb auch die Innovationsdynamik beflügeln. Moderne Heilverfahren müssen keineswegs immer teurer sein als herkömmliche. Aber Ärzte, die nach Regelsätzen bezahlt werden und lange Liegezeiten ihrer Patienten nicht verantworten müssen, können es sich leisten, minimalinvasive Operationsverfahren abzulehnen und statt dessen weiterhin mit dem Skalpell zu arbeiten.

Die Kostenexplosion im Gesundheitswesen würde durch den Systemwechsel gestoppt, möglicherweise sogar umgekehrt. Wettbewerb würde umgehend dafür sorgen, daß ein möglichst günstiges Preis-Leistungs-Verhältnis im Gesundheitswesen künftig ein zentrales Anliegen aller Beteiligten darstellt. Die Wirtschaft insgesamt würde von überflüssigen und beschäftigungshemmenden Lohnnebenkosten entlastet, und jedem einzelnen Beitragszahler verbliebe allmonatlich ein größerer Teil seines Einkommens, über den er nach eigener Entscheidung und ohne staatliche Bevormundung verfügen kann.

Pflegeversicherung

Die Einführung einer allgemeinen Pflegeversicherung ist eine wichtige, wenn auch späte Konsequenz aus der Überalterung der Gesellschaft. Die Übernahme des aus der Rentenversicherung bekannten umlagebasierten Finanzierungsmodells kann jedoch nur als politische Panikreaktion und ordnungspolitischer Sündenfall bezeichnet werden.

Deutschland braucht ein verläßliches und für jeden einzelnen berechenbares Pflegeversicherungssystem. Aber dieses ist nur durch eine private Versicherung nach dem Kapitaldeckungsverfahren zu gewährleisten, wie wir es analog für die Rente vorgeschlagen haben. Für den Einstieg in ein solches Verfahren hätte die Pflegeversicherung eine nicht wiederkehrende Gelegenheit geboten, die kurzsichtig vergeben wurde. Diese Entscheidung sollte so schnell wie möglich korrigiert werden.

Unser Vorschlag – weg vom Umlageverfahren und hin zu einem Kapitaldeckungsverfahren – bietet die Chance, einen Systemwechsel zu vollziehen. Bei einer privaten Versicherung nach dem Kapitaldeckungsverfahren kann jeder Versicherte das Kapital für die Absicherung seines Pflegerisikos selbst ansparen. Die Finanzierung wäre damit vom Altersaufbau der Bevölkerung unabhängig, zudem könnte keiner seine Beiträge durch Ausweichen in die Schattenwirtschaft reduzieren. Dadurch kann es gelingen, ein Versicherungssystem zu etablieren, das unabhängig von der Bevölkerungsentwicklung funktioniert, da jeder für sich selbst Vorsorge trifft und nicht eine immer kleinere Anzahl von Beitragszahlern für immer mehr Anspruchsberechtigte herhalten muß.

Erforderlich ist allerdings, eine allgemeine Versicherungspflicht vorzusehen und durch einen Kontrahierungszwang zu verhindern, daß die Versicherungen nur »gute Risiken« auswählen und schlechte ablehnen. Auch der Sachverständigenrat der »Fünf Weisen« hat sich in dankenswerter Klarheit wiederholt für ein privatwirtschaftliches Versicherungsmodell nach dem Kapitaldeckungsverfahren ausgesprochen, zuletzt in einem Sondergutachten vom März 1994, das ausgerechnet die Bundesregierung selbst bei ihm in Auftrag gegeben hatte. Die Stellungnahme der Sachverständigen zur Umlagefinanzierung ist eindeutig: Sie halten die jetzt geltende Regelung für falsch.

Ferner wird mit unserem Modell nicht erneut eine Risikovorsorge am Faktor Arbeit angebunden, eine Vorsorge, die in keiner zwingenden Beziehung zum Arbeitsverhältnis steht. Das Risiko, pflegebedürftig zu werden und damit hohe finanzielle Belastungen zu haben, betrifft jeden unabhängig von seiner beruflichen Situation und wird auch nicht primär von der Arbeitswelt verursacht. Deshalb ist es nicht logisch, daß die Pflegeversicherung auf die bisher sozialversicherungspflichtigen Beschäftigten bzw. die erwerbstätige Bevölkerung beschränkt bleibt. Ebensowenig ist eine Beteiligung der Arbeitgeber an der Finanzierung zu begründen. Da das Risiko, ein Pflegefall zu werden, prinzipiell jede Altersgruppe berührt, ist auch eine Absicherung ab der Geburt – und nicht erst mit dem Eintritt in das Berufsleben – sinnvoll.

V.2.2
Steuerreform: Weniger Steuern für mehr Leistung

Das heutige Steuersystem ist Resultat einer fast fünfzigjährigen Entwicklung in den alten Bundesländern. Wechselnde Regierungen mit unterschiedlichen sozial- und verteilungspolitischen Interessen haben im Steuersystem ihre Spuren hinterlassen. Die Unsitte, über steuerliche Regelungen alle möglichen sozial-, wohnungs-, wachstums- oder beschäftigungspolitischen Zwecke umsetzen zu wollen, ist im Laufe der Jahre zur Normalität geworden. Jede Regierung hat neue Bestimmungen hinzugefügt und Gruppenansprüche auf Umverteilung geschaffen, die keine der nachfolgenden Regierungen aufzuheben mehr in der Lage war. Das Steuer-»System« (angebracht wäre es, von einem »Steuerchaos« zu sprechen) spiegelt damit die kumulierte Unfähigkeit der bundesdeutschen Politik wider, einmal gewährte Privilegien wieder zu entziehen.

Es greift allerdings zunehmend die Einsicht Platz, daß diese Morgengaben der Politik Danaergeschenke sind, die am Ende von den Empfängern selbst bezahlt werden müssen. Im Grunde sind wir Deutschen durch die wachsenden Leistungen des Staates nicht reicher geworden, sondern ärmer und unmündiger.

Hohe Steuersätze sind eine Seite dieser Politik. Sie führen zu abnehmender Begeisterung für zusätzliche Arbeit, zumindest wenn das Einkommen daraus regulär versteuert werden muß. Die Suche nach mehr oder minder legalen Steuerschlupflöchern ist inzwischen fast ein Volkssport in Deutschland, und auch die vorsätzliche Steuerhinterziehung durch Schwarzarbeit oder unversteuerte Zinseinkünfte ist längst kein Randphänomen mehr. Eine weitere negative Konsequenz zu hoher Steuern besteht darin, daß einheimische Unternehmen ins Ausland abgedrängt werden und ausländische Investoren Deutschland als Standort meiden.

Wir schlagen daher vor, die Steuersätze deutlich zu verringern, um auf diese Weise Steuervermeidung uninteressant und zusätzliche Leistung wieder erstrebenswert zu machen. Allein durch die

Stärkung der Wachstumskräfte der Volkswirtschaft kann das Steueraufkommen des Staates langfristig auf gesunde Weise steigen. Eine immer höhere Besteuerung von immer weniger Leistungswilligen und -fähigen führt hingegen für Staat und Wirtschaft ins Abseits.

Entmündigung ist die zweite Seite der wachsenden Staatstätigkeit. Über den Großteil der in Deutschland erwirtschafteten Einkommen verfügen nicht mehr die, die sie geschaffen haben, sondern Politiker und Beamte. Sie entscheiden, was für den Bürger gut ist. Der moderne Wohlfahrtsstaat gerät so zur Antithese der freiheitlichen Gesellschaft.

Deswegen fordern wir, die Ausgaben und Aufgaben des Staates radikal in Frage zu stellen. Ursache der hohen Steuer- und Abgabenlast ist schließlich nur der Irrglaube, daß der Staat immer mehr Leistungen erbringen müsse. Je exzessiver er das tut und den einzelnen dafür schröpft, desto lauter wird ganz selbstverständlich der Ruf nach dem Staat. Auch diesen Teufelskreis gilt es zu durchbrechen. Die Gelegenheit dazu war nie günstiger als heute, da die Belastungen immer lauteren Widerspruch hervorrufen.

Richtlinie der Besteuerung muß nach unserer Überzeugung sein, daß die Leistungsfähigkeit des einzelnen erhalten bleibt und die eigenständige Übernahme von Risiken, sei es durch individuelle oder durch gesellschaftliche Initiative, begünstigt wird. So müssen insbesondere Existenzgründungen, gemeinnützige Stiftungen, Genossenschaften und bestimmte Fonds, zum Beispiel für die Bereitstellung von Risikokapital, steuerlich entlastet oder auch zeitweilig freigestellt werden. Eine neue Steuersystematik auf dieser Grundlage ist anzustreben, damit das Unwesen der unzähligen, mehr oder minder beliebigen Ausnahmen und Privilegien im Steuerrecht ein Ende hat. Das Steuersystem muß leistungsorientiert gestrafft und systematisiert werden, damit es für den Bürger wieder durchschaubar wird. Ausnahmen schaffen selten mehr Gerechtigkeit, sie erhöhen vielmehr die Ungleichbehandlung – sowohl objektiv als auch im subjektiven Empfinden der Bürger.

Paradebeispiel dafür ist der Häuslebauerparagraph 10e im Einkommenssteuergesetz, der inzwischen selbst von Fachleuten kaum noch überblickt wird. Die Regelung wird nun abgeschafft und durch direkte Einkommenszuschüsse an Bauherren ersetzt. Diese Neuregelung ist aus unserer Sicht vorbildlich und sollte in gleicher Weise im gesamten Steuerrecht angewandt werden.

Statt immer neue Ausnahmetatbestände zu schaffen, plädieren wir dafür, daß Subventionen und Transfers künftig vorwiegend als offene, zeitlich befristete Finanzhilfen gewährt werden. Direkte Einkommenszuschüsse an Stelle von steuerlichen Ausnahmen würden erheblich zur Transparenz und damit Glaubwürdigkeit des Steuersystems beitragen. Außerdem ist der Abbau direkter Hilfen wesentlich leichter möglich. Denn bei jeder Verlängerung wird erneut die Bedürftigkeit geprüft, und das setzt sowohl den privaten Empfänger als auch den staatlichen Geber unter Rechtfertigungszwang. Im Zuge einer solchen zielgerichteten Steuerpolitik sollte es auch endlich möglich sein, der destruktiven Geldvernichtung durch offene und verdeckte Erhaltungssubventionen ein Ende zu bereiten.

Die Strategie des Staates in der Steuerpolitik muß also darin bestehen, die produktiven Kräfte in Wirtschaft und Gesellschaft zu stärken und damit neues Wachstum in Deutschland zu ermöglichen. Nur auf diese Weise kann er seine Einnahmen dauerhaft sichern, ohne die Steuerlast ständig weiter erhöhen zu müssen. Die Besteuerung darf künftig nicht mehr vorrangig an der Leistung ansetzen und diese gewissermaßen bestrafen. Ein leistungsförderndes Steuersystem muß vielmehr die konsumptive Einkommensverwendung stärker belasten.

Auf diesem Weg kann Deutschland als Investitionsstandort wieder attraktiv werden und seinen Menschen neue Erwerbs- und Beschäftigungschancen eröffnen. Das Ziel muß darin liegen, neues Wachstum und zusätzliche Einkommen zu schaffen, statt eine stagnierende Wirtschaft immer noch stärker zu belasten. Wir befürworten daher eine maßvolle Anhebung der Verbrauchssteuern, insbesondere der Mehrwertsteuer, die sich am unteren Rand der in der EU zulässigen Bandbreite befindet. Zum Ausgleich kann die Einkommenssteuer sinken, so daß neue Leistungs- und Investitionsanreize entstehen, die letztlich beschäftigungs- und wachstumsfördernd wirken.

Im Rahmen dieser Strategie muß angestrebt werden, die Staatsquote wieder deutlich zu senken. Nur wenn der Staat seine Aufgaben kürzt, kann er seine Ausgaben eindämmen und Handlungsspielraum für eine umfassende Steuerreform schaffen. Das Wachstum der Staatsausgaben muß deutlich unter dem Anstieg des Sozialprodukts liegen. Vor allem bei den Ländern und Kommunen ist hier erheblicher Handlungsbedarf gegeben, sowohl im Personalals auch im Investitionsbereich. Nur die konsequente Privatisierung von Aufgaben kann zu einer nachhaltigen Senkung der Belastungen führen. Sie würde zudem den privaten Unternehmen und Haushalten wieder mehr Betätigungsmöglichkeiten einräumen, die Kräfte der Marktwirtschaft stärken und die Leistungs- und Risikobereitschaft erhöhen.

Eine kurze Anmerkung möchten wir schließlich noch zu den vieldiskutierten Plänen für eine ökologische Steuerreform machen. Unabhängig von der eigenen Position muß man zunächst ernsthafte und unaufrichtige Vorschläge sauber trennen. Die Ökosteuer ist bereits so populär, daß es politisch schon kaum mehr möglich ist, sich dem Gedanken zu verschließen. Dennoch sollte es einen stutzig machen, wenn selbst Politiker, die bislang wenig beim Thema Umweltschutz von sich reden gemacht haben, plötzlich glühende Verfechter der Energiesteuer werden. Dahinter steht meist die Absicht, sich dieses Instruments zum Stopfen »ökologischer« Haushaltslöcher zu bedienen. Solche Tarnangriffe auf die Brieftasche des Steuerzahlers lehnen wir ab. Wenn beispielsweise die Steinkohlesubvention nach dem Verfassungsgerichtsurteil nicht mehr über den Kohlepfennig finanziert werden darf, kann nicht flugs eine »Energiesteuer« eingeführt werden, die just die fehlenden 7 Milliarden Mark jährlich einspielt.

Der bekannteste ernsthafte Vorschlag wurde vom Deutschen Institut für Wirtschaftsforschung (DIW) im Auftrag von Greenpeace erarbeitet. Demnach soll eine progressive Energiesteuer auf fossile Energieträger und Elektrizität erhoben werden, nicht jedoch auf erneuerbare Energien. Damit die Wirtschaft und die Haushalte durch die Steuer nicht zusätzlich belastet werden, soll sie den Haushalten in Form eines Öko-Bonus (eine einheitliche jährliche Pro-Kopf-Zahlung) und den Unternehmen durch Zuschüsse zum Arbeitgeberanteil an den Sozialversicherungen erstattet werden. Probleme bereiten die richtige Festlegung des Steuersatzes, die Erfassung der Verbraucher bzw. des emittierten Schadstoffgehaltes und die starke Belastung einzelner Sektoren (Beispiel Stahlindustrie). Wie bei der diskutierten europäischen Energiesteuer besteht die Gefahr, diese Branchen auszuschließen oder zu subventionieren.

Beim DIW-Modell gibt es steuerliche Anreize zum Energiesparen, die mit einer Entlastung des Faktors Arbeit verknüpft werden. Dadurch lassen sich – unter geeigneten Annahmen – sogar beschäftigungs- und wachstumsfördernde Effekte errechnen. Jedenfalls sollte das DIW-Modell ähnlich wie das Konzept der handelbaren Emissionsgutscheine, die ein Recht auf Verschmutzung verbriefen, vorurteilsfrei geprüft werden.

Beiden Gruppen von Öko-Steuerreformen, ernsthaften und unaufrichtigen, gerät jedoch das eigentliche Ziel einer Öko-Steuer aus den Augen. Sie soll weder Einnahmequelle noch Umverteilungsvehikel sein. Vielmehr soll sie einer marktwirtschaftlichen, also einer nicht-dirigistischen Umweltpolitik Vorschub leisten, indem sie Kosten für den Verbrauch von Umweltgütern den Verursachern zurechnet. Durch Öko-Steuern lassen sich die Preise für das knappe Gut »Umwelt« so weit erhöhen, daß hinreichende Anreize zur Verringerung der Belastung und zum sparsamen Umgang mit der Natur entstehen. Darum muß gewährleistet sein, daß derjenige keine Steuer zahlt, der sich umweltgerecht verhält. Der Sachverständigenrat der »Fünf Weisen« schreibt daher in seinem Jahresgutachten 1994/95: »Umweltsteuern legitimieren sich [...] nicht aus fiskalischen Einnahmewünschen des Staates, auch nicht aus dem Motiv, den Faktor Arbeit zu entlasten. Wenn Umweltsteuern in der umweltpolitisch richtigen Weise wirken, nimmt ihre Bemessungsgrundlage langfristig ab; damit sinken die Steuereinnahmen. Gute Umweltsteuern haben über die Zeit gesehen rückläufige Einnahmen. Gute Umweltsteuern sind fiskalisch schlechte Steuern.«

V.2.3
Bildungs- und Hochschulreform: Praxisbezug, Effizienz, Internationalität

Der Bildungsbereich ist eine der wichtigsten Schnittstellen zwischen einer sich immer rascher verändernden Umwelt und dem Menschen. Die Steigerung der Effizienz, der Berufsbezogenheit, der Flexibilität und der Internationalität des Ausbildungssystems ist darum von zentraler Bedeutung für die Wettbewerbsfähigkeit unseres Landes. Sie ist zugleich die wichtigste Zukunftsinvestition, die ein Land vornehmen kann.

Stärker noch als bisher werden Niveau, Vielfalt und Intensität der Ausbildung zum Gegenstand des internationalen Wettbewerbs. Zumal das Hochlohnland Deutschland seinen wirtschaftlichen Rang nur durch Spitzenleistungen verteidigen kann. Hochqualifizierte Arbeit in Forschung, Produktion und Dienstleistung, Kreativität in der globalen Ressourcennutzung und Präsenz auf ausländischen Märkten sind elementare Anforderungen an die Elite von morgen.

Es ist darum höchste Zeit, daß der Staat die Ausbildung entbürokratisiert, damit die Kräfte von Angebot und Nachfrage auch dort für Anpassung an die neuen Herausforderungen sorgen. Nur durch Wettbewerb in der Bildung kann eine wettbewerbsfähige Bildung auf Dauer gewährleistet werden. Eine wichtige Voraussetzung dafür ist, daß die Universitäten untereinander um Studenten konkurrieren können. Dazu müssen sie ihre Strategie autonom festlegen und mit einem eigenen Haushalt unternehmerisch wirtschaften und handeln können. Andererseits muß an die Stelle zentralistischer Mangelverwaltung durch die ZVS das Recht jeder Hochschule treten, die Auswahl ihrer Studenten selbst zu treffen. Durchlässigkeit und Transparenz des gesamten Hochschulsystems würden dadurch erhöht, Differenzierung könnte sich herausbilden.

Wir sind dagegen, die Zahl der Studenten zu verringern, weil der Bedarf der Wirtschaft an akademischem Nachwuchs auch in Zukunft hoch sein wird. Jedoch muß Elitebildung wieder stärker möglich sein, damit besonders leistungsfähige Studenten – unabhängig von ihrer wirtschaftlichen Situation – schneller oder mit höheren Anforderungen studieren können. Differenzierung heißt aber auch, daß neue Formen der Hochschulausbildung wie die Fachhochschulen und Berufsakademien ausgebaut und als Alternative zur Universität gestärkt werden.

Wir fordern deshalb:

- Vermittlung von Methodenwissen: Das Wissen der Welt steht heute in Datenbanken zur Verfügung, die von jedem Telefonanschluß angezapft werden können. Wichtig ist, dieses Wissen einordnen zu lernen, in den Zusammenhang einer Analyse stellen und mit anderen Informationen verknüpfen zu können.
- Stärkung sozialer und kultureller Kompetenz: Dazu gehören lebende Sprachen, kulturelle und wirtschaftliche – nicht nur rein geographische – Länderkunde sowie interaktive Veranstaltungen (Streitgespräche, Teamarbeiten, Sport).
- Interdisziplinarität, wo erforderlich: Vor allem in der Hochschulausbildung muß verstärkt berücksichtigt werden, welchen Anforderungen junge, qualifizierte Menschen genügen müssen. Die Aufgaben einer modernen Gesellschaft lassen sich mit dem Fächerkanon des vergangenen Jahrhunderts nicht bewältigen.

– Internationalität: Mehr Möglichkeiten der Ausbildung im Ausland sind zu schaffen. Die Leistungen müssen zumindest im europäischen Rahmen anerkannt und auf die Ausbildung zu Hause angerechnet werden. Das obligatorische Studienjahr in einem fremdsprachigen europäischen Ausland sollte ernsthaft erwogen werden.
– Ausrichtung auf die Berufsausbildung: Absolventen und Personalchefs in den Unternehmen klagen unisono über den mangelnden Praxisbezug der Ausbildung. Die weiterführenden Bildungseinrichtungen müssen generell auf die schnelle Erlangung einer beruflichen Qualifikation ausgerichtet sein. Das gilt auch für die Universitäten, die heutzutage in der Hauptsache Ausbildungseinrichtungen sein müssen und erst in zweiter Linie der akademischen Nachwuchsbildung zu dienen haben. Der Wechsel zwischen Wirtschaft, Behörden und Verbänden einerseits und den Hochschulen andererseits muß flexibilisiert werden.
– Zeitliche Streuung: Nach der Erstausbildung muß in späteren Lebens- und Berufsphasen neuerliche Qualifizierung möglich sein. Die Anforderung des »lifelong learning« muß im Bildungswesen ihren Niederschlag finden.

Wie kann all das bewältigt werden? Dazu gibt es nach unserer Ansicht zwei Wege, die gleichzeitig beschritten werden müssen, nämlich einerseits Kostensenkung und andererseits Wettbewerb.

Kostensenkung bedeutet nicht, daß die ohnehin kargen Bildungsausgaben noch weiter zusammengestrichen werden sollen. Wir meinen vielmehr, daß mit dem vorhandenen Geld mehr gemacht werden kann, wenn es effizienter eingesetzt wird. Überall ist also kritisch zu prüfen, welche Inhalte zur Allgemeinbildung gehören und welche darüber hinaus für das Berufsleben in einem hochentwickelten Land in absehbarer Zeit unabdingbar erforderlich sind.

Ein Irrweg ist, daß der ständige Wissenszuwachs zu immer mehr Unterrichtsstoff und immer älteren Absolventen führt. Junge Forscher in anderen Ländern haben längst Neues entdeckt, ehe wir überhaupt damit fertig sind, Gestriges einzupauken. Natürlich, wir plädieren für Interdisziplinarität. Aber sie muß auch ihre Grenzen haben und darf nicht als Rechtfertigung für ausufernde Studienzeiten herhalten. Nur durch Fokussierung wird eine echte Verkürzung der Ausbildungszeiten an den weiterführenden Schulen und Hochschulen möglich sein. Dafür muß deren Angebot vielfältiger und differenzierter werden, um unterschiedlichen Qualifizierungswünschen Rechnung tragen zu können.

Zum anderen muß der Wettbewerb in das Bildungswesen Einzug halten – je höher und berufsnäher die Ausbildung ist, um so mehr. Dazu sind zwei Dinge entscheidend, die Entbeamtung und die Entmonopolisierung des Bildungswesens.

In den Schulen sind einige Lehrer im Angestelltenverhältnis und andere auf Zeit beschäftigt. Mit dieser Zweiklassengesellschaft sollte schleunigst Schluß gemacht werden, indem keine Verbeamtung mehr stattfindet. Wenn einige Lehrer Angestellte sein können, dann können es alle sein. Ebenso kann an den Universitäten verfahren werden. Mit vom Umfang begrenzten Lehraufträgen, Verträgen auf Zeit und verkürzten Qualifizierungsverfahren können Lehrende gleichzeitig oder in zeitlichem Wechsel in anderen Bereichen tätig sein und damit erst Vermittler zwischen Lehre und Praxis werden.

Heute wird zum Professor derjenige berufen, der die formale Qualifikationstortur hinter sich hat. Dagegen hat der Praktiker, der zu einem vorübergehendem Lehrauftrag bereit ist und die Anwendung aktueller Forschungsergebnisse in der Industrie erläutern könnte, kaum Chancen auf eine Dozentenstelle, weil ihm in der Regel die formalen Voraussetzungen fehlen. Der Lehr- und Forschungsberuf bildet so eine geschützte Kaste von Menschen heran, die von der Praxis abgekoppelt und dem normalen Leistungswettbewerb entzogen sind. Anspruchsvolle Lehre ist ohne Forschung nicht möglich, aber ebenso ist Spitzenforschung ohne Praxis nicht möglich. Der fehlende Anwendungsbezug der deutschen Forschung pflanzt sich so in der Weltfremdheit der deutschen Ausbildung fort.

Ein zweiter, ebenso wichtiger Schritt in Richtung Wettbewerb ist die Haushaltsautonomie der Bildungseinrichtungen, die spätestens bei den Akademien und Hochschulen einsetzen muß. Betrachtet man die Kostenstruktur der wissenschaftlichen Ausbildungseinrichtungen, so fällt auf, daß heute allein die Personalkosten bereits 70 Prozent der gesamten Ausgaben ausmachen. Noch im Jahr 1979 betrug diese Quote 58 Prozent.

Warum sollte eine Hochschule nicht über einen eigenen Haushalt verfügen und beispielsweise über die Personalausstattung selbst entscheiden dürfen? Auch das Entlohnungssystem sollte jede Universität selbst festlegen. Sie kann damit beispielsweise leistungsorientierte Entgeltsysteme einführen und einem international begehrten Nobelpreisträger ein angemessenes Gehalt aussetzen, ohne daß es dazu einer ministeriellen Ausnahmegenehmigung bedarf. Durch Haushaltsautonomie und Befreiung vom öffentlichen Dienstrecht könnte ein immenses Potential an Effizienzverbesserungen im Personalbereich erschlossen werden.

V.2.4
Reform des Öffentlichen Dienstes: Schlank und leistungsfähig

Leistungen durch den Öffentlichen Dienst bereitzustellen ist oft nicht notwendig, fast immer aber ineffizient. Beides stellt eine Hypothek für die Zukunft Deutschlands im Globalisierungsprozeß dar. Der Staat muß wieder bescheidener werden, weil das Gemeinwesen sonst unter seiner schwerfälligen Last erstickt. Daher müssen alle Aufgaben, die nicht zum staatlichen Herrschaftsbereich zählen, insbesondere alle Dienstleistungsaufgaben, konsequent privatisiert oder zumindest auf private Aufgabenträger übertragen werden. Die Verbeamtung von Bediensteten in all diesen Bereichen muß der Vergangenheit angehören. Für den Übergang der beamteten Mitarbeiter stehen durch die Privatisierung von Bahn und Post inzwischen ausreichend Erfahrungen mit alternativen Modellen zur Verfügung.

Zweifellos kann der Staat ohne Beamte nicht auskommen. Die unbestrittenen Vorzüge des Beamtentums liegen jedoch auf dem Gebiet der hoheitlichen Verwaltung und in der Erledigung der staatlichen Herrschaftsaufgaben. Alles, was nicht in diese Kategorie fällt, sollte nicht einem Organisationsmodell, einem Dienstrecht und einem Berufsethos unterworfen werden, das nicht dafür konzipiert ist. Darum sollte man genau unterscheiden zwischen Aufgaben, die »Dienst« am Staat als Herrschaftsgebilde sind, und solchen, die als »Service« für die Gesellschaft und für den einzelnen Bürger gelten müssen.

Eine umfassende Reform des Öffentlichen Dienstes – im Anschluß an eine radikale Aufgabenkritik – muß daher beim Führungs- und Besoldungssystem ansetzen. Der Automatismus der Laufbahn muß durch die Karriere nach Leistung ersetzt werden. Beförderung auf Probe und die Vergabe von Führungspositionen auf Zeit sind weitere Instrumente, welche die Leistung fördern und fordern. Dagegen muß das Dienstalter als Beförderungskriterium abgeschafft werden. Allein in der Tatsache des Alterns vermögen wir jedenfalls keinen Verdienst zu erkennen. Leistungsstufen müssen darum an die Stelle von Altersstufen treten, wenn es um den Aufstieg in anspruchsvollere Positionen geht. Leistungszulagen müssen ferner auf allen Gehaltsstufen integraler Bestandteil der Beamtenentlohnung werden. Überdurchschnittliche Leistung muß auch im Öffentlichen Dienst honoriert werden.

Schließlich müssen die Verwaltungsstrukturen so gestaltet werden, daß sich Eigeninitiative überhaupt entfalten kann und nicht – wie im gegenwärtigen System – eher als Störfaktor empfunden wird.

Behörden, Abteilungen und Dienststellen müssen darum ein eigenes Budget erhalten, für das sie volle Ergebnisverantwortung tragen. Von den Beamten wird dann natürlich auch erhöhte Flexibilität und Anpassungsbereitschaft an neue oder gewandelte Aufgaben verlangt.

Im Öffentlichen Dienst heutigen Zuschnitts führt fehlende Koordination an der Basis zum Entscheidungsstau an der Spitze – und das wiederum lähmt die Motivation auf den unteren Ebenen. Hier kann nur das Prinzip Verantwortung entgegenwirken.

Der einzelne Bedienstete muß mehr Entscheidungsfreiheit bekommen, und er muß mehr Risiken tragen können. Wir halten es für falsch, daß Fehler grundsätzlich bestraft werden. Das begünstigt die Mentalität, Probleme abzuschieben. Auch im Öffentlichen Dienst müssen Fehler erlaubt sein, da er nur so zu einer lernenden und lernfähigen Organisation werden kann. Damit dies möglich wird, müssen aber zunächst die Voraussetzungen im öffentlichen Haushalts- und Dienstrecht geschaffen werden.

Der verbleibende Kernbereich der staatlichen Verwaltung muß zu einer hochmodernen, vorbildlich strukturierten und ausgerüsteten Organisation entwickelt werden. Zeitgemäße Führungssysteme, leistungsorientierter Aufstieg und ständige Weiterbildung sollten den Öffentlichen Dienst zu einem Motor bei der Vorbereitung Deutschlands auf den globalen Wettbewerb machen, bei dem nicht zuletzt die Leistungsfähigkeit des Öffentlichen Dienstes eine entscheidende Rolle spielt.

Die staatliche Verwaltung in ihrer heutigen Gestalt wirkt sich auf Wirtschaft und Gesellschaft in mehrfacher Hinsicht lähmend aus:

- sie ist kostentreibend, weil zu groß und ineffizient organisiert;
- sie verdrängt Unternehmertum, indem sie zahlreiche Aufgaben okkupiert, die Private zumindest ebensogut erledigen könnten;
- ihre Inflexibilität, Bedarfsferne und Langsamkeit sind im internationalen Vergleich wettbewerbsschädigend;
- sie erschwert die Entstehung neuer Arbeitsplätze;
- sie wirkt innovationshemmend;
- sie ist mittelstandsfeindlich.

Damit die staatliche Verwaltung effizient und schlagkräftig gestaltet werden kann, ist es unabdingbar, daß sie sich auf ihre wesentlichen Funktionen konzentriert.

Der Staat muß wieder bescheidener werden, weil das Gemeinwesen sonst unter seiner schwerfälligen Last erstickt. Er muß sich auf die Erledigung der staatlichen Kernaufgaben innere und äußere Sicherheit, Justiz, Finanzverwaltung und Überwachung der Wirtschafts- und Währungsordnung konzentrieren. Der Staat muß nicht selbst Führerscheine ausstellen, Straßen bauen und Friedhöfe begrünen. So wie er Kraftfahrzeuge und Anlagen von privaten Einrichtungen, den Technischen Überwachungsvereinen oder der DEKRA, auf Sicherheit, Umweltverträglichkeit und ähnliches prüfen läßt, kann er beispielsweise auch bei Arznei- und Nahrungsmitteln verfahren. Den Möglichkeiten zum Outsourcing von Aufgaben im Wirtschaftsgebilde »Staat« sind nur durch die überschaubare Zahl genuin hoheitlicher Aufgaben Grenzen gesetzt.

Mit der staatlichen Aufgabenkritik muß eine gesellschaftliche Anspruchskritik verbunden sein. Das Anspruchsdenken der Bürger muß kritisch hinterfragt und auf ein normales Maß zurückgeführt werden. Die allzeit spendable Politik hat sich in den vergangenen Jahren nur zu gerne dazu hinreißen lassen, die Wähler und Wählergruppen mit Wohltaten aller Art zu beglücken. Der Bürger verliert dabei leicht aus den Augen, daß er diese zweifelhaften »Geschenke« durch Steuern und Abgaben auf Heller und Pfennig wieder abgezogen bekommt.

Der Staat kann nur schlanker, schneller und sparsamer werden, wenn er sich beschränkt. Das fängt schon auf der Ebene der Ministerien an. Aus unserer Sicht wären folgende Ressorts für eine problemorientierte Gliederung der Regierungsarbeit ausreichend:

1. Ministerium für Äußeres (einschl. Außenwirtschaft und Entwicklungshilfe sowie Koordination der Europapolitik)
2. Ministerium für Inneres und Justiz

3. Verteidigungsministerium
4. Ministerium für Finanzen und Wirtschaft (einschl. Landwirtschaft)
5. Ministerium für Soziale Aufgaben (Soziale Fürsorge, Familie, Frauen, Jugend, Senioren, Gesundheitsaufsicht, Sport)
6. Ministerium für Infrastruktur (Verkehr, Kommunikation, Wissenschaft und Bildung)
7. Ministerium für Lebensräume (Umwelt, Raumordnung und Bauwesen).

Das ist alles – sieben Ministerien statt siebzehn. Und wenn es – bei allem Gerangel um den Proporz zwischen Parteien und Gruppen und um Ausgewogenheit nach Regionen, Alter und Geschlecht – zehn Ressorts werden, sind wir auch einverstanden. Erste Voraussetzung für eine Reform ist, daß die Ressorts sachgerecht zusammengefaßt werden und sich auf hoheitliche Kernaufgaben konzentrieren. Die Minister würden dadurch wesentlich unabhängiger, und sie hätten ungleich mehr Gestaltungsfreiheit.

Weiter fordern wir, die Aufgaben sinnvoll zu straffen. Die Bundesministerien und Oberbehörden sollten sich darauf konzentrieren, Rahmenbedingungen zu setzen und deren Einhaltung zu überwachen. Ein inzwischen abgeschafftes Bundesgesundheitsamt oder eine seiner drei (!) Nachfolge-Behörden muß beispielsweise nicht selbst die Verträglichkeit von Arzneimitteln prüfen. Es kann damit privat betriebene Labors beauftragen. Es kann ferner Zulassungen aus anderen Ländern anerkennen. Man sollte mindestens in Europa darauf hinarbeiten, daß die Genehmigung eines Medikaments durch die Fachbehörde eines europäischen Staates für alle Länder der EU gilt.

Das Beispiel zeigt, daß eine abgestufte Schlankheitskur erforderlich ist, die kurz-, mittel- und langfristige Maßnahmen vorsieht. Im Laufe einer Legislaturperiode ist der Tanker Bundesrepublik nicht wieder flott zu bekommen. Es bedarf dazu eines systematischen und geplanten Herangehens, eines Modernisierungsprogrammes, wie es von vielen großen Unternehmen ebenfalls durchlaufen wird. Wir sind davon überzeugt, daß eine Bundesregierung, die daranginge, ein derartiges Programm überzeugend umzusetzen, das Mandat für den Umbau auch über mehrere Legislaturperioden bekommen würde.

Die Regierung Kohl war ja mit dem richtigen Generalziel angetreten: Nicht weniger als eine »geistig-moralische Wende« wollte man erreichen, wie es etwas hochgestochen formuliert wurde. Das ist nach wie vor richtig.

Es geht im Grunde um nichts Geringeres als um eine solche Wende in die Zukunft beim Countdown für Deutschland. Dazu muß die sinnvolle Aufgabenteilung zwischen dem Staat und allen öffentlichen und kollektiven Einrichtungen auf der einen und dem einzelnen, der Bürgergesellschaft und der freien Wirtschaft auf der anderen Seite neu zur Diskussion gestellt werden.

Dies betrifft nicht nur den Bund, sondern auch die übrigen Ebenen staatlichen Handelns. So ist beispielsweise nicht einzusehen, warum in Nordrhein-Westfalen die Landesverwaltung von einem Ministerpräsidenten und zwölf Ministerien wahrgenommen werden muß. Im bevölkerungsreichsten Bundesland kommen außerdem noch – angesiedelt zwischen der Landesregierung auf der einen Seite und den kreisfreien Städten und Landkreisen auf der anderen Seite – sogenannte »Mittelinstanzen« hinzu, nämlich fünf Regierungspräsidien und die beiden Landschaftsverbände Rheinland und Westfalen-Lippe. In diesen Bereichen ist im Laufe der Jahrzehnte so viel administrativer Wildwuchs entstanden, daß ein Dschungel von Zuständigkeiten und von Nicht-Zuständigkeiten entstanden ist. Dieser muß dringend durchforstet werden.

Wir wollen im übrigen den inzwischen schon zahllosen Modellen für eine Länderneugliederung in der Bundesrepublik Deutschland kein weiteres Modell hinzufügen. Aber wir halten es für dringend erforderlich, die Zahl der jetzt sechzehn Bundesländer – nach der beabsichtigten Fusion von Berlin und Brandenburg werden es immer noch fünfzehn sein – auf sechs bis acht leistungsfähige Länder zu reduzieren. Bremen und das Saarland beispielsweise, die von der Bevölkerungszahl her kleiner sind als eine Reihe deutscher Großstädte, brauchen keine eigenen Landesregierungen und Landesparlamente. Die kulturelle und regionale Identität des Saarlandes und der Saarländer kann durchaus auch in einem größeren Verbund gewährleistet werden. Das Selbstwertgefühl eines Bürgers in Völklingen oder Sankt Wendel hängt nicht davon ab, daß sich in Saarbrücken jemand mit dem Titel eines »Ministerpräsidenten« schmücken kann, der in anderen Bundesländern die Funktion eines Landrats wahrnehmen würde.

Im übrigen hätte eine Reduzierung der Zahl der Bundesländer auch Auswirkungen auf eine Vielzahl anderer Institutionen, Verbände und Organisationen. Nicht nur das öffentlich-rechtliche

Rundfunkwesen in Deutschland, in dem es ja bereits eine Reihe von Mehr-Länder-Anstalten gibt, sondern auch Parteien, Gewerkschaften, Selbstverwaltungsorganisationen der freien Berufe, Landwirtschaftskammern, Sportorganisationen und Journalistenverbände sind weitgehend gegliedert wie die Bundesländer. Auch bei diesen Institutionen ließe sich »lean administration« einführen, wenn es insgesamt weniger Bundesländer gäbe.

An anderen Stellen dieses Buches haben wir eine ganze Reihe von Beispielen genannt, die gleichfalls Bestandteil einer Verwaltungsreform sein sollten. Dazu zählen unter anderen:

- Weitgehende Entstaatlichung und Privatisierung bislang öffentlich wahrgenommener Aufgaben.
- Die öffentliche Verwaltung muß sich am Gedanken der Dienstleistung für Bürger, Gesellschaft und Wirtschaft orientieren.
- Staatliche Einrichtungen müssen wie Profit-Center strukturiert, geführt und kontrolliert werden.
- Nicht Ressortzuständigkeit muß das oberste Prinzip staatlichen Handelns sein, sondern Problemlösung. Deswegen sind auch problemorientierte Strukturen der Arbeit erforderlich.

Wir geben auch – letztes Beispiel für eine Reform der öffentlichen Verwaltung – zu überlegen, ob nicht konzertierte Aktionen neuer Art ins Leben gerufen werden müssen. Wenn Deutschlands Position im globalen Wettbewerb gestärkt werden soll – und das ist unabdingbar –, müssen in einer Risikopartnerschaft zwischen Staat, Wirtschaft und Gesellschaft alle beteiligten Institutionen, Unternehmen, Gewerkschaften, Verbände, aber auch der gesamte diplomatische Dienst der Bundesrepublik Deutschland im Ausland zusammenarbeiten. Nicht Kästchen-Denken, sondern offener Meinungsaustausch und zielorientierte Entscheidungsfindung sind erforderlich.

Der Anspruch der hier angesprochenen Reformen läßt sich mit der Geisteshaltung unserer Vorväter Mitte des 19. Jahrhunderts vergleichen. Sie investierten – wie bereits berichtet – in den Ausbau der Eisenbahn, um den nachfolgenden Generationen die Mobilität zu ermöglichen. Der Anspruch steht auch in der Tradition des weitsichtigen Reichskanzlers Bismarck, der Ende des letzten Jahrhunderts ein beispielhaftes Sozialversicherungssystem schuf, das noch heute das Fundament unseres Generationenvertrags darstellt. Geht man in die jüngere Geschichte, so läßt sich das beschriebene Reformausmaß durchaus mit jenen gesellschaftlichen Reformen vergleichen, die uns der Alliierte Kontrollrat nach dem Zweiten Weltkrieg verordnete.

Uns ist natürlich bewußt, daß solche Reformen in der heutigen Zeit sehr viel schwieriger anzustoßen und umzusetzen sind. Wir glauben aber, daß die aufgezeigte Wettbewerbsdynamik in der Wirtschaft sich früher oder später auch auf den politischen Bereich erstrecken wird, so daß uns eine rechtzeitige, mutige und entschlossene Reform unserer Gesellschaft in der dargestellten Weise letztlich in die Lage versetzen wird, die Zukunft zu meistern.

Der Countdown läuft – hebt die Rakete ab?

Wir haben für den Titel dieses Buches den Begriff des Countdown gewählt, obwohl wir befürchten, daß viele Mitbürger der Meinung sind, man könne den Countdown einfach ignorieren: Dann bleibe einem die ganze Aufregung und Spannung beim Ablauf des Countdown erspart.

Wir haben in diesem Buch versucht nachzuweisen, daß der Countdown begonnen hat und daß die Frage, ob wir an der aufregenden Zeit des Countdown teilnehmen wollen oder nicht, längst von außen entschieden wurde.

Die von uns beschriebenen internationalen Entwicklungen – vor allem die Globalisierung – haben gewissermaßen alle Industriestaaten mit ihren Raketen zur Startrampe geschoben. Eine speziell deutsche Abschußrampe mit besonders langen Vorbereitungszeiten, besonders genauen Ablaufbedingungen und hervorragenden Zuschauerplätzen gibt es nicht. Manche unserer internationalen Wettbewerber haben die Countdownzeit verkürzt und ihre Rakete schon gezündet: Schneller als je zuvor werden die gestrigen Sieger die heutigen Adabeis und morgigen Verlierer sein. Schneller als je zuvor müssen neue Erfolgsvoraussetzungen geschaffen werden. Unsere Zeit ist nicht beliebig verlängerbar.

Es sollte wirklich nicht sein, daß die Erfinder der Rakete jetzt plötzlich an einem Wettbewerb um Höhe und Weite des Denkens und Gestaltens nicht mehr teilnehmen wollen. Wir Deutschen müssen die Tugenden, für die wir in der ganzen Welt bekannt sind – wissenschaftliche Neugier, Pünktlichkeit, Verläßlichkeit, Arbeitsamkeit und Qualität – wieder aktivieren und mit einer großen Anstrengung den Countdown erfolgreich gestalten, so daß die Rakete uns mit der richtigen Geschwindigkeit auf die richtige Bahn bringt.

Wir müssen durch die richtigen Maßnahmen den Ablaufplan für den Countdown so gestalten, daß die Triebwerke rechtzeitig gezündet werden, um die Zukunftsbahn zu erreichen.

Die Deutsche Bibliothek – CIP-Einheitsaufnahme

Henzler, Herbert A.
Countdown für Deutschland/Herbert A. Henzler/
Lothar Späth. – 1. Aufl. – Berlin: Siedler, 1995
ISBN 3-88680-576-X
NE: Späth, Lothar:

Der Siedler Verlag
ist ein Unternehmen der Verlagsgruppe Bertelsmann.

Schutzumschlag: Venus & Klein, Berlin
Satz: Ditta Ahmadi, Berlin
Druck und Buchbinder: GGP, Pößneck
Printed in Germany 1995
ISBN 3-88680-576-X
Erste Auflage